荆楚文庫

大岳太和山誌

［明］凌雲翼　修　［明］盧重華　等纂
范學鋒　陶真典　點校

大嶽太和山紀畧

［清］王槩　修　［清］姚世倌　等纂
范學鋒　張全曉　點校

荆楚文庫編纂出版委員會
湖北科學技術出版社

荊楚文庫

大岳太和山誌

TAIYUE TAIHESHAN ZHI

大嶽太和山紀畧

TAIYUE TAIHESHAN JILÜE

圖書在版編目（CIP）數據

大岳太和山誌/〔明〕凌雲翼修；〔明〕盧重華等纂；范學鋒，陶真典點校. 大嶽太和山紀畧/〔清〕王槩修；〔清〕姚世倌等纂；范學鋒，張全曉點校. —武漢：湖北科學技術出版社，2022.5

（荊楚文库）

ISBN 978-7-5706-1723-4

Ⅰ. ①大… ②大…

Ⅱ. ①凌… ②王… ③盧… ④姚… ⑤范… ⑥陶… ⑦張…

Ⅲ. ①武當山一地方誌

Ⅳ. ①K928. 3

中國版本圖書館 CIP 數據核字（2021）第 234896 號

責任編輯：譚學軍

整體設計：范漢成　曾顯惠　思　蒙

封面設計：喻　楊

責任校對：陳横宇

責任印製：劉春堯

出版發行：湖北科學技術出版社

地址：武漢市雄楚大道 268 號

（湖北出版文化城 B 座 13—14 層）

電話：027—87679468　　郵編：430070

印刷：湖北新華印務有限公司

開本：720mm×1000mm　1/16

印張：32.25

版次：2022 年 5 月第 1 版　　2022 年 5 月第 1 次印刷

定價：168.00 元

ISBN 978-7-5706-1723-4

出版說明

湖北乃九省通衢，北學南學交會融通之地，文明昌盛，歷代文獻豐厚。守望傳統，編纂荆楚文獻，湖北淵源有自。清同治年間設立官書局，以整理鄉邦文獻爲旨趣。光緒年間張之洞督鄂後，以崇文書局推進典籍集成，湖北鄉賢身體力行之，編纂《湖北文徵》，集元明清三代湖北先哲遺作，收兩千七百餘作者文八千餘篇，洋洋六百萬言。盧氏兄弟輯録湖北先賢之作而成《湖北先正遺書》。至當代，武漢多所大學、圖書館在鄉邦典籍整理方面亦多所用力。爲傳承和弘揚優秀傳統文化，湖北省委、省政府决定編纂大型歷史文獻叢書《荆楚文庫》。

《荆楚文庫》以“搶救、保護、整理、出版”湖北文獻爲宗旨，分三編集藏。

甲、文獻編。收録歷代鄂籍人士著述，長期寓居湖北人士著述，省外人士探究湖北著述。包括傳世文獻、出土文獻和民間文獻。

乙、方志編。收録歷代省志、府縣志等。

丙、研究編。收録今人研究評述荆楚人物、史地、風物的學術著作和工具書及圖册。

文獻編、方志編録籍以1949年爲下限。

研究編簡體横排，文獻編繁體横排，方志編影印或點校出版。

《荆楚文庫》編纂出版委員會

2015年11月

前　言

武當山位於湖北省十堰市境内，又名太和山，爲世界文化遺産，是聞名遐邇的道教聖地，也是武當道教的發祥地，素有“亘古無雙勝境，天下第一仙山”的美譽。得天獨厚的地理位置和清幽縹緲的自然環境，使武當山自古便成爲修仙學道者心儀神往的世外桃源。宋元明三代，武當山又因主祀玄天上帝而爲皇室所重，政治地位逐漸攀升，至明而臻於極盛，先後被尊爲“大岳”“治世玄岳”。入清以後，武當山的地位雖有所下降，但仍在全國范圍内有着廣泛的社會影響。

武當山既是道教勝地，也是一座絢麗多彩的文化名山，素有編修志書的傳統。雖然修志的肇始年代已難以確考，但修志傳統源遠流長，成就斐然，構成了一個完整的山志體系，形成了一種奇特的山志文化。南宋王象之編《輿地紀勝》卷八十五《均州》就曾徵引過《武當志》和《武當山記》，二書雖早已亡佚，詳情不得而知，但據《輿地紀勝》徵引内容判斷，《武當志》似爲郡縣志與山志的合體，而《武當山記》則很有可能就是早期武當山志的雛形。元代，武當山先後有《武當福地總真集》和《武當紀勝集》問世。《武當福地總真集》爲武當山洞陽道人劉道明所編，成於元世祖至元辛卯年，分上、中、下三卷，收入《正統道藏・洞神部・傳記類》。該志“會萬古之精華，斂一山之風月”，是迄今所知第一部體例完備分類明確的武當山志。《武當紀勝集》署名龍興路雲麓樵翁羅霆震譔，大致結集於元代中期，是武當山第一部詩體志書。

明代，武當山志的纂修蔚爲大觀，在修志實踐和修志理論上都取得了較大的成就。目前已知的官修山志就有四部，即宣德六年欽差太常寺丞武當山玉虚宫提點道官任自垣纂修《勑建大嶽太和山志》十五卷，嘉靖十五年湖廣布政司右參議武當山提調藩臣方升纂修《大嶽志畧》五卷，嘉靖三十五年内官監太監武當山提督内臣王佐修、均州學正慎旦等纂《大岳太和山志》十七卷，隆慶六年撫治鄖陽都察院右僉都御史凌雲翼修、均州學正盧重華等纂《大岳太和山志》八卷。這四部官修山志在明代還都曾有過續修的經歷，有的甚至反復補刻，增入了很多新的内容，前後承繼，相沿不替，比較翔實地記述了明代武當山的盛况。

清初，武當山志的纂修在經歷了明萬曆以來一個相對沉寂的時期後，又迎來了一個新的高潮。康熙初年鄖縣教諭萬甲與縣人順治拔貢李紹賢增修山志二十四卷，康熙二十年分守下荆南道楊素藴修、均州知州王民皥等纂《大嶽太和武當山志》二十卷，乾隆九年湖北布政使司分守安襄鄖下荆南道王槩修、襄陽府清軍巡防同知姚世倌等纂《大嶽太和山紀畧》八卷，是目前所知三部相繼修成的清代武當山志。

民國時期，武當山地區兵戈擾攘，戰亂頻仍，但武當山志的纂修仍在艱難中前行，先後有兩部山志問世，使武當山的修志傳統得以繼承和延續。這兩部民國山志，其一爲民國十一年襄陽道尹熊賓修、道署第一科科長趙夔等纂《續修大嶽太和山志》八卷。另一部是武當山麓朝陽洞廟白衣道人王理學於抗日戰争勝利前後編撰的《大岳太和山志》稿。據口碑，這部志稿爲“十行紙”，用毛筆正楷書寫，有一尺多厚，惜於1951年葬入火腹。現湖北省圖書館藏民國三十六年武當山白衣道人王理學重書《武當風景記》一卷，當是這部志稿的濃縮本。

由於種種歷史原因，武當山歷代所修志書以及堆積如山的古籍文獻，累遭天灾人禍毁壞，十不存一，至1981年中共湖北省委、省政府决定開發建設武當山時，全山歷史文獻幾乎損失殆盡，僅存小部分道教經書和兩部山志，即清乾隆九年山志和民國十一年山志。爲繼承和弘揚優秀文化遺産，並爲開發建設武當山風景名勝區找到歷史依據，武當山志辦公室曾先後組織大量人力、物力分赴襄樊、十堰、武漢、上海、南京、長沙、寧波、鄭州、南陽、西安、北京等大中城市圖書館、博物館和檔案館，廣徵博採，先後收集到有關武當山的資料數千萬字，並在首都圖書館找到了明代編纂的四部官修武當山志，組織人員分别制作複本回山。據清乾隆九年纂修的《大嶽太和山紀畧》記載，這四部明代山志早已毁於兵燹，清初已不得見。因此，武當山志辦公室組織力量抄志回山的盛舉，當時在湖北省引起不小的轟動。已流失三百多年的四部明代山志重回武當，不僅對武當山的保護開發和旅游發展起到了非常重要的參攷作用，而且還修正了正史和不少專著、報刊中有關武當山記載的錯訛。例如，《明史·職官志》記："……太和山提點一人。"《明太宗實録》卷二〇七記："……仍選道士任自垣等九人爲提點，秩正六品，分主宫觀。"然據任自垣《勑建大嶽太和山志》記載，明永樂間，皇帝在武當山授正六品提點十七員，分主各宫觀。再如，《中國大百科全書·宗教卷》稱，明成祖"永樂十年曾於山上建宫觀，歷時七年，建成净樂、迎恩、遇真、玉虚、紫霄、五龍、南巖、太和等八宫，元和、復真二觀，三十六庵堂，七十二岩廟等"。此説同時爲一些辭書、專著、報刊所採用，訛傳很廣。其實，明永樂年間在武當山的建築規模，以任自垣纂修的《勑建大嶽太和山志》最爲翔實可靠。據載，明成祖於永樂十年至永樂二十二年，命工在武當山建净樂、遇真、玉虚、紫霄、南巖、五龍、朝天、清微、太和九宫，元和、回龍、太玄、復真、八仙、仁威、威烈、龍泉、太常九觀等三十三處宫觀祠廟，用工時間長達十三年之久。但迎恩宫並非明永樂年間敕建，而是由武當山提督内臣韋貴創建於明成化年間。

需要特别指出的是，就在我們緊鑼密鼓地對已經獲見的九部歷代武當山志進行系統整理時，又驚喜地獲知了清康熙二十年分守湖廣下荊南道楊素藴修、均州知州王民皥等纂《大嶽太和武當山志》二十卷仍然倖存的消息。經武當山旅游經濟特區地方志辦公室范學鋒主任與貴州師范大學張全曉博士等人共同努力，終於將這部山志孤本從首都圖書館複製回山。該志不僅是清代第一部見存官修武當山志，也是見存歷代武當山志中卷帙最多的一部，既上承清康熙初年鄖縣教諭萬甲與縣人順治拔貢李紹賢所修山志，同時又是清乾隆九年王槩修、姚世倌等纂《大嶽太和山紀畧》的底本，具有獨特的版本價值和珍貴的文獻價值，故這次整理時也將其一並輯入文庫，以臻完備。

這十部歷代武當山志，除《武當紀勝集》爲詩體志書外，其他九部的體例、内容雖互有出入，各有側重，但却繁簡適宜。分開來看，各部志書反映了不同歷史時期武當山宗教管理事務的普遍性及特殊性；綜合來看，十部志書融會貫通，又可見武當山宗教管理事務的連續性和完整性。例如，記武當歷史、建置沿革，上下兩千多年一目了然；志山水勝境、宫觀始末，圖文並茂，令人神往；紀武當主神真武大帝，知其起源及發展衍進變化規律；志歷代帝王崇封誥詞、賞賜饋贈、聖旨王言，顯示武當道教在不同歷史時期與政權的關係及其崇高地位；隱逸真仙之迹，高士論道之言，可得可考；歷代文人墨客遊記咏嘆之作並遺文軼事，亦盡收其中。

總之，武當山古代志書中，雖然始終貫穿着道教“清静無爲”“修生養性”的性命觀，儒教“三綱”“五常”的倫理觀，以及大量歌頌帝王、渲染神靈等封建迷信的記述，但同時也保留着大量史實，不僅對研究武當山的歷史、政治、軍事、經濟、文化、道教、建築、文學藝術等具有重要的參考價值，而且對當代武當山的保護和建設也有一定的資治作用。

這次被選入《荆楚文庫》的十部歷代武當山舊志，所用底本都很精良。其中，元代《武當福地總真集》和《武當紀勝集》以明修《道藏》本爲底本；明代四部官修山志皆以國家圖書館藏本爲底本；清代《大嶽太和武當山志》以首都圖書館藏本爲底本，《大嶽太和山紀畧》以湖廣下荆南道署藏版爲底本；民國《續修大嶽太和山志》以襄陽大同石印館刊本爲底本，《武當風景記》以湖北省圖書館所藏鈔本爲底本。我們相信，這十部歷代武當山舊志的集中點校出版，必將沾溉學林，澤被後代。

2020 年 8 月 20 日

总　目　録

荆楚文库

大岳太和山誌

〔明〕凌雲翼　修　〔明〕盧重華　等纂
范學鋒　陶真典　點校

目　　錄

① 列聖敕諭：原稿《目録》中没有，根據書稿中文標題編者加。原《目録》中的“創建宫觀”“重修宫觀”等應爲“列聖敕諭”中的内容。

② 勅創建宫觀：原稿《目録》爲“創建宫觀”。編者根據内文標題加“敕”。

③ 勅重修宫觀：原稿《目録》爲“重修宫觀”。編者根據内文標題加“敕”。

④ 勅存留香錢：原稿《目録》爲“存留香錢”。編者根據内文標題加“敕”。

① 敕提督藩臣：原稿《目録》爲“提督藩臣内臣”，編者根據内文標題，改爲“敕提督藩臣”“敕提督内臣”。

② 修山官附、提點附：原稿《目録》爲“提點附”。編者根據内文標題加“修山官附”。

敘

大岳太和山，即武當山。相傳爲玄帝脩煉之處。今言名山者，首稱焉。餘曩歳謫居薊門，慨時事之多艱，傷日月之易邁，上疏乞歸田裹。既得請從吴山卜地一區，謝囂辟俗。爲棲息計，猶以山之未深也。喟然，思太和之勝，期一至其地。庶幾有體性抱神之士，獲與遊焉，脩渾沌之術，探服食之奥，解脱纓繳。妙契玄同，以還吾真、返吾朴，念至殷也。未幾，有鄖陽之命。簡書臨門，進止狼狽，顧以太和爲鄖晝壤，兹役也，豈扵山有緣哉。迨至均，首索山志閲之，乃出中貴人所刻，而序諸簡首，未稱也。遂檄均之學正盧重華爲之編次，而屬藩条議李君訂正之，共彙爲八卷，付知州張著登梓。志成，李君謁余爲叙其事。余應之曰：玄之義豈易言哉！夫至德之世，標枝野鹿，其卧居居，其起于于。聖哲之士，出乎其間，虚静恬淡，寂寞無爲，無趣舍以滑心，無琱琢以削性，憂患不能入，奸氣不能襲，故其神全而德不虧，所謂玄聖素王之道也。道不可名，以玄名之。窈窈冥冥，莫知其端；昏昏默默，莫究其極。此太始之質，而道德之秘也。彼謂玄武，北方之神，以玄色，赤而黑，龜蛇有鱗介，爲武之象，此踵訛襲陋之見，儒者不道也。攷玄聖降生之日，即神農末年。自幼惟務静應，不樂南面，遇無極紫元君，授以上乘，指武當山使居之。因入是山，潛虚玄一，默會萬真，四十二年成無上道。此説近之。盖至聖之生，離俗絶塵，超然遠覽，托其迹扵名山巖穴之間，以抱一葆光，養形煉性，徬徨乎塵垢之外，逍遥乎無事之業。且將黜爾聰明，堕爾形體，神遊八極，與太虚爲徒。而後之人盛宫觀以居之，飾禮樂以崇之，玄之神豈在？是哉，我成祖應天靖難，奮迹燕都，相傳玄聖現靈，披髮仗劍應之。竊以成祖具天授之資，開萬年之業。兵興於北，故北方之神應焉。若以爲玄聖之神，或非矣，世之儒者未暇辯晰其義，而一時從龍之士，亦緣此以見天命有在，非人所能爲耳。嗟夫！百姓日用而不知，達人遺迹以觀理，至哉玄乎，信窅然難言哉！故曰：道不可聞，聞而非也；道不可言，言而非也。然則是志也，其附贅縣疣耳矣。夫古之真人，形若槁骸，心若死灰，凝神扵淡，合氣扵漠，翛然而往，翛然而来，處廣莫之野，以周流扵無何有之鄉而已矣。此至德之隆也。吾人勞形怵心，以危其真弊弊焉，决性命而饕貴富，其分扵道遠矣，而安可從事扵玄耶，余将解纆索，釋網罟，他日杖策負笈，以偃仰兹山之側。或有以玄之道告我者。兹爲叙其事扵志端，以俟好玄之士，相與求大道扵斯志之外云。

皇明隆慶六年夏，都察院右僉都御史奉勑提督撫治鄖陽等處地方吴郡凌雲翼撰。

卷之一

玄岳總圖①

右②大岳總圖。

按：《一統誌》：大岳在均州南一百二十里。州爲《禹貢》豫雍二州之域。春秋属麇；戰國属韓及楚；秦漢爲武當縣，属南陽郡；三國魏属南鄉郡；晋属順陽郡；後魏置武當郡；南齊置始平郡，復改齊興郡；梁兼置興州，後周改曰豐州；隋廢郡改州，曰均州；大業初州廢，以縣属淅陽郡；唐復置均州。天寶初改武當郡，乾元初復爲均州；宋置武當軍；元復爲均州。

大岳，週圍方八百里，環列七十二峰、三十六岩、二十四澗。或謂非玄武不足以當之，故名武當。又名太和、大岳，名仙室。相傳爲玄帝修真顯化之地。自漢以來，歷代崇奉。國朝永樂十年，成祖文皇帝起自燕邸，入正大統，惟神陰翊，顯有靈异，特敕隆平侯張信、駙馬都尉沐昕等創建宫觀，以答神貺。敕爲大岳太和山。據天柱峰絶頂爲太和宫，清微宫、朝天宫、黑虎廟隸焉；太和下二十里值山腹爲南岩，太玄觀、

---

① 原誌書没有此標題。根據目録添加。

② 右：原誌書爲竪排，故爲右。後同。

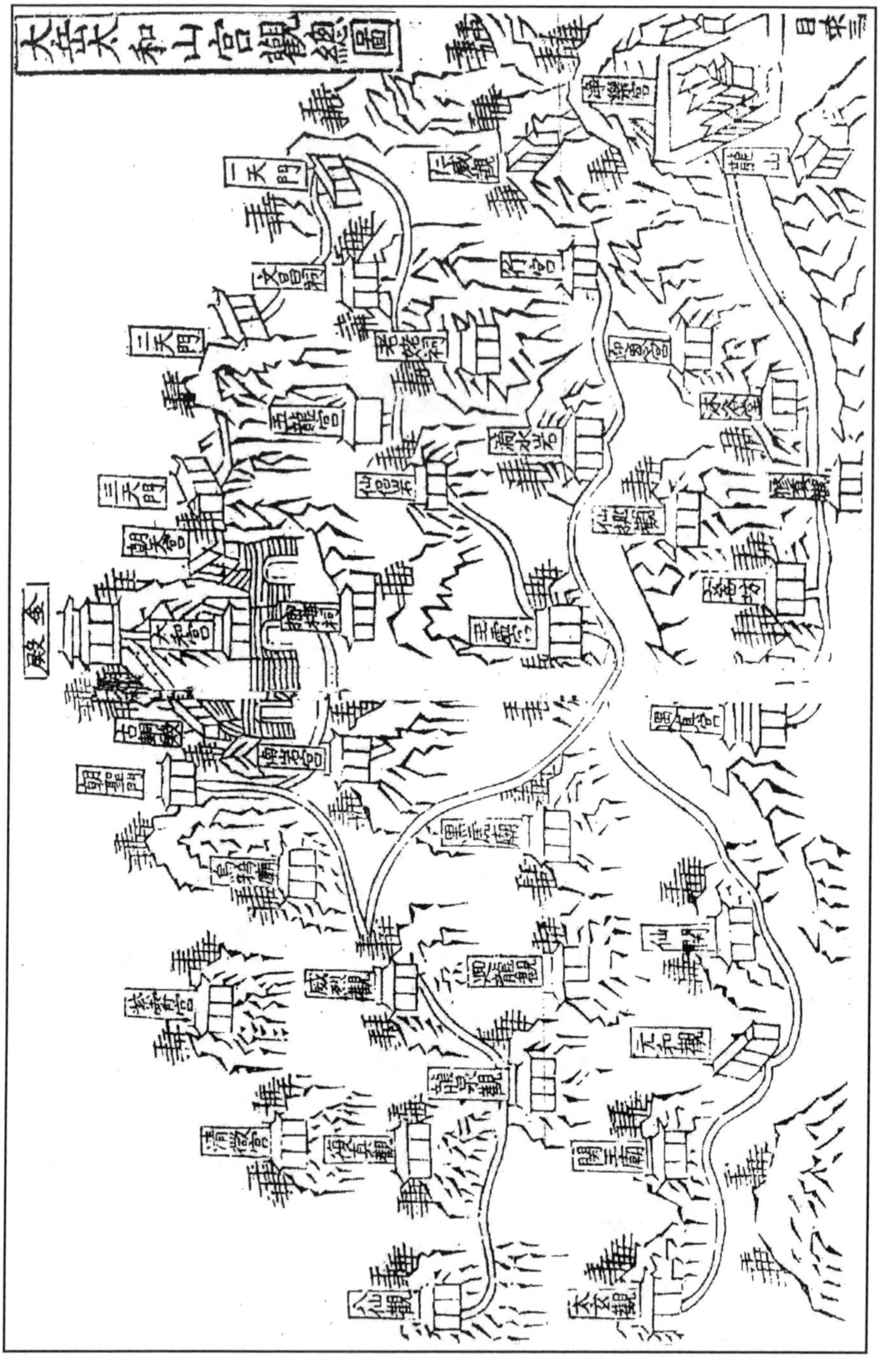
大岳太和山宮觀總圖

烏鴉廟、椰梅祠、雷神洞、滴水岩、仙侶岩隸焉；南岩東北行五里爲紫霄，福地殿、復真觀、龍泉觀、威烈觀隸焉；北行三十里爲五龍宫，隸之者行宫、仁威觀、老姥祠、自然庵、隱仙岩、靈應岩、凌虚岩也；紫霄東行四十里，下平地爲玉虚宫，隸之者關王廟、太上岩、玉虚岩、回龍觀、八仙觀也；玉虚之東五里爲遇真宫，元和觀、修真觀隸之；又北十五里爲迎恩宫，續創無所隸；又北四十里爲净樂宫，入均城中，領觀曰真武，則遥置於樊城者。以山之高下言，先太和，次南岩；以宫之大小言，先玉虚，次净樂。楝宇之盛，蓋曠古之未有也。上法祖敬天，以神安鎮華夷，屢感玄應，端委之暇，遂懷飭蠱。嘉靖三十一年，特頒内帑，敕工部侍郎陸杰等重加修葺。神宫仙館，焕然維新。仍於入山初道，鼎建石坊，賜額“治世玄岳”。益有以擴先朝之誌，而壯兹山之觀於萬斯年，殆與天而無極雲。

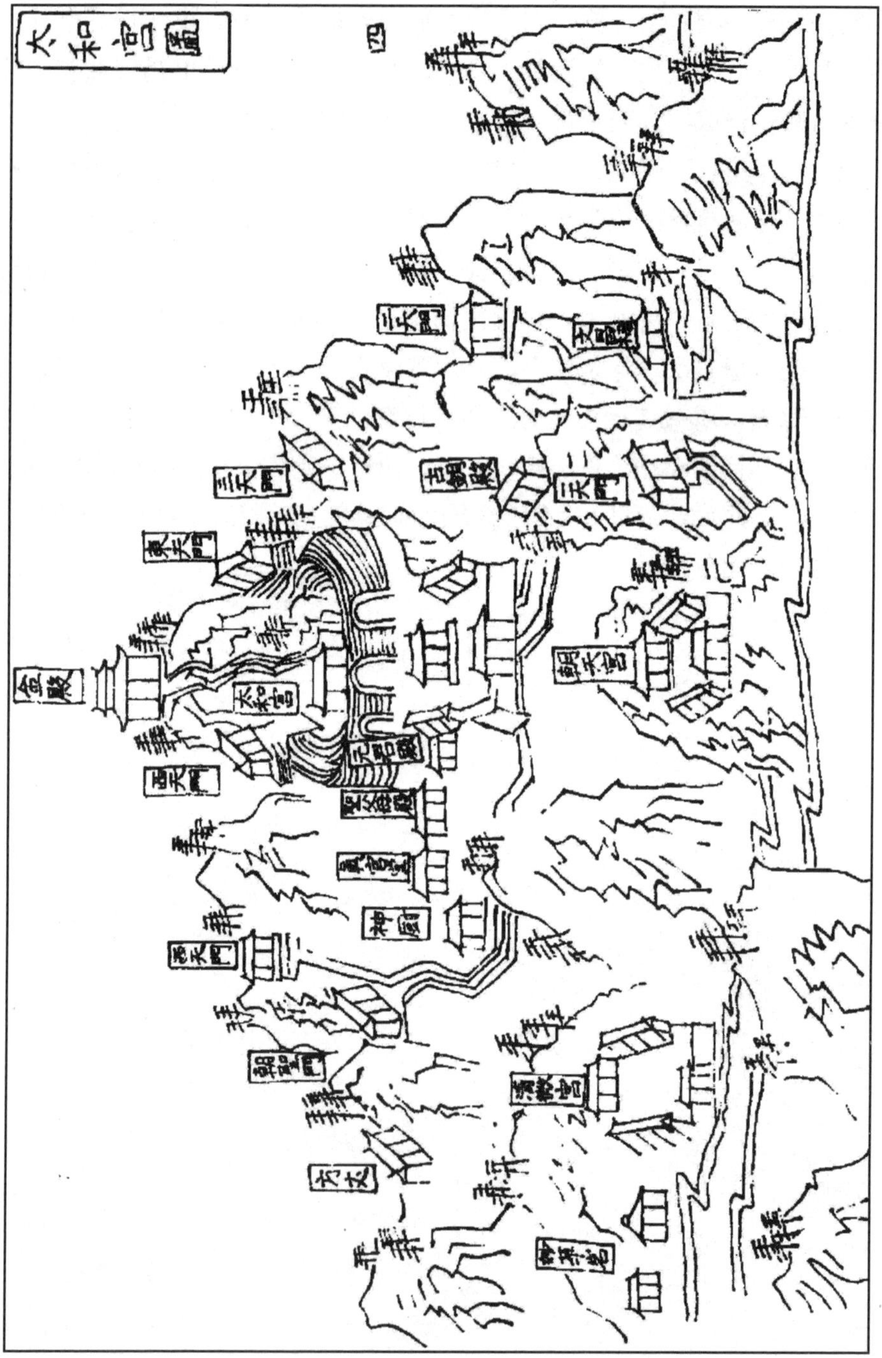
太和宫圖
金殿

宫觀分圖

太和宫圖

右太和宫圖。宫在天柱峰之極頂，則是宫之正殿也。元時有銅殿一，成祖文皇帝創修之日，以規制弗稱，乃撤置於小蓮峰。改冶銅殿，飾以黄金，復範玄帝像於内。殿左右並以飛棧，爲更衣二小室。殿外爲臺，臺外爲檻，檻外爲紫禁城，城闕①東、西、南、北天門，以象天闕，儼然上界五城十二樓也。自南天門出，右折爲朝聖殿，爲鐘鼓樓。又下爲元君殿，爲聖父母殿，爲誦經堂，爲真官堂，爲神厨，爲龍池，爲龍廟。又下西折，爲方丈，爲廊廡，爲齋堂、道房。復自故道折而北上，爲朝聖門。既度，復東折而下數十百級，遶出天柱峯後，爲三天門。又下數十百級，爲二天門，爲摘星橋；橋右新建文昌祠。復折而西下數十級，爲一天門。爲楹大小總五百二十。永樂十四年落成。賜“大岳太和”爲額。道士廩食者三十人，提點二員。嘉靖二十六年，世宗肅皇帝允提督太監王佐奏，添置一員，共三員，階正六品，給印一顆，領宫二、廟一、祠一。

清微宫 去本宫七里，即清微妙化巖也。張守清、張三丰修煉之所。永樂十年建，爲宫。迤西偏，別築妙化巖。

朝天宫 去本宫東六里，一天門下。

黑虎廟 去本宫三十里，九渡澗之上。傳云：昔玄帝修道之時，常

---

① 闕：王佐修、慎旦等纂《大岳太和山誌》記爲“辟”。

有黑虎巡山，乃北方天一之所化，護國鎮山之神也。廟設黑虎神像。

文昌祠 在本宫二天門，摘星橋右。隆慶五年，巡撫都御史汪道昆建，期以昌均州之文運也。有碑記，入藝文。

天柱峯 一名參嶺。是峯根插黄泉，頂冲霄漢，高出群峯萬丈，居七十二峯之中。上應三天，當翼軫之次。俯眺豫雍之野，山川之遠，無不在目。晨夕見日月之升降。頂東西九丈，南北二丈。四維皆石脊，如金銀之色。地産異草，細葉延蔓，秋冬弗凋，其味頗辛。怪松數株，盤桓如龍蛇之狀，高不滿丈許。南峭壁下有池如井，名曰天池。北下石門三所，曰三天門，皆插空萬仞。昔玄帝冲昇於此。

顯定峯 在大頂之北，一名副頂，上應顯定極風天。翠巘倚空，人跡不及。

獅子峯 在大頂之北，一天門之上，狀如獅子。即尹喜所棲之處。

皇崖①**峯** 在大頂之北，上應太安皇崖天。下一崖曰皇后巖。昔聖母善勝太后尋真，暫憩於此，故名。

小筆峯 在大頂東，孤岑卓立如筆。

靁石峯 在大頂西北。上有石土地踞虎而坐。

貪狼峯、巨門峯、禄存峯、文曲峯、廉真峯、武曲峯、破軍峯 右七峯在大頂之北，若北斗拱極之象。傳云：天真校善之所。南有常春云，

① 崖：王佐修、慎旦等纂《大岳太和山誌》記爲“巖”。

向明高廠，常如陽春；西有硃砂巖，石爲日華所爍，其色如之；北有北斗巖，夜漏清寂，惟聞鳥猿嘯月之聲。

中笏峯 在大頂之北，石如圭瓚鞠恭，類進趋之勢。

千丈峯 在大頂之西，群山之下，超然獨出。右即神仙房陵朱仲所居。中有縹李，世所希有，名仙李。

萬丈峯 在大頂東北。

大蓮峯、小蓮峯 右二峯在大頂之西。相望並秀，亭亭然如芙渠初發，隱映清波。春夏之時，明媚尤絶。

大筆峯、小筆峯 右二峯相峙於蓮峯之間，狀如卓筆。

落帽峯 在中筆峯北。漢神仙戴孟于此飛昇，落帽于上。下有石橋。

白雲峯 在大頂之西。紫盖、皇崖東西互拱。下有巖曰白雲。傍一石穴如星，曰星牖。宋陳希夷避名，三遷於此。

仙人峯、隱士峯 右二峯在大頂之南。下即隱士巖。神仙出没，人多見之。或槲衣披髪，或奇形異相，手足爪甲各長五七寸，或坐盤石，或濯澗濱，真氣逼人，莫可近及。恍惚之間，俱失所在。

大明峯 在大頂之西，山有庵，曰王母宫。相傳，聖母善勝太后嘗尋訪玄帝于此。

中鼻峯、聚雲峯、手扒峯、竹筱峯、槎牙峯 右五峯在大頂之東南。

一嶺南飛，五峯分布。有徑，曰主簿埡。當均房往来之道，石芒峭發，人皆側足而行。聚雲峯下一巖，曰集雲。

竈門峯　在大頂之東南。嵐烟瘴霧，清晨如炊。

九卿峯　在大頂之南。傳云：天真校福之所。下有巖，亦以是名。昔有道流宿巖畔，夜聞鍾磬之聲。

伏魔峯　在大頂之南。下即大小鬼峪澗。常見靈龜巨蛇游走上下。傳云：玄帝伏魔俟命之地。

玉筍峯　在大頂之南。群峯裂地而出，有新篁未籜之象。以其似人，又呼曰石人山。其北名雞冠嶺。南澗之外即房縣界，有碧峯巖。

柱笏峯、大夷峯　右二峯在大頂之西南。一峯如搢笏，一峯坦然如掌。

把針峯　在大頂之西。岑小而高。傳云：玄帝頓悟之後，元君飛鐵杵於此。

丹竈峯　在大頂之西，其山類偃月狀。昏曉之交，有清烟紫霧如丹竈然。

天馬峯　在大頂之西百里。一名馬嘶山，一名西望峯，即武當來山。按《圖記》：山自乾兑發源，歷關隴金房之地，盤亘萬里。當均房官道中有龍井，深不可測，從西澗發源。迤西下一巖，名曰天馬巖。行旅多宿於内，俗呼崖屋。

鷄鳴峯、鷄籠峯　右二峯在大頂之西，天馬峯之北，當均房官道，曰大鷄鳴、小鷄鳴。下即金鷄澗，會西澗之水。夏秋水漲，商旅經月不可渡。諺曰：上得馬嘶山，四十九渡不曾乾。

風巖　在大頂之下。萬虎澗濆，石穴噫氣響震林壑。

皇后巖　見皇后峯下。

白雲巖　見白雲峯下。

三公巖　見三公山下。

天馬巖　見天馬峯下。

常春巖　見七星峯下。

集雲巖　見聚雲峯下。

北斗巖　見七星峯下。

昇真巖　見五老峯下。

碧峯巖　見玉笋峯下。

九卿巖　見九卿峯下。

武當澗　在大頂之東。會皇崖諸峯之水，北入于紫霄澗。

西澗　發源馬嘶山龍井，北出于澗。

金雞澗　會大小雞鳴峯之水，入于西澗。

鬼谷①澗　在大頂之南。源會山南諸峯之水，東入雙溪澗。

雙溪澗　會東南諸水，入鬼谷澗，過浪河西北，入于漢。

参斗泉　在大頂西，靃石峯南。石巖下有二井，上應參星。

試劍石　在大頂二天門内。一石中分，相傳，玄帝試劍處。

金星石、銀星石　右二石出大頂上。碎爲末，心神不寧服之即愈。

青崖　在太和山北。

瓊臺　在大頂東南。其峯壁立，亞于天柱。相傳，玄帝受册於此。

天池　即白龍池。大頂南，削壁下。

摘星橋　又名會仙，一天門上。橋當两山缺處。上瞰天柱諸峯，下臨絶谷。谷中仰見人行，如在天上。

白雲橋　在白雲巖南。

---

① 谷：王佐修、慎旦等纂《大岳太和山誌》記爲“峪”。

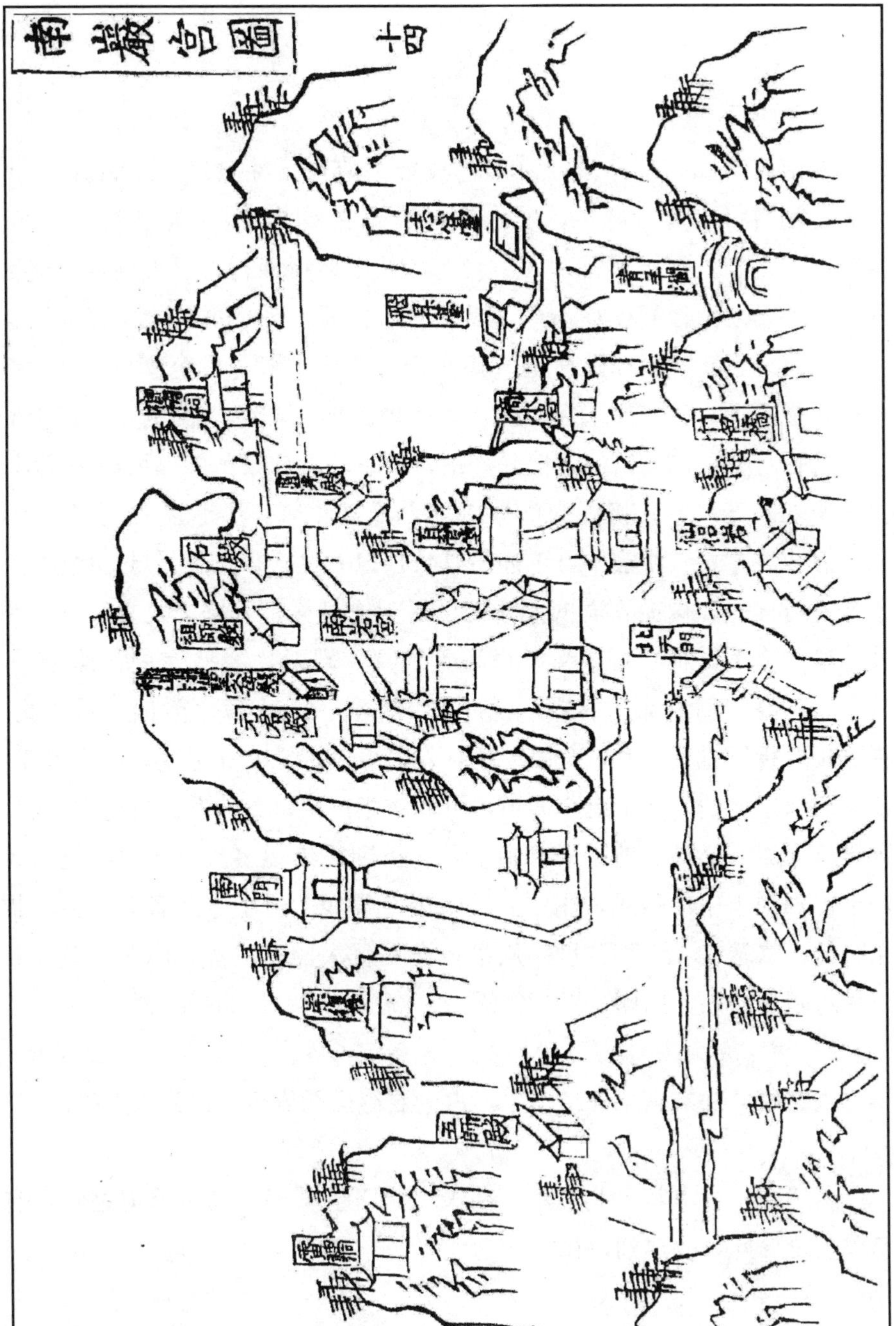
南巖宮圖
十四

南巖宮圖

右南巖宮圖，宮即天一真慶宫故址。南列天柱諸峯，北瞰五龍頂。由榔梅祠右行南巖百餘步，度北崖，升自南天門，循山左支行數十步，折行右支百步，復折而左，入小天門，並崖斗折而行，過大巖，下爲大殿，畢諸楹。山復起突爲小阜，爲圓光殿。殿下則黑虎巖也。從大殿後左折而東二十步，折而陟崖上方轉西行，過元君殿，爲南薰亭。亭外有石枰，從衡十八道，類今俗所弹者。相傳爲洞賓故物。復從元君殿折而下，自是直東，過磚室一，曰獨陽巖；石室一，曰紫霄巖。巖前刻龍頭，横出檻外四五尺，其傍崛起灌莽中者，爲禮斗臺。崖上片石刻靈官像，高可五寸許，亂置小竅中，不能悉其数，曰五百云。又東爲風月雙清亭。亭外一石枰一。復從故道抵大殿後，西望捨身崖，若垂天之翼。其上爲飛昇臺，臺下爲試心石，又下爲謝天地巖。殿並山爲楮室一，神厨一，碑亭二；泉二曰甘泉、甘露；池二曰太一、天一。殿之前偏右爲方丈。從方丈左折行堂後，其上分爲二道，左爲五師殿，右穿道院，中爲圜堂、浴堂、滄水庫池，池上有小間道，可通鉢堂。由鉢堂陟翠微折行山之後，則爲欻火巖；又轉而前，平行山上，北折則爲崇福巖。爲楹大小總六百四十，永樂十一年落成，賜“大聖南巖”爲額。道士廪食者五十人，提點二員；嘉靖二十六年，世宗肅皇帝允提督太監王佐奏，添置一員，共三員，階正六品，給印一顆。領觀一、廟一、祠一、洞一、巖二。

太玄觀　去本宫東北二十里，古老君巖山門庵也。内設太上像。

烏鴉廟　去本宫東北二里，南天門之下。傳云：玄帝修道之時，有烏鴉報曉於此，故建廟以祀之。

榔梅祠　去本宫南一里。玄帝嘗折梅枝寄榔樹，誓之曰：“道成當結實。”已而如其言。下有仙翁司之，遂祠焉。

雷神洞　一名欻火巖。去本宫百步，北山之巔，石如火焰，樹如龍爪。中有靈池，水能療疾。即鄧天君修煉之處。

滴水巖　去本宫西北五里。巖内鑿石爲池，泉水下滴不輟。

仙侣巖　去本宫西北六里。相傳，玄帝道成時，諸仙胥會於此。

疊字峯　在五龍頂南。三山次列如疊字，故名。

金鼎峯　在疊字峯西。形類鼎，時噴雲烟。下有巖，名曰藏雲。

健人峯　在大頂東北。如天丁拱立之狀。下有巖，曰道者巖。

紫霄巖　一名南巖，在大頂之北。

獨陽巖　在紫霄巖右。

崇福巖　在本宫南天門裏。

黑虎巖　在黑虎澗上。大林巨石中，黑虎所伏之地。

謝天地巖　在南巖西，飛昇臺下。

百花泉　在仙侣巖。昔神仙陶幼安得道於此。

甘泉　在本宫。又名一泓泉。

試心石 在南巖西，飛昇臺下，謝天地巖上。

飛昇臺 即更衣臺。在本宫西百步。玄帝易服於此。

禮斗臺 在紫霄巖下。

甘露井 在本宫大殿前。

梯雲橋 在榔梅祠上。

步雲橋 在飛昇臺。

天一橋 在本宫北天門外。

天一池、太一池、滄水庫池 右三池俱在本宫内。

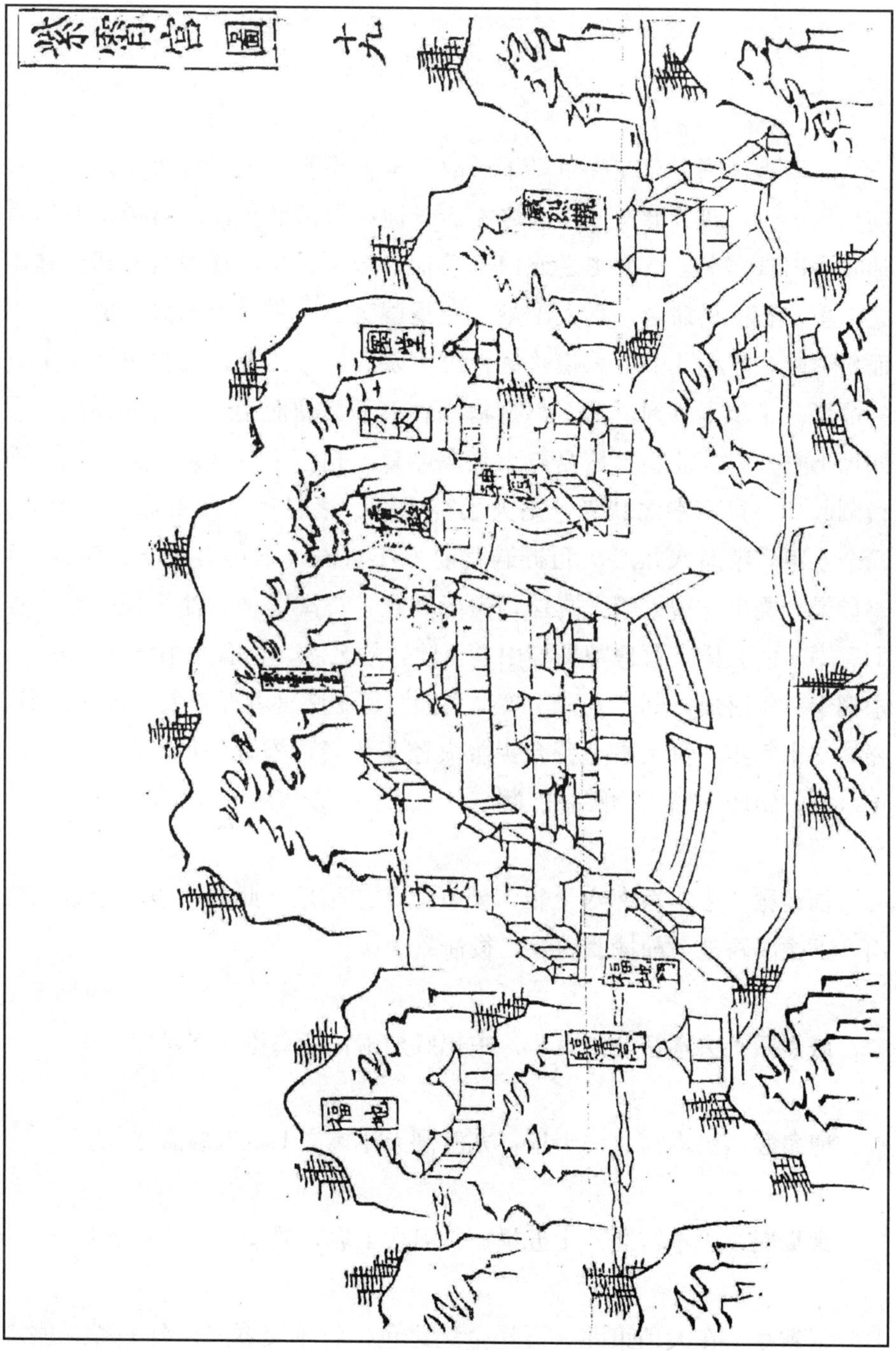
紫霄宫图
十九

紫霄宫圖

右紫霄宫圖。宫在展旗峯下。故紫霄元聖宫，今名香火殿之西，宫前曰三公峯，曰五老峯。宫前之左曰日池，右曰七星池。宫後之左曰月池，右曰真一泉。東方丈之北曰上善池，今更曰泉。從殿後右轉，陟山之椒根，石壁爲龕者，爲太子巖，左爲蓬萊第一峯，巖下爲小圜亭。下而出道院，左復北上，爲煉丹巖；出道院右，復西上爲七星巖，又上爲三清巖。絶頂不可到。其下爲梆梅園，東下又轉而南上，爲福地殿。殿兩堦下丹井二。北爲萬松亭，東爲賜劍臺，相距不數武。左右山断，而復圜起如小兒擎拳之狀者，爲大小寶珠峯。諸巖水合而東流于右脇者，爲金水渠，渠廣八九尺，北折過宫前抵小寶珠，不得出，鑿其項以行，爲後渠。既出，復東趍大寶珠，溢于其趾，爲禹跡池。池大僅一畝，池上有亭，北有橋，舊傳神禹導山嘗至此，故名之。爲楹大小總八百六十，永樂十一年落成。賜“太玄紫霄”爲額。道士廩食者五十人，提點二員。嘉靖二十六年，世宗肅皇帝允提督太監王佐奏，添置一員，共三員，階正六品，給印一顆。領殿一、觀三。

福地殿 去本宫南八十步。天下七十二福地，此其一也。上近三公山，下瞰禹跡池，前擁寶珠峯，後倚歘火巖。

威烈觀 去本宫北二百步。中祀威烈王，王爲唐太守姚簡也。

龍泉觀 去本宫北一十里，九渡澗天津橋之上，玉虚巖之北。

復真觀 去本宫北一十五里。一名太子坡，殿階下有聖母滴淚池。

紫霄峯 在大頂東北。石作金銀之色，竹木交翠，巨虬異蛇，盤穴其間。

香爐峯 在大頂東北，仙關之南。浮嵐遶霧，千態萬狀，如香煙然，故名之。

九渡峯 一名仙關，在大頂之東。石徑彎環，白雲来去。游人到此，萬慮豁然。

展旗峯 在大頂之東，紫霄宫負焉。千仞如削，宛然皂纛之形，上有三清、七星、煉丹、太子諸巖。

太師峯、太傅峯、太保峯 右三峯在大頂之東。又曰三公山，下一巖曰三公巖。

始老峯、真老峯、皇老峯、玄老峯、元老峯 右五峯在大頂東南。一名五老峯，五峯列居，宛然筆架。昔玄帝上昇，五老奉詔啓途駐輦於此。下即昇真巖。白雲澗其水循崖飛激，由九渡澗而出。

太子巖 在本宫後。上倚展旗峯，下瞰禹跡橋。昔玄帝爲太子時修真於此。舊有铁範聖像，基址尚存。

黑虎巖、白龍巖 右二巖，一在仙關九渡峯南，龍潭之上；一在飛昇臺下，龍潭之南。

紫霄澗 三公山水自宫南迤北會諸澗，入于九渡澗。

黑虎澗 香爐諸峯之水，會前紫霄澗。自龍潭東入九渡澗。

白雲澗　自五老峯出，合九渡澗。

九渡澗　會諸澗之水入梅溪澗。

黑龍潭　在仙關之上。紫霄澗中二石高出，下廣如屋，潭深不可測。大旱禱之立應。

真一泉　在本宫右①。

紫極壇　在本宫北，威烈觀下。故址尚存。

萬松亭　在福地。

太子亭　在太子岩前。

禹跡亭　在禹跡池上。

淵默亭　在九渡崖下。

禹跡池　在禹跡橋南。

上善池　在本宫東方丈。

禹跡橋　在本宫前。

通會橋　在本宫北，威烈觀南。

---

① 右：誤，應爲“後”。

黑虎橋 在本宫北，黑虎廟南。

黑龍橋 在紫極壇北。

天津橋 在九渡澗。

復真橋 在太子坡北。

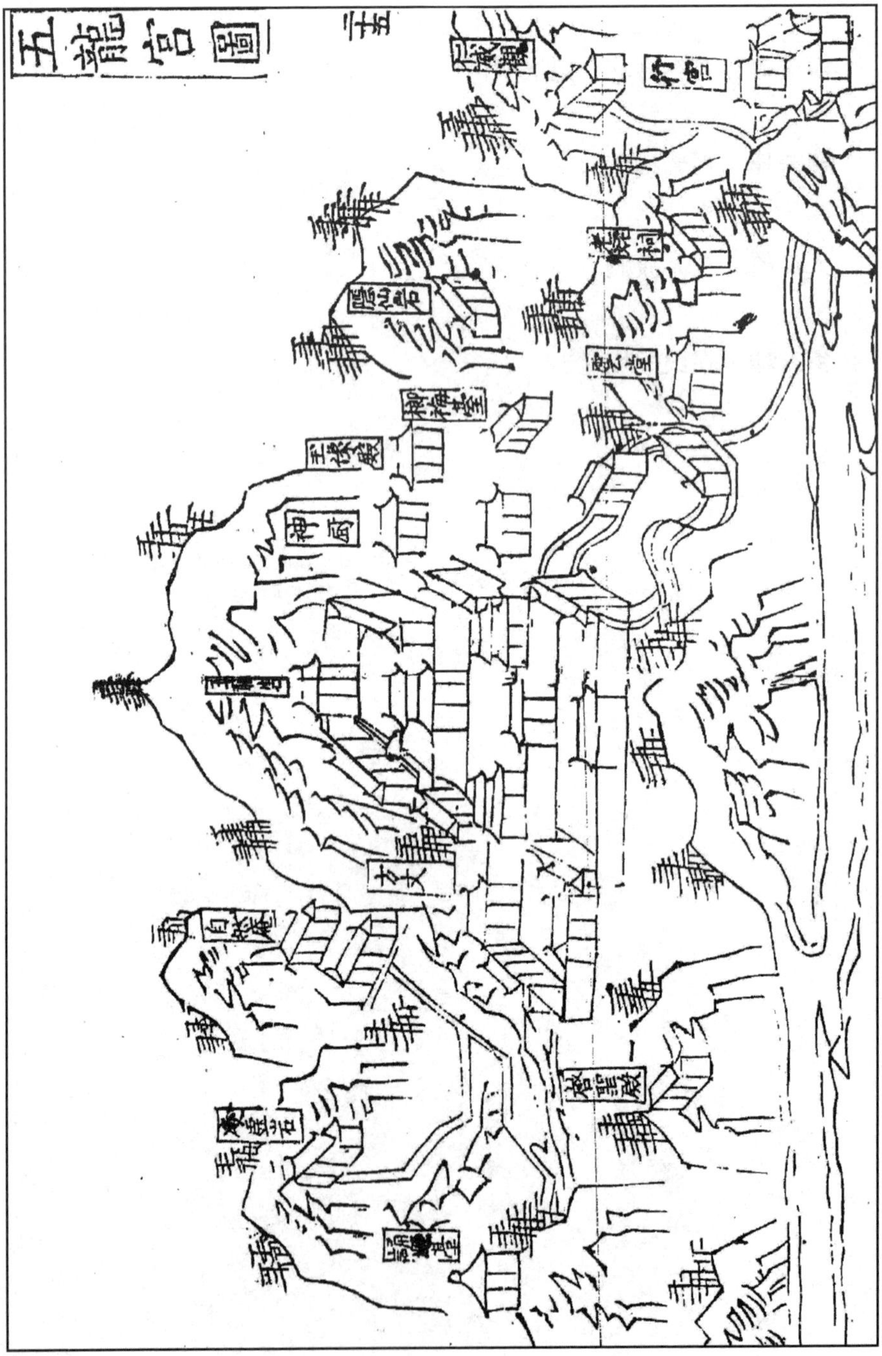
五龍宮圖

五龍宫圖

右五龍宫圖。宫即舊五龍靈應宫故址。前列金鎖峯，左遶磨針澗。其宫東向，逆折其門北向。宫門内爲道九曲十八折。殿二：曰玄帝，曰啓聖。二殿堦合九重，前五重爲級八十一，後四重爲級七十二，望之如在天上，真所謂上帝居也。殿前天地池二，水從石龍口出焉。左龍井三，右龍井二，碑亭二，日月池二。殿之左爲玉像殿，殿内藏玉像五，沉香像一。殿右山坎大林下有石碑六：一爲崇封真武誥碑，一爲揭傒斯所撰宫碑，一爲揭傒斯所撰瑞應碑，二爲戒臣下碑，一仆於地，湮没不可辨要，皆元時所遺也。宫門左從曲道北折，陟左山爲榔梅臺。下而折左出大門外，爲真官堂、爲雲堂。自雲堂並山西行，下小谷澗水出焉，即磨針澗也。澗上有老姥祠。宫門右，從碑亭下南折，陟右山爲啓聖臺。折而南下，則陳希夷誦經處。直下爲凌虚巖。復從故道折而西上，爲自然庵。庵内藏文皇賜李素希青袍一，衲、襲、裹各一，吕公縧一。庵前石作小池，池上爲橋，其頂爲靈應巖，其外則爲長生巖。爲楹大小總八百五十。永樂十一年落成，賜“興聖五龍”爲額。道士廩食者五十人。提點二員，階正六品，給印一顆。領宫一、觀一、祠一、庵一、巖三。

五龍行宫 去本宫北三十里，茅阜峯下。殿後有茅阜石。

仁威觀 去本宫東北二十里，香爐峯西。

老姥祠 去本宫北百餘步，磨針澗傍①。

自然庵 去本宫西五十步，東有煉丹池，水中巨石下一穴，有龍居

---

① 傍：王佐修、慎旦等纂《大岳太和山誌》記爲“旁”。

焉，人常見之。按《圖記》：馬明生、陳希夷相繼居此。希夷感五氣龍君授以睡法，明生所煉神丹爐灰尚存。

隱仙巖 去本宫北十里，竹關之上，一名尹仙，一名北巖。神仙尹喜、尹軌、田簔衣俱隱於此。巖右石棋局一，横鋪石上。傳云，尹軌枰弹之所。夜籟澄寂，常聞步虚玉磬之聲。

靈應巖 去本宫北二百步，五龍頂上。

凌虚巖 去本宫西南二里許。唐孫思邈、宋陳希夷俱修煉於此。路側有希夷誦經臺。

紫盖峯 在本宫南二十里。夜間見仙燈往来。相傳，神丹瘞此。隱者劉道人居其下。一夕，有童子捧詔召之。移時，車從畢至。其徒王真士曰："天詔下臨，當清晨陽光發見之時。今暮夜陰晦而詔之，無乃魔靈見試耶?"密篆雷符焚之，霹靂一聲無所見。平旦視之，但有血跡，約二里許，見巨獸斃石穴中。

松蘿峯 在紫盖峯西。玄帝修真之時，常以松蘿爲衣。此峯最盛。北有巖，曰卧龍巖。

桃源峯 在紫盖峯北。西曰桃源洞，東即誦經臺。舊有院，今廢。

伏龍峯 在龍頂峰西。下有龍湫。

五龍峰 一名五龍頂，上應龍变梵度天。五峯分列，中有靈池，石廟一區，曰"真源之殿"。即五氣龍君神寓之所。

靈應峯 在本宮後。松杉接翠，上凌星斗。昔神仙房長鬚手植是木，親遇玄帝于此。

隱仙峯 在龍頂北。其下隱仙巖，前曰竹關，即神宮之第二門也。

陽鶴峯 在龍頂西北。巨杉数株，常有鶴巢其上。

眉稜峯 在五龍頂西。房陵登山之路。

復朝峯 即外朝山也，當房陵官道。七十二峯俱拱天柱，獨此一山飄然外向。

金鎖峯 在展旗峯北。傳云，玄帝收攝妖魔，悉鎖於下。

青羊峯 在金鎖峯北。傳云，太上嘗駕青牛遊於此。其下曰青羊澗。

七星峯 在隱仙巖北，竹關之下。一逕七里，百步九折。下即五龍接待庵。

繫馬峯 在接待庵西北。登山正路一巖特起，即天馬臺。傳云，昔玄帝乘白馬立於其上。下有殿，曰“黑虎大神之祠”。

會仙峯 在①仙木鋪地。宋端平中曹觀妙迎三茅真君於此。

茅阜峯 見五龍行宫下。

---

① 在：王佐修、慎旦等纂《大岳太和山誌》在此字後記有“登山大道間”。

卧龍巖　在松蘿峯東北。

尹喜巖　一名仙巖，在展旗峯北。昔有文始真人隱此。

沈仙巖　在飛昇臺西。昔有沈仙成道于此，因名。

硃砂巖　見七星峯下。

藏雲巖　見金鼎峯下。

隱士巖　見隱士峯下。

雲母巖、楊仙巖　右二巖俱在五龍宫東二百步。昔有花楊先生者居此，年百餘歲。人訪之即走避，曰："腥氣觸我。"不容坐。爾後不知所在。

仙龜巖　在金鎖峯下。石如神龜，含烟吐霧。

磨針澗　在本宫北一里。有石横澗濆，若磨痕。傳云，玄帝修煉之久，有怠意，因步澗下，見神女以鐵杵磨之，因問曰："欲何爲?"曰："失姑繡針，磨以償之。"曰："詎非容易?"荅曰："工夫未到耳。"玄帝大悟。

青羊澗　見青羊峯下。

萬虎澗　在大頂北。風雷一作如萬虎咆哮。其水會於青羊澗。

牛漕澗　自尹喜岩西入青羊澗。

桃源澗 自紫蓋峰發源，東入於青羊澗。

黑虎澗 起自龍頂，會於白龍潭。

陽鶴澗 自陽鶴峰下穿林麓，東入於青羊澗。

金鎖澗、飛雲澗、瀑布澗 右三澗起於金鎖、青羊二峰之左右，俱入青羊澗。

會仙澗 在五龍頂北。會諸峰之水，北出蒿口，入於蒿谷澗。

雷澗 自疊字峯雷洞之水，南會於五龍澗。

五龍澗 由雷澗出西澗，會于青羊澗。

白龍洞 在竈門峯東。洞中時有白炁如龍，即大雨如注。

桃源洞 在本宮西南。

白龍潭 在磨針澗下。瀑布千丈。有廟在巖内，祈禱屢應。又一處在飛昇臺下。潭黑而深，雲氣上昇，霖雨立至。

仙棋石 見隱仙巖下。

起聖臺 在本宮東南。按《圖經》：玄帝奉天詔於此，五龍掖之上昇。

望仙臺 在本宮東北。

誦經臺 見凌虚巖下。

朝聖臺　在飛昇臺西。

五龍池　在本宮頂。

煉丹池　見自然庵下。

日池、月池　右二池在本宮天寶壇南廡後。二池相並。端平間，曹侍德建寶藏於池之南。夢神語之曰："此處上應三天，下即洞府，群仙神龍居焉。若法輪運轉，神靈弗安，君將若何?"覺而語諸同僚，夢悉符合。于是，設藏殿而不運。池濱榜之曰："洞天在近，過往低聲。"中統庚申宣尉孫嗣舉衆内附，兵士詣池洗劍，神龍擁脊而出，天地昏暗，雷雨大震。

五龍井　在本宫大殿前。歷代投簡之所。

青羊橋　在本宫山下。

磨針澗橋　在老姥殿前。

聚仙橋　在黑虎澗。

隱仙橋　在仁威觀上。

普福橋　在仁威觀前。

蒿口橋　在五龍行宫前。

豐和橋　在蒿口石碑東。

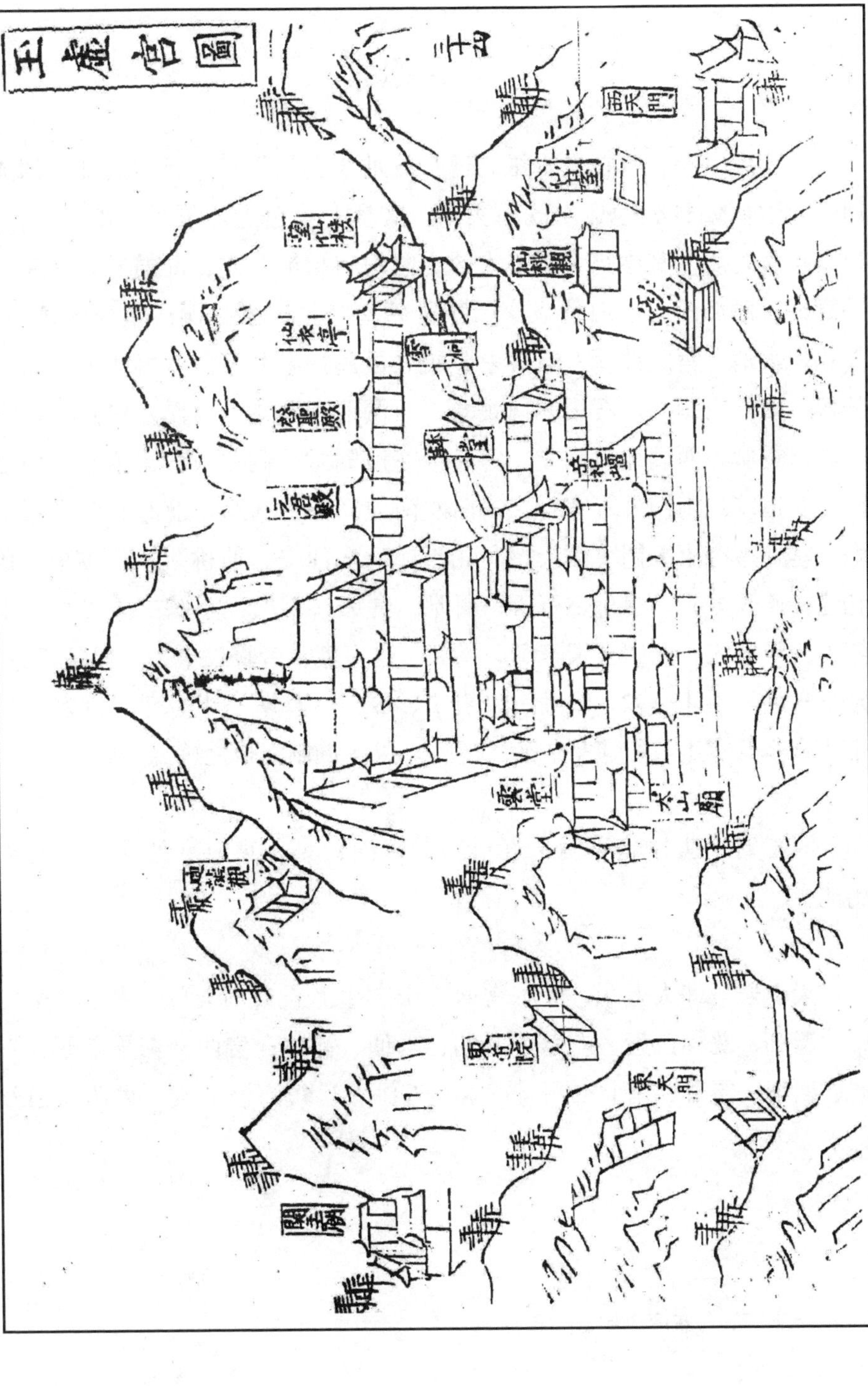
玉虛宮圖
西天門
仙桃觀
望仙樓
啓聖殿
玄君殿
東天門
關王廟

玉虚宫圖

右玉虚宫圖。宫在展旗峯北遇真故址。真仙張三丰嘗庵於此，語人曰：“此地他日必大興。”既而去焉。文皇遍物色之不可得。遂大其宫，以爲祝釐之所。其中爲大殿，大殿之陰曰啓聖殿，左曰元君殿，又左曰小觀殿。西塢西山下曰仙衣亭，亭後磚室一，曰張仙洞。室外銅碑一，左爲聖水池。宫之前爲左右碑亭；厨之後爲神泉井亭。西塢北山下曰望仙樓。樓外雪洞一。石渠北曰齋堂，石澗西曰浴堂。宫門左曰鉢堂，宫門右曰雲堂。西塢北曰圜堂，鉢堂後亦曰圜堂。澗之東曰東道院。山之西曰西道院。山門外真官祠二。前左南向爲祀真武壇，前右北向爲泰山廟。宫外復有東天門、西天門、北天門、八仙臺、仙桃觀、華陽亭、蓮花池。于凡方丈、書房、賓所、厨堂、倉庫，爲楹大小總二千二百。永樂十一年落成，賜“玄天玉虚”爲額。道士廩食者百二十人。提點四員，階正六品，給印一顆，領廟一、岩二、觀二。嘉靖三十一年，世宗肅皇帝遣官修葺本山，復建亭二於二門外，以庋御制紀成之碑焉。

關王廟 去本宫西①十五里。崇寧祠故址。東有一泓泉，前有飲馬池。

太上岩 即太上觀，去本宫西二十三里。岩東刻天尊、玄帝、聖父母、聖師、北極三聖、三茅、九仙、真仙、神將；岩西刻鬱羅蕭臺、三清、四帝、雷尊、南北二門、三官、五師、岳鎮海瀆仙靈。東西有靈石二泉。

---

① 西：誤，應爲“南”。

玉虚岩　一名俞公岩，去本宫西南①三十二里，九渡澗之上。昔有隱者俞惠哲誦經於此。一老人常往聽之。忽一日，曰："我東溟之子謫居於是，限滿當得還，此岩願奉仁者居之。"

回龍觀　去本宫西南②五里。其山巒蜿蜒有回顧狀。上有井，四時不竭。

八仙觀　去本宫南二十六里。舊傳，有八仙過此，因名。

蒿谷澗　自梅溪東③諸山之水，西入於青羊澗，會於淄河。

梅溪澗　出爲淄河。

一泓泉　在關王廟前。

益人泉　在回龍觀上。

東靈石泉、西靈石泉　右二泉在太上岩。岩高峻無水。宣德三年於此纂修《太和山誌》，岩東隴石穴下，泉忽出。已而，岩西路旁石根下，亦復出泉。於是，甃砌成池，清洌可食。

益人泉亭　在回龍觀上。

---

① 西南：誤，應爲"南"。

② 西南：誤，應爲"東南"。

③ 東：誤，應爲西。任自垣纂修《勑建大嶽太和山誌》記爲梅溪澗在九渡澗下，沿玉虚宫前會蒿谷澗水，流入淄河。

一泓泉亭 在關王廟前。

神泉亭 在本宫神厨後。

飲馬池 在關王廟路西。

神泉井 在本宫神厨後。

遇真橋 在東天門裏。源出九渡澗，舊橋水崩，嘉靖壬寅歲太監王佐新之。

仙都橋 在本宫北天門裏。

游仙橋 在本宫左。

仙源橋 在西天門裏。

西天門橋 在本宫西。上有華陽亭，下有蓮花池。

西山橋 在西天門外。

北山橋 在北天門外。

東山橋 在東天門外。

登仙橋 在本宫東天門外南。

東萊橋 在東山橋東。

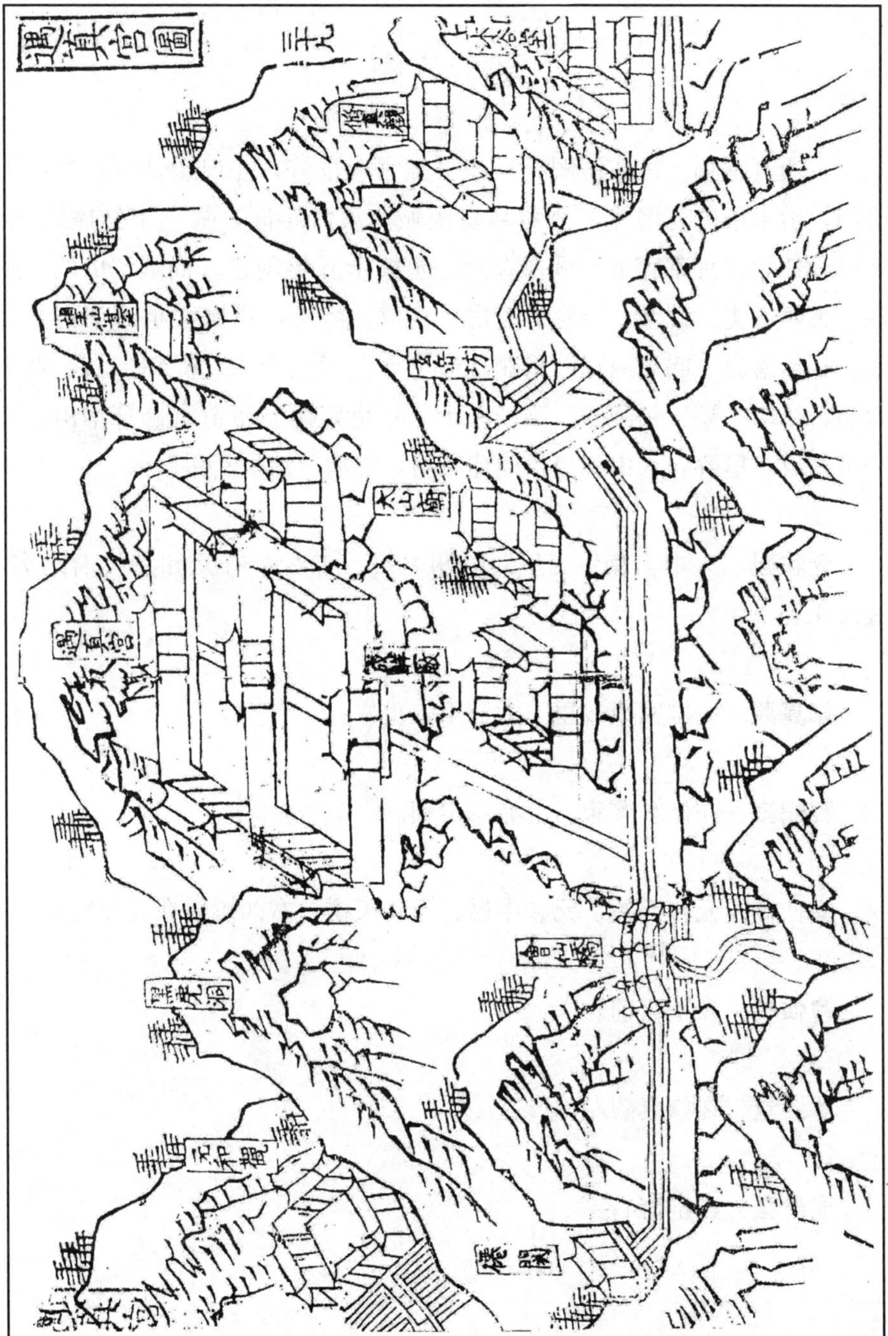
遇真宫圖

遇真宫圖

右遇真宫圖。宫在僊關外，去玉虚宫八里許。左曰望仙臺，右曰黑虎洞，山水環遶若城然，故舊名黄土城。洪武年間，張三丰結庵於此，名曰會仙館。宫東廊下，厥像存焉。永樂十五年創建真仙殿、山門、廊廡、東西方丈、齋堂、厨堂、道房、倉庫、浴堂，爲楹大小總三百九十六，是年落成。賜“遇真”爲額。道士廪食者三十人。提點二員，階正六品，給印一顆。領觀二。嘉靖三十一年世宗肅皇帝遣官修葺本山，乃於是宫東二里許，入山初道，鼎建石坊，賜額“治世玄岳”云。

元和觀 去本宫南①二里，僊關之裏。昔玄帝有元和遷校府之名，故曰元和。

修真觀 去本宫東二里，太監王佐重修。

鴉鵠嶺 在修真觀東。上有泰山廟。

集仙橋、元和西橋、元和中橋、元和東橋 右四橋俱在元和觀前。

會仙橋 在本宫前。

沐浴堂 在修真觀左。

成鮮廠 在本宫右。

---

① 南：誤，應爲“西”。

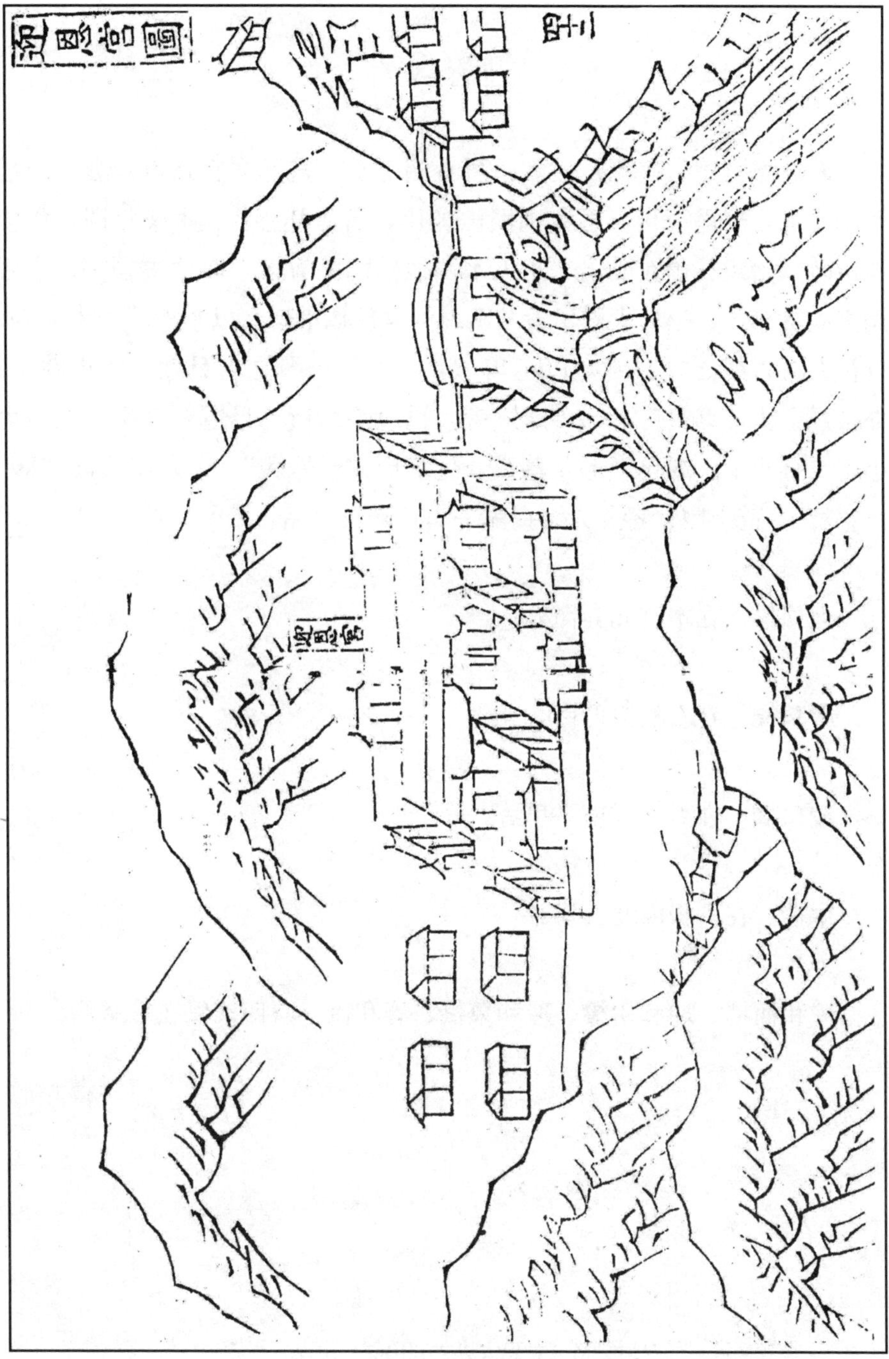
迎恩宮圖

迎恩宫圖

右迎恩宫圖。宫在石板灘，舊有關王廟，盖鄖襄官路也。灘合山前諸澗之水，聚爲一川，雨久則潰潦四出，行者病涉①。永樂年間，創修本山時，始建石橋。成化二年大水，他橋崩齧者多，而兹橋獨完。或者謂玄武實相之。提督太監韋貴乃奏請治宫於橋南岸，以昭神功。中爲殿，以祀玄帝；殿之左爲堂，以祀啓聖，祀真官；殿之右爲廟，以祀關王；外又爲方丈，爲書房，爲倉庫之舍，爲庖湢之所，爲道衆之房，爲楹大小總二百八十。成化十七年落成，乞名曰“迎恩觀”，十九年改賜“觀”爲“宫”。道士廪食者九人。提點一員，階正六品，給印一顆。

迎恩橋 在本宫北券門外。

尋真橋 在石板灘西南。

絞口橋 在石板灘南一里許。

中橋 在石板灘北五里許。

冲和西橋、冲和中橋、冲和東橋、春和橋 右四橋俱在蛐蟮峪。

① 行者病涉：任自垣纂修《勑建大嶽太和山誌》記爲“行者半涉”。

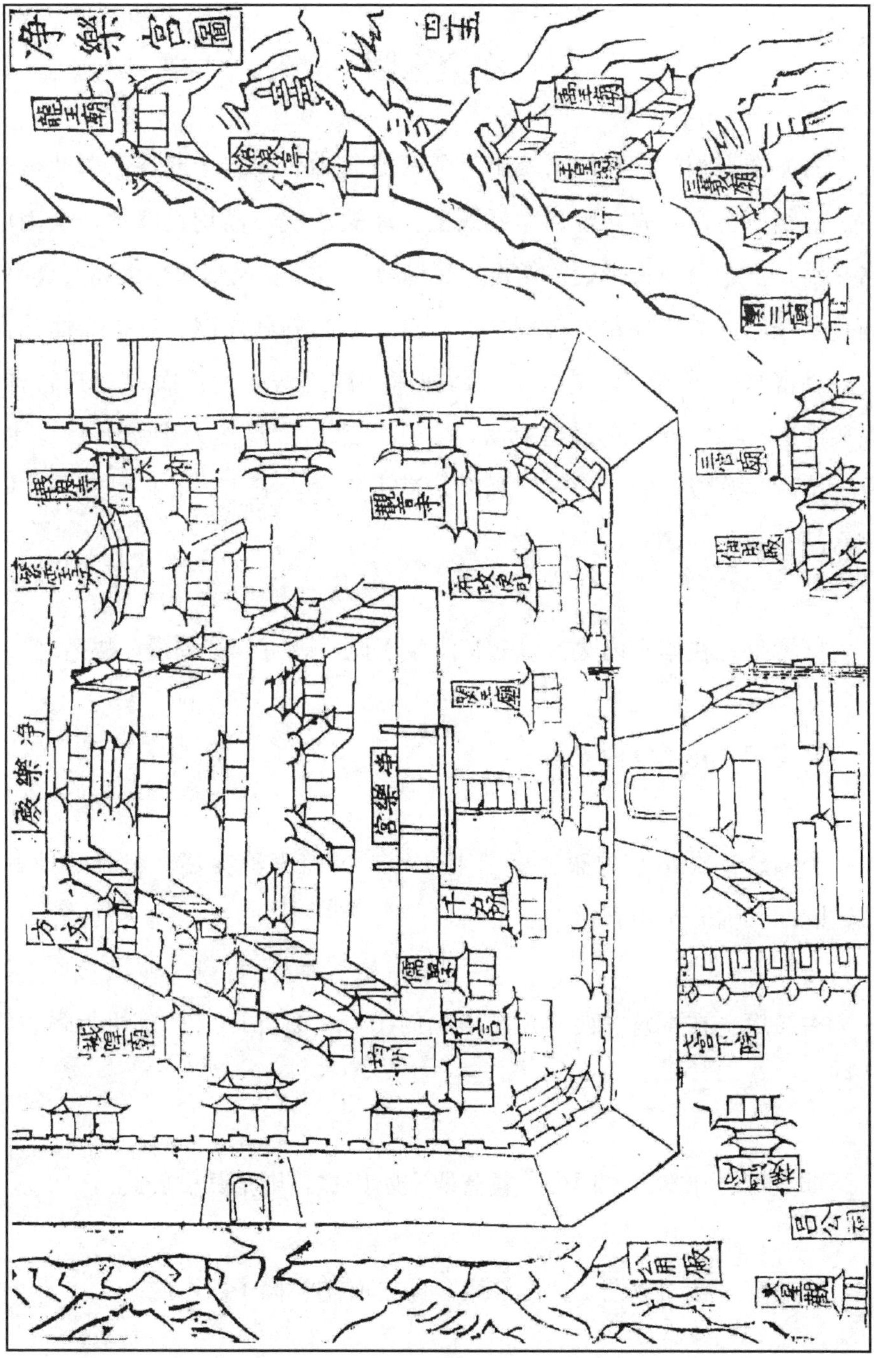
淨樂宮圖
龍王廟
觀音寺
淨樂殿
方丈

净樂宫圖

右净樂宫圖。宫在均州城中。各宫或於山、於岩、於谷，獨此宫於市。盖相傳玄帝之先，曾爲净樂國王，净樂治麇，而均爲麇地，故因以名宫焉。宫之中爲玄帝殿，後爲聖父母殿，前左右爲廊廡，東爲紫雲亭，西爲香錢庫。三門外左右復創亭二，以庋聖制創修之碑。右折而西爲方丈，爲齋堂，爲浴堂，爲神厨，爲神庫，爲道房；左折而東爲真官祠，爲預備倉；二門外，左爲進貢廠，右亦爲道房。爲楹大小總五百二十，永樂十六年落成，賜“净樂”爲額。道士廪食者五十人。提點三員，階正六品，給印一顆。

紫雲亭　在本宫内東。以玄帝降生于此，時有紫雲彌覆，故名之。

真官祠　在本宫内東。

預備倉　在本宫内東。嘉靖十九年，少監李學奏建。香錢餘積者，糴穀貯此，備賑本山官道。

香錢庫　在本宫内西。凡鏹楮輸於山者，悉舁以入。累朝所賜鐘磬諸器，皆藏焉。

進貢廠　在本宫二門外。歲時取土物以貢，則董其役於此。

滄浪亭　在州東門外，漢江東。即古所謂“孺子歌”處。

觀音閣 在滄浪亭左。

龍山 在城南六里，均州水口山也。

玉皇閣 在龍山上。

禹王廟 在玉皇閣後。

卧雲亭 在玉皇閣左下。

三義廟 在龍山下。

三官廟 在備用廠左。

土地祠 在州治東。

五龍行宫 在州治東南。

吕公祠 在州南二里，迎恩樓左。

龍王廟 在滄浪亭北濟渡處。

公用廠 在城南外。

備用廠 在公用廠東半里許。

神惠倉 在州治西南，嘉靖十五年，參議方升建。貯穀以備賑佃户。

蓮花池 在州城南一里許。

七裏橋 在黄沙河。

卷之二

玄帝聖紀

玄帝，禀天一之精，惟務静。應不樂南面，志復本根。降生之日，即神農氏之末年，歲在閼逢敦牂釋甲午姑洗月三月哉生明初三曦馭天中午時，符天一之陽精，托胎神化於翼、軫、婁三宿之次，龍變梵度天之下，净樂國善勝皇后孕秀一十四月，從左脇而生。當生之時，瑞氣鬱葱，異香充塞。生而神靈，甫及七歲，天文書契，一覽默會。潛心至道，願事上帝，普福兆民。欲尋幽谷，内煉元真。遂感無極紫元君授以上道。因指太和山而告之曰："此山自乾兑起脉，盤旋五萬里。水出震宫，上應翼、軫二宿，顯定極風、太安皇崖二天，汝可居之。當契太和，飛昇復位。上輔大道，與天地日月齊並。"告畢，昇雲而去。十五辭父母，父王不能抑其志。遂入是山，潛虚玄一，默會萬真。身長九尺，面如滿月，龍眉鳳目，紺髮美髯，顔如冰清，披松籮之服，散髮跣足，凝真養性四十二年，成無上道。出舊誌。

歷代御製

宋

真宗天禧二年七月七日加號真武詔曰 伏以丕顯聰明，聿求孚佑，旌賁殊號，率循舊章。恭惟真武之靈茂著陰方之位，妙功不測，冲用潛通。尹京邑之上腴，有龜蛇之見象。允升地竇，毖湧神泉，自然清冷，飲之甘美。資中國之利澤，奏耳疾以蠲除①。倍慶濟時，虔思報德，就其勝壤，建以珍祠。既修奉於威容，合登隆於稱謂。爰稽懿實，永耀鴻禎，真武將軍宜加號曰“鎮天真武靈應祐聖真君”。當體寅恭，咸從布告。故兹詔示，想宜知悉。

仁宗嘉祐二年正月贊真武曰 萬物之祖，盛德可委。精貫玄天，靈光有煒。興益之宗，保合大同。香火瞻敬，五福攸同。

嘉祐四年正月上元日，加號玄帝曰 太上紫皇天一真君、玉虛師相、玄天上帝。加封水火二將，神龜曰“同德佐理至應大道顯明武濟陰威翌聖左正侍雲騎護國保寧輔肅玄初太一天大左將軍”；聖蛇曰“同德佑理至惠誠重威慈普濟陽辯武聖右正侍雲騎護國保靜輔肅守玄太一天大右將軍”。

寧宗嘉泰二年十一月十四日崇封真武誥曰 仰止層霄，巍乎北極，瞻百神之環衛，有玄武之尊嚴，顧像設之已崇，而號名之未備，肇稱縟典，以介蕃釐。北極佑聖助順真武靈應真君，天之貴神，國之明祀。威靈在上，常如對於衣冠，光景動人，遂莫逢於魑魅。赫然祥異，著于見

① 奏耳疾以蠲除：劉道明集《武當福地總真集》卷下爲“奏民疾以蠲除”。

聞。在天禧時，瑞表醴泉之觀；若熙寧日，事傳大順之城。祖宗相繼，禮文有加，祠堂廼剏於阜陵，扁榜爰新於“佑聖”。肆朕尤嚴於祭報，而神每监於禱祈，載惟肸蠁之孚，曾靡窈冥之間。福詒冲眇，將垂萬世之子孫；德及高深，溥洽四方之黎庶。誕揚盛美，庸侈徽稱。金闕玉京，密增於神筴；雲車風馬，永鎮於人寰。尚冀宴娱，遹觀薦饗，可特加封“北極佑聖助順真武靈應福德真君”。

理宗寶祐五年二月崇封真武誥曰　北極惟尊玄，元謂穹崇南面①，雖主百神，必嚴寅奉。既陰受護持之貺，宜顯加旌賁之儀。申衍榮章，用昭敬事。北極佑聖助順真武靈應福德衍慶真君，道周六合，威攝萬靈。鍾元黄一炁之真，陰功有賴；握坎离二精之妙，神化無邊。以兹蕩邪而辟妖，莫匪救民而護國。惟我朝之累聖，殫至敬之一心。在真廟、仁廟，則表靈應而彰感通；在孝皇、寧皇，則奉佑聖而崇福德。迨予眇冲，固當增“衍慶”之封，加爾聰明②，亦既述均陽之讃。肸蠁冥冥而默應，威靈赫赫以旁昭。無願不成，錫庶民之福祉；何幽弗察，清四海之妖氛。凡同普率之間，均在包含之内。惟仁則所濟之愽，惟正則丕烈之洪。强賛上真，難明至德，尚宏道蔭，永庇人寰。可特封“北極佑聖助順真武福德衍慶仁濟正烈真君”。

元

成宗大德八年三月加封詔曰　上帝眷命，皇帝聖旨：武當福地，久

---

① 北極惟尊玄，元謂穹崇南面：劉道明集《武當福地總真集》卷下，任自垣纂修《勑建大嶽太和山誌》卷一，方升纂修《大嶽誌畧》卷一，王佐修、愼旦等纂《大岳太和山誌》卷二均爲“北極惟尊武，元謂穹崇南面”。

② 加爾聰明：劉道明集《武當福地總真集》卷下，任自垣纂修《勑建大嶽太和山誌》卷，方升纂修《大嶽誌畧》卷一，王佐修、愼旦等纂《大岳太和山誌》卷二均爲“嘉爾聰明。”

屬職方。靈應玄天，宜崇封典。睠言真武，昔護先朝定都，人馬之宫嘗現龜蛇之瑞。雖昭應已修於明祀，而仙源未表於徽稱。爰命太常，議行褒禮。謂元者善之長，聖德合於一元；聖則化而神，元功同於三聖。拯濟民生而仁周宇宙，廓清世運而威暢風霆。訂鴻名而既嘉，宣寵光而何忝。於戲，天道主宰謂之帝，四季永鎮於山川。帝室眷命受於天，萬年永安乎宗社。思皇多祉，祐我無疆。特加號曰“玄天元聖仁威上帝”。

仁宗延祐元年九月加封聖父詔曰 上天眷命，皇帝聖旨：朕聞越有貴神，是爲玄帝。發祥大國，學道名山。位鎮北方，開皇家之景運；威加海内，殄庶域之妖氛。既昭報於純鳌，宜推①尊於聖父。元包有極，所以融一炁之胚胎；慶衍真源，所以綏萬年之祉禄。庸加美號，用答殊休。聖父浄樂天君明真大帝，可加封：“啓元隆慶天君明真大帝”。

加封聖母詔曰 上帝眷命，皇帝聖旨：昔有上仙，降生玄帝，一炁難名其妙用，萬方咸仰其英威。睟宇天臨，顧洋洋而如在；祥光日耀，信赫赫以長存。昌期既協於剖符，大號宜加於鏤牒。著母儀之特盛，配父道之常尊。聖躬有賴於擁全，慈仁永洽於帝祚。益期昌熾，福禄來仍。聖母善勝天后瓊真上仙，可加封：“慈寧毓德天后瓊真上仙”。

泰定帝泰定二年十二月封火神曰 上天眷命，皇帝聖旨：咸秩無文，異於灾旱，寰轍有覘一典也。惟爾火神，原於道家之説，式②著天關之名。克相予守土之臣，傷農閔雨，使年穀以順成，厥靈赫然。於戲，二氣良能，以至誠而有感；百神受職，宜定功以行封。可封“靈耀將軍”。

封水神曰 上天眷命，皇帝聖旨：建用皇極，以協雨暘，敬重明神

---

① 推：王佐修、慎旦等纂《大岳太和山誌》記爲“惟”。
② 式：王佐修、慎旦等纂《大岳太和山誌》記爲“或”。

而消旱暵，感通一理也。惟爾水神，原於道家之説，於昭地軸之名。克相予守土之臣，傷農閔雨，使年穀以順成，厥靈赫然。於戲，靡神不舉，用追跡於先王；依人而行，尚睠懷於下土，可封“靈濟將軍”。

國　朝

永樂十六年御製碑　蓋聞大而無迹之謂聖，克周無窮妙不可測之謂神。是故，行乎天地，統乎陰陽；出有入無，恍惚翕張；驂日馭月，鼓風駕霆；倏而爲雨，忽而爲雲；禦灾捍患，驅沴致祥；調運四時，橐籥萬彙；陶鑄群品，以成化工者，若北極玄天上帝真武之神是已。按道書，神本先天始炁五靈玄老大①陰天一之化。生而神靈，聰以知遠，明以察微，潛心念道，志契太虚，乃入武當山修真内鍊，心一志凝。遂感玉清元君，授以無極上道。功滿道備，乘龍天飛，歸根復位，顯名億劫，與天地悠久，日月齊并。武當，舊名太和，謂非玄武不足以當之，故名曰武當。蟠踞八百餘里，高列七十二峯，三十六巖之奇峭，二十四澗之幽邃。峯之最高曰天柱，境之最勝曰紫霄、南巖，上出游氛，下臨絶壑，跨洞天之清虚，凌福地之深窅。南巖皆有宫。又自南巖北下三十里，有五龍宫，又四十里抵山趾有真慶宫，俱爲祀神祝釐之所，元末悉毁於兵燹，荆榛瓦礫，廢而不舉。天啓我國家隆盛之基，朕皇考太祖高皇帝以一旅定天下，神陰翊顯佑，靈明赫奕。肆朕起義兵，靖内難，神輔相左右，風行霆擊，其蹟甚著。暨即位之初，茂錫景貺，益加炫耀。至若榔梅再實，歲功屢成，嘉生駢臻，灼有異徵。朕夙夜祗念，罔以報神之休。仰惟皇妣，劬勞恩深，昊天罔極，以盡其報。惟武當神之攸棲，肅命臣工，即五龍之東數十里勝地焉，刱建玄天玉虚宫；於紫霄、南巖、五龍刱建太玄紫霄宫、大聖南巖宫、興聖五龍宫；又即天柱之頂，冶銅爲殿，飾以黄金，範神之像，享祀無極。神宫仙館，焕然維新。經營之始，至

① 大：王佐修、慎旦等纂《大岳太和山誌》記爲“太”。

于告成之日，神屢顯像，祥光燭霄，山峯騰輝，草木增色，靈氣聚散，變化無狀，衆目咸覩，跽拜啃啃。榔梅垂實，加前數倍，九地啓秘，金杵躍出，陰陽著精①，玄質流潤，靈異紛員，莫能殫紀，神之響應，有如此者。遂命道士爲提點，主領各宫，飭嚴祀事，昭答神貺。上資薦揚皇考太祖高皇帝、皇妣孝慈高皇后在天之靈，下爲天下臣庶祈迓繁祉。雖然神之浮游混沌，變化無方，此感彼應，無往不之。然非此無以達朕之誠，與夫天下虔敬之心也。况山川冲和之氣融結於斯，與神相爲表裏。神之陟降往來，飄飖揮霍，顧瞻舊遊，豈不徘徊於斯乎！則是宫觀之建，有不可無。謹爲文，刻山中，以彰神功，永永無窮焉。

仁宗皇帝《蟾宇歌》 太初灝灝氣杳冥，混沌肇判分清寧。輕清懸像濁成形，二儀坎乾萬彙生。孰綱維是道乃經，二五之精妙合凝。糸爲三才人至靈，箇中孰能尤粹精。瀟然物外離塵纓，若人賦稟淑且清。早歲學道棲岩洞，葆和修真久乃成。虚室生白斯其徵，皓如蟾魄涵晶明。放之六合彌光瑩，斂之方寸何虧盈。抗志雲霞豈慕名，和光時俗匪耽榮。道積厥躬聲乃宏，奉祀大岳昭虔誠。祝釐祚國召嘉禎，景星煌煌泰階平。醴泉泠泠甘露馨，有時飛舄來瑶京。校讐玄文司權衡，淋漓金薤昭日星。獻納承恩道譽增，玄門光顯揚休聲。願言功行如月恒，竚看躡雲登蓬瀛，竚看躡雲登蓬瀛。

仁宗皇帝即位《祭真武文》 維洪熙元年歲次乙巳二月辛丑朔越十五日乙卯，皇帝遣禮部左侍郎胡濙致祭于北極真武之神曰："惟神道高玄妙，功運化權，廣濟生靈，陰翊皇度。兹予嗣位之始，虔修告祀，伏惟歆格，永祚家邦。尚享。"

宣宗皇帝即位《祭真武文》 維宣德元年歲次丙午十二月乙丑朔越

① 著：任自垣纂修《勅建大嶽太和山誌》記爲"儲"。

十一日乙亥，皇帝遣太常寺寺丞袁正安致祭于北極真武之神曰："惟神参贊玄化，顯相邦家。我皇祖崇建祠宫，昭答靈貺。兹予嗣位之初，謹用祭告，惟神昭格，茂錫靈休。尚享。"

英宗皇帝即位《祭真武文》 維正統元年歲次丙辰正月丁卯朔越十五日辛巳，皇帝遣平江伯陳佐致祭于北極真武之神曰："惟神丕顯靈化，佑我家邦，袪灾凝祥，永世斯賴。予嗣承大統，屬兹紀元之初，敬用祭告，用祈洪庥，尚享。"

景皇帝即位《祭真武文》 維景泰元年歲次庚午閏正月丙午朔十五日庚申，皇帝遣翰林院侍講徐珵致祭于北極真武之神曰："惟神丕顯靈化，佑我家邦，袪灾凝祥，永世斯賴。予嗣承大統，屬兹紀元之始，敬用祭告，用祈洪庥。尚享。"

英宗皇帝復即位《祭真武文》 維天順元年歲次丁丑四月甲午朔越二十日癸丑，皇帝遣定西侯蔣琬致祭于北極真武之神曰：惟神玄元之化，天一之尊，爲世造福，式顯神功，佑我邦家，萬世永賴。今予復正大位，改元之初，敬用祭告。尚祈鴻庇，保兹太平。尚享。

憲宗皇帝即位《祭真武文》 維成化元年歲次乙酉四月丁丑朔越二十日辛丑，皇帝遣吏科左給事中沈瑶致祭于北極真武之神曰："惟神尊居坎位，玄化無方，護我國家，威靈顯著。今予嗣承大統，特用祭告，神其鑒佑，永永無斁。尚享。"

憲宗皇帝紫霄宫《神像記》 朕聞自開天以來即有此山。自元始以來即有此神。神乃北極玄天上帝真武是已，山乃大岳太和是已。神非兹山無以爲棲真之所，山非兹神無以侈靈勝之名。是故，歷代搆造殿宇，欽崇之不衰。我太祖高皇帝平定海宇，惟神默相，靈明赫奕，嘗於南京建廟奉祀之矣。太宗文皇帝肅靖内難，惟神陰佑，厥蹟誕著，特於兹山大造宫祠，及於北京復建行宫奉祀之矣。英考睿皇帝光復大位，惟神屡現奇應，亦既命官函香奠幣，致敬尤篤。朕繼紹大統十有五年，仰思先志，敢不祗承，矧家國乂安，夷夏懷服，無爲之治於斯爲盛，豈不賴於神之翊賛而能爾邪？昭答之典，在所必行。肆命工爲像，徃安於太玄紫霄宫：聖像一，從官像四，皆範銅爲之，而鍍以金；水火神二，亦銅體金餝；而各類其像、供器、香爐、瓶、盂、鍾、磬，總十一事，既堅既完，載鮮載潔。特遣太監陳喜送詣宫所奉安，永享四方之香火，永壯世人之觀瞻。夫神分身降世，變化無窮，恍惚翕張，出無入有，禦灾捍患，濟物度人，數出禎祥，祚我家國，繼自今願，丕揚神道，斡運化機。俾上而聖母福壽無窮，于以昭朕之孝；下而儲嗣繁衍未艾，于以昭朕之仁；宫闈清吉，于以昭朕治内之嚴；臣僚效忠，于以昭朕使臣之禮；黔黎於變，于以昭朕之化；夷狄來王，于以昭朕之威。以迄四時行，百穀登，群生遂，化工成，庶乎神有感必應，而朕虔奉之誠亦不虚矣。雖然朕之所望庇於神者，豈止一時如是而已哉？謹爲文刻碑，以彰神功於不朽云。

太和宫神像記　宫在均州南百二十里太和山天柱峯之上，乃我皇高祖太宗文皇帝剏建，以奉北極玄天上帝真武之神之所也。神向於此修真得道，神功威烈，最爲顯著。以故，歷世徃徃建祠崇奉之不替。方我文祖肅清①内難之初，神每陰護顯相，用寧邦家。是以文祖感焉，乃即神肇蹟之地，弘搆宫殿，以爲崇奉之所者也。而又於絶頂冶銅爲殿，餝以黄金，其崇奉之典，萬古未有也。暨朕嗣統，君臨億兆，十年于兹，固由我祖宗德澤流衍，皇考、聖母教育所致，然亦豈不陰有賴於神靈之賛祐歟！兹欲昭答神貺，無以表誠。乃命工範金爲像二堂，安於大岳太和宫者：真武聖像一，從官像四，皆銀爲之，而間餝以金；神帥十，皆銅爲之，而鍍以金；又爲餝金雕鏤重簷木殿覆焉。安於玄天玉虚宫者：真

① 清：王佐修、慎旦等纂《大岳太和山誌》記爲“靖”。

武聖像一，從官像四，皆銅爲而金鍍之，俱琢白石爲之座焉；二堂水火，以銀以銅各從其像；硃漆梓金供卓各一，其供器銀鍍金者十有四，銅鍍金者二十有二，總三十八事；銅提爐二、石磬一、銅鍾一、綺羅銷金旛幢傘并雜色旛，總百十有八。特遣中官太監陳喜、廖恭、韋惲、劉斌，右少監李本，奉御藍富，送詣宫所，設齋奉安，永爲瞻仰。惟神陟降徃來，益著靈貺，儲祥錫福，佑我國家。俾朕上奉慈闈萬年，下延嗣亀千億，内而宫壼協吉，外而邦國平寧；近而黎庶乂安，遠而蠻貊賓服，凡厥有生，無不成遂。庶有以副朕崇奉之誠，見神響應之妙也。因紀以文，用垂示於久遠云。

孝宗皇帝即位《祭真武文》 維弘治元年歲次戊申四月甲午朔十二日乙巳，皇帝遣陽武侯薛倫致祭于北極真武之神曰："惟神尊居坎位，玄化無方，護我國家，威靈顯著。今予嗣承大統，特用祭告。神其鑒佑，永永無斁，尚享。"

武宗皇帝即位《祭真武文》 維正德元年歲次丙寅三月辛巳朔越二十七日丁未，皇帝遣崇信①伯費柱致祭于北極真武之神曰："惟神尊居坎位，玄化無方，護我國家，威靈顯著。今予嗣承大統，特用祭告，神其鑒佑，永永無斁。尚享。"

武宗皇帝《告真武祈雨文》 今歲已來，雨暘愆候，田苗枯槁，黎庶憂惶。予心兢惕，虔致禱祈。惟神矜民，旋斡太和，式調和氣，以濟民艱。庶民有豐稔之休，神亦享無窮之報。

武宗皇帝《告真武弭盗文》 近歲以來，群盗爲梗。生靈被害，在在有之。命将徂征，稍臻平定，餘灾未殄，尚累天和，水旱相仍，妖祥

① 信：王佐修、慎旦等纂《大岳太和山誌》記爲"儀"。

疊見。永思厥咎，良切疚心。爰與群臣餙躬修政，同期昭格，庸迓神庥。伏冀神明，憫兹黎庶，轉灾爲福，綏我家邦，不勝惓惓懇禱之至。

世宗皇帝即位《祭真武文》 維嘉靖元年歲次壬午四月丁丑朔越二十五日辛丑，皇帝遣工部右侍郎陳雍致祭于北極真武之神曰："惟神尊居坎位，玄化無方，護我國家，威靈顯著。今予嗣承大統，特用祭告，神其鑒佑，永永無斁。尚享。"

世宗皇帝重修宫殿《祭謝真武文》 維嘉靖三十一年歲次壬子九月庚辰朔初九日戊子，皇帝遣工部右侍郎陸杰致祭于北極佑聖真君曰："兹者奉修玄聖宫宇，屬當興工之始，即感神彰顯應，圓光屢現，敬仰真庥。謹用遣官祭謝，伏祈聖真昭格，永垂庇祐，錫慶邦家。謹告。"

世宗皇帝御製重修大岳太和山玄殿紀成之碑 朕惟大岳太和山，廼北極玄天上帝修真顯化成道之所。帝以天一之精，降靈人世，感召天神授無極上道。丹成上昇，歸祠之位①。瓊臺受册，功德巍巍，莫可殫述。歷代崇封，罔不辟神栖，嚴祀事。肆我成祖文皇帝，惟帝陰翊皇度，赫有顯徵。特敕隆平侯張信、駙馬都尉沐昕等，率領官員軍夫人匠二十餘萬，建宫觀凡三十三處，天柱峯冶銅爲殿，黄金餙之，範金爲像，置設精嚴。落成敕名爲"大岳太和山"。其地之形勝，與神之靈蹟，宫宇之宏壯，載於成祖御製碑文，可考也。朕皇考封藩郢邸，實當太和靈脉蜿蜒之勝，歲時崇祀惟謹。肆朕入承大統以來，仰荷垂佑，洊錫庥祥，祗念帝功，報稱莫罄。深慮歲久，宫殿圮壞，宜加修餙。爰發内帑，申命部臣，往督其役。以嘉靖壬子年六月肇工，於凡宫殿、門廡、齋堂，藉以妥靈而供祀者，悉鼎新之，仍揭以坊額曰"治世玄岳"。經營之始，即蒙真光顯現，瑞氣氤氲，變化不一。豈帝昭靈貺，以嘉答于誠。故所應若

① 歸祠之位：王佐修、慎旦等纂《大岳太和山誌》記爲"歸司之位"。

斯之偉異歟！大工告成，部臣具奏，請朕文勒碑，用垂永久。惟書有之，類于上帝，禋于六宗，望于山川，徧于群神。故岳、鎮、海、瀆。在祀典有常秩，奉妥有常宇。維此大岳，特超中土，峯嶺峻拔，亘天關而盤地維，信爲仙聖所都，而帝護國翊運，威靈顯彰，致祖宗建丕丕業，既而定都幽燕，位應玄冥，是以掃犂腥膻，廓清華夏，惟神陰助，風行霆擊，天戈所臨，無往弗蹟。二百年來，民安國阜，媲隆三五，雖或一二氣數不齊，邊疆小警，旋即殄逐。至如庚戌内之大奸，每即褫殛。豈尋常山之神，能出雲雨捍患灾一節之功所可並者歟。此神宇之修嚴不可少懈也。《書》曰："鬼神無恒，享于克誠。"朕仰法祖宗，祇若明祀，神之佑之，庶其益加隆盛，薰蒸和氣，覆育群生，宗社靈長，山河鞏固，則神其永永無疆，惟朕躬亦荷無疆，惟慶矣！是用勒文于碑，與天地而同其悠久云。嘉靖三十二年十月二十五日。

今上皇帝即位祭真武文　維隆慶元年歲次丁卯十一月壬子朔越二十一日壬申，皇帝遣尚寶司少卿徐琨致祭于北極真武之神曰："惟神尊居北極，福德丕昭，佑我皇明，夙彰靈應。兹予嗣承大統，特用祭告，神其歆鑒，丕揚顯赫之靈，永翊昌隆之祚。尚享。"

卷之三

列聖敕諭

敕創建宫觀

永樂十年七月十一日，欽降示諭官民工役黄榜 皇帝諭官員軍民夫匠人等：武當天下名山，是北極真武玄天上帝修真得道顯化去處，歷代都有宫觀，元末被亂兵焚盡。至我朝，真武闡揚靈化，陰佑國家，福被生民，十分顯應。我自奉天靖難之初，神明顯助，威靈感應至多，言説不盡。那時節已發誠心，要就北京建立宫觀，因爲内難未平，未曾滿得我心願。及即位之初，思想武當正是真武顯化去處，即欲興工創造，緣軍民方得休息，是以延緩到今。而今起倩些軍民，去那裏創建宫觀，報答神惠，上資薦揚皇考皇妣，下爲天下生靈祈福。用工夫不多，至容易不難。特命隆平侯張信、駙馬都尉沐昕等把總提調。管工官員人等，務在撫郵軍民夫匠。用工之時，要愛惜他氣力，體念他的勤勞；關與糧食，休着他受饑寒；有病着官醫每用心調治。都不許生事擾害。違了的，都拿将來，重罪不饒。軍民夫匠人等，都要聽約束，不許奸懶。若是肯齊心出氣力呵，神明也護佑，工程也易得完成。這件事不是因人説了纔興工，也不因人説便住了工。若自己從來無誠心呵，雖有人勸，着片瓦工夫也不去做；若從來有誠心要做呵，一年竪一根棟、起一條梁，逐些兒積累，也務要做了。恁官員軍民人等，好生遵守着我的言語，勤謹用工，不許怠惰，早完成了回家休息。故諭。

永樂十一年八月二十五日，敕正一嗣教①真人張宇清 武當天下名山，真武成道靈應感化之地。元末，宫觀悉燬于兵，遂使羽人逸士修鍊學道者，無所依仰。朕積誠于中，命創建宫觀。上以資薦皇考皇妣在天之靈，下以爲天下生靈祈福。俾雨暘時，若災沴不生，年穀豐登，家給人足。今宫觀已告成，神明屢顯休應，圓光煜爗，五色燦爛，神像昭彰，見于光内。觀者數千萬人②，咸加嘆異。已賜名曰：玄天玉虚宫、太玄紫霄宫、興聖五龍宫、大聖南巖宫。然此名山勝境，必得高人羽士以住持看守。大聖南巖宫，已嘗命正一孫碧雲爲住持外，其三處爾即選有道行者各二人爲住持，别選至誠敬謹道士，每處各五十名看守。如一時選揀不出，隨爾所選得若干人，就分派四處看守，精進修行，興隆道教。故諭。

永樂十七年四月二十九日，敕隆平侯張信、駙馬都尉沐昕 浄樂國之東，有紫雲亭，乃玄帝降生之福地。敕至，即於舊址仍創紫雲亭。務要弘壯堅固，以稱瞻仰。其太子巖及太子坡二處，各要童身真像。爾即照依長短闊狹，備細畫圖進來。故敕。

敕重修宫觀

嘉靖三十一年二月十九日，傳奉聖旨 朕成祖大建玄帝太和山福境，安鎮華夷，厥靈赫奕。計今百數十年，必有弗堪者。朕今命官奉修便行，與湖廣撫按官督同該道官，詣山勘視應合修理處所，估計工費，限四十

---

① 嗣教：原誌書無“教”字。按任自垣纂修《勑建大嶽太和山誌》所記，補“教”字。

② 觀者數千萬人：《道藏大明玄天上帝瑞應圖録》爲“觀者數十萬人”。

日以裏回奏，工部知道。

嘉靖三十一年　月　日，欽差巡撫都御史屠大山等題　嘉靖三十一年三月初九日酉時，准工部差千户吴堂齎咨到臣，内開本年二月十九日卯時，該司禮監太監王利於迎和門傳奉聖旨："朕成祖大建玄帝太和山福境，安鎮華夷，顯①靈赫奕。計今百數十年，必有弗堪者。朕今命官奉修便行，與湖廣撫按官督同該道官，詣山勘視應合修理處所，估計工費，限四十日以裏回奏。工部知道。欽此。"又准本部咨，該本部題前事，奉聖旨："是。不許違悮。欽此。"欽遵，臣會同巡按②湖廣監察御史胡宗憲，議照太和山實玄帝棲真之所，安鎮華夷。其宫觀祠宇，自我成祖文皇帝剏建以來，百數十年，歲月既久，不無損漏。惟金殿一座，在太和山之絶頂者，冶鑄堅完，粧飾精巧，未有損壞。自太和山宫以下，類有弗堪，誠如聖諭，委宜及時修理，以光前烈。臣等悉心逐一勘視，罔敢遺漏。理合具奏，伏乞敕下該部，再加查議，上請定奪等因。奉聖旨："既勘計明白，便修理。着原任侍郎陸杰提督工程。寫敕與他，即赴工所。工部知道。欽此。"

嘉靖三十一年六月　日，敕原任工部右侍郎陸杰　朕惟我成祖大建玄帝太和山福境，安鎮華夷，顯靈赫奕，計今百數十餘年，宫觀祠宇等處不無損壞，若不及時修理，慮恐日就傾頽，其何以棲真妥神，祝釐保國。已令湖廣撫按官勘視回奏，玆據各官備将應合修理處所，并估計工費等項前來。今特命爾前去提督工程。爾宜查照該部題准事理，會同撫按官，将應修宫觀祠宇處所，會勘明白，即便興工修理。合用物料，於見頒去官銀及有司動支處辦聽用。其一切應行事務，爾等湏酌議停當，隨宜增損。事完，通将辦過工程，用過物料，銀两數目，造册奏繳朝廷。

---

① 顯：王佐修、慎旦等纂《大岳太和山誌》記爲"厥"。

② 巡按：王佐修、慎旦等纂《大岳太和山誌》記爲"巡撫"。

以爾素有才望，特兹簡任。爾宜敬慎從事，體朕崇奉玄聖至意，不可纖毫怠忽。務期工作堅固壯實，用副我皇祖功烈，萬萬年同其久遠。欽哉，故敕。

欽降像器

成化九年七月二十九日　欽降聖像共三十尊，供器三副全，于太和、玉虚宫安奉。

成化十二年正月十五日　欽降銅爵盞一百四十七箇。《真武經》五百本，分布玉虚等七宫。

成化十二年十一月　欽降龍牌十三座，于玉虚等宫安奉。

成化十四年六月二十九日　欽降聖像共十尊，供器全。

成化十九年九月初八日　欽降聖像一堂，于五龍宫安奉。供器全。

成化二十二年九月初一日　欽降聖像三千四百六十軸，道經七千卷。

弘治七年八月初九日　欽降聖像一十九尊，供器全，紵絲旛三十對。

弘治十年四月二十七日　欽施銀七百两，各色旛三十一對。

弘治十二年十月初八日　欽施銀五千六百两，各色旛五十四對。

弘治十四年七月二十五日　欽降聖像五尊，供器全。

弘治十五年十二月二十五日　欽安聖像銀三千两。

弘治十八年十一月十一日　欽降聖像一堂，于太和山金殿安奉。

正德二年八月初三日　欽降聖像一堂，于太和山安奉。

嘉靖五年二月十六日　欽降聖像一堂，于浄樂宫安奉，供器全。

嘉靖三十二年十一月二十四日　欽降旛二十八對，頂帳四十四副全。

蠲免征差

永樂十五年二月十九日，隆平侯張信，早於奉天門奏　大岳太和山附近湖廣襄陽府均州，合無将那本州該管軍民人户，與免科差，分派輪流前去玄天玉虚宫等處守護山場，灑掃宫觀。奉聖旨："是。税糧依舊着辦，其餘科差都免了。欽此。"

洪熙元年正月十三日，敕湖廣都指揮使司　朕皇考太宗文皇帝臨御之日，創建大岳太和山宫觀，上以資薦皇祖考、皇祖妣在天之靈，下爲四海蒼生祈迓福祉。工既告完，已敕湖廣布政司右參議諸葛平常川用心巡視，遇有損壞隨即修整。朕今祇承鴻業，篤念皇考先志，實欲虔奉祀事於悠久，以冀利澤於無窮。敕至，即免爾均州一千户所軍餘、雜泛、差役，盡數存留在州，聽参議諸葛平及千户朱彝提督。但遇宫觀有損壞滲漏之處，隨即修理；溝渠路道有淤塞不通之處，隨即整治。務使宫觀永遠完美，溝渠路道永遠通利，庶稱朕心。兹特以敕諭，爾等其敬承之毋怠。故敕。

宣德元年正月十七日　敕蠲免子粒。同前。

成化五年五月二十四日 敕黜免征差。同前。

弘治八年九月 敕黜免子粒。同前。

佃户附

永樂十四年九月初三日，該隆平侯張信傳奉聖旨 武當山各宫觀，别無田糧供贍，着户部差官去踏勘附近閑田，着法司撥徒流犯人五百名，去那裏做佃户，專一耕種供贍。若是本山宫觀邊厢，有百姓每的田地，就見數撥與佃户每種，另尋田土撥與百姓。欽此。

景泰五年二月二十四日，湖廣布政使司爲民情等事奉聖旨 同前。

敕護山場

成化十二年，欽奉《敕諭官員軍民諸色人等》 朕惟大岳太和山興聖五龍宫自然庵，乃羽士棲真之所，上爲國家祝釐，下爲生民祈福者也。其地東至青羊澗，西至行宫，南至桃源澗，北至明真庵，爲庵中永業。恐年久被人侵毁，特賜護持。凡官員軍民諸色人等，毋得欺凌侵占，以阻其教。敢有不遵朕命者，論之以法。其本庵道士張復心所居之處，賜名長生巖。故諭。

成化十七年十月二十四日，欽奉《敕諭官員軍民諸色人等》 朕惟大岳太和山乃玄帝顯靈之所，天下名山也。其形勝蟠踞八百餘里，而中峯、巖、灘、澗、宫、觀、河、橋竝峙横跨焉。盖以神妙莫測，冲用潛通，上以佑助國家，下以錫福生民，故歷代迄今崇奉之有加。往者，石板灘迎恩橋累被山水暴發衝損，人以爲患。提督太監韋貴，自備資財，乃於橋東創建觀宇，奉神鎮奠之，數年來果獲顯應，前患用弭，人賴以安。朕嘉之，已賜額曰“迎恩”，蓋昭神貺也。至是，貴又奏乞照本山宫觀例，凡有滲漏損壞，一體修理；及令道士計崇虚於内領衆焚修。朕特俞允，仍降敕護持之。繼今以往，一應官員軍民諸色人等，毋得侵毁褻瀆、生事擾害。敢有阻壞其教，不遵朕命者，國有常憲。故諭。

以後護守山場敕凡五道。俱類前敕，故不悉録。

敕存留香錢

嘉靖十七年三月　日　禮部爲遵敕諭，請明旨存香錢，免借貸，以便祀神修理，預備凶荒賑濟事，奉世宗肅皇帝聖旨：“是。這香錢着存留本山備用。不許有司借貸。禮部知道。欽此。”

嘉靖二十一年三月　日　欽差提督大岳太和山内官監左少監王佐題前事。

嘉靖二十四年十二月初七日　本官覆題前事。

嘉靖三十一年正月十一日　本官覆題前事，俱奉世宗肅皇帝聖旨：“這香錢着照舊例行。該衙門知道。欽此。”欽遵。

隆慶二年五月初六日　欽差提督大岳太和山内官監太監柳朝謹題，爲懇乞天恩復舊制，隆聖典，以正紀綱，以便遵敕焚修事。本年六月初九日，奉聖旨：“武當山玄聖之處，是我祖宗佑國保民之際，如何這等紊亂，都着照舊行。禮部知道。欽此。”欽遵。

隆慶三年三月十二日　本官覆題前事。本年四月初六日，奉聖旨：“這香錢照舊存留本山，修理等項用。户部知道。欽此。”欽遵。

敕提督藩臣

舊誌藩臣，列於内臣之後。今查得敕藩臣，在永樂二十二年，敕内臣在正統十年，故改列於前①。

永樂二十二年二月十九日，敕湖廣布政司右叅議諸葛平 朕創建大岳太和山宫觀，上資薦揚皇考、皇妣二聖在天之靈，下爲四海蒼生祈迓福祉，以敷利澤於無窮②。然工作浩繁，皆天下軍民辛勤勞苦，久而後成③。今工已告完④，特敕爾常川巡視⑤，遇宫觀有滲漏處⑥，隨即修理；溝渠道路有淤塞處⑦，即便整治。合用人工，就於均州千户所官軍撥用。務使宫觀完美，溝渠道路通利⑧，庶不隳廢前工，以虔祀事於悠久。如此，則神明昭鑒，使爾享無窮之福。若玩法偷安，致宫觀損濕，

① 敕内臣在正統十年，故改列於前：據任自垣纂修《勑建大嶽太和山誌》卷二載，敕差内臣陳埜提督太和山在宣德十年三月，而不在正統十年。

② 以敷利澤於無窮：任自垣纂修《勑建大嶽太和山誌》卷二，方升纂修《大嶽誌畧》卷一，王佐修、慎旦等纂《大岳太和山誌》卷九均爲“用期綿遠，以敷利澤於無窮”。

③ 皆天下軍民辛勤勞苦，久而後成：據任自垣纂修《勑建大嶽太和山誌》卷二，爲“實皆天下軍民之力，辛勤勞苦，涉歷寒暑，久而後成”。

④ 今工已告完：任自垣纂修《勑建大嶽太和山誌》卷二，方升纂修《大嶽誌畧》卷一，王佐修、慎旦等纂《大岳太和山誌》卷九均爲“今工已告成完”。

⑤ 特敕爾常川巡視：任自垣纂修《勑建大嶽太和山誌》卷二，方升纂修《大嶽誌畧》卷一，王佐修、慎旦等纂《大岳太和山誌》卷九均爲“特用敕爾常川用心巡視”。

⑥ 遇宫觀有滲漏處：任自垣纂修《勑建大嶽太和山誌》卷二，方升纂修《大嶽誌畧》卷一，王佐修、慎旦等纂《大岳太和山誌》卷九均爲“遇宫觀有滲漏透濕之處”。

⑦ 溝渠道路有淤塞處：任自垣纂修《勑建大嶽太和山誌》卷二，方升纂修《大嶽誌畧》卷一，王佐修、慎旦等纂《大岳太和山誌》卷九均爲“溝渠路道有淤塞不通之處”。

⑧ 任自垣纂修《勑建大嶽太和山誌》卷二爲“務使宫觀長年完美，溝渠路道永遠通利”。方升纂修《大嶽誌畧》卷一，王佐修、慎旦等纂《大岳太和山誌》卷九均爲“務使宫觀常年完美，溝渠道路永遠通利”。

溝渠淤塞①，則罰及爾身，將不可悔。故敕。

宣德十年三月十六日，敕禮部員外吴禮及均州千所 今命尚膳監左監丞陳埜，前來與爾吴禮一同提督均州千户所軍餘，常川巡視大岳太和山宫觀，遇有滲漏損壞之處，隨即修理；溝渠路道有淤塞不通之處，隨即整治，俾宫觀永遠堅固完美。及本所軍餘、雜泛、差役及屯田子粒，照舊盡行蠲免。襄陽衛原撥官軍四百二員名，俱放回操備。故諭。

正統元年十一月初七日，敕行在禮部郎中邵正 昔我皇曾祖太宗文皇帝，創建大岳太和山宫觀，虔奉祀事，以冀利澤於悠久。我皇祖仁宗昭皇帝、皇考宣宗章皇帝臨御之日，篤念先志，特優免均州一千户所軍餘、雜泛、差役；并敕湖廣都司、布政司，将本所屯田子粒盡行除免。凡遇宫觀有滲漏損壞之處，隨即整治②。朕今嗣承大位，一遵祖宗之心，虔奉祀事，弗敢少怠。兹特命爾前去，與大岳太和山玄天玉虚宫提點及均州千户所千户，一同提督軍餘修理。務在恭勤趨事，使宫觀永遠完美，溝渠路道永遠通利，庶稱朕心。如或怠慢及私役軍餘，則罰及爾等，不可悔矣。故敕。

正統七年二月十八日，敕③叅議李倜。

---

① 致宫觀損濕，溝渠淤塞：任自垣纂修《勑建大嶽太和山誌》卷二，方升纂修《大嶽誌畧》卷一均爲“致宫觀損濕，溝渠路道淤塞不通者”。王佐修、慎旦等纂《大岳太和山誌》卷九爲“致宫觀損濕，溝渠道路淤塞不通者”。

② 凡遇宫觀有滲漏損壞之處，隨即整治：任自垣纂修《勑建大嶽太和山誌》爲“凡遇宫觀有滲漏損壞之處，隨即修理；溝渠道路有淤塞不通之處，隨即整治”。方升纂修《大嶽誌畧》卷一，王佐修、慎旦等纂《大岳太和山誌》卷九，均爲“凡遇宫觀有滲漏損壞之處，隨即整治”。

③ 敕：原誌記載無“敕”字。王佐修、慎旦等纂《大岳太和山誌》卷九，均有“敕”，特加“敕”字。後同。

景泰元年九月二十七日，敕叅議樊敩。

景泰五年九月十二日，敕叅議黄順。

以上三員，俱同正統元年郎中邵正敕。

天順四年三月十九日，敕大岳太和山提調官右叅議李孟芳　朕念大岳太和山宫觀，是祖宗創建棲神之所。今命爾同内官奉御唐廣提督均州千户所官軍，專一照管灑掃。凡遇宫觀滲漏損壞者，隨即修理如新；及橋梁坍塌、溝渠淤塞、道路毁阻，隨即補砌疏通，整理堅完。務在廟貌森嚴，道衆潔浄，虔奉祀事，供養香火，以祈福佑於悠久，庶不負朕敬神之意。毋或不正其身，縱欲圖利，私役軍餘，科擾下人，及怠惰廢弛，肆無忌憚，自取罪愆，朕不爾宥。爾其慎之。故敕。

成化八年八月初八日，敕大岳太和山提調官湖廣布政司右叅議王豫

朕念大岳太和山宫觀是祖宗創建棲神之所。今仍命爾與左監丞韋貴，率同玉虚宫提點、均州千户所千户，提督軍餘，專一照管灑掃。凡遇宫觀滲漏損壞者，隨即修治如新。及橋梁坍塌、溝渠淤塞、道路頹毁者，隨即補砌疏通，整理堅完。務在廟貌森嚴，道衆潔浄，虔奉祀事，供養香火，以祈福佑於悠久，庶不負朕敬神之意。毋或不正其身，縱欲圖利。無事之日，仍提督正伍官軍，操守城池，防禦盜賊。或本處并隣近府縣草寇生發，本所官軍相應調用，聽鎮守總兵等官與爾等計議，斟酌施行。其餘一應雜泛、征差、運糧、屯田等項，一體優免。爾宜恪遵朕命，恭勤趨事，不許怠忽廢弛及在彼生事，私役科尅，虐害下人，自取罪愆。爾其慎之慎之。故敕。

成化十一年三月十六日，敕①叅議梅倫。

成化十五年十一月十六日，敕叅議韓文。

成化十六年十一月十六日，敕叅議李謙。

成化二十三年三月二十八日，敕叅議龔膺。

弘治三年二月二十日，敕叅議馬銓。

弘治五年　月　日，敕叅議張轂。

以上六員，俱同成化八年叅議王豫敕。

弘治七年四月十九日，敕大岳太和山提調官并分守湖廣下荆南道兼管撫民布政司右叅議陳睿　朕惟大岳太和山宫觀是祖宗創建棲神之所。今命爾與太監潘記率同玉虚宫提點、均州千户所千户，提督軍餘，專一照管灑掃。凡遇宫觀滲漏損壞者，隨即修治如新；及橋梁坍塌淤塞，道路頽毁者，隨即補砌疏通，整理堅完。務在廟貌森嚴，道衆潔浄，虔奉祀事，供養香火，以祈福佑於悠久。庶不負朕敬神之意。無事之日，爾仍與記提督正伍官軍，操守城池，防禦盗賊，或本處并隣近府縣草寇生發，本所官軍相應調用，聽鎮守總兵并撫治等官與爾等計議，斟酌施行，其餘一應雜泛、征差并運糧、屯田等項，一體優免。今又加爾以下荆南道分守撫民之任。爾不妨本職，往來所屬，巡視地方，将一應附籍安插并陸續逃移人民，必須以時戒飭，嚴加禁約，不許非爲。敢有擾害居民

① 敕：原誌記載無“敕”。王佐修、慎旦等纂《大岳太和山誌》卷九，均有“敕”，特加“敕”，後同。

者，爾即量情懲治。應拿問者，依律拿問。情輕者，照例發落；罪重者，即將正犯枷釘連妻小，差人奏解來京，定發充軍；殺傷人者，處以極刑。若有貪暴官吏，豪横軍民人等，生事欺害迯民者，亦一體依律拿問究治，及凡有可以除奸革弊，便民弭盜之方，聽爾計議審處，或事重難以區畫，具奏處置。遇有妖人聚衆及草寇生發，即調所在官軍，相機撲捕，無致滋蔓。爾爲朝廷簡用，必須嚴公勤慎，敬以奉神，仁以撫下，務在事妥民安，斯稱任使。汝或因循苟且悮事，慢神殃民，必罪不宥。汝其欽承之，毋怠。故敕。

弘治十三年十一月二十九日，敕[1]叅議華山。

正德三年九月二十八日，敕叅議邵棠。

正德七年十一月三十日，敕叅議白金。

正德八年六月初六日，敕叅議張瀚。

正德十二年閏十二月初四日，敕叅議張良弼。

嘉靖二年　月　日，敕叅議陸杰。

嘉靖五年　月　日，敕叅議盧煦。

嘉靖八年　月　日，敕叅議張鯤。

---

① 敕：原誌記載無“敕”。王佐修、慎旦等纂《大岳太和山誌》卷，均有“敕”，特加“敕”，後同。

嘉靖十年　月　日，敕糸議崔桐。

嘉靖十一年　月　日，敕糸議劉彭年。

嘉靖十二年　月　日，敕糸議鄺灝。

嘉靖十三年　月　日，敕糸議陳良謨。

嘉靖十五年　月　日，敕糸議方升。

嘉靖十七年　月　日，敕糸議吴檄。

嘉靖二十年　月　日，敕糸議段續。

嘉靖二十一年　月　日，敕糸議鍾雲瑞。

嘉靖二十二年　月　日，敕糸議秦鏊。

嘉靖二十三年　月　日，敕糸議王鎬。

嘉靖二十五年　月　日，敕糸議張緒。

嘉靖二十七年　月　日，敕糸議吴子孝。

嘉靖二十九年　月　日，敕糸議雷賀。

嘉靖三十二年　月　日，敕糸議王繼洛。

嘉靖三十五年　月　日，敕叅議成子學。

嘉靖三十八年　月　日，敕叅議劉子興。

嘉靖四十年　月　日，敕叅議劉應箕。

嘉靖四十二年　月　日，敕叅議楊儲。

嘉靖四十三年　月　日，敕叅議王楷。

隆慶元年　月　日，敕叅議常三省。

隆慶二年　月　日，敕叅議王應顯。

以上二十九員，俱同弘治七年叅議陳睿敕。

隆慶四年十月三十日，敕湖廣布政司右叅議李存文　朕惟大岳太和山宫觀，是祖宗創建棲神之所。今命爾與差去内臣率同玉虚宫提點、均州千户所千户，提督軍餘，專一照管灑掃，凡遇宫觀滲漏損壞，隨即修治，橋梁坍塌淤塞，道路頹毁，隨即補砌疏通，整理堅完。務在廟貌森嚴，道衆潔凈，虔奉祀事，供養香火，以祈福佑於悠久。本山香錢，會同内臣選委員役收支。無事之日，爾提督正伍官軍，護守城池，防禦盗賊。本處并隣近府縣草寇生發，本所官軍聽總兵等官與爾計議調用，一應雜泛、征差并運糧、屯田等項，查照舊例優免。爾仍不妨本職，分守荆南道，巡視所屬地方撫治。一應附籍安插，并陸續逬移人民，如有擾害居民者，爾即量情懲治。應拿問者依律拿問。情輕者，照例發落。罪重者，即將正犯枷釘連妻小差人奏解來京，定發充軍。殺傷人者，處以極刑。若有貪暴官吏，豪横軍民人等，生事欺害逬民者，亦依律拿問究治。凡有除奸革弊，便民弭盗之方，聽爾計議審處。事體重大者，具實奏聞處置。遇有妖人聚衆爲亂，即便調官軍民兵相機撲滅，毋致滋蔓。爾受兹任使，須廉勤公慎，敬以奉神，仁以撫下。務在事妥民安，斯爲稱職。如或因循誤事，慢神殃民，必罪不宥。爾其欽承毋忽。故敕。

敕提督内臣

正統十年三月十六日，皇帝敕諭尚膳監左監丞陳埜[①] 昔我皇曾祖太宗文皇帝，創建大岳太和山宫觀，虔奉祀事，實欲福佑我國家及天下蒼生於無窮。迨至皇祖仁宗昭皇帝、皇考宣宗章皇帝臨御之日，克紹先志，特將均州一千户所軍餘、雜泛、征差及屯田子粒，盡行優免。但遇宫觀有滲漏損壞之處，隨即修理；溝渠路道有淤塞不通之處，隨即整治，俾宫觀永遠堅固完美。兹特命爾前去與原差禮部員外郎吴禮一同提督，凡有未修殿宇房屋及衝塌橋梁路道，就行修理。已敕吴禮知之。爾宜恪遵朕命，恭勤趨事，不許怠慢，更不許在彼生事，私役軍餘，虐害下人，以取罪愆。其襄陽原撥官軍四百二員名，俱放回操備。故敕。

景泰元年二月初一日，皇帝敕諭内官姜和 昔我皇曾祖太宗文皇帝，創建大岳太和山宫觀，虔奉祀事，實欲福佑我國家及天下蒼生於無窮。迨至皇祖仁宗昭皇帝、皇考宣宗章皇帝臨御之日，克紹先志，特將均州一千户所軍餘、雜泛、差役及屯田子粒，盡行優免。但遇宫觀有滲漏損壞之處，隨即修理；溝渠路道有淤塞不通之處，隨即整治。俾使宫觀永遠堅固完美。兹特命爾，前去與原差湖廣布政司右叅議李倜一同提督，凡有滲漏

---

① 正統十年三月十六日，皇帝敕諭尚膳監左監丞陳埜：任自垣纂修《勑建大嶽太和山誌》卷二爲“宣德十年叁月拾陸日皇帝敕諭尚膳監左監丞陳埜”；方升纂修《大嶽誌畧》卷一，王佐修、慎旦等纂《大岳太和山誌》卷八均爲“宣德十年三月十六日皇帝敕諭尚膳監左監丞陳埜”，且該敕中提到的“禮部員外郎吴禮”因患風疾，已於正統元年離開太和山，故可知此處所記有誤。

損壞殿宇房屋及衝塌橋梁路道，量加修理。爾宜恪遵朕命，恭勤趨事，不許怠慢及在彼生事，私役軍餘，需索財物，虐害下人，以取罪愆。其襄陽衛原撥修理官軍已放回操備者，不許擅自起取。故諭。

景泰五年二月初六日，皇帝敕諭奉御唐廣 昔我皇曾祖太宗文皇帝創建大岳太和山宫觀，虔奉祀事，實欲福佑我國家及天下蒼生於無窮。迨至皇祖仁宗昭皇帝、皇考宣宗章皇帝臨御之日，篤念先志，特将均州一千户所軍餘、雜泛、差役及屯田子粒，盡行優免。但遇宫觀有滲漏損壞之處，隨即修理；溝渠路道有淤塞不通之處，隨即整治，俾宫觀永遠堅固完美。兹特命爾前去與今差湖廣布政司官一同提督。凡有滲漏損壞殿宇房屋及衝塌橋梁道路，量加修理。爾宜恪遵朕命，公勤趨事，不許怠慢及在彼生事，私役軍餘，需索財物，虐害下人，以取罪愆。爾其欽哉。故諭。

成化元年九月十七日，皇帝敕諭奉御韋貴 昔我皇高祖太宗文皇帝創建大岳太和山宫觀，虔奉祀事，實欲福佑我國家及天下蒼生於無窮。迨至皇曾祖仁宗昭皇帝、皇祖宣宗章皇帝、皇考英宗睿皇帝臨御之日，克紹先志，特将均州一千户所軍餘、雜泛、差役及屯田子粒，盡行優免，專一供應宫觀灑掃修理之役。今特命爾與湖廣布政司右条議王豫，率同玉虚宫提點、均州千户所千户提督軍餘，時常灑掃潔净。但遇宫觀殿宇有所滲漏損壞及橋梁道路有所坍塌淤塞，即便修理完整，務爲永遠香火之奉。爾宜恪遵朕命，公勤趨事，不許怠慢，如敕奉行。故諭。

成化八年八月初八日，皇帝敕諭内官監左監丞韋貴 皇高祖太宗文皇帝，創建大岳太和山宫觀，虔奉祀事，實欲福佑我國家及天下蒼生於無窮。迨至皇曾祖仁宗昭皇帝、皇祖宣宗章皇帝、皇考英宗睿皇帝臨御之日，克紹先志，特将均州一千户所軍餘、雜泛、差役及屯田子粒，盡行優免，專一供應宫觀灑掃修理之役。今仍命爾與湖廣布政司右条議王豫，率同玉虚宫提點、均州千户所千户，提督軍餘，時常灑掃潔净。但遇宫觀殿宇有所滲漏損壞及橋梁道路有所坍塌淤塞，即便修理完整，務爲永遠香火之奉。無事之日，仍提督正伍官軍，操守城池，防禦賊盗。或本處并隣近府縣草寇生發，本所官軍相應調用。聽鎮守總兵等官與爾等計議，斟酌施行。其餘一應征差并運糧、屯田等項，一體優免。爾宜恪遵朕命，公勤趨事，不許怠慢廢弛，自取罪愆，爾其勉之慎之。故諭。

成化十二年四月初二日，皇帝敕諭右少監韋貴　近該湖廣鎮守等官奏稱：荆襄二府山深地廣，先因流民嘯聚，爲惡百端，雖經調兵祛遣，然亦有去而復來者，誠恐日漸衆多，難於撫治等因。今特命爾不妨原管事務兼分守荆襄二府所屬州縣并衛所，各該山場哨堡巡司，兼管附近淅川、内鄉二縣，常川操練官軍民壯，修理城堡、器械，撫治流民，緝捕盗賊。凡合行事宜并久安長策，俱照節次禁約事例，會同各該守備都指揮并布、按二司撫民官員，從長計議，斟酌停當而行；有應與鎮守等官計議者，亦須公同計議；應奏請者，具奏定奪。務俾事妥人安，盗賊屏息，地方保無他虞，庶副委任之重，爾其欽承毋怠。故諭。

成化十五年正月十七日，皇帝敕諭太監韋貴　該爾奏稱：原管襄陽府鄖縣，今已添設湖廣行都司與鄖陽府衛，在彼統轄管理軍民。原奉敕内不曾開有前項衙門，以致地方一應之事，往往掣肘難行等因。今特命爾不妨原管事務兼分守湖廣行都司并荆州、襄陽、鄖陽三府所屬州縣并衛所及河南附近淅川、内鄉二縣，各該山場哨堡巡司，督令常川操練官軍民壯，修理城堡、器械，撫恤軍民，禁防流逋，緝捕盗賊，保障地方。凡合行事宜須會同巡按御史，俱照節次禁約事例，督同各該守備都指揮并布、按二司撫民官員，從長計議，斟酌停當而行。不許互相矛盾，有乖事體，貽患地方。其有應與各該鎮守巡撫等官計議者，亦須公同計議，具奏定奪①。爾爲朝廷内臣，受兹委託，尤須持廉秉公，輸忠殫慮。務

---

①　具奏定奪：任自垣纂修《敕建大嶽太和山誌》記爲“應奏請者，具奏定奪”。

必事妥人安，盜賊屏息，地方寧靖，保無他虞，斯爲爾能。爾其欽承毋怠。故諭。

成化十五年五月二十一日，皇帝敕諭太監韋貴　先該爾奏：原奉敕内不曾開有添設添管衙門，事多掣肘難行。已命爾不妨原管事務兼分守湖廣行都司并荆州、襄陽、鄖陽三府所屬州縣并衛所及河南附近淅川、内鄉二縣，各該山場哨堡巡司，常川督令操練官軍民壮，修理城堡、器械，撫恤軍民，禁防流逋，緝捕盜賊，保障地方外，今陞巡按御史吴道宏大理寺右少卿，仍在彼專一提督撫治軍民。凡爾應行事宜，湏公同俱照節次禁約事例，督同各該守備都指揮，并布、按二司撫民官員，從長計議，斟酌停當而行。不許互相矛盾，有乖事體；倘有草寇竊發，即便公同吴道宏量調所屬官軍民快，作急撲滅，無令滋蔓，貽患地方。其有應與各該鎮守、巡撫等官計議者，亦湏公同計議；應奏請者，具奏定奪。爾爲朝廷内臣，受兹委託，尤湏持廉秉公，輸忠殫慮。務俾事妥人安，盜賊屏息，地方寧靖，保無他虞，斯爲爾能。爾其欽承毋怠。故諭。

成化十六年五月初七日，皇帝敕諭内官監太監韋貴　邇者新設湖廣行都司，荆州、襄陽、鄖陽三府所屬州縣并衛所及河南南陽府之淅川、内鄉縣，陝西漢中府之白河縣，西安府之商州及洛南、商南、山陽縣，與鄖陽接界者四十餘處，先年流民編入版籍者，嘗令加意撫禁，但恐又有潛來趂食者，難保不復嘯聚爲患。今特命爾不妨原管事務兼分守前項地方，與大理寺右少卿吴道宏，用心協力，悉照節次禁約事例，斟酌隨宜而行。常川督令三司分守撫民等官，嚴督所在軍衛有司及各該山場巡司，操練官軍民壮，修理城池，撫恤軍民，禁防流逋，緝捕盜賊，保障地方。倘有草寇竊發，即便公同吴道宏，量調所屬官軍民快，作急撲①滅，無令滋蔓。若有應與各該連界鎮守總兵巡撫等官計議者，亦湏從長計議而行，應奏請者，

① 撲：王佐修、慎旦等纂《大岳太和山誌》記爲“捕”。

具奏定奪。不許偏執己見，互相矛盾，致壞地方。爾爲朝廷内臣，受兹委託，尤須持廉秉公，輸忠殫慮。務俾事妥人安，盗賊屏息，地方寧靖，保無他虞，斯爲爾能。爾其欽承毋怠。故諭。

成化十八年五月十八日，皇帝敕諭太監韋貴 先已命爾不妨原管事務兼分守湖廣行都司并荆州、襄陽、鄖陽三府所屬州縣并衛所及附近淅川、内鄉、商州、洛南、商南、山陽、白河各該州縣山場哨堡巡司，常川督令操練官軍民壯，修理城堡、器械，撫恤軍民，禁防流逋，緝捕盗賊，保障地方外，今命都察院右僉都御史王濬前去提督撫治軍民。凡爾應行事宜，須公同俱照節次禁約事例，督同各該守備都指揮，并布、按二司撫民官員，從長計議，斟酌停當而行。不許互相矛盾，有乖事體。倘有草寇竊發，即與濬量調所屬官軍民快，督同各該分巡兵備及軍衛、有司，作急撲滅，無令滋蔓。若各官事有干涉，仍前不報者，聽爾與濬指實条奏；其有應與各鎮守巡撫等官計議者，亦須公同計議；應奏請者，具奏定奪。爾爲朝廷内臣，受兹委託，尤須持廉秉公，輸忠殫慮，務俾事妥人安，盗賊屏息，地方寧靖，保無他虞，斯爲爾能。爾其欽承毋怠。故諭。

成化二十年八月三十日，敕分守湖廣行都司等處太監韋貴、提督撫治鄖陽等處地方右僉都御史王濬 今歲因北直隸、山西、陝西、河南等處，天時亢旱，二麥無收，民食不足，盗賊必生；又慮荆襄二府，流民去彼嘯聚爲非，已令兵部移文，爾等并各鎮守巡撫等官，一體撫安禁捕，發糧賑濟。但今月久，各處累報灾傷，人民流移甚於往昔，若不申嚴隄備，恐爾等視常怠忽，一旦有警，貽患非細。勑至，爾等即查勘各處逃去軍民，設法安撫賑恤。倘流逋嘯聚，嚴督守備巡捕等官，即時撲捕，毋致延蔓。其調軍捕盗、積糧賑饑并更才育民，停止徵需等項，凡可以安靖地方之事，應便宜者，便宜處置；應奏請者，奏來定奪。爾等俱受朝廷重寄，務要盡心籌畫，防患未然，不許因循悞事。其慎之哉！慎之哉！故勑。

成化二十年十月初四日，皇帝勑諭内官監太監韋貴 今命尚衣監太監潘記，前去與爾一同管事。惟我皇高祖太宗文皇帝，創建大岳太和山宫觀，虔奉祀事，實欲福佑國家及天下蒼生於無窮。迨至皇曾祖仁宗昭皇帝、皇祖宣宗章皇帝、皇考英宗睿皇帝臨御之日，克紹先志，特将均州一千户所軍餘、雜泛、差役及屯田子粒，盡行優免，專一供應宫觀灑掃修理之役。今仍命爾等與湖廣布政司右叅議李謙，率同玉虚宫提點、均州千户所千户，提督軍餘，時常灑掃潔浄。但遇宫觀殿宇滲漏損壞及橋梁道路坍塌淤塞，即便修理完整，務爲永遠香火之奉。爾等宜恪遵朕命，公勤趨事，不許怠慢及在彼生事擾人，以取罪愆。爾等如勑奉行。故諭。

成化二十一年八月二十三日，勑分守湖廣行都司等處太監韋貴 今命都察院右副都御史劉璋，前去與爾一同提督撫治鄖陽等處地方。凡爾應行事宜，須與公同計議停當而行，不許偏執違拗，有乖事體。特諭爾知之。故勑。

弘治元年八月十七日，皇帝勑諭分守湖廣行都司等處太監韋貴、撫治鄖陽等處右副都御史鄭時 朕惟爲治之道，莫切於養軍恤民。民惟邦本，而軍所以衛民也。軍民安，則天下安矣。仰惟祖宗垂統，百廿餘年，天下承平日久，法度漸以廢弛，人情狃于宴安，政事愈加玩愒。朕膺代天理物之責，夙夜是思，不遑寧處。夫革故斯可鼎新，更化然後善治，盖嘗廣納羣言，簡黜两京廷臣不職者，用警有位。又因上天示異，特加戒餙，令各勉修職務以期績效於方來。尚慮爾分守撫治官及行都司、府、州、縣、衛、所牧民御衆之職，處於疏遠，循習故常，罔克振作，且今軍民困敝，非止一端。民苦於徵科，貧者終歲勤動，妻子凍餒；富者勸貸頻仍，家室空虚。一遇水旱灾傷，不免轉徙流離，死亡枕籍，民困若斯。於是而又驅迫之，侵漁之，嚴刑重罰，巧取横斂，以傷殘之，則司民牧者，其罪何逃。軍缺於行伍，或因衣裝不辦，家計負累；或見號令不嚴，豪猾肆志；或又器械不精，操習無法，一遇有警，全無可用。於此而不簡練之，整飭之，徒費糧賞，有名無實。而但私役、私斂以剥削之，則典軍旅者，其罪何逭，此其大畧耳。其他田野荒蕪，刑獄枉濫，盜賊生發，食廩不克，百孔千瘡，難以悉數。勑至，爾等其各洗心滌慮，深念祖宗創制建官之意，體朕愛養軍民，作興圖治之心，務各勉樹事功，興舉利益，修整廢墜，疏剔宿弊，敷布恩澤，使一方民得安生樂業，共享太平之治；軍皆勇於敵愾，潛消未萌之患。無負朕委托，而旌擢之典，亦不爾吝。如或不然，國有常憲，决不爾私。爾等其欽承之。故諭。

弘治元年十月二十八日，勑分守湖廣行都司太監韋貴、撫治鄖陽等處左副都御史鄭時　今歲嘗因天戒，勑爾等各加修省，興舉利益，敷布恩澤，使民得安於生業，軍皆勇於敵愾。未知爾等能體朕意，不負委任否？兹又聞爾湖廣行都司鄖陽等處，秋冬之間，旱傷無收，人民缺食，四散流移，父子夫婦多不相保；甚至强横之徒，百十成羣，嘯聚山澤，流刼鄉村。府、州、縣官懼罪，多不申報；分巡、分守官偷安，不常巡守；三司掌印官，恬不經意；巡撫、巡按官，亦多徇情姑容。似此怠玩，若至來春青黄不接，人不聊生之際，地方盜賊之患，安能保其不昌熾乎！已令户、兵二部議擬合行事宜，如弛山澤之禁，寬租賦之徵，清軍止解，債負停追，除免課税，運送銀两，謹武備之修，嚴巡捕之令等項。及准爾等所奏救荒事件，通行訖兹，特降勑爾等，務各以地方爲重，照依該部所擬，日夜盡心，撫安流亡，操練軍馬，多方賑濟，以救民命。但有强梗嘯聚之徒，即時撲滅，毋令滋蔓。凡有利於民事或部擬未盡者，聽爾等便宜處置。爾等俱受朝廷委托，享有禄位，當思一方安危所繫，體朕愛養元元之心，務俾軍民安妥，地方寧靖，斯爲無負。勿謂朕新即位，政事從寬，可圖幸免。萬一地方有事失悮，祖宗憲典具在，决不輕宥。爾等其欽承之。故勑。

弘治二年三月十七日，勑分守湖廣行都司太監韋貴、提督撫治鄖陽左副都御史鄭時　近者四川、湖廣，人民饑荒，而四川尤甚，扶老携幼，四散流移。凡附近山林、湖泊去處，皆能聚集，以爲苟圖趂食之所。然聚集既久，困苦無聊，或因而刼掠，致生他變。爾等地方爲重，不可不慮。勑至，宜各用心整餝兵馬，嚴謹隄備，督令分巡、分守并軍衛有司官，撫恤賑濟，常加省諭，毋令非爲。或有强梗嘯聚之徒，倡亂扇變，事起倉卒，即便相機撲滅，勿令滋蔓，以貽患害。如或視爲泛常，因循悮事，必罪不宥。爾等其慎之，慎之。故勑。

弘治四年五月初三日，皇帝敕諭分守湖廣行都司等處太監韋貴、撫治鄖陽等處右副都御史王道并巡按監察御史、分巡、分守官　朕惟刑獄重事，自古帝王必致謹於斯。盖以刑得其平，則足以輔治弼教，而召天地之和；刑失其平，則寃抑無伸，感灾致沴，亦有所不免焉。朕爲民主，仰體上天好生之心，每於刑獄特加慎重，兹當五年審録之期，慮恐天下愚民，罹於法者多有冤抑，不無致傷和氣。特命爾等将見監問罪囚，公同審録。其在城内者，爾貴、爾道即會同巡按監察御史、分巡、分守官，從公審録；在外者，御史同分巡、分守官，親詣各處，逐一審録；死罪情真，罪當應决者，照例監候聽决；其有情可矜，罪可疑，事無證佐可結正者，一一具奏處置。徒流以下，便減等發落；笞罪的，都放了，毋令淹滯。審問之際，尤湏詳察言詞，旁詢知證，而斷之以理。毋惑於浮言，毋拘於成案，毋偏信原問及原保結官吏，飾非沮撓，務得實情，以全民情，以全民命。其故失入等罪，俱不追究。敢有偏執違拗者，聽爾等并巡按等官，各照所審，指實条奏。爾等受兹委任，務持廉秉公，明以决之，恕以行之，俾無寃抑。斯稱朕好生之意。庶幾天心昭格，和氣致祥，有可期焉。如或詢察不明，處决失當，有負任使，則爾等之罪。欽哉！故諭。

弘治八年九月二十五日，敕分守湖廣行都司太監潘記、撫治鄖陽等處右副都御史沈暉并巡按監察御史、分巡、分守官 近該禮部并言官列奏，畿甸邊關及各布政司地方奏報灾傷，或地震有聲，或雨雹殺人，或盛夏嚴霜殺穀，變異疊見，而湖廣尤甚。至菜發異花，樹生異實，皆世所不常見之灾，恐致人所不能測之變，欲君臣上下交修，以回天意等因。朕覽奏儆懼，已反躬自省。及諭两京文武羣臣，各令修省，勉盡職務。爾等受命鎮守、巡撫、巡按及有司官守一方，凡境内錢穀、甲兵、工役、獄訟等項及軍民利病皆所職掌，一事不得其平，一民不得其所，足以致灾而召變。况於事情之積弊，人心之久憤，有抑遏而不能上達者乎。勑至，爾等其洗心滌慮，痛加修省。各将境内前項政務及軍民利病，一一訪察。何者爲利之所當興，何者爲害之所當革，在爾等職分所得行而未行者，即速爲舉行。毋仍因循怠玩，其或有礙於事例沮於勢要，所當奏請者，俱要明白一一奏來。俟報下行之期，盖已徃之愆，以消未形之變，庶人心可悦，而天意可回。若乃拘成案、泥陳迹及徒事虚文而不務實，行後或變形事起，地方不寧，則瘝曠之責，必有所歸。爾等其欽承朕命。毋忽。故勑。

弘治十年四月二十七日，皇帝敕諭内官監太監李祺 今命爾提督大岳太和山宫觀，虔奉祀事。爾與湖廣布政司右糸議陳嚳，率同玉虚宫提點，均州千户所千户，督令軍餘，時常灑掃潔浄。但遇宫觀殿宇損壞及橋梁路道坍塌淤塞，即便修理完整。無事之日，操練正伍官軍，守備城池，防禦賊盗。或草寇生發，本所官軍相應調用，公同計議施行。其餘征差并運糧、屯田等項，一體優免。爾仍不妨本務，兼分守湖廣行都司，并荆州、襄陽、鄖陽三處府、州、縣、衛、所，及附近淅川、内鄉、商州、洛南、山陽、白河，各處山場、哨堡、巡司，督令操練官軍民壮，修理城堡、器械，禁防流逋，緝捕盗賊，保障地方。合行事宜，俱與撫治都御史，督同各該守備、兵備、撫民分巡等官，從長計議而行。不許互相矛盾，有乖事體。倘有寇盗竊發，量調所屬官軍民快，作急撲滅，毋令滋蔓。若各官事有干涉，仍前不報者，聽爾等指實糸奏；其有應與各鎮守、巡撫等官計議者，亦須公同計議；應奏請者，具奏定奪。爾爲内臣，受兹委託，尤須持廉秉公，輸忠殫力，務俾祀事嚴肅，地方寧静。不許纖毫怠忽。如違，責有所歸。爾其敬之，慎之。故諭。

弘治十七年閏四月初七日，内官監太監齊玄①**。**

弘治十八年十一月二十六日，印綬監太監韋興②**。**

正德二年六月二十日，内官監太監龔輦、印綬監太監韋興③**。**

正德五年九月初七日，御用監太監周景④**。**

以上俱同弘治十年，内官監太監李祺敕。

正德六年十二月二十九日，敕分守湖廣行都司太監周景、撫治鄖陽都御史劉琬　近因山東、直隸等處盜賊流入河南地方，已命官統兵前去剿殺。該部議，恐此賊奔逸而南，依據險隘，卒難殄滅。特勑爾等選調官軍，於两省交界要害去處，嚴加把截，相機防禦。毋得彼此推託，致悮事機。如有縱賊經過地方，各該官員，定以軍法處治，必不輕貸。仍要不妨本處地方事務，計慮周悉，處置停當，不許顧此失彼。如勑奉行。故勑。

---

① 内官監太監齊玄：王佐修、慎旦等纂《大岳太和山誌》卷八爲“敕内官監太監齊玄提督”。

② 印綬監太監韋興：王佐修、慎旦等纂《大岳太和山誌》卷八爲“敕印綬監太監韋興提督”。

③ 内官監太監龔輦、印綬監太監韋興：王佐修、慎旦等纂《大岳太和山誌》卷八爲“敕内官監太監龔輦、印綬監太監韋興提督”。

④ 御用監太監周景：王佐修、慎旦等纂《大岳太和山誌》卷八爲“敕御用監太監周景”。

正德七年二月十九日，勑分守湖廣行都司等處太監周景、巡撫鄖陽等處都御史李士實、撫治鄖陽等處都御史劉琬 先因命将出兵前去河南剿殺流賊，已勑爾等選調官軍，於两省交界要害去處把截防禦。近該兵部議奏，前項賊徒被我官軍殺敗，或将奔往湖廣地方。特申諭爾等，但遇流賊奔逸，不分是何境界流來，俱要督率漢土官軍民快，并招募義勇，嚴謹防截，分投剿殺，務令根株盡絶，以收全功。如或視爲虚文，防守不嚴，追剿不力，致貽後患，國典具存，必不輕貸。爾其欽承之。故勑。

正德七年五月十五日，勑分守湖廣行都司等處地方御用監太監周景 先因逆賊劉三等，流刼河南地方，勢甚猖獗。命爾等調發永順、两江口等處土兵，防遏會剿。今得爾奏，知賊至汝寧及朱皋鎮，土兵與之力戰三次，斬獲首級八十一顆，生擒并奪回男婦七十名口，渡河溺死及滚馬解散者各二千有餘，俘獲馬騾一百六十二匹，其溺死者亦三千餘匹，賊勢已覺①摧殘。是雖三司等官及諸将士用命協謀所致，而爾督發軍兵，經理餽運，志在滅賊，勞亦可嘉。除部下功次已令紀功官查勘定奪。玆特賜勑奬勵，以旌爾勞。但賊首尚未盡擒，湏督率官軍，務期日下剿滅，以收全功。爾其勉之。故勑。

正德七年閏五月二十九日，勑提督大岳太和山兼分守湖廣行都司等處地方御用監太監周景 得爾與撫治都御史劉琬奏：四月二十五日以來，流賊自羅田、麻城敗散之後，移營廕山。漢土官軍從隨州分哨追至廣水店等處，屢挫其鋒，擒斬共二百二十六名顆，其溺水墜崖而死與奪獲馬、騾、器械數多，軍威大振，賊勢益衰。續於南召縣等處，擒獲首惡劉三等渠魁，既殲餘黨幾盡。皆爾等調度有方，威令嚴肅，所屬守巡等官，協謀用命，乃有此捷奏至，朕心喜悦。除有功官軍人等，行令紀功官分

① 覺：王佐修、慎旦等纂《大岳太和山誌》記爲“競”。

别等第，待勘報至日，照例陞賞。玆特降勑奬勵，以旌爾勞。爾宜奬率吏士，殄除殘孽，以收全功。仍禁約土兵，毋得擾害良民，重貽地方之患。爾其勉之。故勑。

正德七年十一月十六日，勑御馬監太監劉祥提督①。

正德八年十一月二十六日，勑内官監太監吕憲、御馬監太監劉祥提督。

正德九年七月二十九日，勑御馬監太監梁英提督。

正德九年十月十八日，勑内官監太監吕憲、御馬監太監梁英提督。

正德十三年三月二十八日，勑内官監太監吕憲、御馬監太監潘真提督。

正德十三年五月二十九日，勑御馬監太監梁英、内官監太監吕憲、御馬監太監潘真提督。

正德十六年八月十三日，勑御馬監太監潘真、尚衣監太監趙榮提督。

嘉靖三年七月二十八日，勑尚衣監太監趙榮提督。

嘉靖五年三月初八日，勑内官監太監李瓚。

---

① 勑御馬監太監劉祥提督：原誌爲“御馬監太監劉祥”。王佐修、慎旦等纂《大岳太和山誌》卷八爲“敕御馬監太監劉祥提督”，特加“敕……提督”。後同。

嘉靖八年六月十二日，勅内官監左少監王敏。

嘉靖十二年二月二十八日，勅司設監右少監李學。

以上俱同弘治十年四月，太監李祺勅。

嘉靖十八年七月十九日，皇帝勅諭内官監右監丞王佐 今命爾提督大岳太和山宫觀，虔奉祀事。爾與湖廣布政司該管官員，督同玉虚宫提點、均州千户所千户，率令軍餘，時常灑掃潔净。但遇宫觀殿宇損壞及橋梁道路坍塌淤塞，即便修理完整。務在廟貌森嚴，道衆修潔。如有污穢褻瀆，不守規戒者，聽爾選擇黜汰。務令潔净，以奉神明。無事之日，操練正伍官軍，守備城池，防禦賊盗。或草寇生發，本所官軍相應調用，公同計議施行。其餘征差并運糧、屯田等項，一體優免。爾仍不妨本務，兼分守湖廣行都司并荆州、襄陽、鄖陽三處府、州、縣、衛、所及附近淅川、内鄉、商州、洛南、山陽、白河各處山場哨堡、巡司，督令操練官軍民快，修理城堡、器械，禁防流逋，緝捕盗賊，保障地方。合行事宜，俱與撫治鄖陽都御史，督同各該守備、兵備、撫民、分巡等官，從長計議而行。不許互相矛盾，有乖事體。倘有寇盗竊發，量調官軍民快，作急撲滅，毋致滋蔓。若各官事有干涉，仍前不報者，聽爾指實糸奏。其有應與各鎮守、巡撫等官計議者，亦須公同計議。應奏請者，具奏定奪。爾爲内臣，受兹委託，尤須持廉秉公，輸忠殫力。務俾祀事嚴肅，地方寧靖，不許纖毫怠忽。如違，責有所歸。爾其敬之，慎之。故諭。

嘉靖二十一年二月初一日，皇帝勅諭内官監左少監王佐 今命爾提督大岳太和山宫觀，虔奉祀事。爾與湖廣布政司該管官員，督同玉虚宫提點、均州千户所千户，率令軍餘，時常灑掃潔净。但遇宫觀殿宇損壞及橋梁道路坍塌淤塞，即便修理完整。務在廟貌森嚴，道衆修潔。如有污穢褻瀆、不守規戒者，聽爾選擇黜汰。務令潔净，以奉神明。無事之日，操練正伍官軍，守備城池，防禦賊盗。或草寇生發，本所官軍相應調用，公同計議施行。其餘征差并運糧、屯田等項，一體優免。爾仍不妨本務，兼分守湖廣行都司并荆州、襄陽、鄖陽三處府、州、縣、衛、所及附近淅川、内鄉、商州、洛南、商南、山陽、白河各處山場哨堡、巡司，督令操練官軍民快，修理城堡、器械，禁防流逋，緝捕盗賊，保障地方。合行事宜，俱與撫治都御史，督同各該守備、兵備、撫民、分巡等官，從長計議而行。不許互相矛盾，有乖事體。倘有寇盗竊發，量調官軍民快，作急撲滅，毋致滋蔓。若各官事有干涉，仍前不報者，聽爾指實糸奏；其有應與各鎮守、巡撫等官計議者，亦須公同計議；應奏請者，具奏定奪。爾爲内臣，受兹委託，尤須持廉秉公，輸忠殫力。務俾祀事嚴肅，地方寧靖，不許纖毫怠忽。如違，責有所歸。爾其敬之，慎之。故諭。

嘉靖二十三年五月二十日，皇帝勑諭内官監太監王佐 今命爾提督大岳太和山宫觀，虔奉祀事。爾與湖廣布政司該管官員，督同玉虚宫提點、均州千户所千户，率令軍餘，時常灑掃潔浄。但遇宫觀殿宇損壞及橋梁道路坍塌淤塞，即便修理完整。務在廟貌森嚴，道衆修潔。如有污穢褻瀆，不守規戒者，聽爾選擇黜汰。務令潔浄，以奉神明。無事之日，操練正伍官軍，守備城池，防禦賊盗。或草寇生發，本所官軍相應調用，公同計議施行。其餘征差并運糧、屯田等項，一體優免。爾仍不妨本務，兼分守湖廣行都司并荆州、襄陽、鄖陽三處府、州、縣、衛、所及附近淅川、内鄉、商州、洛南、商南、山陽、白河各處山場哨堡、巡司，督令操練官軍民快，修理城堡、器械，禁防流逋，緝捕賊盗，保障地方。合行事宜，俱與撫治都御史，督同各該守備、兵備、撫民、分巡等官，從長計議而行。不許互相矛盾，有乖事體。倘有寇盗竊發，量調官軍民快，作急撲滅，毋致滋蔓。若各官事有干涉，仍前不報者，聽爾指實糸奏；其有應與各鎮守、巡撫等官計議者，亦須公同計議；應奏請者，具奏定奪。爾爲内臣，受兹委託，尤須持廉秉公，輸忠殫力。務俾祀事嚴肅，地方寧靖，不許纖毫怠忽。如違，責有所歸。爾其敬之，慎之。故諭。

嘉靖三十六年三月十五日，皇帝勑諭内官監太監吕祥 今命爾提督大岳太和山宫觀，虔奉祀事。爾與湖廣布政司該管官員，督同玉虚宫提點、均州千户所千户，率令軍餘，時常灑掃潔浄。但遇宫觀殿宇損壞及橋梁道路坍塌淤塞，即便修理完整。務在廟貌森嚴，道衆修潔。如有污穢褻瀆，不守規戒者，聽爾選擇黜汰。務令潔浄，以奉神明。無事之日，操練正伍官軍，守備城池，防禦賊盜。或草寇生發，本所官軍相應調用，公同計議施行。其餘征差并運糧、屯田等項，一體優免。爾仍不妨本務，兼分守湖廣行都司并荆州、襄陽、鄖陽三處府、州、縣、衛、所及附近淅川、内鄉、商州、洛南、商南、山陽、白河各處山場哨堡、巡司，督令操練官軍民快，修理城堡、器械，禁防流逋，緝捕賊盜，保障地方。合行事宜，俱與撫治都御史，督同各該守備、兵備、撫民、分巡等官，從長計議而行。不許互相矛盾，有乖事體。倘有寇盜竊發，量調官軍民快，作急撲滅，毋致滋蔓。若各官事有干涉，仍前不報者，聽爾指實糸奏；其有應與各鎮守、巡撫等官計議者，亦須公同計議；應奏請者，具奏定奪。爾爲内臣，受兹委託，尤須持廉秉公，輸忠殫力。務俾祀事嚴肅，地方寧靖，不許纖毫怠忽。如違，責有所歸。爾其敬之，慎之。故諭。

隆慶元年十月二十六日，皇帝勑諭内官監太監柳朝 今命爾提督大岳太和山宫觀，照舊於均州住劄。與湖廣布政司該管官員，率同玉虚宫提點、均州千户所千户，提督該所軍餘，時常灑掃潔浄。但遇宫觀殿宇損壞及橋梁道路坍塌淤塞，即便修理完整。務在廟貌森嚴，道衆修潔。如有污穢褻慢，不守規戒者，聽爾選擇黜汰，以虔奉祀事。所用軍餘查例優免。二季時鮮，照舊進貢。本山香錢，會同布政司該管官，選委員役收支。其餘地方事務，不得干預。爾受兹委用，宜以敬謹事神，安静率下，用仰體朝廷簡任之意。爾其欽哉。故諭。

卷之四

上供仙品

歲　　進

春季：鹽乾筍、鹽乾鷹嘴筍、鹿尾筍、帶衣筍、騫林茶、九仙子、隔山消。

秋季：蜜煎黄精、蒸曬黄精、蜜煎蒸曬黄精、蜜煎榔梅。

禎祥効應

永樂十年　創建本山宮觀，欽降示諭工役黄榜，揭於玉虛宮前亭中。時有榮光燭天，祥雲旋遶，及仙鶴鳴集於上，工完乃止。

是年九月内　隆平侯張信等祭告興工，是時天色晴朗，忽有黑雲自西北而來，覆蓋山頂，隱隱中雷電交作，旌幢閃動，祭畢乃收。

天柱峯舊有騫林茶樹一株　他土不産。永樂十年，隆平侯張信等創修本山，嘉其異常，遂欄護之。不旬日間，玉虛等處忽生數百餘本，漸覆山谷。後採其葉，造以上貢。

五龍宫有榔樹　高真修道之時，折梅寄之，誓曰：“予若道成，花開菓結。”後如其言。以其榔身梅實，人因名曰“榔梅”。永樂修山之時，連歲盛結，採取以進。正德間，因以爲例。

永樂十年　督運修山木植，道經武昌，有一大木立於黄鶴樓前江中，奔流衝激，屹然不動，莫知其自。遂載至玉虚宫，今正殿梁是也。

永樂十一年　湘潭縣商人劉忠等，舟至光化縣洋皮灘，風雨驟至。須臾，見一洪鍾湧出水面，隱然有聲，挽之不動。衆皆驚異，相率拜禱願載以送武當山，鍾即漸移，風雨亦止，遂取以行。置于玉虚宫焉。

永樂十一年五月二十五日　修理大頂銅殿，圓光現，内有高真，皂袍披髮而坐，二神侍左右，二神立于前，下有祥雲護之。二十六日復然。

永樂十一年六月二十一日　紫霄宫修理福地，現五色圓光，中坐天真，左一将執旗，右一将捧劍，下有白雲擁護。復見龜蛇盤旋之狀。

永樂十一年八月十七日　綵繪大頂殿宇，天真凡五現像。初現黑雲擁護，左右二天神侍；再現，披皂袍，一神捧劍導前，一神侍；三現，一神導前，一神捧印侍；四現，一神捧劍導前，一神執皂旗侍；五現，坐于黑雲之上，左右二神侍。十九日，大頂殿宇竣事，五色圓光内復現天真，下黑雲擁護。頃之，光中復現一神侍從。

洪熙元年　祭酒胡濙，奉命代祭。登山之日，有仙鶴三十隻，盤旋於金殿之上，良久乃去。

嘉靖三十一年六月初九日　工部侍郎陸杰等，奉敕重修宫觀，祭告興工，金殿陰雲四合。祭畢，雲收日出。未時初，三公峯黑雲環繞，内現五色霞光，自南而西，射至南天門。未正，光收雲合，作雨復晴。次日未時，金殿南天門前，現一五色圓光。十一日辰時，圓光臺峯上現一五色圓光，湏臾乃收。該提督太監王佐奏聞，奉聖旨："奉修玄聖廟宇，興工之始，圓光現瑞，欽感神貺，遣官齎捧香帛前去，着陸杰祭謝。禮部知道，欽此。"

嘉靖三十三年正月初三日 提督太監王佐，奉旨於太和宫建醮。大頂正東，五色霞光貫射金殿。十五日，於凈樂宫建醮，大殿東南，五色霞光旋繞，又，仙鶴八隻，自東南而來，翱翔數刻乃去。二十六日，於遇真宫建醮，五色霞光復現，逾時方散。

嘉靖三十三年八月初十日 提督太監王佐分請欽降旛帳，各宫觀懸掛，本日至太和宫行禮間，金殿西南祥光疊現二次，良久方散。

嘉靖三十　年　月　日 重修宫觀，宜都縣漁人，夜獲巨木於江，斧記甚異。有司知之，運送工所收用。該督工侍郎陸杰奏聞。

靈産物類

花　木

松、杉、檜、栢、莎蘿、花梨、栗、橡、蕙、蘭、赤榔、靈壽杖、迎春花、茅香。

藥　類

蒼术、桔梗、前胡、柴胡、天麻、升麻、半夏、厚朴、天南星、枸杞子、麥門冬、蕠蔞、地骨皮、天花粉、山桂皮、管仲、金沸草、龍膽草、五加皮、大戟、何首烏、覆盆草、紫花地丁、芫花、黄白皮、白蘚皮、桑白皮、葶藶、金銀花、五倍子、青木香、遠志、山當歸、石菖蒲、香白芷、菊花、香附子、草烏頭、黄藥子、細辛、稀薟草、白何首烏、車前子、商陸、山地黄、牛旁子、硃砂根、茵蔯、九仙子、隔山消、獨脚連、地榆、紫草麻、四雨銀①、便牽牛、血藤、黑牽牛、鳳眼草、益母草、白芨、靈芝草、淫羊藿、黄精、山藥、防己、玄參、牛膝、木賊、菰蔞、芍藥、蘿麥、扁畜②、連翹、辛夷、杜管、重樓、刺春、薄荷。

禽　類

靈烏、白鷳、錦雉、野鷄、杜宇、寒號、竹鷄、畫鷄、畫眉、鶴、鵲、鸛。

獸　類

虎、豹、鹿、獐、山羊、羚羊、猿、猴、野豕、麂、狼、熊、狐、貛、蛇、松鼠、兔。

奇　異

我師禽　褐衣金喙，青手紅足，清秋良夜高峯深林之中鳴呼“我師”，終夜不止。

半部樂　形如黄雀，數十爲群。音中宫商，有鼓瑟吟唱之韻。

---

① 四雨銀：王佐修、慎旦等纂《大岳太和山誌》記爲“四两銀”。

② 扁畜：應爲“萹畜”。

掛劍松 傳云玄帝初入山修習上道，遇豐乾大天帝賜劍，掛于其上，因名焉。

萬年松 高四五寸，其色蒼翠，生於絶壁澗石中，懸崖而取得之，藏諸篋中，雖久不腐，少以浄水沃之立活。油手觸污，即日黄殞。

千年艾 艾葉、菊花、蓬根、木幹，至秋葉生青珠如丹顆。治男子虚耗、婦人血氣之疾。

葛乳 色赤，脆，其味苦甘。

松蘿 生高峯古木上，長者丈餘。能療蛇、虎、湯、火、頑瘡之疾。嚼汁吞服，吐滓敷瘡立愈。

天花 色紅而秀，上有尺餘懸絲，秋末遍開，幽麗可愛。

石燈心 色蒼而直，如腐石之形。浸以膏油，光明洞焕。

雲竹 紫瑩黑紋。

榔梅樹 見瑞應。

芳騫樹 見瑞應。

仙真異蹟

周

尹喜 關令尹，號文始，周末大道将隱，預占紫炁四邁[①]，當有道者過之。出爲函谷關令。未幾，而太上度關，喜執弟子禮迎拜，授之《道》《德》二經。約後會蜀之青羊肆。遂托病不仕，隱居谷内。後入蜀。歸棲于武當三天石壁之下。今名曰尹喜巖，澗曰牛漕澗、青羊澗，皆太上神化訪喜之地。

尹軌 字公度。太原人，文始真人之弟子也，博極羣書，晚乃學道。常起居林麓，服黄精，年百餘歲，言天下安危盛衰，未嘗不驗。入太和山，領杜陽宫太和真人。今爲紫虚陽光道德籙真師。

漢

戴孟 名之生。漢将軍。武帝遣入北山採藥，棄官學道，號孟盛子，受法於青靈裴真人[②]，得《玉珮金鐺》之書，石精金光之符。周游名山，日行七百里，後白日上昇，落帽于武當山峯之上，迄今呼曰“落帽峯”。陳希夷有詩云：“我愛武當好，将軍曾得道。昇舉入雲霄，高岑名落帽。”

---

① 預占紫炁四邁：任自垣纂修《勑建大嶽太和山誌》卷六、方升纂修《大嶽誌畧》卷二，王佐修、慎旦等纂《大岳太和山誌》卷十二之严喜“四”均爲“西”。

② 受法於青靈裴真人：任自垣纂修《勑建大嶽太和山誌》卷六、方升纂修《大嶽誌畧》卷二“青”均爲“清”。王佐修、慎旦等纂《大岳太和山誌》卷十二爲“受法於青靈裴真人”。

馬明生　字君賢，號明生，得太陽神丹之秘，丹成服半劑，周游人間，架屋從徒，與俗無異。未及二年①，夫婦易處。今五龍觀自然庵即其地也。

殷長生②　光武陰后之族，鄧人，馬明生之弟子，得師太陽神丹之訣，同隱武當。丹成，馭氣飛行，周游六合，後至中州仙都③，白日上昇。

葉濟④　字仲微。明帝時人，少學道術，棄官不仕。後居武當，寢息無度，或因積石倚大木。雖歷四時，衣服不變，居常散髮；亦或練巾飛步雲烟，人莫之近。

宋

劉虬　字靈預。天姿穎悟，博究典墳，泰始中，爲晋王記室，解官辟穀，入武當山。所居石室曰“劉爽巖”。今隱士巖是也。

晋

謝允常⑤　字道通。歷陽人。少英毅，歷仕羅邑宰，博覽羣書，有遁世脱塵之志。太康中，表辭官詔許之。遂西上武當，至襄陽見一道士，

---

① 未及二年：劉道明集《武當福地總真集》卷下，任自垣纂修《敕建大嶽太和山誌》卷六，方升纂修《大嶽誌畧》卷二均爲“未過二年”。王佐修、慎旦等纂《大岳太和山誌》卷十二爲“未及二年”。

② 殷長生：劉道明集《武當福地總真集》卷下爲“神仙阴長生”。

③ 後至中州仙都：“中”在任自垣纂修《敕建大嶽太和山誌》卷六及方升纂修《大嶽誌畧》卷二均爲“忠”。

④ 葉濟：劉道明集《武當福地總真集》卷下爲“燕濟”。

⑤ 謝允常：劉道明集《武當福地總真集》卷下爲“謝允”。

語之曰：“吾師孟盛子，諭我曰，若有西上欲見我者，可與俱來，得非君乎?”因與俱至山，忽遇先生坐于石上，授以鍊神冲虚之道。於是結茅於石室，不數年，得冲寂之妙，能飛行絶壁，自號曰“謝羅山”，盖謝羅宰之官也。後仙去，莫知所之。

唐

姚簡 字易夫，隋人。佐太宗，出爲武當節度。真觀[①]中，天下旱蝗，勑禱名山未應。姚被命詣武當，遇五儒士，風貌殊異，語簡曰：“予五龍君也。帝命守護此山，爲子故來。已奏允。”須臾失其所在，已而雷雨遍布。後挈家隱居武當。宋初却蝗救旱，靈顯昭著，進封“忠智威烈王”，勑建祠於今紫霄宫之東。

宋

陳希夷 名摶，字圖南。亳州人。少負逸材。五季末，聞太祖即位，笑墮[②]白驢，曰：“天下自此定矣。”遂入武當隱居，誦《易》於五龍觀側，感五炁龍君授之睡法。尋遷誦經臺，研究畫前之妙；又遷於白雲巖，復移居華山頂。傳云：五龍飛空送之。宋初累召不起。後赴闕乞歸，詔許之。

張士遜 本州人。初居光化，少孤貧，讀書於武當山。有道士見而異之，曰：“子有道氣，可隨我。”公不欲。太宗雍熙中，登第位至宰相。後竟隱武當仙去。

---

① 真觀：劉道明集《武當福地總真集》卷下，任自垣纂修《勑建大嶽太和山誌》卷六，方升纂修《大嶽誌畧》卷二，王佐修、慎旦等纂《大岳太和山誌》卷十二均爲“贞觀”。

② 墮：劉道明集《武當福地總真集》卷下爲“墜”。任自垣纂修《勑建大嶽太和山誌》卷六，王佐修、慎旦等纂《大岳太和山誌》卷十，均爲“墮”。

房長鬚　不知其名。南渡後，隱居武當。日以栽杉爲事。今五龍宫後之杉，皆房手植，培植灌溉，靡有暇刻。一日，忽遇一人，問以栽杉之因，慰諭之曰：“神則清矣，惜乎無鬚。”以手頷之，初以爲常。經宿，覺有物如絲縈於腦。臆視之，鬚尺餘矣。乃知遇仙云。后甲午三月清旦，上昇雲中，隱隱見跨鶴之形，視其故居，惟杖屨在焉。

田簑衣　不知其名。端平間，隱武當隱仙巖石室。冬夏止一簑衣，時人因以簑衣稱之。隆冬則真氣如蒸，盛夏則温涼如玉。人有疾厄叩之者，摘衣草吹炁與之，服者即愈。能錬大丹。后失所在。今丹室爐竈存焉。

謝天地　不知其姓名。絶粒不食，步履如飛。居南巖更衣臺下石室中，石壁萬仞，下臨深澗，雖猿鶴不能往來，公飛行自若。人有啓問，但應之曰：“謝天地。”餘無他語，人以是名之。後仙去，不知所在。

孫寂然　名元政。號寂然子。嗣業茅山清真觀，得上清五雷諸法之妙。遍禮福庭。時沛湖龍去①，江漢罹金兵之厄，武當殿宇爲之一空。紹興辛酉，首登武當興復五龍，開闢基緒，以符水禳禱爲民除疾，衆皆歸之。數年之間，殿宇悉備。高宗詔赴闕，以符水稱旨，勑度道士十人。後還山仙去。冠劍藏於桃源之東。

鄧真官　名安道。孫寂然之弟子。自幼隨師開復武當，盡得其師上清五雷諸法之妙。駕風鞭霆，應答如響。遠邇疾患，皆奔趣之。勑住五龍，始作正殿，頑石壁立，鑱鑿甚苦，默施神用。一夕，雷雨爲破其石。嘉泰中，預告徒衆，掩卧而逝。大風拔木，移時方散，人謂乘風而往。有劍瘞宫北。

---

① 時沛湖龍去：劉道明集《武當福地總真集》卷下“沛”爲“汴”。

曹觀妙　名侍得①。峴山人。幼入道，居武當，嗣五龍之派。天性穎悟，舉止非凡。自作一家書體，勢飄逸有神仙之態②，四方多傚之。道法陰陽，靡不博究。後移領三茅崇禧之任，及歸。一夕，夢山神語曰："三茅真君來日降此，君宜遠迓。"旦，即領衆迎于會仙峯，久之無一人至者。日将暮，止一田夫，荷簣而至。因令挈物而歸。及抵觀，拜於堂下，尋欲勞之忽不見。但聞異香襲人，覆滿庭户。始知爲真君所化，悔無及矣。後誡徒衆曰："此間仙凡混居之地，自今以往，世世不授③道俗禮拜。"今武當道士不受俗拜，始此。又嘗謂門弟曰："吾因受三茅真君禮，不免金解。"端平三年，果罹兵難。白膏凝膚，略無腥血。刃者致拜，釋劍而去。

唐風仙　名守澄。隋④州人。幼入武當。姿貌古恠，鶴體松形。杖上常掛葫蘆數十，徃來均房之間，壬子復均州。郡守程進，令開闢武當。預道人吉凶，多奇中。常叱辱人，被叱者即蒙福慶。人以"風仙"稱之。或立積雪，或卧道路，常有虎豹守衛。時貴禮敬之。開慶己未，不知所在。

元

汪真常　名思真，號寂然子。家世徽人，宋丞相汪伯彦之後，生於安慶，嗣全真教法，入武當山。至元乙亥，領徒衆六人開復五龍，荆榛

---

① 得：任自垣纂修《勑建大嶽太和山誌》，王佐修、慎旦等纂《大岳太和山誌》均記爲"德"。

② 勢飄逸有神仙之態：劉道明集《武當福地總真集》卷下，任自垣纂修《勑建大嶽太和山誌》卷六，方升纂修《大嶽誌畧》卷二，均爲"飄逸有神仙之態"。王佐修、慎旦等纂《大岳太和山誌》卷十二爲"勢飄逸有神仙之態"。

③ 授：應爲"受"。

④ 隋：應爲"隨"。

塞途，黑虎爲之引道，興建殿宇，改觀爲宫，四方師禮之，度徒百餘人。任本宫提點。吉凶預知。後無疾而蜕。人曾夢其步紫雲北去。

魯洞雲　名大宥，號洞雲子，隨州應山人。幼入武當學道，遍歷南北。至元乙亥，偕汪真常開復武當，住紫霄南巖。年八十餘，以道著聞，點墨片紙，可療民疾。度徒百餘人。解化之日，面若童子。

葉雲萊　名希真，號雲萊子，處州括蒼人。唐天師葉法善之裔。生於建寧，得清微道法之妙。兵遷古穰，入武當。至元乙酉，應詔赴闕，禱雨却疾，皆稱旨。至元丙戌，授提點，任武當護持。

劉道明　號洞陽，荆門人。與葉雲萊同師雷囦黄真人，授以清微上道。居五龍宫。搜索羣籍，詢諸耆舊，纂爲一書，曰《武當集》。

張道貴　名雲巖，號雷翁，長沙人。至元間入武當。禮汪真常爲師，同雲萊、洞陽，謁雷囦黄真人，得先天之道。歸五龍宫，潛行利濟。門下嗣法者二百餘人，得其奥旨者。

曹古松　義典人。生于元季。自幼入句曲山，禮三茅君，出家元符萬寧宫道士①。質朴恬澹，懶與人接。手不釋卷，理性明白。後入武當，餌石茹芝，韜光匿影，《黄庭》《大洞》一以貫之，後還句曲，復入杭之開元。一日，對王眉叟真人作頌辭謝，端坐而逝。數日後，有蔣姓者，忽見古松如生，拜辭而去。

鄧青陽　南巖道士。生于元季，早來武當，從高士學《黄》《老》

① 出家元符萬寧宫道士：任自垣纂修《勅建大嶽太和山誌》卷六爲“出家元符萬寧宫道士蔣貴和唐爲道士”。方升纂修《大嶽誌畧》爲“出家元符萬宫道士”。

《文始》《文庚》《莊》《列》《周易》《龍虎大丹》諸書，精思熟練，深得其奥。凡所寓興，吐詞發語，皆有激發。武林有“忘情消白日，高卧看青山”之句。所著《觀物吟》，又曰《警世文》。洪武初年，吳中人多有識之者。既後不知所終。

國　朝

張全弌　字玄玄，號三仹。相傳留侯之裔。不知何許人。丰姿魁偉，龜形鶴骨，大耳圓目，鬚髯如戟。頂中作一髻，手中執方尺。身披一衲，自無寒暑，或處窮山，或游鬧市，嬉嬉自如，傍若無人。有請益者，終日不答一語。及至議論三教經書，則絡繹不絶。凡吐詞發語，專以道德、仁義、忠孝爲本，事事皆先見。或三五日一飡，或兩三月一食。穿山走石，行住無常。人皆異之。洪武初，遍歷諸山，搜奇覽勝。常與耆舊語云：“吾山異日與今大有不同。”命丘玄清住五龍，盧秋雲住南巖，劉古泉、楊善澄住紫霄。又結庵展旗峯北，曰“遇真宫”。黄土城内曰“會仙館”。語弟子周真德曰：“爾可善守香火，成立自有時來，非在予也。”洪武二十三年，拂袖長往，不知所止。二十四年，詔遣三山高道，清理道教，曰：“張玄玄者，可請來。”永樂十年，遣使致香書，屢訪不獲。正統元年，誥贈爲“通微顯化真人”。

李孤雲　河南人。洪武初，來武當五龍宫，與鄉人李幽巖結方外友，壽年九十有二。冠劍藏于桃源澗。

劉古泉　河南人。有躡景凌虚之志，入寶珠巖下，蒲團獨坐。一旦，告友楊善澄曰：“吾今解帶，正在此時。”語畢而逝。

楊善澄　太行西山人。夙有道契，志在太和紫霄之上，後果如其意。與劉古泉結歲寒之盟，俱入寶珠巖下。

李素希 字幽巖，號明始韜光大師。洛陽人，生于元季。自幼業儒。棄家來武當之五龍頂，粗衣糲食。洪武初年，度爲道士，住持五龍宫。後復退隱於自然庵，不與人接，含光守默。永樂三年，忽見古榔梅樹開花結實，知爲豐年之兆。遣道士易本中等獻之。朝廷重其事，命道士萬道遠齎敕賜表裏鈔錠。四年，榔梅仍實，復遣道士吕正中進獻，賜賚如前。是年，詣朝謝恩，賜坐便殿，諭以理國治身之道，惟以道德奏對。上悦。禮待甚厚。賜還本山。永樂十年，勑遣大臣創建宫觀三十餘處。經營之始，詢訪古跡舊規，皆一一陳之。常以手加額，願皇圖萬歲，天下太平。永樂十九年六月初五日，囑門徒："各宜精修學道，今教門大興，吾去無憾矣。"語畢，端坐瞑目。壽九十三。時，户部主事王和在焉。翌日焚化，骨齒皆青，人皆訝其爲仙矣。冠劍藏於黑虎澗之上。

丘玄清 西安富平人。幼從黄得禎[①]出家。洪武初，來遊武當，見張三佯真仙，舉爲五龍宫住持。有司以賢才薦于朝，授監察御史。賜室，力辭弗受。轉太常卿，誥封二代。每遇大祀天地時，上宿齋宫，諮以雨賜之事，玄清奏對有驗，上深敬焉。公餘，《黄庭》《道德》不輟于口。閑則凝神坐忘。一夕，謂門徒曰："明日乃吾全歸之辰。"至期，端坐而逝，壽六十七。朝廷遣禮部侍郎張智諭祭。還葬五龍宫黑虎澗之上。

彭祖年 西蜀人。少業儒，詞翰俱美。天文、地理、陰陽、度數、卜筮、醫術，無不研究。從汪真人入大都。洪武初，仍來武當，栖遯養高，如如自樂。壽八十三。

---

① 黄得禎：任自垣纂修《勑建大嶽太和山誌》卷七、方升纂修《大嶽誌畧》卷二均爲"黄德禎"。王佐修、慎旦等纂《大岳太和山誌》卷十二爲"黄得禎"。

盧秋雲 光化人。從終南山大重陽萬壽宫高士遊，悟全真之理，隱南巖紫霄之顛。永樂八年，無疾而化。

黎一泉 本州人。幼出家于紫霄宫。元末遊江右諸名山。訪道尋師，杖屨飄笠①，放浪形骸之外，再謁毛公壇、張公洞，得林屋洞天王無僞授以太極上道，清微底奥。仍歸紫霄巖。年八十餘，翛然蜕去。

李德囦 號古巖。金臺人。自幼入陝西重陽萬壽宫出家，《道德》《南華》三教經書，得其要旨。壯年遊武當，於紫霄宫禮高士曾仁智爲師，授以清微雷法。明先天之理，知體用之源。徙居元和觀。洪武二十三年，湘王來謁武當，嘉其有修鍊之功，賜住荆州府長春觀。一日，謂人曰："吾将返矣。"作頌示之曰："八十餘年光陰，不染不着毫分。大笑呵呵歸去，一輪明月當天。"王聞之，嗟悼不已。贈曰："爾本無生，何期云没。拂袖三山，金宫銀闕。嗤！今日大地光明，萬里秋天明月。"遣官壟於元和觀之東。

周自然 金臺人。自幼入全真教。及長，遊於四方，以道化俗，以藥濟人。洪武初，來住武當五龍行宫。居民以其道明藥效，咸敬慕之。年将耄耋，貌若童稺稺。一日，以所藏道書、醫術，付與門弟子曰："吾當委順去矣。"翌日，沐浴更衣而逝。壟於桃源洞。

燕善名 號景山。洛陽人。丰姿綽約，貌相朴實。從丘玄清入武當，勤事香火，道俗無不敬慕焉。永樂十八年，無疾而化。

蒲善淵 關西人。從玄清學《荘》《列》之道。洪武十五年，除均州

① 飄笠：任自垣纂修《勑建大嶽太和山誌》卷七、方升纂修《大嶽誌畧》卷二均爲"瓢笠"；王佐修、慎旦等纂《大岳太和山誌》卷十二均爲"飄笠"。

道正。永樂間，奉使四方，諮訪賢達。後於章貢玄妙觀無疾而化，葬於黑虎澗之上。

孫碧雲 關西人。幼年穎悟，願欲學仙。入西岳華山，尋錢刀之踪，追希夷之迹。巖棲穴處，服氣養神。探黄老經旨，《周易粂同》與夫儒釋子史，罔不熟誦。洪武二十七年，高祖徵至京師。賜衲衣，齋供館于朝天宫。明年，賜還華山。永樂十年，成祖復召至。賜詩一章，號虚玄子，勑授道録司右正一，又勑授南巖宫住持。十五年内，謂門人曰："教門已興。吾将徃矣。"翌日，沐浴更衣，遥空禮謝而逝。時修山重臣沐昕等聞之，嗟悼不已。葬於檜林庵。有《碧雲集》行世。

簡中陽 字致和。武昌人。不喜榮達，得異人授以中黄上道、清微秘法。洪武辛未來武當，居紫霄之巔，辟穀坐忘，葆和養素。江右學人，聞風而至。見其才器可入道者，必納之。于是道價愈增。永樂丙戌召見，問以玄帝昇真事蹟，一一奏陳，賜以祠部護身符牒還山。既後，隱于福地峯之上，杜門守静，凝神太漠。一夕，告門徒曰："吾將謝世矣。"語畢，端坐而去。印劍藏于紫極之西壟。

任自垣 幼穎悟，讀書曉大義。出家三茅山元符萬寧宫道士，遂知名。永樂九年，授道録司右玄義。永樂十一年，選授太和山玉虚宫提點。宣德三年，陞太常寺寺丞，提調本山。所著有《太和山誌》行于世。宣德五年，以壽終還葬句容①。

雷普明 本州人。遊龍虎山得祈雨法。太監陳喜奉勑送玄帝像于玉虚，舟至州之亂石灘，淺閣不行。普明書符投之潭，是夜大雨水漲。御

---

① 宣德五年，以壽終還葬句容：方升纂修《大嶽誌畧》卷二、王佐修、慎旦等纂《大岳太和山誌》卷十二均爲"宣德五年，以壽終還葬句容"。而任自垣纂修《進大岳太和山志表》作"宣德六年三月"。可見，"宣德五年，以壽終還葬句容"不准确，待考。

馬監馬大疫，檄普明治之，遂息。歷浄樂宫提點，先授太常寺寺丞，後陞少卿。

職官姓名修山官附、提點附

提督藩臣

邵正 浙江金華人。由吏員，正統元年任郎中。

李倜 河南鄧州人。由進士①，正統七年任。

樊敦 河南鄧州人②。由進士，景泰元年任。

黄順 □□□□人。由進士③，景泰五年任。

李孟芳 □□□□人。由進士④，天順四年任。

王豫 河南祥符人。由進士，成化十五年任⑤。

---

① 朱保炯、謝沛霖編《明清進士題名碑録索引》（以下簡稱《進士題名碑録索引》）無“李倜”名。

② 《進士題名碑録索引》記爲“樊敦河南閿鄉人”。

③ 《進士題名碑録索引》無“黄順”名。

④ 《進士題名碑録索引》無“李孟芳”名。

⑤ 《明憲宗實録》卷三：“天順八年三月癸酉”条載“以……禮科給事中王豫爲湖廣右条議”。任自垣纂修《勑建大嶽太和山誌》卷二有“成化二年二月二十五日命右条議王豫與奉御韋貴一起提督軍餘修理宫觀”的勑諭。

梅倫 直隸蘇州人。由進士，成化十二年任[①]。

韓文 山西洪洞人。由進士，成化十五年任。

李謙 □□□□人[②]。由進士，成化十六年任。

龔膺 □□□□人[③]。由進士，成化二十三年任。

馬詮 □□南和人[④]。由進士，弘治三年任。

張轂 直隸上海人。由進士，弘治五年任。

陳睿 福建惠安人。由進士，弘治七年任。

華山 直隸無錫人。由進士，弘治十三年任。

邵棠 直隸揚州人。由進士，正德三年任。

白金 直隸無錫人。由進士，正德七年任。

張瀚 山東博平人。由進士，正德八年任。

---

① 《明憲宗實録》卷一三七：成化十一年春正月丁丑“條載”：“升……南京刑部郎中梅倫……提督大岳太和山”。任自垣纂修《勑建大嶽太和山誌》卷二：成化十一年三月十六日“敕大岳太和山志提調官湖廣布政史右叅議梅倫”。

② 《進士題名碑録索引》記無“李謙”名。

③ 《進士題名碑録索引》記爲“福建寧德人”。

④ 《進士題名碑録索引》記爲“馬銓真事南和人”。任自垣纂修《勑建大嶽太和山誌》卷二，“弘治三年二月二十日”“敕大岳太和山提調官湖廣布政司右叅議馬銓”。

林文纘 福建侯官人。由進士，正德十一年任。

張良弼 山東歷城人。由進士，正德十二年任。

陸杰 浙江平湖人。由進士，嘉靖二年任。

盧煦 浙江金華人。由進士，嘉靖五年任。

張鯤 河南鈞州人。由進士，嘉靖八年任。

崔桐 直隸海門人。由進士，嘉靖十年任。

劉彭年 四川巴縣人。由進士，嘉靖十一年任。

鄘灝 直隸任丘人。由進士，嘉靖十三年任。

陳良謨 浙江安吉人。由進士，嘉靖十四年任。

方升 直隸婺源人。由進士，嘉靖十五年任。

吴檄 直隸桐城人。由進士，嘉靖十七年任。

叚緒 陕西蘭州人。由進士，嘉靖二十年任。

鍾雲瑞 廣東南海人。由進士，嘉靖二十一年任。

秦鰲 直隸崑山人。由進士，嘉靖二十二年任。

王鎬 直隸灤州人。由進士，嘉靖二十三年任。

張緒 江西峽江人。由進士，嘉靖二十五年任。

吴子孝 直隸吴縣人。由進士，嘉靖二十七年任。

雷賀 江西豐城人。由進士，嘉靖二十九年任。

王繼洛 河南鄭州人。由進士，嘉靖三十三年任。

成子學 廣東海陽人。由進士，嘉靖三十五年任。

劉子興 廣東海陽人。由進士，嘉靖三十八年任。

劉應箕 四川巴縣人。由進士，嘉靖四十年任。

楊儲 江西廬陵人。由舉人，嘉靖四十二年任。

王楷 浙江永康人。由進士，嘉靖四十三年任。

常三省 直隸泗州人。由進士，隆慶元年任。

王應顯 福建漳浦人。由進士，隆慶二年任。

李存文 直隸太州人。由進士，隆慶五年任①。

---

① 《明穆宗實録》卷五〇隆慶四年十月庚條記：升“工科右給事中李存文爲湖廣布政司右叅議”。

提督内臣

陳埜 浙江湖州人。由尚膳監，宣德十八年任①。

姜和 □□□□人。由内官監，景泰元年任。

唐廣 □□□□人。由内官監，景泰元年任②。

韋貴 直隸武緣人。由内官監，成化元年任。

潘記 貴州思恩人。由尚衣監，成化二十一年任。

李祺 □□□□人。由内官監，弘治十年任。

齊玄 □□□□人。由内官監，弘治十七年任。

韋興 廣西梧州③人。由印授監，弘治十八年任。

龔輦 江西南昌人。由内官監，正德二年任。

---

① 按：宣德皇帝在位仅十年，無十八年。任自垣纂修《勑建大嶽太和山誌》卷二記爲“宣德拾年叁月拾陸日”“皇帝敕諭尚膳監左監亟陳埜”。

② 任自垣纂修《勑建大嶽太和山誌》卷二記“皇帝敕諭奉御唐廣……景泰伍年貳月初陸日”。王佐修、慎旦等纂《大岳太和山誌》卷八爲“景泰五年二月初六日，皇帝敕諭奉御唐廣”。

③ 梧州：方升纂修《大嶽誌畧》卷五，王佐修、慎旦等纂《大岳太和山誌》卷十二，均爲“梧州”。

周景 □□山後人。由御用監，正德五年任。

劉祥 直隸保定人。由御馬監，正德七年任。

吕憲 山東陽信人。由内官監，正德八年任。

梁瑛 □□□□人。由御馬監，正德九年任。

潘真 湖廣郴州人。由御馬監，正德十三年任。

趙榮 四川華陽人。由尚衣監，正德十六年任。

李瓚 直隸真定人。由内官監，嘉靖五年任。

王敏 直隸順德人。由内官監，嘉靖八年任。

李學 雲南洱海人。由司設監，嘉靖十二年任。

王佐 直隸易州人。由文書房，嘉靖十八年任。

吕祥 直隸蠡縣人。由内官監，嘉靖三十六年任。

柳朝 直隸真定人。由司禮監，隆慶元年任。

創建管工官員

永樂十六年奉勑

把總官：隆平侯張信、駙馬都尉沐昕、禮部尚書金純、工部侍郎郭進①。

郎中：諸葛平、胡驄、何辛。

員外郎：鄭伏升、魯謙、沈潼、孫英、顧埰、戴同吉、吴禮、祝銘、汪櫃②、王益。

主事：張澈、陳叔剛、宋子環、許鎮、王安、沈景隆、顧文俊、沈恭、蔡恕、周璞、俞泰、管時中、謝莊、崔藝、麻密、陳玘、尹耕、金叔榮、金中、劉觀、吴禛、龐瑜。

司務：宋行、史鑑。

鳴贊：蘇澤。

都事：曹昇。

知事：邵正。

序班：王貫、劉迪、馬昇、杜容、解蒙、戴亨、楊衡、楊以成、王思賢、李衡。

都指揮：鄭銘、吴昇、張禎③、李玉。

指揮：仲瑄、顧福、翟成、潘成、田瑄、葉懋、張伯英。

千户：韓多、鄒忠、王啓、朱亮、王賢、蔣銘、夏良、劉富、黄振、周通甫、薛佑、彭成、馬仕隆、許榮、何貴、劉恭、王政、李弘。

百户：楊信、龍集、杜青、蒯敬、蕭旺、紀英、蔡玉、王麟、李忠、馬旺、袁清、趙信、帥成、竺禮。

---

① 進：明代山誌也有記爲“琎”，下同。

② 汪櫃：王佐修、慎旦等纂《大岳太和山誌》記爲“王櫃”。

③ 張禎：王佐修、慎旦等纂《大岳太和山誌》記爲“張禎”。

湖廣都司布政司并各府衛所州縣官[①]

都指揮：張銘。

叅政：郝鵬。

知府：餘士吉、鄧文鏗、胡器。

指揮：王斌、賁玉、龔信、應堅、黄輔、李春、路坦、朱英、孫貴、秦玉、許興、汪禮、鄭果、李薰、陳剛、蔣銘。

府同知：王儁、陳敬。

通判：范淵。

州同知：蕭雲舉。

州判：李湘。

千户：朱彝、張武、許文、馬達、邵隆、姜純、馬安、汪俞、張敬、李哲、丁義、王迪、汪敬、張彦、鄧英、徐昇。

鎮撫：戴明、陳能、李榮、劉文、張禮、王智。

百户：邴正、施政、陳貴、楊忠、金貴、陳子雲、湯政、于貴、羅森、張政、郭智、陸清、李鈜、周朗、姜英、高銘、王弘、吴寬。

重修管工官員

嘉靖三十三年奉敕

提督工程：工部右侍郎陸杰。

會計財用區理接濟官：湖廣布政使司左布政使劉伯躍、右布政使鄒守愚、右叅政姜恩。

提調工務官：湖廣布政使司右叅議雷賀、王繼洛，按察司副使陳紹儒、李凌雲，湖廣都司署都指揮僉事李經，行都司署都指揮僉事陳惟喬。

---

① 本篇所記人名與王槩修、姚世倌等纂《大嶽太和山紀畧》所記略有出入。

提調輸運工料官：襄陽府知府吕顒、胡汝翼，鄖陽知府黎堯勳。

總理工務官：襄陽府同知李洛，承天府同知趙惟興，常德府同知孫勳，鄖陽府通判汪績，岳州府通判李賓，襄陽府通判劉逵、姒昂、推官濮大綱，均州知州王彩、範大儒，行都司經歷司經歷王誦、徐元，府軍前衛納級指揮僉事吴民表，襄陽衛指揮同知吕昂、王煦，均州所副千户仇爵，鄖陽衛副千户李廷美。

分理工務官：宜城縣知縣郝廷璽，襄陽縣知縣李敦臨，鄖縣知縣許子言，穀城縣知縣周儒，均州判官李循道、吏目王宇，襄陽府知事馮魁，承天府知事徐鶚，常德府照磨趙邦卿，襄陽衛經歷沈世和，襄陽縣縣丞徐坤元，黄陂縣縣丞羅明臣，蒲圻縣縣丞徐述，龍陽縣縣丞朱魁，湘潭縣縣丞劉寧，平江縣縣丞蕭繹，京山縣縣丞謝興作，襄陽縣主簿阮達，當陽縣主簿楊宗仁，平江縣主簿宣詔，棗陽縣主簿王藎臣，鄖西縣主簿許詔，房縣主簿熊禄，南漳縣主簿譚忠孝，鄖縣主簿吴鳳，黄陂縣主簿鍾應宸，均州所吏目殷朝陽，穀城縣典史艾周奇，鄖西縣典史陳可，南漳縣典史趙伯偉，雙溝税課司大使孫熙安，襄陽衛指揮湯召，均州所指揮褚綸，襄陽衛指揮李梅，鄖陽衛指揮黄松，襄陽衛指揮徐子威，均州所指揮張嵒，均州所千户韋倖、魏瀚、王封，竹山所千户劉詔，房縣所千户袁綬，襄陽衛百户程爵、曹棋、丁忠、趙璽、趙琦，鄖陽衛百户魯曽、温和、王懋、吕安，均州所百户潘時、姜永、江夢金、高士元。

嘉靖四十五年　撫治都御史劉秉仁題准，修理玉虚等宫觀并一帶橋梁、道路。

欽差提督工程工部右侍郎：張守直。

主事：艾杞。

帶管守巡道副使：施篤臣。

襄陽府推官：朱一松。

均州知州：林森。

辦事陰陽官：徐大經、狄自元、田大綱、張添禄。

欽設護守山場均州千户所官

指揮：張嵒、褚英、江騰龍。

千户：郭賓、陸藝、王體乾、孫詔、韋仁、姜詔、李向陽、魏科、張崇、李相。

百户：高士元、章可成、潘一龍、凌坤、仇繼武、周來、蔡恩。

提　點

玉虚宫

任自垣、陞至太常寺卿，見仙真異蹟。毛守玄、陞至太常寺卿。邵慶芳、周惟中、汪惟敏、倪尊昱、馬景忠、歐惟理、路道瑛、張道賢、劉盛淵、王克輝、朱善誠、夏禮亨、陳茂先、韓道路①、譚道旭、謝玉名、朱永昌、韋永慶、龍宜升、陳大順、羅祖福、張祖錢、李大緣、孫大誠、梁教演、黄道經、魏本宗、郭景洪、顔志高、孔崇善、袁得佑、陸祖霄、雷世學、趙元霄、宋演慶、湯紹珣、陳悟貞、尹月山、張進俸、王仙印、趙貞守、陳貞舉、薛從圜、李高節、吴演習。

太和宫

張古山、章崇信、楊伏玉、汪子洋、時本初、王福緣、殷祖諒、朱宗鋐、劉仲易、薛仲貴、王道義、焦常通、譚從正、胡仲誠、魏道啓、王月正、李得緒、楊大俸、張得旻、畢元春、陳合凱、薛得山、姚以舜、

---

①　韓道路：方升纂修《大嶽誌畧》卷五爲“韓道啟”。王佐修、慎旦等纂《大岳太和山誌》卷十二爲“韓道路”。

王志忠、張得瀛、古大瀛。

南巖宫

王一中、林子良、安隱山、董守寧、王大義、雷明昌、盧復剛、李崇啓、朱志琳、郭守福、陳從晟、劉志洪、屈守乾、汪道爵、蕭得明、楊伏繡、陶仙寶、王尚義。

紫霄宫

梅月軒、李玄玉、謝仕彬、李道宏、徐明山、董與全、邵守政、李大濵、姚克仙、晏從希、魏從新、李有欽、陳世美、張月寶、曹崇玉、李得寶、楊守節、郭得玄、劉仁定、齊遇壽、李世科、李仁燧、齊理定。

五龍宫

李素希、李時中、吴繼祖、施淵静、魏繼通、倪高亮、梁用高、張守道、張得貞、鄭道顯、蘇永貞、陳常松、周月鐸、王恭常、王福中、何中徽、皮守禄、苗守俸、皮道彰、康元惠、皮合武、朱貞用。

遇真宫

羅鳳翔、周存中、楊以清、錢道明、周大潮、梅宗道、錢以昇、張伏明、潘得川、孫從壽、李世暹、陳祖仁、杜理祺、胡志珦、王有仙。

迎恩宫

韋永昌、胡崇勝、吴福堂、胡元信、車得富①、張貞蘭、景全玉。

---

① 車得富：方升纂修《大嶽誌畧》卷五爲“車德富”。王佐修、慎旦等纂《大岳太和山誌》卷十二爲“車得富”。

淨樂宫

趙宗純、張太和、錢若無、吴宗玄、許永和、馮昌盛、鄭道堅、趙盛泰、雷普明、陞至太常寺卿，見仙真異蹟。懷以德、石自新、劉紹玄、江洞淵、陳祖新、石永源、高崇德、李有仁、戈教静、胡道成、楊月清、唐有能、姜有賢、李演琴、羅理錦、趙仁厚、姜理春、習玄府三陣中黄秘法，授提點。嘉靖間屡修國醮，闢鶴呈祥，繪圖進呈，陞太常寺丞，賜大紅金織衣一襲。後将書劍授徒提點顧真鈐，入州南七里山安樂窩老焉。梁文玉、李理欽、潘全麒、張文曉、顧真鈐、李全鯤、楊真潤。

卷之五

藝文·序

元

武當事跡序

息剌忽　承務郎兼勸農事

朱漢上曰："坎爲天地之中，聖人得天地之中，則能與天地日月鬼神合。先天而天弗違，聖人即天地也；後天而奉天時，天地即聖人也。聖人與天地爲一，是以作而萬物覩。"坎，北方之卦也。大元運啓于北，眷命自天，綂御乾坤竝明日月，山川鬼神亦莫不寧。至元庚午冬，玄帝現龜蛇瑞相於大都高梁河金水中，此後天而奉時之驗也。玄帝，北方玄武之神也，尊居天一，位鎮坎宫，威攝萬靈，周行六合。武當山，玄武之所寓。玄武，非此山不足以顯其靈；此山，非玄武不足以彰其名。此先天而天弗違之理也。大元、玄帝，皆北方之聖人，是以與天地爲一，聖作物覩，天道之常。僕蒙古人扒魯古氏，祖父以恢拓疆宇之功，分駐東魯。僕自幼從銀青榮禄大夫行中書省左丞相蒙古臺南證，三教之書，頗嘗涉獵，雖累歷仕途，心未敢怠。茲欽奉宣命，來守于均，而武當福地正居境内。到任之初，詢問此山事實，所傳不同，未委堪信。或告之曰：

“此中有前承應劉洞陽，道學進士也，必能知會。”一日訪之，乃出所編《武當總真事跡》三卷，寔符所願。盥手閲誦，不出户庭，則武當萬古之靈中蹤，已遍歷矣。至於前代之沿革，佑聖之仙踪、宫觀之本末、神仙之隱顯與夫峯巒之秀、谿澗之幽、昆蟲之靈、草木之異，井井有條而不紊。因索之以廣其傳，願與四方樂善好事君子共，亦足以彰北方聖人與天地合德之大。

啓聖實録序

趙孟頫　集賢學士

《易》曰：“天一生水，地六成之。”天一者①，數之始也。水者，萬物成形之始也。生數奇，成數偶，於位爲北方。北者，背也，北方象人背，故北極出天最高。又北之爲文，從人相背，陽至冬至而止，又自冬至而復生。於卦爲坎，水之爲文，象形爲坎卦。東西分流，於乾坤之四德，曰真。真者，正固也②。二儀在天，斗、牛、女、虚、危、室、壁，七宿列於北方，成形爲玄武。玄武者，龜蛇。青龍、白虎、朱雀皆一物，玄武獨二物，不謂之龜蛇，而謂之玄武者。玄之爲色，赤而黑，龜蛇則皆有鱗甲，武之象也。玄武之神始降宋真宗，時爲祠徧天下。皇元之興，實始於北方。北方之氣將王，故北方之神先降事爲之兆，天既告之矣。武當山，在西南方，巍然高且大，玄武神依焉。黑衣、披髮、仗劍、踐龜蛇。人往見之，至今常然。天一真慶宫主張君洞困篤於信道，强立不撓。皇太后聞而召之，會京師旱。去年九月不雨至于三月，天子以爲憂。皇太后使人持香，從張君禱焉，先雨，張君爲之日時，已而果然，雨數日乃止，遠近皆沾足。皇太后厚賜之，盡散與其衆，不以一錢私己。其

① 天一者：任自垣纂修《敕建大嶽太和山誌》卷十五，方升纂修《大嶽誌畧》卷四，均爲“夫一者”。王佐修、慎旦等纂《大岳太和山誌》卷十六爲“天一者”。

② 於乾坤之四德，曰真。真者，正固也：任自垣纂修《敕建大嶽太和山誌》卷十五，方升纂修《大嶽誌畧》卷四，王佐修、慎旦等纂《大岳太和山誌》卷十六，均爲“於乾坤之四德，曰貞貞者，正固也”。

行若是，真所謂絶無而僅有者哉。是宜①神之相之也。張君持所刊《嘉慶圖》，徵余爲叙，餘爲誦所聞而書之。

嘉慶圖序

虞集　學士

天之高，不可知也，日月星辰之象，吾得而觀焉；地之厚，不可度也，山川草木之形，吾得而察焉；神之妙，不可測也，變化應感之跡，吾得而擬議焉。是道也，洞冏張先生其知之。其作《玄武嘉慶圖》是以②。其言曰："武當之爲山也，七十有二峯，皆奇偉恠絶。而所謂紫霄峰者，又七十二峯之中峯也。然則其能出雲雨，見靈恠也，固宜矣。"又曰："其帝而神之者，曰玄武。玄武者，在天爲虚危之宿，在地托龜蛇之靈，於五行爲水，於五色爲玄，而其數則一也。夫一之爲一也，離數而言之，則一固造化之所由分；即數而言之，則一固十、百、千、萬之所由起也。然則其寓，天地③之中而行乎天之一，非天下之所謂至神者歟。"洞冏曰："自是而上，吾不可以言喻也；自是而下，吾猶得以迹言之。於是，與其徒唐中一、劉中和取其瑰異顯著者，圖而傳之。將使天下觀者動心駭目，必有以啓。夫警畏感慕之意焉。"予從玄教太宗師④嗣宗師，知洞冏之有功於武當也。曰："洞冏居武當，攻苦食力，廿有餘年。梯危架險，經營締構，作宫室以奉香火，夫以窮山幽谷⑤，比壯麗

① 宜：王佐修、慎旦等纂《大岳太和山誌》記爲"以"。

② 任自垣纂修《敕建大嶽太和山誌》卷十五，方升纂修《大嶽誌畧》卷四，均爲"是已"。王佐修、慎旦等纂《大岳太和山誌》卷十六爲"是以"。

③ 天地：任自垣纂修《敕建大嶽太和山誌》卷十五，方升纂修《大嶽誌畧》卷四，均爲"夫地"。王佐修、慎旦等纂《大岳太和山誌》卷十六爲"天地"。

④ 玄教太宗師：任自垣纂修《敕建大嶽太和山誌》卷十五，方升纂修《大嶽誌畧》卷四，王佐修、慎旦等纂《大岳太和山誌》卷十六，均爲"玄教大宗師"。

⑤ 夫以窮山幽谷：任自垣纂修《敕建大嶽太和山誌》卷十五，方升纂修《大嶽誌畧》卷四，均爲"凡以窮山幽谷"。王佐修、慎旦等纂《大岳太和山誌》卷十六爲"夫以窮山幽谷"。

於通都大邑，則洞囷規畫運量其可以淺淺窺哉。其佐而成之者，同棲巖穴之士也。”會予弟佐邑在武當爲近，故得詳言之。

藝文·贊

元

真武像贊

虞　集

真武像，吴興趙公子昂，寫其夢中所見者，而上清羽士方壺子之所臨也。

吴興趙公，前代公族。神明氣清，静處真獨。乃夢天人，披髮跣足。玄衣寶劍，坐臨崖谷。再拜稽首，仰視退伏。念昔敬事，存思莊肅。致意接對，光輝心目。如聞教言，嘉子誠篤①。爾善繪事，追步顧陸。凡吾真儀，子善記録。審而傳之，與世瞻矚。傍有介士，玉板金籙。曰帝告汝，錫爾榮禄。冉冉而升，夢亦遂覺。明月在户，香彩徧屋。取火亟寫，神運掌握。毫分無失，三十其幅。丹青既成，齊戒韞匵。有堂授受，先事穆卜。而其祕夢，初不以告。晚有相師，泄其玄躅。人始得傳，錦標鈿軸。方壺仙人，潔以薰沐。臨池擬容，誠比玄玉。有得之者，昭事毋瀆。上帝臨汝，介以景福。

---

① 嘉子誠篤：任自垣纂修《勑建大嶽太和山誌》卷十四記爲“如子誠篤”。方升纂修《大嶽誌畧》卷四，爲“如子成篤”。王佐修、慎旦等纂《大岳太和山誌》卷十六爲“嘉子誠篤”。

湘王賛真武

皇皇上帝，一氣分形。虚危鍾秀，坎离孕精。功高衆聖，德輔九清。小臣凡昧，罔敢爲名。

賛趙元帥

胚腪梵炁，挺性自然。禀金精乎，孕秀正水。德以通玄，樞機造化。威震分埏，尋聲赴感。如意兹憐，恩霑品彙。靈變三天，振宗風於永劫，闡教法於萬年。

藝文・銘

元

銅 像 銘

劉辰翁

天地仙①，水中鉛。範合堅，凌風烟②。生青蓮，劒蜿蟺。按大千，龜蛇纏。劫運遷，飛乾乾。玄玄天，萬萬年。

① 天地仙：刘道明集《武當福地總真集》卷中爲“天地先”。王佐修、慎旦等纂《大岳太和山誌》卷十六爲“天地仙”。

② 凌風烟：刘道明集《武當福地總真集》卷中爲“靈風煙”。王佐修、慎旦等纂《大岳太和山誌》卷十六爲《凌風烟》。

國　朝

太和山銘

汪道昆　巡撫都御史

赫赫成祖，張皇聖武，中外以寧。左右六師，玄君陟降，抗我皇稜。大報神休，敬脩祠事，帝時用興。疆理隩區，離宫錯起。粲若繁星。太和崔嵬，金城千仞，以象勾陳。厥有神皋，冠以黄屋，俯擥八紘。嵩少及肩，参居二華，雄視南衡。江漢分流，會于二别，神物有徵。禔福邦家，韃橐不試，民物孔殷。肇祀迄今，莫不祗敬，崇事明禋。亦越世宗，穆穆玄德，通于神明。申命司空，有事吉土，百度維新。費出上方，鳩工程物，勿以罷民。在宥寰區，四十有五載，治定功成。皇帝承之，翼翼昭事，罔或不欽。三事大夫，咸有一德，夙夜惟寅。嗣服不愆，率由其舊，至治烝烝。百粤三苗，駢首伏質，境内皆平。威行匈奴，名王稽顙，款塞稱臣。凡厥有生，舉首内嚮，天子之勳。介福宣威，保兹天子，維岳效靈。自古七十二家，登封有跡，猶侈令名。煌煌我明，世脩鴻業，振古莫京。不佞守臣，敬共方祀，三謁帝閽。徽惠文昌，用章盛美，播於無垠。

藝文・記

元

大五龍靈應萬壽宫碑

揭傒斯　集賢直學士

至元二年歲在丙子，武當山大五龍靈應萬壽宫武當殿成。玄教太宗師特進上卿總攝江淮荆襄等處道教吴全節，爲集賢院言：翼軫之墟，襄漢均房之間有山焉，根蟠八百里，峯之高者，七十有二；巖之幽者，三十有六；澗之深者，二十有四。天垂地接，陽噓陰噏，不可名狀，名曰太和之山。玄武神得道其中，改號武當，謂“非玄武不足當此山也”。山多神宫仙館。其大者有三，曰五龍、紫霄、真慶。而五龍居其首。唐真①觀中，均州守姚簡禱雨是山，五龍見，即其地建五龍祠。宋真宗時，陞祠五龍觀，賜額曰五龍靈應之觀。其後廢于靖康之亂。孫真人元政興之，又廢于金术之兵。

皇元受命，與天地合德，大興老氏之教，扶運翼世，以迎休祥。山之有道之士汪思真，奮然特起，辟草萊，剪翳翳，一舉而新之。先太宗師上卿張留孫初總攝江淮荆襄道教，奏以其山，葉希真朝覲，天子大信其道。至元二十三年，詔改其觀爲五龍靈應宫，以希真主之。居八年，而侯道懋繼之。又二十年而續道成繼之。仁宗皇帝天壽節，實與玄武神同，遂加賜其額曰“大五龍靈應萬壽宫”。仍甲乙住持。歲遣使以是日建金籙醮，祝釐其山。自是累朝歲遇天壽節，一如故事。此後，大建玄武殿。宜得詞臣文而勒之石，以彰國家之美，以重此山。明年三月二日，

---

① 真：誤，應爲“貞”，下同。

集賢以聞，詔以命臣傒斯。臣傒斯竊謂：名山大川，能出雲雨，以澤萬物，産財用以利萬民毓英賢，以輔萬世必宅天地之奥，當陰陽之會，磅礴融液，與大化終始。故中必有神出幽入冥，此感彼應。如風之在谷，所觸皆通；水之在地，無往不達。況此山葆乎中和，統乎陰陽，應變合行，與神俱藏，羣仙四朝而特起乎中央，非玄武焉足以當之。則其宫室之崇，享祀之嚴，應國家之運，爲生民之依者，固有在矣。殿之建，玄教大宗師臣全節實出私錢萬緡爲之倡，而住山續道成、張道真、吴明復、邵明庚、李明良，先後贊而成之。其屋壯麗嚴峻，洞達高廣，盖與兹山相雄。世所稱神仙曰殷長生、房[1]長鬚、馬明生、田簑衣之徒，皆成道于此。是以論人傑必本於地靈也。其辭曰：虚危之精玄武君，上臨玄天貴且尊。穹龜贔屭螣蛇蜿，手指北斗酌乾坤。武當之上號太和，神君居之降百魔。五龍守衛嚴不訶，泠氣自少元氣多。神君生在天地先，谷神自養天地根。二十四炁如環旋，七十二候無頗偏。四十二載昇玄天，玄天之樂不可言。身着玄衣坐紫府，蒼龍在左右白虎。朱方翼翼朱鳥舉，騰精躡景我爲主。百靈守之誰敢侮，或按長劍坐黄庭，吐納日月含風霆。五龍冉冉隨降昇。倏而去之若流星，忽而來兮雨冥冥。鬼車九頭匝火屋，山鬼倚樹惟一足。飛蝗蔽天食百穀，長蛟鼓浪沈平陸，神君一顧赤爾族。神君自居武當山，人能學之盡得仙。前有殷房後馬田，陳摶尹軌相攀援。新開大殿凌紫烟，璿題藻井相鈎連。神君居之樂無邊，保我聖曆億萬年。

大五龍靈應萬壽宫瑞應碑

前　人

世祖皇帝初營燕都，歲十有二月，龜蛇見于高梁河之上。召問諸儒。臣翰林學士承旨臣孝祺等，對曰："國家受命朔方，上值虚危，其神玄武，其應龜蛇，其德惟水，水勝火，國家其盡有宋乎，此水德之徵應也。"詔即其地建大昭應宫，以祠玄武。後七十有四年，復以今上天壽

[1] 房：王佐修、慎旦等纂《大岳太和山誌》記爲"方"。

節，見于均州之武當山大五龍靈應萬壽宮。武當相傳：黄帝時，玄武以三月三日降于此山，仁宗天壽節，適與神所降神同。歲遣使建金籙醮祝釐其山之五龍。後以爲常。歲四月十有七日是爲今上天壽節。至正二年，集賢院以玄教大宗師臣全節言，奏以法師陳斯與行使事。時，均房之間久旱，入山而大雨。及竣事之旦，焚章殿陛之東，有赤蛇緑龜見其所，盤回久之，忽不見。自郡縣陪祭官以下數百人莫不驚覩，以爲禎祥，皆呼萬歲。襄陽守臣上其事，集賢及玄教大宗師，集賢遂聞之天子。且請勒石本宫，以昭神庥。乃詔臣傒斯爲之文。臣聞天地之應，必於其類。惟於我朝莫盛世祖，而龜蛇於冰凝霜沍水德行令之時，見于定鼎之地，不十年而宋亡，天下爲一。此所示天子受命之符也。今復以雲行雨施，水德布澤之時，見于天壽節祝釐之所，必将復見中統之治①，如世祖時也。矧皇上自即位以至于今，罷遊畋，遠聲色，日進儒雅，講求聖學，聞一言之善，一諫之切，未嘗不嘉奬采納。宵衣旰食，憂勤天下，思復中統，至元之治，盖十年于兹，若以時則可矣，以其像②固已兆矣。是祥也必不虛應，天下何幸，即日見之。宫舊有閣，在玄武殿後。至正元年夏，本宫住持邵明庚、李明良，節歲計之羸，會檀施之積，重建之。累土爲基，崇二尋有半，樹三甍之閣而三其基之崇，上六楹，以奉三玄武像，下十楹，列爲三祠，中以祀神父母，左以棲蓬萊十真，右即蜀之梓橦神，總名之曰“玉像閣”。閣方落成而使者至，神人若交焉。臣傒斯謹拜稽首而作歌曰：聖人作兮百神依，水德集兮應虛危。指靈山兮祝皇釐，玉虹拖兮紫電飛。笙磬合兮斗柄垂，冠七星兮九霞衣。進有秩兮退有儀，緑章騰兮啓天扉。風蕭蕭兮雲披披，永介帝壽兮億萬期。赤蛇蜿兮繞緑龜，外不驚兮内不疑。來莫知所從兮去何之，神皇皇兮憺忘歸。

---

① 中統之治：任自垣纂修《勑建大嶽太和山誌》卷十二，方升纂修《大嶽誌畧》卷四，均爲“中統至元之治”。

② 像：任自垣纂修《勑建大嶽太和山誌》卷十二，方升纂修《大嶽誌畧》卷四均爲“象”。王佐修、慎旦等纂《大岳太和山誌》卷十六爲“像”。

旆玄旂兮劍陸離，嘉祥見兮大慶隨。吾皇永兮繼黄羲，如世祖兮御九圍。神降祥兮無已時。

大天一真慶萬壽宮碑

程鉅夫　翰林院學士

皇慶元年春三月，京師不雨，徧走羣望，詔武當道士張守清禱雨而雨。明年春不雨，禱而雨。又禱又雨，既霑既渥，仍大有秋。兩宫大悦。初，均房之間，有山曰太和，又曰仙室，以玄武神居之，名武當。踞地八百里，峯七十有二，最高曰紫霄之峯，峯之最勝者曰南巖，巖前有洞天二，曰：太安皇崖天、顯定極風天。上出浮雲，下臨絶澗，猿啼鳥嗥，豺虎所家，人可投足者，僅尋丈許。道家言：龍漢之年，虚危之精，降而爲人，修道此山，道成乘龍天飛，是爲玄武之神。至唐真觀[①]益顯，天下尊祀。宋理宗時，詔道士劉真人住宫南巖，不克。漢東異人魯大宥隱居是山，草衣菲食，四十餘年，救灾捍患，預知禍福，時人神之。天兵破襄漢，去渡河訪道全真，西絶汧隴，北踰陰山。至元十二年歸，與道士汪真常等，修復五龍、紫霄壇宇，獨結茅南巖。或請作宫庭，曰："非爾所及也。其人将至矣。"二十一年秋九月，師自陜西[②]來，年三十有一，願爲弟子。大宥欣然曰："吾遲子久矣。"即授道要。明年春正月，大宥仙法[③]。師躬執畊爨，墾山鑿谷，種粟爲食。繼帥其徒剪檜翳，驅鳥獸，通道東自山趾絞口，七十里至紫霄宫，五里至南巖；巖北下三十里五龍宫，又四十里抵山趾蒿口。三月三日，相傳神始降之神，士女會者數萬，金帛之施，雲委川赴。乃構虚夷峻，拔木窮谷，刊石窮崖，即崖爲宫，廣殿大庭，高堂飛閣，庖庫寮次，既嚴且備，炫晃丹碧，轇轕

---

① 真觀：任自垣纂修《勑建大嶽太和山誌》卷十二，方升纂修《大嶽誌畧》卷四，王佐修、慎旦等纂《大岳太和山誌》卷十六，均爲"貞觀"。

② 陜西：誤。應爲峽州。任自垣纂修《勑建大嶽太和山誌》中記爲"峽州"。峽州，因在三峽而得名，在今宜昌市西北，轄境相當今湖北宜昌、遠安、枝江等市縣。

③ 法：此版本有誤。應爲"去"。

雲漢，像設端偉，鍾皷壯亮；引以石逕，蔭以杉松。積工累資巨萬計，歷二十餘載乃成。墾田數百頃，養衆萬指。至大三年，今上皇帝，儀天興聖慈仁昭懿壽元皇太后聞師道行，遣使命建金籙醮。徹至闕，及禱雨輒應。賜宮額“天一真慶萬壽宮”。置提點甲乙住持。制加神父號“啓元隆慶天君明真大帝”，神母號“慈寧玉德天后瓊真上仙”，賜師號“體玄妙應太和真人”。延祐改元春二月，大司徒臣羅原，奉皇太后旨，命師乘騎奉香幣還山致祭。冬十月，集賢大學士臣陳灝，請加賜宮額“大天一真慶萬壽宮”。竊惟聖天子端源清之本，躬垂拱之化，父天母地，懷柔百神，陶成萬類，子育羣姓，宵衣肝食①，可謂至德也已，師以雲棲霞舉之侶，而能振道濯德，焦心苦志，奮樹堂壇，以承天庥，亦可謂豪傑之士矣。師闓踈果毅，方嚴質茂，雖大祠祭，不待沐浴更衣，所感必應。雖身被顯寵，如始入山，其有道者耶。若神之德，廣大混沌，變化無方，謂列宿所鍾，詎不信然。臣鉅夫謹拜首稽首而獻詩曰：翼軫之墟均房間，白雲峩峩武當山。根盤千里阻且艱，七十二峯羅煙寰。帝遣玄武驅神姦，披髮仗劍衣黶黶。穹龜修蛇猛且閒，垂雲而來御風還。跂予望之杳莫攀，真人學道鐫堅頑。飛上千仞誅榛菅，斡旋天樞②啓天關。瓊樓珠宮翠迴環，霞披霧映黃金鐶。湛恩大号帝所頒，神來居之珮珊珊。寒松蕭颼水潺湲，飛香滿空馥蕙蘭。願神永永哀民艱，汛掃穢濁無恫瘝。我皇萬歲御九寰，興聖怡愉長朱顏。

---

① 宵衣肝食：任自垣纂修《勑建大嶽太和山誌》卷十二，方升纂修《大嶽誌畧》卷四，王佐修、愼旦等纂《大岳太和山誌》卷十六，均爲“宵衣旰食”。

② 樞：明刻本爲“摳”，誤。應爲“樞”；王佐修、愼旦等纂《大岳太和山誌》記爲“機”。

國　　朝

武當五龍靈應宮碑

劉三吾　奉議大夫翰林學士

武當山在襄陽均州南三舍許，盤亘八百餘里，上有七十二峯，中有三十六巖、二十四澗。群峯擢秀，靈氣攸集，是爲嵩嶽之儲副，荆襄之洞天福地也。相傳，玄天之氣之神，當軒轅氏時，震夙浄樂國王家，乳于母之脇左，瑞雲垂覆，天花飛雨，異香滿室。年十五，辭親出俗，誓斷妖魔，匡扶劫運。至玉清紫元君授以無極上道，俾之越海東歷翼軫之下，訪登是山，擇衆峯中冲高紫霄面陽者居之，當契太和。逮昇舉之後五百歲，被黑衣，披髮跣足，履坎離之真，歸根復位，鎮極北方。自兹風穴雷洞、霄館龍宫，神功顯赫，靈異非常。時則于紫霄、天柱峯，盖勅建宫殿，棟梁楹甍，集桷闌楯，一不假木，悉範銅爲之。中設金像。興雷吐雲，變化不測，以故歷年弗壞。得賜觀額曰“真慶”，曰“護國”，曰“聖佑”，曰“紫極”，曰“靈應”者非一。唐真觀①中，歲苦暵旱，詔有司禱名山，武當軍節度使姚簡身詣是山齋禱。其夕有五儒具衣冠者見謁，自謂五氣龍君。頃之，玄雲四興，甘澍如注，在田之稿，獲遂有秋。簡具以聞太宗，勑于中山别剏五龍觀，以旌靈異。緣此，名聞天下。玄天之神，則以黑駝裘角之劍，斷魔削邪②，爲國爲民，興利除害。民所禱禬者，往往于是龍宫獲靈貺焉。夫何元季，荐罹兵燹，殿宇赭然爲墟。會陕咸寧丘③公玄清，偕其徒蒲善淵，道漢中，抵四川，至金州商

---

① 真觀：任自垣纂修《勅建大嶽太和山誌》卷十二，方升纂修《大嶽誌畧》卷四，均爲“貞觀”。王佐修、慎旦等纂《大岳太和山誌》卷十六爲“真觀”。

② 削邪：任自垣纂修《勅建大嶽太和山誌》卷十二記爲“刬邪”。

③ 丘：王佐修、慎旦等纂《大岳太和山誌》卷十六記爲“邱”。

山，求勝地栖息，不可得。洪武四年，復自襄陽歷均之武當，顧瞻徘徊，閔玆福地，罹爾厄會。首兜拾瓦礫，理其故墟，師徒苟得廬就處已，即積精存神，修真導和，服行清浄，承學大來。明年壬子，玄清規復龍宫其故所，稽材陶瓦，覆城貌堅。遠近樂施，不期歲間，宫殿廊廡，栖止廬舍，次第一新。殿塑聖像其中，神将前列。鍾鼓在懸，考擊以時，羣神百靈有位于廡，是使遊者入山，如行畫圖。樓觀翾峙，洞户鑿綴，堂庭截然，可謂曰完。嗟乎！自開闢以來，武當有山，聖真出世，其八十二化，宜與天地同久。燬而復隆，有吾玄清。龍宫是復，玄宰是奉。胼胝拮据，勞勩萬端，其道緣所致，将不與是山同垂名不朽也哉！洪武辛酉春，玄清以行能被薦拜監察御史，賜之室，辭。明年壬戌，超擢太常寺卿。其徒蒲善淵則選爲均州道正。善淵來京，以公紹開玆山，丕闡神貺，懇予文壽諸石。相是役者善淵及善寧等也。

榔梅碑陰

胡濙　禮部侍郎

永樂二十一年九月二十四日，於文華門啓："大岳太和山興聖五龍宫提點李素希，讀書明理，煉性修真，志節孤高，廉静寡慾，薄於自奉，矜恤貧難，糲食粗衣，心常自足。不時舉手加額曰：'願聖皇萬歲，太子千秋，國泰民安，時和歲稔，物無疵癘，四海昇平。'凡人慕其德而趨向者，莫不諭以忠孝，導以慈仁，勸善懲邪，咸蒙感化。年九十三歲，無疾端坐而終。羽化之後，齒骨俱青，人皆驚異。"皇上備詢其故，再三嗟悼稱許。遂諭臣濙并翰林大學士臣楊榮、臣金幼孜，曰："此老一生精勤至道，忠君愛國，人罕能及。觀其骨青，死必爲神矣。"至於次日早，皇上又復惓惓軫念，所有原賜勑書二道，未經勒石，以傳永久。奉皇太子令旨："他真是修行得道的好人。父皇比先賜他的勑書，你而今去都與他鎸在碑石上，休泯没了這等好處。敬此。"謹同欽差到山建醮，隆平侯臣張信、禮部尚書臣金純、工部右侍郎臣郭進，委令均州守禦千户所正千户臣朱彛，斵取真石一方，以正一嗣教真人臣張守清篆額，玄天玉虚宫提點臣任自垣書丹，遇真宫提點臣羅鳳翔鐫刻。偕户部主事臣王和、湖廣布政司右叅議臣諸葛平、均州知州臣吴禮、興聖五龍宫提點臣吴繼祖、臣施淵静、道士易本中等同徒，立石于本宫榔梅樹之原。

碑　陰

前人

洪熙元年二月望日，皇帝用香、帛、祝文，分遣大臣遍祀嶽、鎮、海、瀆，歷代帝王、明神、先聖、祖陵及諸王陵寢，俱以大牢。惟大岳太和山，迺玄帝登真之所，太宗文皇帝勑建宫觀三十三處，金碧交輝。仍於天柱峯冶金爲殿，範神之像，繚以石城，壮觀堅麗，曠古未有。今天子繼志述事，陞進兹山，同於嶽鎮，命臣胡濙代祀。臣濙奉命惟謹，偕同湖廣布政司右叅議臣諸葛平、均州知州臣吴禮、臣張亨，均州守禦千户所正千户臣朱彛及本山玄天玉虚宫提點臣任自垣等，登山之日，忽有鶴一十五雙盤旋拎金殿之上，良久始去，五色祥光照耀山谷。将事之時，陰雲四合；方祭之頃，星斗燦然；祭畢，陰雲復合。儼若神靈歆格，聚散之狀。官民道衆，鼓舞懽忻。咸以爲朝廷精誠之感，千載一時之遇也。

聖德昭應碑記

李衍　都御史

天人一理也盡乎，人以格天而天昭應之，此理之必然也。昔雖一匹夫之微，一言行之善，猶能動天地。况父母天地而爲之子者，體其塞性，其帥而與之合德者乎。世傳真武神者，即北方玄武之神也。神以帝稱，盖天之主宰也，天之爲天理與氣而已，有是理必有是氣。氣有陰陽變合，以生五行，播於四時，造化萬物，理實主宰之。于是乎有帝之名，然五行之生，各異其質，各居其方，各司其時。故其行木，其方東，其時春，其色青，則其神曰青帝；其行火，其方南，其時夏，其色赤，則其神曰赤帝；其行土，其方中央，其時四時之季，其色黄，則其神曰黄帝；金行時秋，白色，其方曰西，是爲白帝；水行時冬，玄色，其方曰北，是爲玄帝。帝一而已，兼統五行，分居五方，流行乎四時，變化既成萬物，無乎不在，其居無迹，其妙莫測，兹帝之所以爲神也。然天包地外，而其氣常行乎地之中，則其神之靈，必常于其氣之所聚，高明秀異之地發焉。武當之山，周迴八百餘里，峯嶺秀拔，中有三十六巖之勝，去嵩嶽爲甚近。是亦天地之中，五行清淑之氣之所鍾，蜿蜒扶輿，磅礴而鬱積者，則玄帝之神恒於是焉，著其靈異，亦其理也。帝其可以方所求哉，故昔之人建祠兹山以祀之，歷代相襲不革。我朝太宗文皇帝克慎在位，昭受上帝申命之休，即嚴郊社之理，徧望之儀，復於兹山因徃蹟更新神宇，以極其崇奉之典。宫殿嵯峨照耀，盖振古所未嘗有也。皇上紹承大統，爲天地民物之主，懋昭大德，盡仁孝誠敬之心，肆致道，行化洽，邦家輯寧，風清俗美，遠近悦服，聖心欣慰，以謂皆自天之祐，惟神之貺也。於是，思荅帝之休，益隆崇奉。乃禱銅爲神像一，從神像四，供器全，皆飾之以黄金，承之以白石。簡命近臣太監陳喜、左監丞陳道、右監丞林茂祗送到山，會同太監韋貴，暨藩臬郡邑諸臣僚，迎奉于紫霄宫，協心致齋，設醮以妥之。醮設始於十一月初七日甲子，初八日未刻，近宫展旗峯瑞光現者三，南巖宫現者一，皆狀如月，望而圓。紫盖峯光現者一，狀如錦，垂而直，色皆五彩。及申，復有光如上弦之日，現于宫上及玉虛宫之正殿，色皆如初現。次日申刻，光復疊現於紫霄殿南與西，狀與色皆如初。而五老峯、玉虛殿西，皆有光現，狀類五色虹。復有玄雲如旌旗狀，現於太和宫大頂東天門之上，其下有五色半光翔擁，久之方散。至初十日，太監陳喜等，相率行祝延聖壽。禮畢，以其月十五日妥神于宫，仰惟聖德感格，帝心焕發，祥光層現疊出，皆不勝懽忭。既具實以聞以衍方，被命有事荆襄，亦嘗快覩其勝，謂宜有言以記，垂示無極。伏惟天地以生物爲心，帝即天地之心，主宰生成者也。其在北方司冬令，則其職在凝固太和，以斡造化生長之仁也。物終于此，復始于此，帝之仁，覆萬物其有窮乎！皇上祗承于帝，所祈者，上延慈壽，下昌聖嗣，内和家邦，外寧海宇，以遂萬有之生成。皇上之心，亦帝之心也。然皇上克體帝之心，使奉而安之者弗克，仰體皇上之心，則澤将甕于下矣。何以致民物乂安，而神罔時怨恫哉。今諸中貴臣皆知畏天之靈，遵國之度，不倚神而慢，不倚公而私，不倚威而雲，可謂克體皇上之心，疏導德澤而覃及民物矣，此神所以日監在兹，歆悦于上，故彰其靈異而降祥也歟，斯其可記也。故謹書以勒，而係之以詞。詞曰：峩峩武當，玄帝攸宫。報祀以典，盛始太祖。於皇肅穆，纘承大統。像帝于宫，益隆崇奉。曰帝有神，享于克誠。洋洋如在，瑞光疊呈。惟兹臣庶，于焉快覩。稽首嵩呼，紛其屢舞。余曰於皇，一德格天。有感則應，效斯昭然。臣時被命，撫臨勝境。祇謁椒庭，躬逢其盛。嗟惟中貴，克廣皇仁。民康物阜，帝悦神歆。勒詞真珉，庸紀其事。覩者鑒焉，或識予意。

金籙大醮碑

黄衷　都御史

聖天子繼天御寓，于兹五年，大禮告成。世廟有翼，二儀太清，海嶽寧謐。三光五緯，上循其度；曰臣曰民，下若其軌，猗歟盛矣。聖心猶不自滿，假兢惕惕，以祖宗委祉錫禧，盛自今日，必暢好生之至德，衍垂裕之繁休，謂非神明之力曷可憑者。乃考先代之故事，憲祖宗之舊章，以大岳太和山北極真武之神，道大功廣，效靈自古。惟我皇朝，尤謹崇事。於是，範金像儀，制器備物，命内官監臣李瓚虔奉以往，命湖廣鎮巡三司等官，度材制役，費罔煩民。具景命之青詞，表聖心之祕祝，命正一嗣教真人張彦頨，左至靈吴尚禮率羽衣之士四百六十衆，涓辰日之吉，即浄樂之宫，敷寶笈之大科，演玄祖之大法，設金籙大醮爲壇二，爲日以三以七，爲分位三千九百總焉。時則鎮守湖廣地方御馬監太監潘真、總兵官清平伯吴傑，巡撫湖廣都察院右副都御史黄衷，撫治鄖陽地方都察院右副都御史蔣曙，湖廣布政使余祐，按察司副使陳昌、侯綸。都指揮僉事余承恩、馬聰，先後來集，執事有恪。晨夕瞻禮則大監臣李瓚、右糸議盧煦主之。守備安陸州地方内官監太監楊保，巡按監察御史鄧顯麒，右糸政胡忠，左糸議楊易、蔣同仁，右糸議許路，按察使盛儀，副使劉士元、楊守禮、夏邦謨，僉事林遂、許宗魯、毛紹元、鄭光琬、汪溱、何鰲，都指揮僉事申錫、段輔，罔不齋心潔慮，恊相厥成。先是告肆供張，天高氣肅，瑞霞呈彩，五色絢爛，被冐①陵谷，合郡士庶，縱觀欣忭，咸曰：天子萬壽，三宫茂祉，前星早耀，此其祥矣。臣維古者聖王，雖化被無外，而立德有敬；雖富盡四海，而居福有本。是故辨方秩祀，類上帝而徧百神，昭其敬也。巍巍帝堯，祝獻多男；赫赫宗周，頌歌百世，重其本也。今我聖天子，孝隆两宫，而不以爲德；仁被幽遐，而不以爲功。猶敬恭明神，爲民祈福。洋洋在上，有感必應，殆将發天地之儲精，合山川之正炁，鍾爲元良，應期而出，尚繼繼繩繩，以綿我皇祚於億萬斯年者，其端在兹乎。在列者咸謂臣衷宜記，敢頌以詩。詩曰：於維大岳，盤均路房。吐靈納異，萬神之藏。羣峯矗矗，以翼天門。孰奠厥位，高乾厚坤。於惟上帝，妙斡道機。闢陽闔陰，昭假匪私。千巖萬谷，有宫有庭。雲旂來止，丹户朱楹。於穆聖皇，神明厥德。普照爲春，霞燭爲日。大道斯同，迺究玄懿。惠不謬施，霈澤爲川。縟儀維腆，曰惟神宗。睠兹福地，轉歎而穰。化沴而禧，雨雨暘暘。若金若繪，匪制崇典。孰視精誠，駿奔有位。登視鑒歆，承華世世。百靈既職，九有既育，作此頌詩，以永真玉。

祈豊年祭文

吴廷舉　都御史

與造物游，必其視天下如敝屣者也；享萬世祀，必其出斯民於水火者也。惟神棄王位而不居，試諸難而不變，戮羣妖而不懼，度世教而不迷。功滿道成，天行雲卧。受天明命，坐鎮名山。衮冕圭璋，不生不滅。星辰雷電，倏顯倏藏。相我太宗，功烈尤偉。紫霄天柱崇高，踰五岳之尊；金殿琳宫華麗，極百王之奉。永惟翼軫之下，地屬荆湖。是以桑梓之邦，仰如父母。水旱必禱，疾痛必呼。趨者如川，應之如響。邇來連歲，洪潦爲殃。穀麥失收，室家漂蕩。廷舉欽承上命，賑濟一方。謂府

① 冐：王佐修、慎旦等纂《大岳太和山誌》卷十六記爲“昌”。

庫有限，錢糧僅續饑民之命。惘青黄不接，時月豈勝餓莩之多。羣心所欲者，五日一風，十日一雨；衆情所憂者，夏月大水，秋月亢陽。廷舉跽進瓣香，爲民祈禱，伏願體天行化，旋乾轉坤。使四時和而品彙亨，五穀熟而萬民足。非但廷舉免瘝官惰事之罰，而神亦丕顯憂民助國之靈。若今歲再遭水旱虫蝗，而楚人必爲魚鱉鬼蜮。諒非神所忍見，抑豈廷舉之所忍言哉。

恩命碑記

番禺　馮繼科　學正

《易》稱：晋錫書，著懋賞，凡以報有功也。邇乃畀之中貴，隆以外權，錫之以典秩，不已渥！予君子曰：無爵而勸，上也；服寵而榮，次之；貪天以爲已，力下矣。夫威福以馭下，人主之柄，靖共以承上，人臣之忠。蔑忠竊柄，凉德厚圖，鮮不及矣。稽諸往牒，勃鞮管蘇，樹功於楚，晋景監繆，賢著庸於秦、趙、漢、唐，而下則鄭衆之辭，賞嚴遵美之，避權斯其選也。嗚呼！兹寵渥之所由畀乎！我國家懸爵賞，以旌賢能，而又何靳焉。方今聖天子御極昭德塞違，覃敷殊典，時則有若敬翁王公，以中貴之賢，茂膺光寵。承命以來，夙夜兢惕，以圖報稱於萬一。于是禮神秩祀，以昭其誠；慈愛樂施，以溥其惠；崇儒下士，以撝其謙。歲獻方物，疊進符經，宣其勤也；時詣玄宫，躬建金籙，效其忠也。以故太和之民，賴以阜安，邊徼賴以寧謐。流移姦宄，賴以綏輯。凡以其敬德致之也。此公之所以受知于上，而皇上之所以寵遇於公者，福澤寧有涯哉。豈但金帛、斗蟒、玉帶之貺而已耶。公以嘉靖己亥歲，由内官監右監丞來鎮兹土。越二年壬寅，遷左少監，甲辰，改陞太監。歷十稔于兹矣。一旦，進學正繼科訓導劉輻輩，于庭出恩命牒，以示屬科紀之用，寓對揚王休之意。科不佞，竊以恩命之頒，匪以侈榮也，以章勸也，惟公無怙寵，倚法以永有辭，益堅晚節，以仰答知遇之隆，不其偉哉，行且出入禁闥，左右聖躬，以樹宦績於不朽。竊以是爲公望，復爲之歌曰：仰瞻兮帝庭，上應兮四星。帝眷南顧兮自漢徂荆，太和崇祀兮有厥靈。自公之來兮山岳弗驚，物阜民康兮邊境以寧。願皀玄庥兮福我羣生，稽首颺言兮對越明明。寵光奕世兮，永與大岳而峥嶸。

提督藩臣公署記

陳良謨　条議

按均志，条議行省，故在城外。劉石寇興爰徙城内，地偏坤隅。堞雉臨壓，繚垣之表。蕭艾之墟，以高則邏卒，俯矙其闔闠，以卑則雉雊，升棲於罘罳，陳子居之心竊，病焉。東距百步，閒廨一區，名曰舊府，盖提督内臣之遺第也。堂甋陔廇，偪錯無次。於是，陳子撤而新之，剷隆爲塀，築庳爲基。覆其基爲廳事，翼以二厦。廳之後爲甬廊，廊之後爲燕寢之堂。其前爲門二，其左右爲廡舍四。凡爲楹者三，惟堂之楹五。其東别有屋八楹，以居胥吏。其西又有廳、有堂、有寢室、有庖、湢、帑圊之所，以居家衆，凡爲楹總二十有四。大畧如其中之制。而徵材匪别，搆工夫民役七閲月而告成。陳子居之，心安而體便。因自諗曰：是何前之病而今之安耶？君子明德理，下不求，重内願外焉，是毗舛也，甚矣！雖然外内一者也，鳥鼠弗袪，君子焉。芊重門洞開，心體斯豁，謂作室無拎治躬，猶言盛服無與於修敬也。而况莊涖之所哉。工既竣，知州吕箕，指揮江山暨監役、鎮撫王暉，典術孫繼本咸請紀其事，示永久焉。弗許又請，乃麄舉其畧，鑱諸石碑，陷於壁以識所由。

神惠倉記

方升　条議

神惠倉者，佃民之倉也。倉諸費皆取之宫中，而人無與焉，以是爲神之遺之也，故名神惠。永樂十一年，天子有事於大岳。于時，宫庭之屬遍嶕嶢。道士廪食者四百人。人給之田，復徙民徃爲之耕，凡五百五十户謂之佃民。佃民不屬有司，征徭賑貸不相及。予奉命提督諸宫，至之日問起廢，知荒備缺狀，大懼。無以應待舉火之民。謀之提督少監滇南李公曰："唯弗事事無備，無備多患，民弗捄也。奈何?"李公曰："君盍圖之，明年歲饑，佃民告貸，乃發宫中錢，户十百約。歲稔，入穀四石。”於是得穀二千二百二十石。先是佃民之輸於宫者，歲入米八百石，吏弗詰也。乃籍其數隸之官，改令納穀。於是，復歲得穀千百石。予喜曰：可以成事矣。南城下西偏佃故有倉，歲無所入，毀爲涸壤。遂即其地復建焉。中爲堂，堂之北爲九厫，東西各五厫。前爲門，門之外爲池，既落成。乃進諸民而告之曰：唯江河之不廢流也，唯行潦之朝盈而夕除也，無他能繼與不能繼也，今與汝約：歲饑，則盡除以貸汝；歲稔，則還之官。弗出息，弗加量，石納耗五升。違期者罪之，過取者罪之，欺以濫惡者罪之，及盜一貫以上悉抵其罪加墨。不用吾命者視吾案。於是，佃民相率而前曰：大夫匪便其私，惟恭生生敢自隕越于下，是役也。予與提督以命諸佃，諸佃竝作。判官陳大策、指揮江山，實綱紀之。千户韋乾、吏目楊遷、義民郭秉鉞暨羣工百執事，五里之哲，各程其勤作之，二十有三旬，始訖事于今。丁酉三月五日訖事之旦，予有閩命，刻石紀諸門左，而後即衢。盖不忘其所有事也。

勑修玄岳太和山宫觀顛末

陸杰　工部侍郎

玄岳太和山，盡楚西北，盤薄方八百里。其脉自終南迤逞而來，極秀拔，極深阻。相傳爲玄帝修真顯化之地。玄武，北方之神，虚危之精，豈其降而爲人，還復爲神耶。自漢以來，歷代崇奉。至我成祖文皇帝起自燕邸，入正大統，惟神陰翼，顯有靈異。乃創建七宫三十六巖廟，盖神仙所居，多離宫别館，亦以象之，表爲大岳，禮視郊丘，百神莫之。或先當時，役二十萬衆，費以億萬，十二載而始成。規制宏麗，誠爲國爲民，不容自已之心也。成化間，益以迎恩是爲八宫。歲月滋久，漸亦改觀。皇上敬天勤民，治隆化洽，端委之暇，天啓宸衷，有懷餙蠱。爰命巡撫右副都御史屠公大山，撫治右僉都御史沈公良才，巡按御史胡君宗憲，期日計度，以聞頒帑銀一十一萬有奇。敕杰董是役。杰奉命即山次周視，兢悚擊之，以審空實，啓之以驗完腐，會費有加焉。於是慎簡羣屬之良者得七十三人，各司其職，檄右叅議雷君賀，署都指揮僉事李君經監之，先是採石擬於梅溪嶺、獅子溝；白窯擬於宜城清水港；黑窯擬於槐樹關。故常需材，宜無出此。特陟危履隘，轉盤之費數倍物值。永樂間，宫各有塘，久而湮没。於是，覓而得之。白窯移於均之小江口，鄖之潦石鋪、柘溪口；黑窯於石板灘、蒿口、花栗岡。故有道，可避天門險峻。於是，刊木通之。宫宇率依山薄崖，非假梯架莫可致力。須木，須麻，各以數十萬計，乃芟密林伐山藤。諸費之省，靡不類是工。以宫分，於是合而爲四：曰太和，曰南巖，曰紫霄，曰玉虚。而取次於淨樂、五龍、遇真、迎恩，度宜量可力，裕而事集矣。撤而新者二百一十四楹，仍而葺者二千六十八楹，垣九千一百餘丈，石路加垣之七。太和故奉玄帝親師像，皇上感于夢寐，命改鑄範金。入山初道，奉旨建石坊，命曰“治世玄岳”。凡殿宇供器，整益新美，無異厥初。壬子季夏告始，明年孟冬訖工，用帑銀九萬有奇。官役之需，出有司者不隸焉。經始之日，即有霞光之應。上特遣官祭謝。宜都漁人夜獲巨木扵江存，斧記甚異。均鄖之間，玄白丹黄諸土出焉。聞者神之。榮藩、徽藩捐禄助役，有差御製紀成，有碑有亭。則前巡撫屠公、撫治沈公、巡按胡君、今巡撫右副都御史馮公岳、巡按御史朱君瑞登、清戎御史周君如斗、發公羡共成之。提督太監王公佐終始恊贊，亦可以觀人心矣。夫事之有係，於國於民，而禮所得爲者君子，不謂之勞，不謂之費也。太和振古名山，海内無遠無近，罔不齎誠朝禮揭揭乎，若日月之行天。雖昧者，知其不可誣也。杰見道路十步五步拜而呼號聲振山谷，亦既登絶頂瞻玄像，則又涕泣不已，謂夙昔傾戴，今始一覿，性真感發，至有欲言，而不能自達者。兹典也，聖皇上隆繼述，下慰羣黎，誠千載之希際。而兹山運數之值，亦豈偶然之故哉。鄖襄比歲旱潦，民食告艱，工所轉米粟給傭直，以力就食，所賴生全者無算。聖皇懷保之仁，亦於是乎。寓謹勒顛末，以告将來云。

太和山記

汪道昆　巡撫都御史

我國家尊大岳爲帝畤，帝玄君。昔帝降于麇，今治故宫曰净樂。其東當始降之室，治紫雲亭。去州五十里，入西南，表峽口曰玄岳。環中山四合，溪流出入無端，負坎抱離，可當吉土。文皇帝跡異人所在，爲之築遇真宫。異人遺杖笠悉留中，命尚方鑄金象之，歸守者。入僊關，爲元和觀。西入馳道，其南爲玉虚宫，山水倄廣倍遇真。舊爲武當縣。南山如負扆，信非玄武不足以當之。宫制視漢未央，即祈年勿論已。其西池亭洞闥，亦異人所棲。西上望僊樓，惝然若将有遇也。馳道西爲僊桃觀，通八僊臺；又西爲華陽亭，跨石橋臨夫容沼；西出則田廬鷄犬，亦爲一區。

去玉虚躡西南，進次廻龍觀、太玄觀。入紅門通房陵道，道傍有太上巖，巖中鑱石象太清。其左二龍蜿蜒巖石下。又南則八僊觀，中堪輿。右入七里溝，倄木千章，如宊夏。緣岡爲開山故道，遺巨石在焉。寘太上爲羅公巖，高出絶壁。徃年屋之居羅太史，凡七楹。舉目望西南諸峯、盡在目眦。反紅門入官道，進次太子坡。陂陁中分，扼其阨爲復真觀。周垣跨道逶迤，高下因之。出垣下行，乘天津橋，濟九渡澗。澗道幽絶，其陽則淵默亭。沿澗東入玉虚巖，石嶂夾流若干里。嶂若步障，雜樹繪之。深入，石磴浸高，若自明河趨閣道，磴窮則棧，棧窮則巖。巖上視有龍虎文，其右雷文，故中奉帝居，右奉雷部。西南望則天柱當峽中。循故道還，由淵默西南上，除道曲折，望行者如登閬風。

紫霄附展旗峯，石嶂崇廣，皆數十百丈，三公五老前侍，亦一隩區。宫制高倍玉虚，修當其半。奉祠者無慮數千指，其廬率高下居。宫前爲禹跡池，築小亭出池上，池右福地，其陽爲賜劍臺，其陰則萬松亭。出木末太子巖。出宫後亦有亭。由禹跡右旋，古道甚治，乃今多徑者，廢勿行。

古道西上，當南巖之南。舍南巖，西歷黑虎巖，泉石相望于道，昔有巢居者，遺構猶存。進次杉木林，分二道，其右下行涉澗，遵宿莽，容单車峽中，轉入西南，出峽爲清風埡。蓋故韓糧道也。左上行躡萬丈峯下，登朝天宫。其東由鳥道出三公巖，則上巖也。路險絶不容足，學僊者劉媪居之。其下亦爲三公巖，相距三舍，巖南鄉，爽塏可居。然必取道玉虛巖，多歷險阻，始得至。

朝天西上，拾級八百五十有五，當天門。三天門皆竇石峽中。有巨靈斧跡。初入門，降數等，稍平衍，依三公峯爲文昌祠。過祠則摘星橋，橋下澗水如神瀵。緣絙由天梯上，梯如竿揭雲端，距躍五百達重門，足力竭矣。倚試劍石箕坐。更百步達三天門。由此折旋而升，垣行數百步歷階南下，又折而東上，爲太和宫。

宫面南，香爐蠟燭三峯當席。宫前則先朝神室，徙置于兹。由南天門入紫金城，丹梯九轉，出天柱峯絶頂。範金爲黄屋，承以瑶臺。帝位中央，羣神列侍，精美奪目，儼若化人之居。即今之國工宜不及此。正位東鄉，高出七十二峯，如羣弟子侍先師，莫不齋立。近則金童玉女峯二，當膝承之；左三公，右九卿，帶七星，揖五老；僊人、隱士順風而翔。白雲出没衆壑間，如觀陸海。諸峯或如碣石，或如蓬萊，鉅如斷鰲，幻如結蜃，細如漚鳥，倐如北冥之鯤。雜出如珊瑚枝，浮如萍實，纍纍乎如鞭驅石，汜乎如漢使者之乘槎。遠而望之，方城一耜，漢水一瓴。掩楚蜀，畧周秦，即嵩、華、衡、霍、匡、廬、峨嵋，悉辟易無何有之鄉矣。

乘磴西下爲清微宫，僻居深谷中，其制不廣，然以幽勝妙華巖著焉。

南巖當太和之陽，宫北面據五龍之奥。宫右石延覆於道，其上有巨人跡，若倒懸。宫後即南巖，倐數十丈，高數丈；巖下峭壁數十丈，東西倐數百丈，如高墉。巖中列祠事三，亭二，即神山多倬詭，此爲擅場。其下有禮斗臺，徑絶罕至。西出如乘墉，右上躡飛昇臺，其旁露臺，臺當志心石。臺端有蛇徑通一室，當其杪以居。宫東北欻火巖，亭附巖畔，距展旗峯近，下視紫霄。展棋爲尹喜巖，今居比丘，倐不二法。

由南巖宫下爲滴水巖、僊侣巖，度竹笆橋，入青羊澗。青羊巖當澗之曲，虚無廬。渡青羊橋，躋五龍，千步而峻。門垣九曲，始達應門。宫制九重，前列階八十有一，後七十有二，至高矣。左高殿奉玉像五，相傳掘土得之，其制不異庸工，好事者神之耳。宫前有五井、天地池、日月池。宫後當五龍峯，其上有五龍池，則其窟宅也。凌虚巖去宫五百步，一黄冠居之，每飯必有餘以待衆徂，衆徂皆喜；否則，破釜甑去，莫之誰何。巖前則希夷誦經臺，今尚盛。臺出臨澗，當其上爲亭。去宫五十步爲自然庵，故有錬丹池。今始復出五龍，渡磨鍼澗，過隱僊巖，巖虚明，視北道諸巖爲勝。次繫馬峯，爲仁威觀，繚垣方廣數十丈，石渠衡之，就中爲石梁，當門以度。出茅阜峯，下爲五龍行宫，地始平，脩廣楚楚。過此則玉虚道也。

譬之宫室，遇真爲垣屋，玉虚爲廷，浄樂爲沛宫，紫霄爲廣内，太和則帝坐也。南巖、五龍、清微之屬，皆爲離宫。朝天爲掖門，元和爲象魏，迴龍、復真、仁威、行宫皆行在耳。語規制，則首玉虚，次浄樂；語形勝，則首南巖，次紫霄，次五龍。至若羣山萬壑，泉石巖阿，各擅一奇，更僕不可悉數。大都天閟靈秀，以待明時。帝力神功，于斯爲備。且也稽古定制，不籍有司，遞遣中貴人、藩大夫掌其禁令。以故草木茂，鳥獸馴，其斯爲地道之章，游觀者之至樂也。人言山嬴水詘，猶若有憾焉。夫右灩澦，左滄浪，江漢交流，振以鄂渚二别，則玄武之象外户在焉。日觀孤高，下臨湯谷，古者海岳爲匹，亦通山澤之義，與彼規規而闕一隅，是以距臣目者也。

太和山記二

余三仕楚，太和竝載方祀中。戊午冬，余以二千石至，從所部脩祀典，三宿太和。大鷄鳴，輒登絶嶺，觀日出，下視無際，熠若燭龍之躍九淵。頃之天門開，始辨色，山積雪如羣玉，觀益奇。乘輿過妙華巖，就辟穀者與語，獨歸齋室，從者莫知所之。比下南巖，循步檻望天柱，皚皚乎五城萬雉，夫非白玉京邪！俯闞五龍，冰雪塞路，不果往。

過紫霄，履雪出禹跡亭上，若從蒙莊子游。徧歷福地亭臺，奄忽昏暮，月幾望，對展棋峯①如雲母屏。歸卧神樓，屏明燭，户牖生白，視懸寓若冰壺。蚤起，登太子巖，過巖，棲者相揖。出亭下，下紫霄，行者肩摩，入山如市。一徑東涉澗，徑玉虚巖。澗道陰陰，人跡幾絶，避喧而見獨，不亦僊僊乎哉！暮抵望僊樓，月滿魄明，視紫霄較甚。旦日歸矣。譬之染指，曾未屬厭。

辛酉，将入閩，乃再至槖中，載父乙爵。襄王孫遣歌者從余，先入玉虚巖。雨大，至巖中，望雨如機絲百丈，引澗中，澗水盈。從者後至，皆没馬腹。止巖下宿，從黄冠飯黄粱。

明日次天門，余下車納屨以往，車人曰："無畏，請以肩輿登。"於是駕壯夫二人，百步遞更代，若摶羊角而上薄太和。将事，及期雨不絶，從祠官造帝所，即擁蓋猶霑衣。至則天劃然開，雲如席卷，明霞奉白日出。當黄庭禮成，雨復集。人人以爲神應。雖余亦不知其繇。

旦日周游，載酒復登絶頂，當軒奠父乙爵，稽首颺言："道昆幸得服事名山，亦越三祀。今且辭去，請飲餞以行。"乃長跽舉釂者三，徧禮羣神，釂各一。其右有奉劍者，余挺劍出之，祝曰："寇數入閩，願借太阿以張國討。"振衣而下，天將當關，余舉爵進曰："公以赤心奉至尊，不佞庶幾可質。"引滿立飲釂如初。

下摘星橋，歃流水，歌者進爵，爲天風之歌。頃之天籟皆鳴，若相倡和，余以爲鈞天之樂，戒勿歌。由南巖趨五龍，所至皆信宿道中，樂青羊澗别業，樂誦經臺。行次玉虚，月望矣。登樓命酒，以次觴列僊，至洞賓，觴者二，公好飲，則真吾師。質明，發滄浪，從此出境。

後十年，至余將出鄖關，望夏門。柳侍中請行期，先期往。乃燂湯治浴室逆余，宿沐浴堂。

明日，由間道入羅公巖。道中饒木石，苑積不治，假令刊木疏石宜多奇。始至，望天柱諸峯，猶宿雲際；無何浮雲立盡，如出青夫容。既而明滅縱横，如羽衣，如縞帶；已復盡冉冉如站鳶。余宿羅公房，六月衣袷。

---

①　展棋峯：展旗峯。

明日盡東署，乃出復真，過玉虛巖，不果宿。尋登福地，有襍樹，樹掛劍，松下拔劍斫之。五夜，雨師清路塵。

旦日杲杲，侍中命工除間道，余乘小車登太和。日方中，其下五色雲見，祠官以告。侍中亦自南巖望見之。既禮玄君，退就南榮，嗒焉隱几。居有頃，起而周視舊游諸峯，變幻多神奇，即三至未可僂指。曳杖出香爐峯側，命黄冠據其上，作步虛聲，間以洞簫奏雲門曲，興盡乃反。

質明就道，憚乘危杖，至摘星橋，指橋東遺址，是當閶闔，扆三公，宜祠事文昌，以應天象。次萬丈峯下，刻石爲銘。過南巖，侍中語雲物狀。

余聞諸有道者具在山中，開士周泰享居玉虛西隅，舒復初、石教會居柳林，佛子圓性居尹喜巖，獨顔希子出就鄢郢。周故宦者，事靖江王，性通明善悟，入與柴山人相師友，竝稱法眼云。舒善長生之術，深入無生，具大辨才，其先爲柴山人弟子。石故秦將西域法，王子崇事之。圓性祝髮京師，具法相，目攝諸徒屬，卷舌不談，談則纚纚不休。適其意所欲出。余先以使往畢，爲之期。余留南巖，石子先至，余執舊聞與語。石灑然："公豈宰官身邪？不揭不厲，而登彼岸，其未也。"坐待明月，琴師就巖中奏琴。

旦日問尹喜巖，過佛子巖，東北向，門外多美箭爲藩。巖中列兩楹，虛其中奉佛。佛子肅客入坐，客當中霤。既而謝從游，引客入卧内，摩客腹私語："佛邪！佛邪！由往刼以來乃復相見。"抱膝就客，亹亹多所開陳。已而謂客喜游，請先客。乃授客杖，先從竹徑出澗，濵盤石，據澗交流。隄其下，樹水草，傍一巨石出臨岸，斷木作曲闌當之，咫尺若在濠梁，其幽致可入繪事。巖上草木益茂，柴荆爲周廬者三。中有蓮池，池水四時不涸。池上一室，蓬户，室中置繩床。户外，竝列招提，懸彩旛作滅度法。池外一池差小，自爲一垣。垣中花木成畦，多芳草。其後由蓽門入，中爲草亭，方廣當身，設坐具。亭前分列八石，宜坐門徒。客答曰："公所居足稱精舍。公安事此，其游戲三昧者邪？"佛子曰："嘻！此故豺狼居耳。吾日事樹藝，遂成園林。客勉矣。"出就谷口，客迴車。

旦日，期周子五龍宫。周後至，中道遇暑雨，畢易衣履始相見西齋。周告勞，余不欲煩以口舌，乃出日月池上。過誦經臺，羣雉遞鳴山梁，不避人語。侍中請臺端行酒，列炬乃歸。

旦日，次行宫。石子將舒子至，舒即次以機投余，石數目余，機不入。石笑曰："公將以聞見取，乃今不涉聞見，惡乎取之。故不入也。"語未卒，相與過玉虚。列坐月明中，將叩實義，會侍中倦而思寐，罷勿談。

明日，登望僊樓，語其概，乃余猶多扞挌，然亦有味乎其言。是夜月始盈，遂還行部。計期則十年周矣。

余適有天幸，十年三游。始與貴游者，俱局趣不自得再至。則余爲政，然亦不失爲俠。少游乃今，吊詭得朋，視昔游爲猶賢矣。要以游方之外，時而汗漫，時而逍遥，其斯爲采真之游，余未能也。

大岳文昌祠碑記

天官書：斗魁戴匡六星曰文昌宫：一曰上將、二曰次將、三曰貴相、四曰司命、五曰司中、六曰司禄。祠家則以其降神于蜀，率象神而祠之。尊北極者主玄君，尸祝之義鈞也。大岳專祠北極，百神附焉。顧文昌迄今不祠。不佞嘗言之柳使君所，使君謝曰："昔在司禮，先帝幸以文昌像賜朝，朝至于今奥事之，毋敢失隊。先帝崇事大岳，不啻介丘。今上幸而使朝奉璽書主祠事，方懼無以稱上任，使倍先帝恩，乃今依北極，祠文昌，且尊君賜禮也。"於是相與經始，得隙地于三公峯之陽。東距天門，可當斗口。甃石高若干尺，爲堂廣若干筵。堂外層軒，待乞靈者。夫北斗定四時，繫八極，而文昌用事，則文武爵禄之司。其命曰文，右文事也。我二祖用武定天下，以文守之，當時若劉文成以下諸臣，庶幾名世。孝宗守文繼治，王文成乃在公車，關中洛下竝鳴，文始興矣。世宗操禮樂爲治，天下文明，在事之臣，各用其職，諸尚書郎奮起，若駕八駿而馳崑崙，何翩翩也。今天子聖明，無改先帝之舊，閎儒秉國，莊士盈廷，海内名家，罔有遺佚。以故文德四治，遠人來歸，得全全昌此其時也。禮時爲大祠，不亦宜乎。使君故嘗主藏書，以知禮顯。是役也，則天象，恊地宜，興人文，尊主德，於禮合矣。故使君决筴從之，其經費悉取諸舍中，筦庫之士無所預。會藩大夫李君以部署，至計日而祠成。楚人祠故有歌，祖迎皆用此，大岳在楚，請爲神楚歌。歌曰：列幽宗兮天閶，疏文石兮華堂。躧瑶光兮當户，帥三公兮鴈行。靈之來兮雍雍，乘歆玉兮雲中。臣聖哲兮爲役，黜口耳兮鴻濛。履遠游兮璆鏘，升天衢兮張皇。導羣賢兮先路，熾明德兮無疆。釋余驂兮閬風，緩余佩兮離宫。覯昌暉兮當世，歷千祀兮升中。

隆慶五年夏四月壬寅新都汪道昆題石。

藝文·表

國　朝

太和山宫觀成賀表

任自垣　太常寺少卿

大岳太和山玄天玉虚等宫提點臣任自垣，欽惟聖朝建立金殿，成造各宫觀完備。謹奉表稱賀者，臣自垣等，誠歡誠忭，稽首頓首上言：伏以皇圖廣大，萬方共際抙明，時仙宇完成，千載有光於玄教，神人胥慶，海宇均懽。恭惟皇帝陛下，聖德同天，至明如日。躬膺天眷，四時序而歲功成；治致雍熙，萬國安而人心樂。乃新宫觀，用答神明，上以薦太祖高皇帝、孝慈高皇后在天之靈，下以爲四海生民造無窮之福。規模雄偉，像設尊嚴，輝光與日月而竝明，事業與天地而同久。豈特爲盛時之瞻仰，永以爲萬世之尊崇。皆由聖意之昭孚，是以天真之顯應，圓光屢現，祥瑞同符。此誠皇上福壽之徵，宗社太平之慶也。臣自垣等守職玄門，感恩難報，仰紫宸之三祝，祈聖壽以齊天，臣無任瞻天仰聖，激切屏營之至。謹奉表稱賀以聞。

卷之六

藝文・賦

國　朝

大岳太和山賦①

楊琚　叅議

維大岳之爲山兮，形肇奠於鴻荒。迺渾淪而磅礴兮，鍾秀氣於玄黄。顧發源於嶓冢兮，擁翠浪於武當。肆連峯而接岫兮，復積嶺而重岡。峙漢水之南隅兮，跨均房之兩疆。控翼軫之分野兮，應列宿於上蒼，羌迴旋乎地軸兮，扼天關於古襄。衍脉絡於荆山兮，析支派於内方。

七十有二峯，根盤八百里。崔嵬巑岏，岧嶤峛嶏，厥戲如對，森列如竢。若迴而馳，佀行而止。若豁而谺，佀立而跂。或俯焉而復昂，或仰焉而崛起；或蜿蜒兮如龍如蛇，或蹲踞兮如虎如兕；或尖鋭兮如筆如鋒，或正直兮如屏如几。若乃三十六巖之幽虚，二十四澗之迤邐，五臺五井之悠悠，三泉二潭之瀰瀰。

厥石則有金星、銀星，厥産則有地髓、石髓、堯韭、禹糧，雜沓而

① 原誌無標題，此標題爲編者加。

竝美；秦檜、漢栢，偃蹇而長清。木實則有梳、楸、桊、樆、櫋、檵、棪、榑、椩、樣、楸、櫻；野蔌則有菌、蕈、笋、藫、薯、茉、蕨、葵、蘁、菝、蒟、菁，以至㨂窮草、交讓木、靈嚚杖、石磴心、榭梅、赭㪷、葛乳、騫英、天花、雲林、芳芷、徽蘅、枝柑、房李、鄧橘、襄橙，無物不有，雖茅亦馨。萬年松、千歲艾、九僊子、天南星、白何首烏、紫花、地丁、苦參、白合、甘菊、黄精，采之可以療諸疾，服之可以制頹齡。又有石如火焰之紅，樹如龍爪之倪。飛泉滴溜，漱乎瓊瑶。松風響籟，鳴於遠邇。四季常見靈鴉雙雙繞林坰，五更或聞天鷄喔喔號雲袖。白鵬、錦雉同飲啄夫巖頭，神虎、仙麋迭巡行乎山趾。紫芝瑞卉，百千其名；珍禽恠獸，不可殫紀。又如龍宫雷洞，深窅虚明，風穴星牖，沉寥呀哆。表以禹跡、步雲之橋，帶以太乙、天池之水。日出則嵐飛靄收，蒼翠滿前；月明則鶴唳猿號，清幽無比。兼有洞天福地之靚深，孰謂蓬萊方丈之不在是也。

有若大頂之峯，端然正位，處乎其中。吾不知其幾千萬仞？但見形威峻極，與天而爲柱，氣象巍峩，杖地而撑空。其高無竝，其旁靡從。匪衡匪岱，匪華匪嵩。既非醫閭之可擬，亦非恒霍之可同。前有五老，後有五龍；右有搢笏、九卿，左有手扒、三公；東有始老、展旗、九渡、金鎖；西有隱仙、疊字、千丈、鷄籠；北有皇崖、顯定、貪狼、獅子；南有仙人、隱士、伏魔、降龍；又有聚雲、香爐、大明、蠟燭、大蓮、小蓮、文曲、武曲、天馬、玉筍之重重，丹皂、竈門之矗矗。千巒萬嶂，各獻幽奇；四面羣峯，互相倚伏。乃獨孕秀居奠，盱睟駭目。上接青雲，下臨深谷。其視衆山之周遭，迴繞拱向環簇，有如王者之臨諸侯，大宗之俯族屬。是乃五岳之長兄，四鎮之伯叔。遠若蒼梧之九疑，巫山十二峯，竝呼爲其家督；近則赤龍竇砲，横黄方界，皆目爲其幹僕。此我皇明所以表章，謂之大岳太和，而咸五爲六也耶！是宜玉臺高疊，石檻玲瓏，闢以門闕，繚以垣墉。金殿之據乎其上，焕棟宇之穹隆；天帝之宅乎其内，躡龜蛇之玄蹤，捧劍兮玉女，執旗兮青童；侍從兮靈官，導引兮先鋒；照日月兮層構，暎上下兮天宫；燿金光兮燦爛，洞遐矚兮昭融；

飛複檻兮霄際，縹雲靈兮曈曨；信真仙兮所棲，豈塵俗兮可容。

外有天門三重，雲梯萬級，自卑視高，曼延璧立①。掛懸空之霽虹，逼霄漢於咫尺。歷參井之鈎連，詎跬步之可即。躋欲半而悸驚，憑危欄而上陟。慨登望之多囏，夢徒兆於生翼。

及夫天門之外，則隨山通道，跨澗架屺。剪除榛薉，辨域定規。或聳琳宫而開寶殿，或興古廟而建神祠；或敞珠龕於巖畔，或刱柱觀於山碑。築石室以藏僊服，峩彩亭以貯御碑。彌東南而亘西北，彷閶闔而廣棼楣。雕墻横截乎山谷，仙廬盤欝乎坤維。熾丹雘於林杪，鳴鍾皷於厓㕒。境之最勝者無如紫峯，峯之至高者莫踰天柱。南巖、五龍兮，幽雅瑰奇；玉虚、浄樂兮，輪奂規矩；清微、真慶兮，非不霄峥；遇真、朝天兮，俱號紫府。似兹宫觀兮，三十六所；其餘庭院兮，更僕莫數。丹房石空兮，雖寒不寒；雪窩涼亭兮，當暑不暑。甚至萬松一泓，各有軒亭；鉢堂方丈，亦爲峻宇。隘四衝而騰八達，張千門而啓萬户；宗大岳而朝玄穹，翼太和而壯今古。人皆疑其天造而地設，或出於幽贊而陰輔。不然何以楹柱林林，梁棟楚楚，而有此廓度宏模；福區玄圃，壯神僊之窟宅，聳人世之瞻睹。

吾想夫永樂之初，内難既夷，四海寧謐，民物熙熙。是以奉委之臣，以謂聖君有作；我儀圖之，敢不盡瘁忘疲；董督指揮，朝斯而夕斯。由是智者售技而無所隱，壯者效力而不敢欺。雖山林谿谷亦不愛其材，孰謂我朝長府之積皆在，所供億而其用不貲，又况工咸奭赑，匠賽輪倕。萬指揮斤而呵氣爲霧，六軍荷鍤而瞬息爲墀。庶民子來，若有神司，經之營之，倏爾成之。于以答景貺而廣孝思，于以奉明祀而祝丕釐，神必徘徊容。與于兹康濟邦國，福祉黔黎，以陰佑我皇上聖子神孫，集慶禧而撫有太平，萬萬載之洪基。賦已復撮其要爲頌辭曰：

倬矣！大岳摩青蒼兮。背漢偭漳，鎮一方兮。奕奕宫殿，闐山罔兮。

① 璧立：方升纂修《大嶽誌畧》卷四，王佐修、慎旦等纂《大岳太和山誌》卷十七，均爲“壁立”。

天帝蒞止，周相徉兮。氛沴斯靖，時雨暘兮。慶祚靈長；神化彰兮。我皇崇祀，佑八荒兮。玉質金相，昭寵光兮。四夷來王，徵休祥兮。海宇乂安，垂衣裳兮。本支繩蟄，世萬其昌兮。俾臣之後胤，亦如諸峯之拱岳，永篤爲忠良兮。

太和山賦

馬一龍　國子監司業

予昔丁卯之疾，禱玄帝而承天休；乃今庚午之歲，謁太和以答神貺。大哉！巍乎！天地中有是山，故造化中有是神也。神顯駿功，世享崇祀。予謬司東壁之府，可無汗青之書耶？爰作賦鏤諸石云。

儵忽鑿渾敦之竅，廣莫分翼軫之圻。惟一元旋機在子，乃萬物化源所滋。天載玄默，地開靈竒。常陽擴其無際，積塊纍於纖塵。崑崙定樞以突兀，太和分脉而嶙峋。龍漢刦象帝之先兮，守孩中而自老。紫墟煉净樂之國兮，出大帝以爲神。奠位糸兩儀，總章聯五嶽。破元氣之絪氲，啓撑黎而結幕。含玄黄之孕精，犇巨麗以厞廓。膺撫三關，夤帶百粤。涪湛漢沔之縈迴，燥潤梁洋之沟勺。媪軸炳靈，璿衡揆律。抗勢蘧廬，標影鰲極。張堪輿之形勝，崇法象於天則。

亘地八百里，環峯七十二。岧嶢上羅穹，嶟屼擁縹翠。列離宫之譜，則太龢、紫霄、南巖貞度，五龍、玉虚、清徵樂土，遇真、朝天，左右紫府。計羽衣之廛，則太玄、威烈，元和、八僊，修真、復真、迴龍、龍泉、仁威、真武，玄圃後先，樓觀峥嶸，壇墠盤旋。三十六巖之窅窔，二十四澗之委蛇。井臺窬竅而杓掛，泉潭奫潴以蒙漪。玉梁爲虹，鯨吸湟陂。素瀨卷雪，人鑑冰池。若試心試劍之永肩，金星銀星而兩曜。尹仙石棋，惟石之肖。肺腑收春於榔梅，雷神表步於天乙。白龍增應谷之靈，桃源括避秦之逸。

濯土之毛，彙將不億。姑舉其一二者，堯韭禹糧，秦檜漢栢。房李枝柑，襄橙鄧橘。菌萸葽芷，蘠蔱蒟青。柒樆匠具，芳菲綴馨。蒲柳之質，無不含英。苦窳之器，亦皆萃精。年遐松艾之資，品列甘黄之上。

雖混所生，匪同色相。又其飛走昆介，爲物且饒。文貝華虫，鵴鶅寒號巂周之鵖，意而以鵊。於菟澤霧兮，蔚變而驕。跋胡明睞兮，窟營其狡。種别類差，不可殫紀。

乃惟地靈所鍾斯，則傑人萃止。事載方册，聲在人耳。喜棲石壁者，軌度天樞。練巾飛舄者，鮮組遁居。戴盆落帽①，馬明架廬。勑遇堯簡龍，咲墮希夷驢。雲溜房長鬚之杉，丹入田簑衣之鑪。真常觀妙，洞雲祖年。青陽全式，德邁風仙。連雲孤碧，駢古松泉。明道明祐，善澄善淵。駕風鞭霆，尸解蟬蜕。究水華之靈奥，洞陽精之神秘。披寶歙青，服食方劑。黄庭見僮，玄霜度世。尋穴天之竇衢，棼海屿之雲術。神欲守而鶉居，體將伸而蠖屈。

遡本玄真，開山啓兆。簡奉元君以晤真，鍼磨神姥而契道。誓寄樹兮一念通靈②，命懸崕兮五龍夾抱③。功成六七之年，道顯億萬之刦。玉帛冠裳，方來宸翼。罔兩妖魔，潛形遁跡。神功宥密兮，作配泰元。佑我皇祖兮，聲猷赫宣。鄱陽弭難兮，燕國揚旍。外戢内靖兮，乾清坤寧。遭際帝王之繼聖，宰制山川之百神。豈非水土中，陰陽萃，日月交，龍虎配。躍蹠柱之汨越，肅坻鄂之鏗鏘。瞻鉅鎮之穹崇，繕綺構而高驤者乎。

噫吁欷！大哉！巍乎！天下無以尚之。光采陸离，揮霍爛熳。入以天門之三疊，懸以雲梯之萬級。井蛙管窺兮，中天半壁。木希躕進兮，跬步莫蓬。豁然展士衡之翅兮，飄然御列子之風。闖烟嵐之磊砢兮，越日嶺之巃嵸。仰視參井兮，頫歷霽虹。晷宸光之熙逗兮，遻龍見而雲從。

---

① 戴盆落帽："戴盆"，誤。應爲"戴孟"。戴孟爲漢武帝將軍，曾隱遁此山修鍊，飛昇時落帽武當山，後人將其山叫落帽峰。其後所述，均指武當山道士的事迹，參見本書傳記。略。

② 誓寄樹兮一念通靈：此句是説真武太子上山修鍊時，因灰心，經紫氣元君以磨鐵杵爲針超度後，頓悟。折梅寄榔，對天誓曰："若道成，花開結實。"後果如其言。"一念之靈"，真武太子的一閃念，却通達神靈。

③ 命懸崖兮五龍夾抱：此句是説真武得道後，在飛昇崖上飛昇，由五龍捧擁昇天。

欽頤彝冎，遍禮琳宫。擷珊瑚於脰烏，摇㚖贔於腇功。探黍珠於月偃兮，拔泰阿於雷豐。誦綸音之焕發兮，求繽章於蔓揭。薄仙廬之㕒㕓兮，訪遺書於石室。誕真誥之瑶函兮，遡仙宗於玉牒。時乃飛花舞筵，高鳥在空。嗽天溟之芳潤，聆滴露之驚淙。汲沆瀣之液，溉華渚之躬。禔身紫翠之上，掩袂天柱之峯。雲霞繚繞，巒岫㟗幪。前挹五老，後係三公。右遜九宰，左挽七雄。東搴太始而展旗九度之金鎖，西望隱仙而疊字千丈之鷄籠。皇厓顯定之家，皆燃藜而髓石。潛真悟道之士，能伏虎而降龍。觀其雲聚香鑪，慧明蠟燭。大蓮小蓮，文曲武曲。天馬玉笥之躪踔，丹阜竈門之起伏。流軿旻景，森羅象数。促息引領，吐納雲霧。測深不可幾，致遠莫能負。何神山之峻美，羌元苞之綜固耶。

衆賓抖擻而談叱縱横，獨士沉吟而神發智生。蔀屋斗目兮，約牖納明；雲村麦耳兮，拔宅上昇；朱干立準兮，琪樹流鶯；火鈴噴焰兮，龍師聽經。家據蓬壺之盛，人傳金闕之名。疆畛井畫而阜成，桑麻櫛比而敷榮。城郭鈎連兮衛護，閭閻鱗次兮章平。是則郡縣良吏之所宣承也。

測圭表方，奠麗中央。風雨時會，漢江之陽。沃野大麓，符分膰脤。黼黻所與，弁蓋如雲。蒼生蠕選而得所，香軹蟬聯而依輔。民近旱麓之遺，兵釋潢池之武。禮義經籍之所漸陶，慷慨激烈以爲鼓舞。陳麟趾騶虞於二南，别民情俗習於九土。是則觀風諸臣之所歟翊也。

翹首潛邸，掩映神京。氣吞雲夢，波撼洞庭。控南北而混胡越，浸乾坤而浴日星。激商羽於陽春之籥，占醇和於瑞靈之鵲。祥光常擁銀潢，灝氣遥瞻玉峽。上應薇垣竝三都之壯麗；下通地肺綿兆禩而曠綽。緣壕涉洛，亂漢抱岳。擒洪藻，申景鑠。黄道轉度，翠華駐方。蟠踞雄於天造，芴蒨揭於帝鄉。感威靈於鳳翥，作物睹於龍飛。輿圖恊宰，弓履輿思。是則先皇繼統之所造基也。

謁羲農於沔陽，祖神禹於是别。吴闔之胎，楚昭之血。悵吾道於坡回車，弔幽忠於衣禱石。陽臺留宋玉之悲，君山瘞舜妃之璧。西陽善祠，長沙賈宅。蜀地偏安，昭烈而中興；荆州必分，吴魏爲三國。不數騷賦之才，還高鹿門之節。是則聖賢豪傑之所履歷也。

泰華鼎峙，衡常中嵩。環迴匝遶，臣僕甚恭。蛾眉匡廬之秀，陽明大白之奇。崆峒鬼谷，終南武夷。勾漏天臺隱觀九疑。青城五臺，金庭王屋。宮寢佇望金陵，仙都遥連勾曲。瞬絶西方，罽賓身毒。横絶法界，紆蟠其躅。儼然王者，綴旒於諸侯，太宗統系其羣族。此則太和元氣之所聯屬也。

至於蒙汜崦嵫，朱厓鐵勒，入我版圖，統在疆域。辮髪雕題，輸誠效役。夷韎兜離，罔不化育。六合混一而塵清，四海不揚而波澄。二都拱放勳重華之主，洊席列社稷股肱之臣。四時成序於羲和，五星叶光於蒼旻。嘉禾擢秀，醴泉薦馨。遐荒不驚兮，華夷相鍔。淳風不同兮，彬彬禮樂。然安不忘危，大閲以作。神武懋昭，爰及朔漠。是則聖君晉相糸賛乎高博者也。

轉盼締視，心神壙怡。蕭籟既寂，月來如期。已乃返乎圭中，蜉蝣以容黄金。綽體照我糸同。又則探天一生水兮，坎起元爲之宰。地六成象兮，外週數由於内。孰爲鑄刦兮，即慧性以斬諸魅。如水沃焚兮，抹撒萬緣之溷穢。孰爲龜蛇兮，即水火之既濟。紅鉛黑汞兮，藴先天之祖炁。慨危途之碌碌兮，趣功名與富貴。胡世人之懵懵兮，嗜腊毒爲炙膾。渺浮雲之過太虚兮，悟本來自有量劑。寔徃來聚散之無常兮，曼駒隙儵然流逝。况造化者，亦以天地爲逆旅。而光陰者，總視浮生若過客。知黍珠[①]在吾身之寳兮，毁天地而不刦。當知吾生塞萬機之原兮，踵玄關之一息。紀勝槩於遊觀，表名山之神烈。

① 黍珠："珠"，疑爲"銖"字之筆誤；"黍銖"，爲重量單位。在此比喻細微之處。

藝文·歌

元

野老歌

劉曰　静修先生

南陽武當天下稀，峯巒巧避山自迷。青天飛鳥不可度，但見萬壑空烟霏。山不知人從太古，白雲飛來天作主。旌旗明滅漢陽津，幾閲東西互夷虜。老人住此今百年，自言三世絶人烟。往事不聞宣政後，初心欲返羲皇前。脯鹿爲糧豹爲席，竹樹蒼蒼歲寒國。天分地析保無憂，恠見北風山鬼泣。一聲白鴈已成擒，囬望丹梯淚滿襟。傳語桃源休避世，武陵不似武當深。

贈張洞囦祈雨歌

趙世延

京師大旱連三年，地蒸熱氣如雲烟。林林佳木盡槁死，毋論黍稷生秋田。武當真人張洞囦，爲道有心如鐵堅。食犓衣惡夜不眠，兩眸奕奕光射天。天子有詔承相宣，召君禱雨紓煩煎。君不默不語，奏達虚皇前。將吏驅蛟龍，雷電相後先。垂垂雨脚晝夜喧，平地湧水如通川。稚禾出吐芃芃然，小草大草争芳妍。都人士女喜懽願，謂君有道真神仙。我今爲賦喜雨篇，勒之金石傳千年。

送張鍊師歸武當歌

范德機

張君瀛洲人，來作武當客。始來武當時，秖着謝公屐。弟子百數輩，稍稍來服役。誅茅立萬柱，空中現金碧。辛苦三十年，夜卧不側席。以之律鬼神，故衣如短墨。元年踰冬旱，朱火燒四國。野谷方焦熬，六月畿甸赤。朝廷亦不愛，議牲與圭璧①。僵巫暨僊史，歌舞無消息。君時待詔來，公卿初不識。一朝傳天語，問以濟旱策。君云臣鄙愚，造化非所測。陰陽有開閉，此寔智者責。公卿復致辭，物生孔今棘。已敕京兆尹，取之輸粟帛。此如解倒懸，祀事惟所擇。君聞猶固讓，心寔内憂惕。飛章白玉闕，瀝膽殫悃愊。臣寔才淺拙，臣寔學邇塞。臣有一寸心，願賦后皇德。后皇本愛民，民今旱爲厄。或者罪有由，皇亦重開釋。祈謝各有方，呪禁各有式。上堂薦明水，下堂考金石。夜分請命既，昧爽大施設。爲壇東市門，經紀法靈册。庭中玄武旗，飄飄墨黍黑。君臨一揮手，怒髮上霄直。指揮東方龍，卷水東海側。指揮西方龍，卷水畧西極。北南暨中央，各以方率職。某日某甲子，漏下五十刻。我在壇上伺，不得忤區畫。豐隆與飛廉，圓缺與辟歷。汝將汝風馳，汝遣汝雷擊。汝雲馮勿滴，汝雨必三尺。汝不從誓言，不畏上帝勑。至期果響應，動蕩七日澤。常時人所難，君若不以力。公卿奏天子，是必有褒錫。可以寵號名，可以蕃服裼。君曰天子聖，卿從誠所格。臣敢貪天功，疏在歸計迫。昨得山中書，至自青溪宅。向來百弟子，遲歸在朝夕。瞰時冬序半，霜下木葉積。明當課斬伐，結構西巖壁。山田晚報熟，芝术及採摘。獼猿長如人，夜夜盜柿栗。隄防苟不豫，六氣盡蟊賊。公家事既已，私事容棄擲。方知用世士，遺世等糠粃。所過如虛空，焉知去留迹。我持一瓢酒，欲以贈遠色。歲暮不見君，悵望空中翮。

---

① 議牲與圭璧：任自垣纂修《勑建大嶽太和山誌》卷十一，方升纂修《大嶽誌畧》卷四，均爲“犧牲與圭璧”。王佐修、慎旦等纂《大岳太和山誌》卷十七均爲“議牲與圭璧”。

國　朝

雲谷歌

王佐理

白雲道人昔何處，野鶴相隨憩巖宇。天風吹上鳳凰臺，五色雲中覲明主。從兹不事九轉丹，拖金紆紫趨朝班。惟清惟寅職祀典，光映鵷鸞輝羽翰。日持黄檢奏封祕，似向天宫朝上帝。仙階耿與三臺通，始知天上即人世。青鳥不來僊路遥，夢魂無復武當招。谷雲化作傅巖雨，時蘇四海資清朝。君不見，玉堂學士典文字，許爾大書際遇事。今朝正是降申日，祝壽姑容獻佳什。

無　題①

艾　暉

武當形勝天下奇，瓊臺翠壁何崔嵬。瑶池尺五鳳凰琯，上邀嬴女冷風吹。碧峯依天三十六，二十四澗鳴蒼玉。鷄犬無聲萬壑幽，靈鳥樹杪啼晴旭。宫中仙人美丈夫，披髮跣足提湛盧。玄功千載亦莫測，下土寔賴神明扶。我行欲籍靈胥手，真擬天津援北斗。霧合凌虚覽八荒，俯視羣山如培塿。

鐵杵歌

名氏未詳

武當屹立天柱峯，衆山朵朵金芙蓉。超然大頂出天造，形氣宛與霄漢通。粤從上古有玄帝，灼知此境非人世。辭親浄樂國中王，速即武當

① 原文無標題，此標題爲編者加。後同。

山丁地①。就中修道四十載，道未成時心欲怠。上天眷帝有玄功，默降神靈來與會。化爲老姥貌龍鍾，手持鐵杵磨澗空。帝見問之何所用，姥言治此作針縫。帝曰杵堅不易造，答云在用工夫到。豁然慧性與天通，遂感神語還修道。不數年間道竟成，天垂法駕來相迎。飄然直上彩雲去，騎龍白日昇天行。昇天有道大無息，蕩滌邪魔位北極。惟留一杵在兹山，神物護遮迷形迹。我皇御極真天授，海宇清寧感神佑。勑諭元勲貴戚來，舊時宫室今新構。元勲貴戚遵上旨，朝夕經綸勤不已。指揮工匠各論能②，列觀諸宫同日起。諸宫列觀森開張，丹碧炫耀金輝煌。萬壑儲靈齊出色，十崖③獻秀蔚增色。大開金殿青霄裏，壯觀仙都從此始。帝降無時儼在兹，鑒觀聖敬中心喜。中心喜之將若何，圓光屢應祥瑞多。萬年神杵一朝見，六丁捧出山之阿，天生此物超凡質，形類非金亦非石。圓缺不改舊時容，奇異猶從太古色。貴戚從此是仙工，再三拜進登九重。聖主臨軒垂一覽，燦然清彩霽重瞳。古來賢君皆不得，惟皇聖敬能招格。四海懽聲共沸騰，頌歌竝作光前烈。小臣葵藿朝太陽，幸逢治世歌虞唐。但願帝心常簡在，皇圖鞏固與天長。

無　題

盧大雅

太和之山高插天，虚危墮地知何年。鯨鼇割斷萬丈壁，霧雨洗出千枝蓮。仰看固信嵩華小，俯視豈獨均房連。紫霄臺殿北崦外，玄武旌旗南斗前。薜荔爲衣草爲履，犁烟斷霧皆羣仙。或馴猛虎咲嘻嘻，或翳紫

① 武當山丁地：任自垣纂修《勑建大嶽太和山誌》卷十一，方升纂修《大嶽誌畧》卷四，均爲“武當山下地”。王佐修、慎旦等纂《大岳太和山誌》卷十七爲“武當山丁地”。

② 論能：任自垣纂修《勑建大嶽太和山誌》卷十一，爲“輪能”。方升纂修《大嶽誌畧》卷，王佐修、慎旦等纂《大岳太和山誌》卷十七爲“論能”。

③ 十崖：任自垣纂修《勑建大嶽太和山誌》卷十一，方升纂修《大嶽誌畧》卷四，均爲“千崖”。王佐修、慎旦等纂《大岳太和山誌》卷十七爲“十崖”。

鳳來翩翩。柔兆攝提格子月，遠承王命祠其巔。玄酒雖同澗蘋薦，寶翰金礱蒼壁鐫。初尋龍湫歷烟島，稍紆鶴塚行芝田。白雲渾旁晚蘿弱，紅葉絶類春花妍。欲杖青藜燭徑洞，恐觸虹氣衝星躔。匏笙明日載黄鵠，浩歌寫入凌雲篇。

山水圖歌

張來儀

昔聞安期生，飄飄入奏京①。上書三月空報罷，拂袖去作蓬萊行。却咲叔孫通，俯仰咸陽城。長生竟何補，世上留空名。何似長安少年客，天柱峯頭煑白石。朝辭猿鶴下雲中，暮逐夔龍侍君側。繡衣青總馬，蹀躞臺城下。愛道心不忘，焚香坐清夜。太平天子親齋祭，新擢祠官捧圭幣。紫壇爟火曉如星，獨侍衮衣朝上帝。還思舊隱地，石室生青苔。來時壁上倉精劍，七星剥落空塵埃。丹砂不復化，蘿衣誰更裁。人生窮達會有命，何須千歲如嬰孩。草衣木食苦復苦，王喬偓佺安在哉？寄語空山舊泉石，不須爲我生悲哀。功成倘遂乞身願，萬里青天騎鳳來。

武當歌送廖氏兄弟

李仲訓

武當山，何崇崇。下瞰乎荆豫之境，當乎秦關之衝。行人過客千里外，杳渺望見七十二朵之青峯。或拱而西，或揖而東。或北而背，或南而胷。中央高平者大頂，重壓厚土摩蒼穹。迺知玄聖昔日飛昇處，上有宫觀知幾重。鸞鳳起舞，龜蛇現蹤。閃閃旗纛，玲玲磬鍾。簷牙馳列缺，殿角騰豐隆。早聞天鷄啼，晚見月兎舂。玉澗流水響，丹崖太古封。金銀石精照白日，松栢偃蹇成蛇龍。靈苗異蕊莫盡記，仙老隱士長相逢。

---

① 奏京：任自垣纂修《勑建大嶽太和山誌》卷十一，方升纂修《大嶽誌畧》卷四，王佐修、慎旦等纂《大岳太和山誌》卷十七，均爲“秦京”。

世上①會登罕能到，天下兹地斯爲雄，廖家兄弟好風骨，素願謁拜中誠通。去年二月兄獨徃，今年三月弟更從。二人矯矯良可羡，飄然乘着鶴背風。歸時好摘榔梅實，惠我狂吟霜鬓翁。鮮此久渴懷，慰此衰謝容。明年倘遂生羽翼，亦欲與子凌虚空。

蟾宇歌

胡儼　祭酒

八荒蕩蕩天宇清，銀漢星稀孤月明。茶烟消盡鶴初睡，雲窓洞達虚白生。道人宴坐收金經，鼻端有白心無營。招摇此指紅日昇，絳宫月魄蟾光凝。迴風混合歸黄庭，天門夜開飛爽靈。廣寒宫闕當晴昊，霓裳曲度春光早。嫦娥有藥不湏嘗，桂樹青青後天老。陰火流金出太淵，莫咲五行顛倒顛。玄谷虚名神不死，夜夜蟾光清徹天。

蟾宇歌

西壁

勾曲之仙人，乃是釣鼇客。辭家早從虚白師，蟾宇寓名聊自適。瓊樓玉宇高處寒，清虚只在方寸間。長生豈覺顧兎藥，中扃内守成返還。欻起乘風雲，那容侣麋麏。一命佐道樞，宴拽訪仙真②。飈爲車子霓爲盖，洞天海嶽應無外。歸來金闕繪圖陳，領袖太和蒙帝賚。太和之山高岧嶤，金銀樓閣中天遥。虹光蕩漾真宰降，雲氣杳靄山靈朝。磨針澗畔潄清泚，榔梅林下尋芳芷。蘂笈朝披鍾磬清，石壇夜禮星辰邇。載飛王喬舄，寅恭覲彤廷。同予啓王籙③，琳宫醮真靈。衣裁絳霞佩蒼玉，樂

① 世上：任自垣纂修《勑建大嶽太和山誌》記爲“世人”。

② 宴拽訪仙真：任自垣纂修《勑建大嶽太和山誌》卷十一，爲“寔搜訪仙真”。方升纂修《大嶽誌畧》卷四，王佐修、慎旦等纂《大岳太和山誌》卷十七均爲“宴拽訪仙真”。

③ 同予啓王籙：任自垣纂修《勑建大嶽太和山誌》卷十一，爲“同予啟玉籙”。方升纂修《大嶽誌畧》卷四，王佐修、慎旦等纂《大岳太和山誌》卷十七均爲“是予啟王籙”。

奏琅璈度仙曲。鸞翔鶴舞瑞感臻，勑賜黄麻奬吾屬。校書天録偕玄曹，青藜夜照宫錦袍。交歡應信日已久，意氣相傾山岳高。手持蟾宇卷，索我蟾宇詩。而我才力薄，葩藻何由奇。西風八月白露溥，桂花吹香落廣寒。蟾光射室塵不襍，冰壺湛湛天地寬。斯時燕坐萬慮徹，惟有雲臺同皎潔。篆烟細細爐火濕①，刀圭入口醍醐别。翊賛至道承恩榮，明時願祝臺階平。他年會見功行著，騎取蟾蜍凌太清。

次樸菴韻歌

王佩　副使

乾元開顥顥，坤極闢茫茫。習坎生天一，兼山蟠地疆。太和只如許，金碧何其煌。箇裹有真宰，虞淵翊太陽。天王報偉功，宫殿横高岡。閶闔重千仞，舟車足四方。中丞到上頭，泰宇發天光。雲絢千機錦，日呈五色祥。七星紛燦爛，五老若顒昂，環眼非人世，漫空皆異香。高尋問真源，德星聚武當。

再遊武當歌

鄭如阜　僉事

炎蒸厭行役，放曠趨名山。忘我養虚白，逢人絫大還。風枝剔老朽，雨葉回春顔。聚足陟危磴，會心聆幽潺。老營敞玉局，大頂盤金關。紫霄最佳麗，五龍尤回還。南巖稍奇峭，也復雄其間。一覽亦云幸，再遊豈不嬉。玄都宿有契，造物假以閑。藏帙難徧閲，繁言不可删。希夷去已遠，刺達何由攀。

---

① 濕：任自垣纂修《勑建大嶽太和山誌》卷十一，方升纂修《大嶽誌畧》卷四，王佐修、慎旦等纂《大岳太和山誌》卷十七均爲“温”。

紫霄仙輿歌

許宗魯　提學副使

披藹躡石磴，凌虚趨壁壇。路崎足力蹇，氣甬衣裳单。裊裊御風邁，翛翛拂烟還。幽光薦瑶草，遠風結崇蘭。激澗淙哀玉，懸松漱鳴湍。日借暮山紫，霜變秋林丹。珠宫隱半壁，貝闕飛霞端。雲轉入翠微，飄飖步高寒。展爾謝塵壒，翩然生羽翰。霞徑遂長往，服食青琅玕。

登天柱峯還至南巖宫歌

曹忭　条政

大人志廖廓，四海安足拘。飄飄凌風翰，常欲遨天都。仙童爲我迎，玉女爲我扶。上爇五名香，六草生煙蕪。俯視塵寰内，踾蹜如一區。衆山何足道，纍纍盡丘隅。中逢費長房，日月收入壺。子喬乘雲軿，邀我領清酤。即此昇仙境，何物可等吾。從今金石軀，與帝合靈符。

曉發南巖穿青羊過五龍宫歌

鷩節辭仙館，升輿凌峻①谷。爽氣流昊蒼，晨光散林木。前瞻山若連，還顧徑已没。高翔入天雲，俯涉穿地軸。恍惚屏嶂遷，俄傾②金碧伏。登陟倍爲艱，延攬景愈促。息駕未能休，賞心難具述。雲巖石髓香，玉田瑶草緑。俛仰各殊觀，應接咸快目。靈境既崛奇，華構更屼突。憑虚面嶇嶮，歷險坐超忽。探奇稀前蹤，兹遊果誰續。

① 峻：王佐修、慎旦等纂《大岳太和山誌》記爲“峻”。
② 傾：王佐修、慎旦等纂《大岳太和山誌》記爲“頃”。

卷之七

藝文·詩一①

唐

題太和山

呂純陽

混沌初分有此巖，此巖高聳太和山。面朝大頂峯千丈，背湧甘泉水一灣。石縷狀成飛鳳勢，龕紋綰就碧螺鬟。靈源仙澗三方繞，古檜蒼松四面環。雨滴瓊珠敲石棧，風吹玉笛響松關。角鷄報曉東方曙，晚鶴歸來月半灣。谷口僊禽常唤語，山巔神獸任躋攀。箇中自是乾坤別，就裏原來日月閑。此是高真成道處，故留踪跡在人間。古今多少神仙侶，爲愛名山去復還。

① 一：原文無，此爲編者根據《目録》加。後同。

元

題紫霄宫楊外吏梅雪齋①

虞集

雪樹生香滿佩巾，紫霄最上集仙真。苔荒鶴跡渾無路，花暗笙聲不見人。瑶圃月寒通白曉，丹臺雲暖駐長春。莫教流水山前去，恐似桃源客問津。

太　子　巖

揭傒斯　學士

太子巖吞獅子峯，洞深雷響半虚空。黑龍去作人間雨，白鶴來棲澗上松。日吐金芒朝五老，煙横玉帶遶三公。七星旗展飈輪降，時有天香下九重。

國　　朝

太和山八景

沐昕　駙馬都尉

天柱凌雲

黛色叅天玉削成，斷鼇誰識太初形。慶雲繚繞玄都近，石磴叅差黄道平。夜半風雷山下起，秋清星斗樹稍横。秖今聖代超前代，徽號穹碑萬古榮。

---

① 此詩作者，王佐修、慎旦等纂《大岳太和山誌》記爲“虞伯生”。此詩原誌無題。編者根據任自垣纂修《勑建大嶽太和山誌》所録此詩，加標題。下同。

玉虛環翠

琳宫環拱萬山齊，翠滴晴嵐映碧溪。玄鶴遠歸香霧合，青鸞高舞瑞雲低，尋真羽袂迎風濕，種玉仙畦去路迷。多少道傍名利客，誰能林下問刀圭。

五龍披霧

玉立崚嶒翠欲流，五龍潛處景偏幽。煙消遠嶠猿聲斷，日射靈湫蜃氣收。捧聖神囬山寂寂，插梅人去水悠悠。應期莫負生民望，四海長令歲有秋。

九渡鳴泉

越壑穿巖[①]勢轉分，長年流碧浄沄沄。三千環珮聮翩下，一泒蕭韶遠近聞。鷗鷺浴時飛急雪，蛇龍蟠處湫寒雲。好教直上青冥去，徧作甘霖翊聖君。

南巖削壁

秀拔中天載巨鼇，瀑聲直下鬼神號。氣吞泰華銀河近，勢壓岷峨玉壘高。日上群峯明瑣闥，風囬萬壑湧秋濤。紅塵一點飛難到，跨鶴人來醉碧桃。

紫霄層巒

紫盖重重列上臺，根盤百里勢縈迴。丹崖翠壑參差見，琳館珠宫次第開。燦燦祥光環太乙，飄飄仙佩下蓬萊。客來莫問當年事，且倚雕欄看榔梅。

---

① 巖：方升纂修《大嶽誌畧》爲“雲”，王佐修、慎旦等纂《大岳太和山誌》爲“石”，任自垣纂修《勑建大嶽太和山誌》均爲“巖”。

雷洞發春

巖扄寂寂草芊芊，誰識中藏造化權。百里震聲初出地，三陽氣象已無邉。芝生石室連雲秀，椰發瓊林帶雨鮮。海内生民霑德澤，欣然鼓舞頌堯年。

瓊臺霽曉

玉作層臺氣象巍，宛然圖畫映朝暉。扶桑弄影雲将斂，瑶草呈香露未晞。虚室光浮青鳥去，洞簫聲徹①彩鸞飛。登臨絶頂微風起，吹得天花點客衣。

無　題

李東陽　大學士

神仙官府事何如，親見分符上紫虚。山擁帝宫三十六，地屯兵衛五千餘。人言才大難爲用，我愛官閑好讀書。臨别與君堪一慱，肯将青紱换緋魚。

無　題

瞿度

紫霄峯下好閑雲，滿谷雨散猶氤氲。每藏丹室龍虎氣，或接青冥鸞鵠群。徃來自信分三素，舒卷忽看生五文。飛入蓬萊宫闕裏，朝朝春彩擁明君。

---

① 徹：王佐修、慎旦等纂《大岳太和山誌》記爲“澈”。

無題

戴義 太監

功成行滿幾千秋，早向乾坤物外遊。魂杳不知何處去，教人空倚夕陽樓。

無題

沈鍾 副使

千峯並讓一峯尊，鳥道垂蘿手費捫。壁立半空鶴縹緲，根盤萬里自崑崙。上真臺殿金銀結，下界烟霞紫翠屯。宇宙大觀奇恠甚，不知五岳可同倫。

無題

沈暉 都御史

縹緲珠宮映翠微，靈風長日滿龍旂。函關伊昔青牛去，華表何年白鶴歸。花落石壇春不掃，露零仙掌曉還晞。樓船海外無消息，山上閒雲萬古飛。

無題

洪鐘 都御史

南巖宮殿枕山頭，平寇歸來此一遊。閣頂雲從嵓上渡，石根泉向竹邊流。岡嵐疊疊群峯小，紫翠重重萬木稠。獨倚欄干時遠望，無邊光景入吟眸。

無題

韓文 条議

金殿朝回到玉虛，箇中仙境自然殊。烟霞氣爽精神健，滄海塵生夢寐蘇。琳館倚雲飛畫棟，碧桃和露滿玄都。聖朝祀典名山重，嵩岳還期萬歲呼。

無　題

潘旦　都御史

入遇真來境便幽，僊關此日不虚遊。晴峯過雨雲猶濕，石冎無香烟自浮。絶嶠旌旗摇樹色，紫霄泉溜滴龍湫。清風两袖升天柱，却恠新凉近暮秋。

無　題

劉丙　都御史

翠倚晴空石磴斜，一層高更一層加。山從雲上應生路，人向天頭却作家。徑滑濃飄千種葉，崖香常帶四時花。禮餘玉帛經行處，在在仙宫護彩霞。

無　題

佘祐　布政

規畫恢宏羡玉虚，琳宫無數總難如。惟憑帝力纔堪創，只恐仙靈未肯居。大道當時人服食，淳風今日孰吹嘘。我來瞻眺應多感，追憶羲農始結廬。

無　題

賈詠　大學士

浄樂宫幽遠市朝，誕真福地紫雲饒。南瞻大岳凌霄漢，北望神州近斗杓。物外乾坤容我到，壇前風雪自天飄。果然乞得長生嗣，爲禮仙官不憚遥。

無　題

鄒守益　主事

太和雖云高，有足皆可涉。所患畏巉崖，出門苦不力。區區寵辱間，不異冷與熱。熱冷各有時，怨尤秖自惑。閉户爲顔閔，纓冠則禹稷。此道本平平，竒功在不息。

無　題

白悦　尚寶寺丞

秦關初轉漢江東，薦藻靈巖問楚風。蜿蜒玉梯躋上界，崟峩金闕列遥空。重林蔽壑深藏豹，峻嶺千雲半落鴻。西掖華嵩遲遠照，南襟巴隴伏長虹。瓊簷入夜星辰燦，貝樹含春歲序同。香拂彩霞龍女度，旗翻赤電鬼神通。岡巒交秘乾坤秀，冉竈常烹日月紅。定有天仙留逸駕，欲辭塵鞅入玄宫。飛舄歷覧萬山小，盤礴今看此地雄。

又

積霧經旬喜乍晴，珠宫貝閣四山明。巖前日動金幢影，雲霽時聞玉磬聲。古洞陰霾玄虎伏，長橋流水素霓横。危欄静倚幽懷爽，萬木瀟瀟下廣庭。

無　題

丁致祥　条政

迴龍觀前雨脚收，松風瑟瑟鬢蕭颼。遥望天門渺何許，碧峯入指出雲頭。

無　題

杜海亨

重疊山頭一覧空，人間天上許誰同。碧桃楊柳朝含雨，翠竹蒼松夜吼風。鍾磬音隨香篆杳，修真人與道心通。紅蓮碧藕天遺種，玄妙原非斧鑿工。

登太和山次韻

李宗木　舉人

七十二峯宿雨晴，諸宫羅列蘂珠明。乾坤新幻蓬壺影，霄漢時傳鍾皷聲。漱石泉從雲裏聽，振衣身在斗邊行。竒遊到此飜成媿，坎壈浮名絆此生。

飛　昇　臺

方豪　僉事

飛昇臺下紫雲流，天一池邊杉檜秋。大頂歸來神已倦，不禁高興倚危樓。

仙　侶　巖

仙侶巖前訪列仙，仙人不見見流泉。就中或有胡麻屑，分付先驅少佇延。

滴　水　巖

北天門下①松徑幽，巖頭滴水響琳璆。因懷石澗閒行地，睡到斜陽不肯休。

五　龍　宫

風雨連朝日出初，鑽天嶺上壯懷舒。五龍莫漫興雲霧，不獨遊人厭濕洳。

玉　像　殿

金身玉像寶珠宫，二代君王敬奉同。猶勝西方迎佛子，舳艫相接漢

① 北天門下：方升纂修《大嶽誌畧》"北下天門"，王佐修、慎旦等纂《大岳太和山誌》均爲"北天門下"。

江中。

青羊澗

青羊一去杳無蹤，亂石如羊飲碧淙。太上若還重下世，即投簪紱以相從。

隱仙巖

仙人隱此是何年，石澗猶開水洞天。野客停車試相問，斷雲落木自蕭然。

老姥祠

老姥祠前澗水喧，傳聞磨杵石猶存。分明贊就飛昇業，不説淮陰漂母恩。

元和觀

纔入儸闕便不同①，元和校府茂林中。此山滋味甘如蔗，盡笑饞人口易完。

迴龍觀

山勢如龍口吐瀧，玄天上帝手中降。道人已自誇奇絶，便欲題詩向碧窓。

闕王廟

獨跨青騾度遠岡，還從古廟謁闕王。平生不盡英雄氣，猶爲遊人遁虎狼。

---

① 同：王佐修、慎旦等纂《大岳太和山誌》爲“同”；方升纂修《大嶽誌畧》誤爲“問”。

老 君 殿

巖下長松高拂雲，嵓端天語若堪聞。群峯迴抱黄金闕，此地真宜奉老君。

復 真 觀

高木清泉太子坡，當年習道被松蘿。至今淚滴池中水，左脇深恩柰爾何。

龍 泉 觀

九渡澗中龍噴泉，瓊宫青倚石橋邊。玉闌金水神工巧，恍訝朝囬尺五天。

黑 虎 廟

猛志探玄虎不驚，山巡谷守更多情。春來見説縱横甚，皂纛何緣一掃清。

威 烈 觀

聞道均陽威烈王，血誠祈雨五龍将。名山古廟從民願，猶勝金宫事緲茫。

紫 霄 宫

禹跡橋邊步漸危，後旗前竈两峯宜。忽聞仙樂雲中起，人在紫霄渾未知。

五 老 峯

曾拜廬山五白頭，紫霄復見爾來游。何時日出收烟霧，短杖方巾一覽周。

龍頭杖

竹根盤屈似龍頭，入手風雷逐我遊。莫向葛陂輕解放，年來雄物正相求。

松蘿衣

聞爾無根生霧雲，曾爲野服被真君。誓将換我銀魚佩，歸伴山中麋鹿群。

無題

戴珊　都御史

雨霽遠登高，乘閒不見勞。陰凉分路柳，濕翠引田毛。獨立雄天柱，群仙散海濤。廟堂窮北望，雲氣拂霜髦。

又

多年知仰止，此日慰躋攀。秀異鍾千態，神靈妙两間。仙凡心了了，花樹雨班班。祠祀隆褒典，文皇豈浪頒。

無題

鄧庠　尚書

崔嵬石磴高，心賞豈知勞。瑞鶴巢巖頂，幽蘭繞澗毛。雲中聞玉磬，天外度松濤。千古真仙境，題詩愧俊髦。

又

武當懷寶地，公暇試追攀。天柱青雲上，瓊臺翠壁間。榔梅花樹古，針石蘚苔班。歷代多崇祀，重承紫詔頒。

無　題

高滆亭

女夷駐芳景，條風振前楹。四垂穆以愉，黄鳥鳴嚶嚶。我行界山道，躊躕念浮生。昨日枯楊枝，今日青已盈。云胡鏡中面，老去不復頳。所以陶阮流，微辭寓深情。感悟增歎息，勉旃懷素貞。

又

貞素守丘壑，孰與天爲徒。青郊促羽節，逡巡悲故吾。豈不愛光景，所志萬里途。雲龍杳難合，山川欝以紆。遠懷鹿門子，千載稱達夫。願言培松苓①，終當還舊都。

又

舊都魚鳧墟，乃在天一涯。吾家青城下，松桂②翳茅茨。朝看鹿豖群，暮見烟靄奇。門無九州轍，焉知路多岐。朅去③人寰遊，寤寐多所思。軒轅故留躅，予将赴心期。

又

心期在玄古，頓轡無何鄉。嗒然見純白，焉識青與黄。云胡太樸散，莽昧俱亡羊。至訓逾萬言，翻以蔽天光。感慨發情素，默默嗤予狂。

又

聞道神山三楚尊，乘春吾欲上天門。却看翠壁收殘霧，漫折瑶枝度

① 苓：方升纂修《大嶽誌畧》卷四，爲“芩”。王佐修、慎旦等纂《大岳太和山誌》卷十七爲“苓”。

② 松桂：方升纂修《大嶽誌畧》爲“松枝”，王佐修、慎旦等纂《大岳太和山誌》爲“松桂”。

③ 朅去：方升纂修《大嶽誌畧》爲“朅來”，王佐修、慎旦等纂《大岳太和山誌》爲“朅去”。

遠村。隱隱仙源俱殿閣，蕭蕭民屋自鷄豚。攀蘿明日岸頭路，莫遣浮雲白晝昏。

又

靈境絶塵今始到，翛然雙屐歷莓苔。沿崖門殿春烟合，繞逕松杉野鶴哀。白犬自牽真自得，青牛相遇莫相猜。棲霞有約湏捐珮，石洞籬門恣往來。

又

春橋行遇送寒梅，斜日東風忽遞催。訪勝予沿青嶂入，乞靈人佩紫檀來。翩翩鶴氅逢仙侶，宛宛樵歌動野懷。歷遍靈巖三十六，不知何處是丹臺。

無　題

龔華　太監

無鎖僊關晝夜開，入關疑我在蓬萊。白雲走上青山去，緑水流将黄葉來。未得醉時心已樂，欲求玄處道難猜。老松影瘦靈堪服，不用賫糧坐石苔。

無　題

吕憲　太監

乘風初上望仙臺，四面奇峯亂戟排。白虎嶺頭香霧散，青龍山外紫雲開。琳宫桂放三秋影，浴室池無半點埃。試看鳳凰生鸑鷟，祥光飛下九天來。

無　題

林豫　僉事

萬峯俯仰祖孫如，到此名山信不虚。殿宇廓清氛沴遠，英靈昭假瓣香餘。欲從仙子開丹冓，尚爾微官縛簿書。石刻摩挲太宰筆，篆文芸蝕魯淆魚。

無　題

黄仲芳

三十六巖何勢雄，南巖高出摩蒼穹。天低蓬島星辰近，水接仙源道路通。瓊館雲深鴻寶祕，藥爐丹服碧壇空。登臨總喜瀛洲客，謾詠新詩興不窮。

無　題

楊言　知州

毅陟瞻仙帝，清高坐紫霄。天晴金殿閃，徑昃玉臺遥。石洞生瑶草，松蘿起鳳簫。榔梅花正發，白鶴遠相招。

無　題

楊琇　知州

入山心自遠，眺閣眼偏寬。臺逕雲蒙險，松杉雨濕寒。故人憐未見，諫議幸相扳。去住隨春意，悠悠坐水潺。

無　題

何遷　少卿

帝子九龍遊海上，太和千古亦蓬壺。遥憐劍閣有巫峽，那復祝融雄楚都。雪發松杉雙屐近，風連河漢一筇孤。好尋大藥清虚表，三十六巖今有無。

又

太和佳氣來天地，我向寒峯①卧碧霞。樹裏波濤開七澤，雲中樓閣

① 峯：王佐修、慎旦等纂《大岳太和山誌》記爲“風”。

帶三巴。蒼崖古字留函谷，石洞香床隔太華。悵望彩鸞何處所，人間聞亦有丹砂。

無　題

楊守禮　副使

白鶴迎人下紫霄，乘風仙子任飄飄。山頭雨洗黄金殿，檻外蓮圍白玉橋。虎伏靈龕迷澗水，鸞隨明月下笙簫。紅塵不到仙家處，回首繁華一夢消。

又

未入真仙境，先登太子坡。白雲籠殿宇，清磬出烟蘿。澗遠萬松響，山空一鳥過。悠然清興極，擊節坐蘿莎。

無　題

王棟　条議

天柱峯頭霧靄收，天風吹鬢寒颼颼。憑西極目三巴外，渺渺孤雲天際頭。

無　題

崔桐　条議

壑敝松如銕，山奇巖欲頹。練雲欄下起，錦障澗南開。燭影摇雙玉，爐烟散滿臺。景物看不盡，約侶擬重來。

又

古木懸孤嶂，虚崖綴百靈。亭陰侵座爽，林影上衣青。地寂年爲日，雲屯晝欲暝。何方迴白首，于此問参苓。

又

傳聞天柱下，幽勝更清微。峯合天長隔，谿寒雲不飛。花崖懸乳石，竹塢對瓊扉。未有凌雲翼，空成悵望歸。

又

宫殿藏巖裏，陰陰千尺深。祇容雲霧入，不受雨暘侵。樹影摇金鎖，鍾聲帶碧潯。慚非謝公興，雙屐倦登臨。

無　題

許宗魯　副使

空山秋夜月華明，獨上瑶臺望玉京。三十六宫河漢杪，雲璈仙磬步虚聲。

又

獵獵玄風吹羽衣，紫壇瑶草露華肥。道人無限清虚樂，高唱雲謡入翠微。

又

靈境負夙約，真宫欣始游。虚無上烟霄，杳藹親霞樓。赫赫珠殿午，蕭蕭琪樹秋。雲軿嶺表度，仙樂空中流。入門覽衆妙，啜水離群憂。仙人倘可遇，携手凌崑丘。

又

南望僊關烟霧深，玉霄宫闕擁虚岑。靈淙似有青羊渡，物色時看紫氣臨。夾路雲松寒翡翠，懸厓風篠振球琳。相逢尹喜無多説，柱史遺文好共尋。

又

太子何年去，名坡萬古傳。羊腸雲外險，蜃市海中鮮。委巷通群帝，飛巖接九天。羽人栖碧落，清磬下冷然。

又

夜榻栖玄境，秋空近紫霄。空虚雲氣濕，天静斗星摇。逸相懷鸞鶴，浮生等韮蕉。前山王子晉，清唱坐相邀。

無　題

倪組　御史

白虎踞欲吼，赤軀招不來。静定涵元氣，皜潔出塵埃。萬里明威練，孤高列上台。廟廊如鎮重，國勢仗崔嵬。

無　題

范應祥　州判

坙雨初收天氣晴，南巖諸境極分明。人間果有蓬萊島，疆界絶無鷄犬聲。遠近竒峯濃且淡，高低老幹直還横。數椽處處王維筆，誰説諸山不到庭。

無　題

朱隆禧　給事中

紫翠光華楊柳天，東風扶上太和巔。吟猿曉掛仙人掌，瀑布春囬玉女泉。佇聽松聲諧雅韻，乍看晴坙起蒼烟。追游况得擕摩詰，刻石相将記歲年。

無　題

張臬　郎中

九日高登大岳巔，直從玄帝探真源。褰衣飛步三天外，吹帽驚捫北斗懸。混闢陰陽奔日月，蒼茫塵土隔風烟。神功綿邈歸明祚，長似文皇剏造年。

無　題

吴允禄　叅政

天際群峯果絶奇，丹青那復羨王維。叅差玉笋高還下，錯落晴雲亂不攲。西望豈徒三楚勝，北來真慰十年思。應憐疋馬衝寒久，願借春陽幾日暉。

又

一到天門景絶佳，名山此外更無加。千尋鳥道懸丹埊，百尺龍宫枕紫霞。羽客乍鳴金殿樂，仙童時獻玉巖花。由來真境非人世，無恠希夷薄宋麻。

無　題

王鎔　副使

太乙漓元氣，中原獨此山。神功移閬苑，帝力壯仙寰。嶂合茅堂杳，林迴野色閒。烟霞酬夙志，觧組扣松關。

又

福地臨仙舘，旗峯列蕋宫。劍高雙樹直，丹井百泉通。雲卧宵衣薄，天青斗柄横。坐觀時復暇，踈奏理絲桐。

又

峻極封山岳，凌空嚮珮珧。雲開金闕逈，磴轉玉臺遥。紫翠群峯抱，香燈萬國朝。星辰疑可摘，羽翼上烟霄。

又

採芝凌絶巘，對弈坐虚亭。洞古雷神秘，潭沉龍氣腥。紫霄仍下界，青鳥自東溟。已覺非人世，應無俗慮嬰。

又

削壁塵區隔，叢林過客迷。泉池分日月，臺榭引虹霓。候駕青羊出，當關黑虎啼。折梅曾寄梛，於此問希夷。

又

隱隱仙巖度，寘寘霧靄收。雲汀朱雁落，春草赤麟遊。貝闕諸宫亞，真源九曲流。羽人衣舄在，天樂下西樓。

無　　題

劉勳　叅政

僊關今日慰瞻馳，太子坡頭路轉危。萬里拜呼環老幼，百年禮祀達崇卑。名山豈是神靈異，真境將非木石奇。獨上太和峯頂立，徘徊金殿有餘思。

無　　題

廖道南　學士

大岳盤千嶂，僊關隔五雲。虹橋通澗遠，石徑入林分。飛閣懸丹極，虚堂尋紫氛。翛然起遐想，天樂坐中聞。

又

天柱丹梯上，皇崖紫氣深。銀河浮碧落，玉宇隔瑶林。露濕仙人掌，雲分帝子岑。詞臣多逸興，春賦有餘音。

無　題

陸銓　叅政

天工人巧萬山奇，簫管仙童到處隨。月宇金門凌翠迥，星橋鐵鎖傍雲垂。滿山瑞靄爐烟合，遶殿晴幡樹影移。两度來遊遊不盡，肩輿臨發又遲遲。

無　題

李汝楫　推官

烟霞燦燦草蓁蓁，此地何由得問津。猿鶴時聞巖下月，笙簫忽奏洞中春。眼前情景渾詩賦，筆底風雲有鬼神。　禹跡橋①邊閑眺處，恍然身世若逢真。

無　題

沈應龍　侍郎

信步南巖下，翛翛物外情。瑶壇青鳥落，玉洞紫芝明。龍去虛丹井②，僊歸有石枰③。何當謝塵鞅，于此學長生。

又

峻陟鑽天嶺，幽尋伏地菁。山空麋鹿擾，囱静斗星明。榻愛烟霞窟，清酣道侶情。五更談睡法，好似五龍精。

無　題

蕭一中　叅政

紺殿凌霄迥，輝光望日妍。山虛自千古，香火已多年。縱眺窮三楚，

① 禹跡橋：橋名，在武當山紫霄宫前。

② 丹井：指南巖宫甘露井。

③ 石枰：指南巖宫石棋枰，相傳爲八仙之一吕洞賓品棋處。

開襟望九天。忽看絳節下，飄緲望群仙。

又

雲漢雙無迥，乾坤一望中。鈞天聞絶響，太乙自生風。海色摇空碧，蓬萊映日紅。桃源知不遠，無地覔仙蹤。

無　題

方升　条議

平橋通九渡，僊蹟想群賢。旆動雲烟外。兵連草水間。寧辭将命辱，共得入仙便。因憶田横客，空思向海邉。

又

萬刼紫霄古，諸龕翠栢扶。殘山分斷石，流水落高梧。五老行相引，三公勢可呼。橋邉還倚杖，獨立弄雙珠。

又

盡日經神院，南巖坐客亭。井圍甘露碧，峰出小蓮青。殿勢참差起，鍾聲曉夜停。試心臺下石，無語合惺惺。

又

漸向天門去，艱虞生百憂。側身猿鳥道，破膽虎狼秋。落日猶三舍，他山更一樓。焉能添羽翰，遍作九天遊。

無　題

朱篪　御史

一岳撑空碧，凭闌俯岫雲。堯天孤立柱，楚甸一江分。遠壑生靈籟，香烟吐瑞氛。黄冠來問訣，愧我尚無聞。

又

石磴依山轉，肩輿日漸深。梅臺憑絶磵，烟霧暗前林。仙子終丹堅，孤懷亦翠岑。玄天千仞上，還去訪知音。

無　題

顧璘　尚書

天柱峯高白日晴，華嵩相對最分明。扶桑倒射東溟影，銀漢平留上界聲。空裏金宫陳帝座，雲邊鐵鎖度人行。不緣旌節巡方岳，孤負塵埃過此生。

無　題

章拯　都御史

展旗兀向半空紫，賜劒虚傳萬古玄。自是龜蛇藏妙用，准從龍虎得真銓。人間福地信有此，海上仙山恐未然。天柱歸來三嘆息，月墀重酌一泓泉。

無　題

曹大顯　僉事

真仙煉養借斯巖，巖穴孤高托此山。覿面峯巒千壘翠，掛瓢谿壑幾迴灣。懸空石磴滴清響，繞樹煙藤結黛鬟。泉湧三支源一派，澗分九渡遠相還。垂手尋常探月窟，洗心兀自透玄關。巽風起處陽來復，地脉朝時路轉彎①。五百靈官高壁立，一條龍首易緣攀。紅塵地遠非難到，丹竈春深許自閑。塵世多疑仙術幻，蓬萊誰信箇中閒。我來不作而遊戲，也欲依巖煉九還。

① 彎：王佐修、慎旦等纂《大岳太和山誌》記爲"灣"。

無　題

毛伯温　御史

武當天下奇，夢想亦多時。高聳雲依半，清虚僊所嬉。峯巒迷眼望，烟雨負佳期。早發龍山逈，孤城皷角悲。

無　題

郭希顔　編修

浄樂王孫駕白虹，修真早歲却飛空。五雲絶頂黄金殿，萬古乾坤拜舞同。

又

蠟燭①山高照日明，太和曉闢五龍迎。猱猿石逕行疑斷，旗劍峯②巒削不成。

無　題

高遷　同知

仙宫遥在紫雲邊，仙藥曾聞白雪篇。莫恠武陵迷去路，可能天上住千年。

無　題

李學　太監

傍巖矮屋两三家，斫竹編籬便種花。斷隴平堤迷雨脚，層崖疊巘露雲牙。星辰手摘扶霄漢，牛女機聲織練紗。吾本遠來天上使，宦遊元不是栖霞。

---

① 蠟燭：指武當山紫霄宫前蠟燭峰。
② 旗劍峯：指紫霄宫後賜劍臺和展旗峯。

無　　題

路迎　都御史

奇遊恰得片時晴，萬壑千巖眼界明。天上神仙合有宅，雲中鷄犬故無聲。虚疑天近捫星過，實恐崖高碍日行。堪嘆世人空碌碌，誰知此地可長生。

無　　題

任維賢　都御史

聞道南巖景絶奇，我來正值暮春時。畫圖原自天分設，詩料何須客搆思。風雨龍吟千丈壑，烟霞鶴寄萬年枝。青香漫引山林興，欲報君恩未有涯。

無　　題

曹亨　副使

陰雲忽上列山濕，磵道斜列一線明。可是有緣清福地，五龍拖雨伴朝行。

又

萬壑懸崖一小亭，坐來風雨變陰晴。遅囬不見神仙侶，白髮連愁日夜生。

無　　題

喻茂堅　都御史

幾年夢寐太和山，此日瞻依上帝顔。翠積青霄擎碧柱，芒生金劍鎮瑶寰。玄機訣化三千界，瑞氣浮懸百二關。不是紫微星拱極，安來赤紱日登扳。

無　題

魏良輔　叅議

道人晝煉明窓塵，金丹得手培胎神。翠房梯石我同叩，猶記梅花雪後春。

又

金頂煙花晝相虛，展旗峯對两如如。尋真遥躡飛凫影，驄馬聲傳道士廬。

又

山色蒸雲日旋生，香風清引上方笙。法筵禮罷迴廊寂，一卷黄庭勘註明。

又

凍梅偷暖着枯枒，石逕雲封第幾家。雪色風香尤會意，青鸞啣出過墻花。

無　題

歐陽必進　尚書

三門遥入太和宫，霄漢誰知有路通。柱嶺天連真作極，燭峯雲起欲然空。堦欄白玉紅塵斷，殿閣黄金紫霧籠。福澤八埏昭主宰，英靈長鎮楚江東。

又

萬丈丹梯倚帝宫，紛紛求福徃來通。我來訪古五峯下，到此令人百慮空。囬首千巖赤日麗，舉頭一柱白雲籠。修真苦行當年事，欲問頻催玉兎東。

無　　題

曹忭　御史

蓬山瀛館待高車，羽盖翻翻春暮餘。洞口留花瑶樹色，雲邊遅月寳壇虛。玉臺金闕朝玄帝，石室丹房問道書。併是天都游戲侶，霞觴好共泛西廬。

無　　題

吴子孝　衾議

花發空山見使車，春殘風雨乍晴餘。雲中笙磬迎珠盖，巖下星辰俯碧虛。豈料豸冠初倚玉，却憐鸞翮早傳書。赤霄望望登仙去，似憶承明有舊廬。

又

長願龍門一御車，山中相見落花餘。千峯碧樹留黄鳥，五色春雲滿玉虛。香裊瑶壇紛舞鶴，草封丹洞有藏書。神棲真境清無夢，夜半仙人來問廬。

無　　題

潘鈗　副使

相傳神降自軒轅，香火無如此地專。蘋藻即今臨絶嶠，茹芝何處覔長年。路通上界非人世，雲鎖重關是洞天。不爲躭詩銷病骨，登高慢喜九秋便。

又

塵因役役負年華，路入天門曉望賒。石削芙蓉堪作畫，水流滄漢可浮槎。步虛未了三生訣，病渴先消幾碗茶。會向羽衣尋鶴侶，笙簫沸處有仙家。

無　題

施昱　僉事

路入蓬萊境自寬，行看華表過僊關。石欄遥接雲門迥，鐵鎖高懸蝀影還。俯瞰南崖天咫尺，囬瞻北極殿中間。我來千仞岡頭立，倚檻臨風笑整冠。

無　題

李延康　僉事

洞口含烟碧，山腰倚閣虚。羽衣黄髮老，靈境白雲居。石髓通丹竈，松花落枕書。長生如可學，觧組望霞裾。

又

一柱蒼茫立，群峯紫翠圍。玉霄開望氣，金殿映朝暉。門徹三天曉，香飄萬壑霏。塵凡有遐想，欲跨彩鸞飛。

無　題

陳松　僉事

芳草填迂路，危巖倚①太虚。石龍噴紫霧，林鳥話山居。墖滿求仙月，碑餘寶篆書。會當挹妙指，跨鶴曳玄裾。

無　題

桂榮　御史

何人還是隆中君，走馬却過龐公村。一劍風行六千里，飛身直上三天門。

① 倚：王佐修、慎旦等纂《大岳太和山誌》記爲“依”。

又

山石離奇雪骨生，紫虚何處聽鸞笙。孤雲不鎖玄關夢，卧看松枝掃月明。

又

雪山冰柱玉垂垂，直下懸崖百丈奇。我亦肝膓冰雪者，仰天一嘯獨支頤。

又

山外飛霞初日高，冰花滿樹曉痕抛。玉龍豈滯滄江晚，春色瑶堦漏碧桃。

無　題

江匯　副使

玉宇凌丹壑，琳宫近紫霄。懸崖通霧杳，飛磴入雲遥。空翠浮天曉，天聲下洞簫。誰知人世外，有路接松喬。

無　題

戴時宗　都御史

始入南天路，還知别有天。仙宫懸石壁，道室插雲顛。丹壑聞青籟，青松記昔年。飛昇臺尚在，欲結愧無緣。

無　題

賈大亨　御史

山峪凌虚灝，神尊握化權。珠宫壓鰲極，金象體星躔。樹古元無紀，霞深却有仙。希夷丹氣滿，臘塌劍光研。十載頻飛夢，孤攀尚阻緣。信知俗士駕，難遡洞門天。圖志酬真覽，仙香寄遠虔。玄庥綿聖壽，和氣降豊年。

無　題

劉日乾　通政

七十二峯高入雲，貝宫珠殿絶塵氛。星河八月來天使，海岳千年祝聖君。玄鶴峒崆貽縹緲，紫烟函谷助絪緼。麥丘野老清霄下，獨抱區區對夕曛。

無　題

王忬　御史

倚馬横瞻大岳顛，吏情此日倍超然。桃花封洞長迷路，野叟巢雲不記年。鶴駕久空緱氏跡，仙臺新接大羅天。小臣敢自祈恩澤，敬爲明皇獻壽篇。

又

久傳仙子輕黄屋，何意經生禮白雲。數點神光齋後見，隔林天樂静中聞。御風泠泠探金策，仗劍英英辨斗文。自嘆亡羊猶未達，争如孤鶴觧離塵。

又

何處簫聲來竹房，玉虚巖畔月蒼蒼。八龍蜒蜿神君駕，五夜氤氲壽域香。静坐幾迴探衆妙，夢中漫欲賦靈光。由來白髪終難變，俯視仙山氣更揚。

又

手執芙蓉禮上皇，丹梯凌絶思茫茫。聖泉能解文園渴，石室長封寶枕方。雲護天門呈瑞色，風吹法從舞霓裳。今宵幾欲從玄度，猶恨憂時念未忘。

又

陳紹儒　副使

金殿瑶臺碧落齊，三門萬仞轉丹梯。雲雷互變中峯出，河漢分流下界迷。帝子嚴禋供寶篆，神人真訣秘刀圭。年來獨覺塵根浄，喜傍名山學品題。

又

爲愛虹橋碧玉浮，更宜青障赤松遊。林間雨氣花如沐，樹裏泉聲葉似秋。八極爲霖争響應，九霄興聖尚名留。因思睡法非金鑒，一枕希夷夢獨幽。

又

萬氣高攢刼仞阿，振衣無奈吏情何。徒聞佩玉𥿄鸞輅，不見傳書度鶴坡。石室剛飈陰靄斷，絳霄晴日瑞雲多。空濛下瞰昇真處，唯有紅桃映碧波。

又

駐馬玄都路轉危，旗峯横絶在雲逵。林光巖靄輝相映，人語鷄聲迥别居。杉樹幹奇猶占麓，榔梅根異亦開祠。遊人到此多休沐，两两瑶臺歌步虚。

又

名區削琢碧玲瓏，秀水奇峯不易逢。正憶玉書寥落後，每疑金訣有無中。九天夜月滋華屋，萬里春雲射彩虹。步入青坪導青佩，鳳簫如縷滿瑶空。

又

軒黄身後憶寥寥，縱説青羊詎易招。華岳西封分氣象，蓬門東望駕烟霄。丹青想像紅塵遠，銅墨凄凉碧殿遥。猶自乘風問衣笠，始知方外落漁樵。

又

雲潛仙子樂蓬壺，脱屣今遺大岳圖。水散滄浪環漢沔，山盤八百望荆吴。壇花醉蝶春風細，圃樹棲鸞夜月孤。天路側身如可到，王喬遥爲倩飛舄。

早謁太和

豊城　雷賀　条政

聖代褒崇盛，微臣禮拜虔。山疑海上島，人是洞中仙。鍾啓千巖曉，香分萬井煙。焚修應有格，國祐自年年。

又

福地方今勝，玄天自古神。乾坤尊廟貌，日月揭皇綸。雲合朝還暮，天低楚接秦。寸心瞻望切，香炷裊明禋。

薄暮太和

玉削中天柱，青迴萬疊幃，雲壇蒸碧溜，霞殿鎖金輝。力倚危欄峻，囬看下界微。山神如有意，爲我放晴暉。

又

金屋倚天開，環闉洞九垓。夕陽初餞谷，蘿月已臨臺。暝色依烏鳥，秋痕上榔梅。異人逢夜話，更覺洗心埃。

午過南巖

宛轉璿房逐地斜，山南風景迴仙家。境於人静添秋色，日爲巖高障午華。雲霽玉臺通歘火，天清琪樹下靈鴉。芳亭坐對金峯近，萬載休徵仰瑞霞。

中秋五龍

靈應寒凝玉宇秋，中天月色借雲流。軒當寶篆真幽賞，人在玄宫是勝遊。緱嶺笙簫聞下界，桃源煙火接高丘①。荒臺試問希夷跡，光浸松蘿露未收。

紫霄漫興

石磴籠青靄，丹梯逼紫霄。花香沾濕好，鶯語倚山嬌。風堅傳仙磬，晴巒媚使軺。金峯入望近，鳥道尚迢遥。

又

峯展天旗秀，池開禹跡明。祈玄來萬國，覔勝駐雙旌。燭閃山間日，鍾敲谷外聲。奇觀環入座，神與物俱清。

夜宿玉虚

戟嶂屏巒匝地圍，夕陽臺館斂秋霏。候門簫皷輕輕調，入殿香烟裊裊飛。桃觀花殘猶植種，仙樓人去尚留衣。虚窓獨夜清如玉，夢繞松頭鶴未歸。

九日太和

重九常年覽興幽，太和今日更奇遊。丹煙縹緲三天暮，松雨蒼茫萬壑秋。自古龍輿蹐聖界，何時鶴馭賁仙丘。軺塵未息征夫促，空使巖花負酒籌。

---

① 丘：王佐修、慎旦等纂《大岳太和山誌》記爲“秋”。

雪夜玉虛

玉灑寒宵净太虛，名山飴寢宦情餘。仙源有路花相約，丹室無烟火自噓。伴鶴松風迴素澗，轉經簫皷動瑶除。覺來闃寂軒窺白，恍看蓬萊别一廬。

登太和和韻

霜臺入嶺肅餘寒，萬疊晴開翠欲團。日助殿光懸具錦，雲依山勢擁波瀾。興幽羽客堪成伴，心静吾儒自有丹。喜向仙臺追玉節，百年風景幾衣冠。

又

象緯低空山欲撩，擬從人世陟青霄，豐占雪色群生庇，瑞啓霞光萬國饒。寳篆長封丹靄秘，彩幡高揭翠雲翹。公忙喜得兼清眺，豈厭頻過鳥道遥。

無　　題

屠大山　都御史

仙界高躋碧玉叢，雲端親謁紫金宫。欲尋勝處看皆好，稍豁幽襟力已窮。萬里山川收氣脉，千秋臺殿轉尊崇。塵容俗狀那來此，蘿月松風尚許同。

又

香客傳呼春滿山，玄旌明滅翠雲寰。共言感應堪投命，不惜金銀擬駐顔。宫殿巧隨仙嶠出，烟霞分向道場環。璚簷碧蘚滋何日，修餙那煩内帑頒。

又

琳宫璇榭遍山川，閬苑蓬壶在眼前。道士虚沾清静域，使臣驚入杳冥天。雕鏤已竭工師巧，凝結真疑造化偏。聞説松蘿留舊服，莫因華麗厭迴旋。

又

重陟天柱峯，稽首謝玄帝。霞光表格思，雲彩衆咸覩。職司馳疏章，皇命赫臨賁。真官走傳奉，内帑降香幣。司空主祝鼇，守臣厠陪位。宫殿欝葳蕤，恩數極隆異。顧兹感應祥，肇發昭明世。誰云神教虚，甘此民膏費。俗士苦猜疑，淵衷有貞契。巍巍鎮闕維，顯顯窮天地。祀禮秩宋元，靈跡盈誌記。恭惟永樂年，遂超徃古制。迢迢播風徽，稍稍缺修治。神情妙感通，聖政弘述繼。舊典既克新，瑞應亦時晰。玄交本自然，景耀匪虚政。一人畜虔誠，萬國蒙利濟。時月維菊辰，齋心宿巖際。簫管裊鳳音，爐烟焕龍氣。草木肅森沉，乾坤徹氛翳。胡星縮光芒，仙宇廠明麗。獨覺真性融，頓令諸相廢。營蕭訖精禋，麾幢恍摇曳。保佑有恒徵，休禎詎暫值。延首詠時康，陳詩愧末藝。申誦两臣章，萬歲萬萬嵗。

無　題

胡宗憲　御史

一入桃園路轉艱，天風吹我渡僊關。千層樓閣空中起，萬疊雲山足下環。攬轡自知王命重，杖藜聊與道心閑。玄房寂寂春宵冷，月上踈簾手可攀。

又

仙人峯下聽玄談，萬里春歸一草庵。道眼看來渾是土，丹烟飛處總成嵐。真機誰解無中有，至味元從苦後甘。顧我本遊方内者，臨風三嘆下龍潭。

卷之八

藝文·詩二

國　　朝

無　　題

沈良才　都御史

萬山西下入襄封，秀出中天大岳峯。絶壁峥嵘瞻玉几，層巒羅列擁芙蓉。玄宫隱見雲霞映，琪樹葱朧紫翠重。麗藻百年荷聖澤，至今豊碣護蒼龍。

又

路入南巖景更幽，憑虚高閣逈生愁。雲浮石檻簷疑動，雨過松林碧欲流。别澗泉聲時細細，隔溪禽語晚啾啾。道人指點神仙跡，苔鎖荒臺滿日秋。

無　　題

吕顒　知府

仙山喜在郡侯封，駐馬瞻躋瑞應籠。風送槲梅含碧澗，雲開杉木掛丹峯。雙飛日月長迴合，萬轉陰陽自鑄鎔。極目欲從天柱問，九霞來護步虚蹤。

又

芒屩登山日欲斜，暫携竹枕卧烟霞。瑶亟畫啓千年秘，竇燭春開五色華。雲擁紫龍聯檜葉，風來黄鳥落桃花。清宵有梦誰相約，冉冉紅塵路轉賒。

又

檻外丹霞倚翠巒，千峯如揖坐來看。騫林香動春初霽，鴉烏①群栖岧不寒。嫋嫋笛聲雲外轉，悠悠琴韻月中彈。徘徊更笑棋枰處，多少輸羸②事不干。

無　　題

朱瑞登　御史

山行到處縱奇觀，幸憶名山不盡看。天柱峯頭香滿徑，仙衣亭畔日三竿。群巒羅立蘿毫渺，四海浮空心自寬。始信俗緣渾不染，惟餘玄鶴舞雲端。

又

曉攀雲磴禮高真，金殿重輝皂纛新。法界渾疑塵外象，玄機猶憶箇中身。瓊花紛舞迎仙侶，丹竈長封扣谷神。悟到鉛關人不識，萍蹤何日寄山隣。

又

自入山來分外清，吏情今日少塵嬰。步虚聳處千峯隱，眼界寬時萬

① 鴉烏：指武當山烏鴉，相傳爲真武神的報曉鳥，被尊爲“靈鳥”“神鴉”。
② 羸：王佐修、慎旦等纂《大岳太和山誌》記爲“羸”。

象明。雲鎖瓊宫真異世，香浮丹洞是蓬瀛。此中景興原無盡，却笑征人又促程。

又

此日登山意轉濃，欲躋玄岳祝華封。恍看仙樂從天降，最愛巖泉掛壁衝。遊子無心尋勝地，道人何事離雲蹤。浮生蹔寄真堪賞，喜向名山坐對松。

無　題

馮岳　都御史

歷歷奇峯餘七十，總有画工描不及。物外端的有仙家，等閑不許凡人入。香飄玉露草木寒，爵結金丹神鬼泣。早上三公禮玉清，半空珠頂鶴飛急。

無　題

張舜臣　都御史

靈峯瞻仰不勝情，盡日窮探興轉生。昃徑曲披雲霧入，峭巖危傍薜蘿行。三山未必能雙峙，五岳何由獨占名。元老同遊真勝事，龍頭灘畔聽泉聲。

又

層山躡盡見靈峯，壁立中天翠萬重。白晝晴烟迷澗谷，青霄瑞氣靄芙蓉。霞宫隱映蒼龍宅，璚樹叅差碧玉叢。聖祖神孫尊禮備，永祈萬載奠皇封。

又

神宫高峙紫霄間，石磴峇嶢盡日攀。囬首雲烟迷萬壑，翩翩獨有鶴飛還。

又

名岳靈神奠此邦，雄觀勝槩世無雙。菲才叨①忝郎襄寄，願保生民福禄降。

又

躋攀停午靄氤氲，萬壑千峯望不分。金殿當頭紛紫翠，神光隱見九霄文。

又

夜半空山煖氣收，天風瑟瑟似高秋。踈松漫引笙簧奏，遠水忽驚澗壑流。

又

丹崖眺罷未論歸，直向西天送落暉。何處一聲雲外鶴，翩翩應共羽人飛。

又

天柱崔巍拂日輝，萬山羅列迥相依。初疑地僻人遊少，却信峯高鳥不飛。

又

一柱冲霄翠色濃，日華拂曙影先紅。四旁不見山何②許，真是中華第一峯。

---

① 叨：表示承受之意，常用作謙詞。王佐修、慎旦等纂《大岳太和山誌》記爲“刀”。

② 何：王佐修、慎旦等纂《大岳太和山誌》記爲“河”。

又

玄武山頭寶殿新，崔巍直並紫霄隣。粂神卓午從容望，縹緲祥雲五色真。

又

安神來駐萬峯前，檻外雲生紫極邊。隱隱夜深鍾磬入，似聞仙樂落鈞天。

又

曉日攀蘿到上方，紫雲祥霧各蒼茫。奇遊不鮮人間有，天柱峯頭飲玉漿。

又

層巖歷盡詫登仙，開眼渾疑到九天。白日輝輝簷外度，紅雲裊裊座中鮮。

又

按蹟曾聞福地名，紫霄宫畔玉泉清。松摇黛色千崖暗，霞靄晴光萬壑明。

無　題

汪大受　都御史

寒流窈窕洞門深，列騎飛旌照曉林。境會桃源秦世界，宫開福畤漢光陰。冕旒高拱瞻玄象，香火靈祠識聖心。鼇祝幸逢宣室後，清齋宫閣夜沉沉。

又

峭壁中天翠展旗，瓊臺疊疊紫紅①霓。金光殿閣明霞爛，瑞氣峯巒遠漢移。六月杉松深帶雪，千年芝草浄澒池。忽聞仙樂從空下，恍覺身遊玉帝墀。

又

五老峯前嶺路迴，南天勝地倚崔嵬。百泉歸壑秋初静，萬木攢雲晝未開。鰲負珠宫懸翠壁，龍蟠瑞霧隱丹臺。仙碁巖畔青鸞化，留得神功度榔梅。

又

凌虚上界宿琳宫，歷井相糸幾萬重。日落千山囬放晝，雲深百里迭聞鍾。身依太乙黄金闕，夢繞玄都白玉龍。北極通天還有路，明朝更上最高峯。

又

倚天削翠領群峯，金闕高居儼聖容。宸象日懸星北斗，祥光時現玉芙蓉。風雲縹緲威靈動，霄漢玄虚咫尺通。萬代于今隆秩祀，故令瞻禮萬方同。

無　題

李凌雲　副使

覽勝名山日未斜，相将步履訪仙家。高瞻絶頂依霄漢，細讀遺編感歲華。倒影欲移雲外石，飜飛猶響樹頭鴉。清尊共遣樂無際，醉卧東方發曉霞。

---

① 紅：王佐修、慎旦等纂《大岳太和山誌》記爲“虹”。

又

傍隱迴巖繞徑斜，幽尋無處不仙家。身經高閣薰蘭氣，座拂平臺帶露華。雲擁碧林疑伏虎，香招玄鶴宛棲鴉。登臨若欲被靈異，囘首蓬萊五色霞。

又

聯步層霄一望幽，千年勝槩共豪遊。群峯羅列高還下，萬壑荒茫春亦秋。地接中嵩通遠脉，天臨北極擅名流。追陪共向山靈祝，金闕遥添海屋籌。

又

琳宫玉宇不春秋，澗湧碧霞向日流。諸殿遥從天外見，五龍恍若画中遊。巢棲古栢餘群鶴，壁入層霄聳數丘。似有神仙度絶嶂，烟雲拱護散還收。

無　題

李遷　副使

春山乘興陟層巔，霞巘星巖幾洞天。萬樹風烟紛疊翠，九霄宫闕獨棲玄。藥爐丹火何年伏，閣道峰旗盡日懸（峯名展旗）。却笑勞生空白髮，願從此地覓真詮。

又

平生丘壑多幽興，春暮還登大岳巔。豈爲塵緣貪出世，翻因吏事得尋仙。瑶臺露净衣裳冷，石塢花深錦綺鮮。落日洞門歸路杳，坐烹薇蕨酌山泉。

無　題

李洛　同知

湖海名聞大岳宫，勝遊今始慰閒衷。碧天有路層雲隔，紫禁無塵瑞氣籠。蓬島數疑銀漢外，華胥一夢太微中。從今眼界超凡世，准擬還丹賽葛翁。

大　岳

章焕　都御史

大岳高居尺五天，寰中五岳似星躔。山河表裡神都迥，玉帛玄黄秩祀虔。虎豹九關森羽衛，驂龍群帝儼迴旋。空中彷彿聞天語，大道無言意已傳。

天　柱　峯

岧嶤天柱起天中，柱下千峯拜舞同。一氣混茫開分野，三垂寥廓見㟗㠓。乾坤獨立風塵表，日月雙瞻法界空。從此摶扶憑羽翰，還期天路得相逢。

入天門謁太和宫

天梯歷遍見天門，始覺鈞天帝座尊。玉几平臨當露掌，瑶壇羅列盡雲屯。階符次第連辰極，華盖分明見紫垣。身在迷方今始覺，将因太上問真源。

南　巖　宫

三十六巖何者奇？南巖巖壑多幽姿。飛空欲作翔鸞舞，跨澗真看渴虎垂。樹杪迴欄時隱見，雲中棧閣故參差。歸旌欲問來時路，洞口雲深已不知。

入南巖巖下

誤入南巖路，頻疑别有天。深谿千仞落，飛閣一巢懸。鳴澗當窓急，長松拂障眠，此中能避世，端坐已忘年。

五龍宫

五龍樓觀五雲傍，遥見龍文五色光。一水中分涵日月，二儀吐納辯員方。青羊澗口青霞繞，紫盖峯頭紫電長。霖雨欲來巖谷瞑，猶疑神物在茫洋。

自然菴謁希夷像示諸生

希夷入道太華峯，睡法相傳自五龍。一蟄深功藏奥窔，仙關長日白雲封。

滴水巖示諸生

飛來片石似雲帆，暗吐神泉瀉石函。莫言滴水濤瀾小，一作商霖即傳巖。

紫霄宫

行盡青山入紫霄，函關紫氣鬱岧嶢。乍看雲霧生巾舄，轉覺簷櫳隔絳綃。池上七星低可掬，峯前五老坐相邀。空中冉冉聞清樂，指引鸞驂路漸遥。

紫霄宫待月

渺渺丹臺接上清，清宵今在紫霄行。凉飈拂路雲爲馭，朗鑑孤懸月並明。手酌天瓢湌沆瀣，身隨斗柄握璣衡。回看大地山河在，泡影光中萬象生。

經仙桃觀過玉虛

散步仙桃觀，穿雲過赤城。瑶光開浄宇，踈影墮空明。澗底爐烟淡，松間玉磬清。綃衣朝斗立，微聽度虛聲。

玉　虛　宫

縹緲丹丘上，清虛隱玉臺，霓旌雲外度，鸞鶴鏡中囬。林籟噓還寂，明霞掃不開。澄心元不染，對此一徘徊。

玉虛橋上步月

偶向池邊問月明，不知身在月宫行。玉虛元是清虛府，永夜今開不夜城。姑射仙人真綽約，水晶宫殿自輕盈。冰姿皓魄嬋娟浄，弄影相看浸碧泓。

玉　虛　巖

秋風吹度玉虛巖，洞口垂蘿已隔凡。一入巖中人不見，隔谿惟見影巉巉。

凌虛巖對桃源洞

懸巖浮動欲凌虛，彩鳳翩翩两翼舒。桃源洞口人相待，爲寄青鸞海上書。

坐玉虛巖下示諸生

自笑山人意本虛，虛巖一坐意俱除。閒來玉宇渾無事，獨聽流泉過石渠。

己未三月，游太和，以雨止遇真宫宿，夢與諸友人賦詩，不知何許人，天明因書於此。

無　題

堯山　吴百朋　御史

春日無心度物華，且尋幽事到仙家。惓簾却對道人坐，閑鼓棋枰看落花。

登太和山口占一絶句

乘興直上天柱峯，半山雲起低太空。分明聽得天人語，萬里乾坤在眼中。

遊太和山次雷少郭韻二首

龔秉德　副使

疊嶂層崖石逕斜，虚空樓閣逈仙家。北來瀚海通雲氣，東望滄溟閃日華。樂奏瑶臺疑度鳳，香浮寶樹漫棲鴉。遥瞻絶頂多靈異，幾向峯頭卧碧霞。

又

穿崮度壑路紆斜，言坐東林羽士家。星劍自知懸北斗，道經未許續南華。山橋雨過啼春鳩，石壁風生噪晚鴉。見説真人開寶笈，将從此地訪丹霞。

登天柱峯絶頂謁玄帝祠二首

千尋盤石磴，一逕躡雲梯。漸覺諸天近，迴看萬嶺低。金庭懸日月，仙掌接紅霓。空外無人語，玄關報午鷄。

又

巍巍標上界，隱隱鎮中原。香靄青宾散，烟霞白晝屯。帝靈金作闕，山險石爲垣。縹緲紅雲裏，虔心禮至尊。

宿紫霄宫躬閲醮事漫成八韻

鍾皷嚴仙署，燈輝隱道房。瑶壇供静水，石爇名香。教演真元偈，筵開功德塲。芝童調玉乳，羽客薦蘭漿。劍呪驅魔遠，符靈引貺長。經聲雜笙磬，旛影動宫墻。歷歷星明殿，微微月轉廊。坐觀玄境秀，頓使世情忘。

山遊雜詠六首

鐵鎖鈎連上碧霄，萬峯蒼翠欝岧嶢。夕陽何處動幽響，疑有仙人下洞簫。

又

仙樂遥傳杳靄間，雙披鶴氅盡朱顔。似因識得阿童面，金殿前頭第一班。

又

黄龍洞口松花落，黑虎潭邊蕙草萋。幾向飛昇臺上望，白雲深處鎖丹梯。

又

宫入南巖景最嘉，臺存禮斗護流霞。榔梅初結三春實，芝草還開五色花。

又

夜來雲卧在蓬瀛，夢裏分明謁太清。醒後忽聞蕭鼓沸，依依猶是步虚聲。

又

月轉玄門景象寛，凌風鶴翅入雲盤。道人多少清虚興，夜夜吹笙上碧壇。

曉發遇真宮

（由九渡澗歷玉虛嵒作）

捫石躡重巒，凌虛俯幽谷。登陟盡險艱，蒙茸穿水竹。潭古潛蛟龍，林深走麋鹿。激澗瀉潺湲，奇花吐郁馥。鬼斧伊誰運，鑿此仙人窟。華構嵌嶇嶔，飛簷懸突屼。恍披九華峯，疑入三天竺。石髓呈異香，瑶草抽新緑。忽聞鳳簫聲，雲軿下廣陸。南嵒午鐘餘，西林暮景促。翩翩王子喬，邀我洞中宿。戀兹玄府寂，願言謝微禄。

再登玄岳一首

萬峯疊翠倚雲間，盤礴真當虎豹關。天險西來連華岳，地形南下接荆蠻。橋横碧玉留仙跡，闕湧黄金貯聖顔。獨立清虚玄境闊，果看身世出塵寰。

宿南嵒宮次章鄧山韻

雲卧丹房敞玉扉，遥瞻帝座隔重圍。乍驚羽客鸞簫度，虛擬仙人鶴駕歸。撫景未題西澗竹，禮真先薦此山微。夜深何處發清籟，絶壁泉聲百道飛。

飛昇臺下訪劉道人不遇因題其壁

蹊逕通幽壑，言尋静者居。蒲團留敝衲，石壁挂丹書。嵒鳥鳴還去，松花落未除。朝元何日返，延佇幾躊躇。

過五龍宮

萬疊與千重，尋真過五龍。瑶臺清靄散，丹井白雲封。地僻猿棲樹，林深虎卧峯。相逢多道侶，良夜話仙蹤。

贈自然庵道士

問訊清虚客，修真尚此庵。玄宗應自悟，大道頗能諳，汲水龍歸鉢，燒符虎入藍。因君脱世網，吾意欲投簪。

遊太和山四首

成子學　条議

縹緲遥瞻江上山，忽從仙子度松關。金開洞宇籠朱旭，玉漱巖泉噴彩鸞。瑶圃丹凝雲氣冷，鈞天樂奏鳥聲環。憑虚爲想桃源路，惆悵胡麻水一湾。

又

翠入蓬壺第一峯，開雲種玉擬相從。条同有訣傳丹籙，辟穀何年訪赤松。黑虎當崖驅猛瘴，烏鴉繞樹散晨鐘，帝閣杳靄笙簫近，爲闢玄關十二重。

又

覽遍巉巘最上頭，踈林月色浸寒流。松盤石磴千峯曙，泉湧溪橋九渡秋。寶劒劍懸崖龍欲吼，靈旗捲霧鬼應愁。王喬定有飛冲訣，不是尋芳汗漫遊。

又

斜日乘風踏翠苔，笑援鐵鎖上高臺。榔梅秀結三春雨，砧杵剮磨萬刧灰。謾擬玄精涵太乙，却緣紫府覔蓬萊。會湏脱屣塵寰事，直跨仙鸞海上迴。

遊武當

胡汝霖　少卿

特扶青杖叩靈山，萬轉瑶梯盡日攀。漸度星橋[1]瞻帝座，始知天路有僊關。鳴鷄棧逈風烟別，巢鶴松高歲月閑。辨得謝公雙屐在，長期七十二峯間。

宿南巖宫題壁

昨日太和登絶頂，金檻寶臺日流影。一水悠悠見漢江，萬峯矗矗連秦嶺，下脚南巖聽暮鍾，天聲夜發呼虬松。朝來白雪迷笙鶴，人在青霄跨玉龍。

太和宫建醮祝聖壽

李元　中書舍人

名雄宇宙太和山，三上天門天可攀，特叩瑶壇開壽域，忽聞鈞樂出玄關。纔瞻金闕乾坤闊，暫過琳宫日月閒。親見靈光昭聖瑞，嵩呼頻效在雲間。

玉虚巖

九渡溪頭入洞天，森森萬木護雲烟。岧嶢有逕通蓬島，寂寞無聲隱浪仙。却笑桃源空自秘，還疑壺景未能先。虚巖獨坐澄諸欲，惟聽潺湲瀉玉泉。

迴龍道中

李燧　条議

遥向名山禮至尊，穿林度嶺趂斜曛。千山隱隱雲雷變，萬木沉沉日月昏。

① 度星橋："度"，王佐修、慎旦等纂《大岳太和山誌》記爲"渡"；"星橋"，指一天門内摘星橋。

過紫霄宫

覽勝來登天柱峯，探玄先過紫霄宫。展旗山上祥雲護，授劒臺前瑞霧濃。

南巖道院

高閣危樓漢外懸，仙人宅窟巧相連，何須瀚海訪蓬島，處處笙歌是洞天。

萬　丈　峯

萬丈峯高客到稀，摶風時有彩鸞飛。何當借我凌雲翼，直上峯頭一振衣。

度三天門

天門三度叩仙關，銕鎖千尋盡日攀。帝座遥瞻天尺五，鍾聲隱隱落雲間。

望天柱峯

一柱凌空翠萬重，青天倒削玉芙蓉。群峯拱向多靈異，日觀何由擅岱宗。

（泰山之日觀峯亦稱峻極，而太岳佳麗過之，故云）

登天柱峯

天柱峯高望欲迷，轉攀金鎖躡丹梯。塵寰俯視方輿小，星斗平臨霄漢低。

又

孤峯萬仞插青霄，金碧輝煌寶殿遥，地遠應無塵鞅到，夜深疑有鬼神朝。

飛　昇　臺

仙子飛昇不記年，仙臺留得至今傳。我來不遇王喬侶，何處開山種玉田。

望五龍宫

五龍此去無多地，翠壁丹崖烟霧深。欲謁龍君傳睡法，西山無柰夕陽沉。

太和道中

夢遊太岳幾多年，此日登臨一爽然。仙樂依稀流漢外，具宫縹緲倚雲巔。重巒疊嶂應無地，琪樹瓊花别有天。自咲塵根何日凈，願從此地學飛仙。

南　巖　宫

路轉南巖景更幽，來遊况復是清秋。紅分林葉濃於染，翠疊山盤恰欲流。天上不緣扳鶴侶，人間誰識有丹丘。匆匆不盡登臨興，無那雷神雨未收（雷神洞名，在本宫北）。

登太和山漫興八首

陳孟章　户部主事

一

遥看宫殿倚雲巔，逐客捫蘿此豁然。錫玦有恩仍禹跡，葵檀無所祝堯年。崖高誤駭泉飛雨，樹密頻窺葉露天。縱步林泉遑應接，擬将誠展玉墀邉。

二

何處高真是所棲，危危天柱更無齊。振衣萬仞乾坤濶，囬首諸峯日月低。欲向玉臺朝帝闕，先攀金鎖上天梯。屏息堦墀端虎拜，不知身世入雲霓。

三

忽入僊關扣紫宸，還須有分得尋真。樓臺海上應無地，鷄犬空中覺有人。山擁諸峯朝上闕，水分玄液澤生民。乾坤自有真蓬島，漢帝何須祭海濵。

四

幾迴夢與赤松遊，清賞今逢玉露秋。寶殿玲瓏囬碧落，丹梯宛轉入仙州。彤雲冉冉簷楹動，遠嶠重重海浪浮。空裏漸聞天樂近，函關應有跨青牛。

五

袖帶飄飄入翠微，幽關真與世情違。花從削壁含香放，鳥向叢林得意飛。四面青巒攢畫戟，半天祥靄罩羅幃。鼎湖信有乘龍侶，更喜巖頭掩竹扉。

六

山色重重鎖翠紋，深林小徑趂斜曛。天因虛壑生靈籟，地向懸崖起淡雲。香梵長途仍絡繹，簫笙何處儘磤砏。新來覺得塵根淨，笑對麃麃鹿豕群。

七

檜栢簫森噪晚鴉，洞中猶聽讀南華。雲浮青嶂生玄霧，日閃金門爛紫霞。絶嶝千盤通上界，懸崖幾處有仙家。扶筑①欲盡山林興，争柰皇恩報未涯。

八

壯遊最喜躡玄蹤，斷壑踈林散曉鍾。翹首洋洋金法象，凭闌朶朶玉芙蓉。風雲縹緲三千界，日月迴旋幾樹松。羽客携尊盟後會，桃花流水定相通。

---

① 筑：誤，應爲“笻”，竹杖。

謁 太 和

王格　僉事

滄江一卧幾經秋，忽爲名山賦遠遊。髮變逢人從白眼，心玄到處即丹丘。朋徒共飯安期棗，道路咸驚老子牛。此去暫辭猶萬里，家人不必問刀頭。

過清微望太和

鸞驂凌曉度清微，遥望靈山紫霧霏，百里松杉滐上路，八宫臺殿鎖仙扉。春留雪色粧銀闕，日引花枝映羽衣。三十餘年慕真意，今來始得一皈依。

宿紫霄宫二首

山上清宫切紫霄，我來仙氣捧雲軺。白頭自喜身能徤，絳節應知路不遥。石磴斜盤千樹合，金關晴啓萬靈朝。尚平何日無婚嫁，乞與中峯種玉苗。

又

真僊昔向此中依，百尺瑶堦啓玉扉。福地樹頭曾掛劒，古巖石上尚藏衣。行人暫借天閶住，羽客疑於世界違。一宿雲房孤夢醒，頓驚生事舊來非。

經自然菴

謁帝歸來憩碧岑，雙童指點入花林。仙衣試着形猶慢，真客相逢語遂深。谷口鳥鳴春氣媚，松間虎嘯夕陽沉。明朝又覔襄東路，囬首雲峯幾萬尋。

憩玉虚宫

大岳諸宫雄楚州，久聞仙院獨堪遊。殿頭日暖花明岫，檻外風輕柳覆溝。聖水未生湏拜井，仙衣雖去可登樓。石魚梁木傳神異，盡日空堂語未休。

過遇真宫

玄岳門開響玉簫，崔嵬紫府控山椒。仙人架上聞金箬，遊客溪邉度石橋。已覺地維超俗刧，更聞天語慕逍遥。長廊肅揖瞻顔色，水碧何緣賜一瓢。

過净樂宫

玄帝清都漢水邉，宫門净樂牓高懸。封疆傳自神農日，香火今逢堯舜年。歲久石幢封緑薜，春來珠樹散青烟。相将况是真仙集，凉雨踈燈滯暮筵。

玄岳道中二首

章士元　副使

千山蓊欝萬山蒼，石磴透迤接漢長。拄壁松杉常護險，避人麋鹿遠啣芳。客輿隱見穿林靄，仙樂依稀出院墻。歷徧層巖方卓午，更從雲際指前岡。

又

籃輿拂曉及山陲，試着芒鞵陟翠微。北瞰懸崖凌夜斗，東窺溟海盪朝暉。雲凝芝草留仙室，風落松英點客衣。一度龍嵸一心爽，好将凡格悟真機。

宿南巖宫

朝元來扣紫雲扉，百疊丹青繞四圍。絳闕平依層漢起，石壇高迓列真歸。晨搴蘿壁抛簪舄，宵卧芸房賁蕨薇。忽聽泉聲聊倚閣，白虹無數正空飛。

天柱峯絶頂

天柱峯頭插上霄，衆峯齊拱若群僚。千盤石磴摩空仄，三闕金門禮聖遥。福地舊傳靈蹟異，真風應洗世緣逍。逡巡欲問仙人館，幾處吹笙醉碧桃。

登　武　當

黄廷用　洗馬

尋真久矣聞玄岳，今日遥臨路始通。絶磴千層凌過鳥，危欄萬丈鎖飛虹。登天杳在煙霞裏，謁聖翛然日月中。安得芒鞋分半榻，探源采藥老春風。

又

太和延袤八千里，形勝堪當第一山。金碧輝煌開帝殿，嵓巒杳靄抱仙關。烏鴉萬樹猶朝暮，黑虎千年自往還。獨立龍泉橋上聽，澗流九渡水潺潺。

撫治劉公十月祝聖壽於太和宫隨侍早朝二首

張錦　知州

玄岳摩霄漢，清晨禮石壇。雲門仙吹響，柱史法冠寒。精意通金闕，祥光遶壁欄。恍聞天際語，聖壽樂無疆。

又

星斗光寒欲曙天，官僚鵠立拱群仙。會看豸服霜威重，遥望龍輿日影旋。玄極即今凝聖道，今建玄極寶殿，故云。清微從古仰真銓。憲臣報國丹心切，太岳齊呼萬壽年。

宿玉虚方丈

俞憲　按察使

每憐迂癖重周遊，覧勝無如此地優。林壑景絛宫闕麗，仙人宅與帝王侔。心懷神聖形如見，身住清虚夢亦幽。自是不能辭世網，何須海外覓蓬丘。

雪夜登太和宫

天留好景待遊人，萬壑千峯雪後新。已覺金庭增照耀，更憐銀嶠照嶙峋。燈前花葉繁珠樹，榻上星河燦紫宸。浮世幾回能到此，不妨登頓及清晨。

登　太　岳

（三首，時奉命督修）

張守直　工部左侍郎

天上芙蓉貝闕齊，千岩功德欝標題。虔修到處通金頂，秘檢封時化紫泥，爲憶靈簷雲氣濕，更攀危檻斗星低。仙源誰許人間到，流水桃花路不迷。

又

森羅仙逕接珠林，塵世清都詎易尋。帶露壇花常灼灼，棲鸞圃樹自陰陰。山當八百荆吴壯，水落東南漢沔深。自是名寰招隱地，何人不動紫芝心。

又

上界三門路轉賒，金城天柱勢查牙。陰崖雪後留寒漬，霽日岩頭放午華。九渡鳴泉思帝子，五龍潜景秘丹砂。翻憐去後神工在，度却南巖榔梅花。

太和即事

（次中丞朋石韻）

環珮趋蹌大樂調，叨陪列辟躡層霄。爐烟漸拂仙壇潤，龍節初飄海霧遥。上帝高居司北極，靈臺符瑞勝清朝。三天拜罷分明見，冉冉紅雲護紫簫。

登太岳奉和少司空張筆翁韻

艾杞　工部主事

瓊宫上與碧霄齊，曾入仙人舊品題。谷口桐花飜白雪，洞門石髓護青泥。龍幢一去乾坤老，法座常懸日月低。自是陽春難屬和，登高極目五雲迷。

又

笙簫隱隱出高林，使節乘春興易尋，曲檻飛虹懸壑穩，層崖積雪上方陰。五城瑶草烟霞近，萬疊靈巖花木深。却咲劉郎緣底事，仙源忽動故園心。

又

天門如柱轉紆賒，迴首群峯似列牙。高閣御風瞻北極，故鄉落日望西華。花當三月明金殿，仙去千年秘玉砂。盡日看雲歸岫晚，香爐石上數株花。

登太岳和少司空張筆翁韻

施篤臣　副使

岧嶤天柱紫宸齊，帝子高居揭玉題。鄉月重來通鳥道，使星遥望隔雲泥。飛橋斜度南宫近，虚閣平臨北斗低。自是張騫仙骨異，乘槎天上出塵迷。

又

誤來採藥入仙林，仙去林空何處尋。石上黄芽春欲暖，洞前白雪晝常陰。時時笙磬天門杳，歷歷樓臺烟樹深。歲暮山中無一事，抛書終日獨觀心。

又

步上天關望轉賒，群峰隱見叠崇牙。烟巒八百連嵩岳，雲洞三千接泰華。龍虎何年藏迴谷，龜蛇依舊護靈砂。鍊師寄語遊玄圃，策杖同看珠樹花。

登太岳和張筆翁韻

（翁曾同官銓曹舍弟篤臣亦曾和其韻於壁間）

施堯臣　条政

憑虚一望入燕齊，五嶽真堪共品題。疊巘層巒開洞府，天梯石棧絶塵泥。神遊十載良非幻，身到三天信不低。好景便須留作主，桃源再覓恐多迷。

又

千峯如戟復如林，臺殿高低並數尋。今古空中懸倒影，晨昏地底見浮陰。化工裁剪德何厚，列聖崇巖道亦深。江漢旬宣因謁此，萬年稽首召臣心。

又

尋春十月興尤賒，勺取靈泉嗽齒牙。罄折瑶階儼北闕，掀翻玉檢讀南華。長生自古原無訣，少病須知别有砂。閑處令人發深省，明朝空憶眼中花。

太和宫

孫應鰲　都御史

天柱開金闕，虹梁綴玉墀。勢雄中漢表，氣渾太初時。日月低雙璧，神靈肅萬儀。名山遊歷遍，誰似此山奇。萬儀，見古樂府。

天柱峯

中天縹緲開靈域，特地雄標山影直。曉日初臨大頂東，萬峯盡散黄金色。

南巖

三十六巖盤福地，南巖景物更檀欒。滿襟水月春常在，一咲乾坤夢已殘。日暴靈苗滋雨露，風迴仙珮引琅玕。紅顔羽翰當年事，坐對高松欲掛冠。

紫霄巖

芳巖芳草暮，桂澗桂波凉。獨立思君子，擅徊一斷腸。

武當澗

紫極孤岑斜入，黄崖衆水同沉。天邉微生岸影，澗裹驟結浮陰。

五龍峯

岸容初得雨，山勢欲飛天。王母乘雲至，斑龍九色鮮。未見《漢武内傳》。

玉虛巖

雲盡長空天一色，寂然萬籟昢明初。物華滿眼能交樂，得喜年來住玉虛。日出扶桑，謂之昢明，見《淮南》。

紫雲亭

焚香兀兀小亭前，柴立中央象帝先。繚繞紫雲常不散，依稀玄嶽降生年。

登太和遇雨

顔鯨　提學副使

石門危磴走松湍。四月懸崖雨雪寒。分付山靈休作恠，早推日轂出雲端。

玉虛宫次中丞楊朋石韻

陳省　御史

恭承帝命祀玄居，絳節遥瞻在太虚。秩典幸同精白侣，致齋喜入紫霄墟。明禋上契金仙秘，啓祝無勞玉簡書。賦就中丞真大雅，茂林遺草陋相如。

天柱峰留贈雷信菴侍御

馬一龍　國子監司業

今吾老矣奈時何，萬里逢君一嘯歌。瞬息百年成浩渺，振衣千仞立嵯峨。眼前世界只如此，頭上青天高不多。可惜四方弧矢志，功名两字莫蹉跎。

雪天同林君梅窓登太和

葉九金　知州

一入桃源路不賒，萬峰樓閣倚雲斜。天遺帝座開玄岳，人度儒闗拂紫霞。檻外玉簫鳴别澗，空中瓊樹亂飛花。烟蘿深處還堪賞，晚色遥看接太華。

又

緩步尋真上九霄，壯遊何會得聯軺。東山不愧謝安石，葉令猶慚王子喬。叠嶂晴雲鋪錦繡，懸崖墜雪桂瓊瑤。浮生恍惚知何處，銀漢誰云萬里遥。

又

靈岩信宿思悠哉，起望千峰曙色開。裊裊爐烟浮八極，晶晶燭影射三台。斗間紫氣留神劍，石上殘棋尚故臺。更有林逋多逸興，穿雲入磴共徘徊。

又

直上天門景更幽，金城臺殿甲中州。丹梯萬丈雲霞杳，白浪千層雪霧收。點點秦山横地出，悠悠漢水接天流。銀河夜色清如許，蓬島何須海上求。

荆楚文庫

大嶽太和山紀畧

〔清〕王 槩 修 〔清〕姚世倌 等纂

范學鋒 張全曉 點校

目　　録

卷之三　聖紀、宮殿、祀典

卷之四　僊真、物産、拾遺

卷之五　藝文一

卷之六　藝文二

卷之七　藝文三

卷之八　藝文四

序

國家王迹肇基，鼎建北極，而北方之卦曰坎，天一生水，五行最先，上符列宿，則為真武，是以源遠流長，澤被九有，而星辰之協应，理固信而有徵也。真武聲靈赫濯，齊州咸仰，而大嶽蜿蜒磅薄，神尤凴之，負坎抱離，居天地之奥，宣水火之用，襄贊化育，光賁社稷，厥功偉焉。自唐迄明，崇報綦隆，維我聖祖仁皇帝加封錫額，寵溢山靈。逮我皇上聖聖相承，詔諭褒頒，禮同泰岱。盖真武為龜靈之宿，而大嶽又為荆楚之鎮，故懷柔鉅典，有加無已。官斯土者，罔不宣播德事，以崇祀於不衰。

顧大嶽太和山志缺焉未脩，前之人若遲之以有待者。觀察王公起而任之，王公閥閲名家，自西曹出巡荆南。荆南，火方也，水德足以鎮焉。大嶽之廻盤，真武之靈异，不可無志，以助郡志、州志所未及。爰集諸名流，訪輯舊本，薈萃加纂而捴其成。無他，真武鎮物以神，而觀察鎮物以政，是有默相感孚者矣。

余按试各郡，由襄抵鄖，道過均州，得望太和山，層巒叠嶂，郁郁紛紛，神靈攸宅，雲氣佈護，册中所载七十二峰、二十四澗诸奥區，雖未親歷其勝，而彷佛間若或至焉者。山之為靈昭昭也，而觀察盖於卷帙中尽之。夫觀察率属撫民，鉅細咸理，肅軍政，興水利，正風俗，建書院，夙夜匪懈，康乂士庶，歌功頌德聲徧安、襄、鄖三郡父老口。而公餘稍暇，復捴理成書，以垂不朽。自星野、山川、圖攷，暨歌、诗、碑、记诸卷，綱目瞭如，事核文省，斯固大嶽真武之神所醞釀蘊積，而非具我觀察公蒐羅纂採之盛心，亦不能悉舉也。盥手雒诵，余亦藉以上祝國釐，下祈民福，惟曰至於萬季與天無極焉爾。

日講官起居注提督湖北等處地方學政翰林院侍讀加一級紀録六次長洲宋邦綏拜手撰。

序

昔王者封名山而禮其神，以各奠其方，尊之曰嶽。著於周禮，則謂之鎮山。又建國設官於方嶽之下，使主祀事，期於調燮雨暘，祈報歲功，綏厥土疆，以資爲彈壓，亦名之謂鎮。豈不以天之所主有鎮星，故地之所主有鎮山，而人官之持節以鎮於其方者，寔有以寓夫山鎮之義責之職守，而所係於地方者爲甚重哉！

槩於辛酉歲被簡命，自西曹出守安襄郧道，所轄襄陽属之均州，有大嶽太和山，舊武當山也。自唐以後，代奉真武尊神。其地於秦漢時置縣立郡，洎宋元又置軍分路，皆以武當名。及有明永樂間，加封大嶽，易名太和山，勑藩条典司歲祀。至我朝復加崇重，聖祖仁皇帝屡遣部員内臣致祭，錫額賜帑，輝煌神嶽。我皇上特降諭旨，豁免山税，比於泰岱。其隆文徽號，儼與五嶽争烈，稱鉅鎮焉。而其效靈於軍國民生，歷著神異。

槩嘗於巡視所經，必登而致祭，覽其奇秀，仰其赫聲濯靈之威，不可思議。懼勝蹟漸湮，帝功未盡顯彰，思有所紀録，藏之名山。惜前明所編，已燼於兵燹之餘。至我朝康熙初年，有均州牧王君民皞，承觀察楊公素藴所委，復爲捜葺，所刻又失於浄樂之火，僅得山間所藏鈔本。擬再爲刻之，猶嫌其辭浮於事，且多引科籙，頗近宋人清詞，疑道士家或有假而竄入之者，未敢盡信。夫大禮必簡，至敬無文。太和，名嶽也。真武，尊神也。藻繢則恐失真，恑誕亦爲褻體，而山經久闕，又不敢不及今以爲之紀。爰是不揣謭陋，於舊志採其言之雅馴，又条之以列史所載，舊民所傳，為紀畧若干卷，寧約毋雜，寧質毋華，庶幾於職方氏所稱九州鎮山之典。而官兹土者，因名思義，禮嶽尊神，上祝國釐，下保民依，以仰答聖天子懷柔百神綏邦屢豐之至意。至於詞之不工，採之不廣，亦姑存其畧，以俟後之閎覽博物而為是志者。

旹乾隆九年甲子春月湖北布政使司分守安襄鄖下荆南道兼理水利按察使司僉事紀録十九次瑯邪王槩題。

凡　例

一，志取紀事，不以多文爲富。余家於山東，習聞岱嶽典故，所志自黄帝迄今，不過數帙。考《明史·藝文志》載，太和志編自宣德年間道士任自垣，僅五卷①。今鈔本至二十卷，恐多而不切。芟之，諸體不備，又不成志。僅紀其畧，以備後採。

一，聖紀必求諸理。元武於北方七宿，主虛危之精。舍次元枵，道書所謂復位坎宫是也。先敘元帝正義，後附淨樂出身，原有俗説標題，悉未載入。

一，聖蹟不敢闌入。如舜井、姚孝子廟，無論耕稼非此地，即有之，亦應入《均州志》，不得附於真武之道場。又如道家言帝越海東遊，所傳淨樂國或海外神境也，竟謂麋之樂都鄉爲古淨樂國，指雙塚屯之古坵爲聖父母淨樂國王、善勝皇后之墓，茫無所據，倘若竟涉虛謬，寧能免於誣聖闕之毋鑿。

一，古蹟必人與地之可傳，載在典籍而當存者。若插梅、磨鍼、試劍等説，乃真武山道家之傳説，非典也。又如禹跡池、挂劍松、銅鼓、玉像諸類，已分見山水、宫殿、物産各條，無煩重説。其餘幻渺，收入拾遺，不敢妄作爲古。

一，嶽志以山水爲最。要既分類，必各爲敘。如説峯，即混入巖澗後，云事見某峰，贅語也。今於峯止言峯，末云下有某巖某澗。於巖澗

---

① 按：任自垣纂修《勑建大嶽太和山誌》凡十五卷，而非五卷。“凡例”所記有誤。考張廷玉等纂《明史·藝文志》著録明修武當山志爲：“大岳太和山志十五卷，洪熙中，道士任自垣編。”著録任自垣《勑建大嶽太和山誌》亦作“十五卷”而非“五卷”。

則承前云在某峰下，後止各言巖澗。他類倣此，但使脈絡貫串分明而已。漢水經古武當縣地，去山甚遠，補入澧河、沙河、浪河，爲諸澗出水入漢之路，漢則言其所經而止，不引水經全文，亦不遠引長江，謂其大而無當。

一，引經不切，亦陳言也。因尹喜巖，牽引老君，并録入函谷著《道德經全傳》，離之愈遠。又如《真武誥》《勸孝经》等文，凡爲真武廟者皆通用，與太和無涉，俱不錄入。

一，所紀須先清題目。如星野、山川等類，突然説起，便似州縣志之體，必於開端數則注明山之所在，及武當所以易名大嶽太和之由，庶後文記敘有所根株，亦志中沿革例之不可少者。

一，序書非上表進疏之比，凡遇聖號，止須挨字連寫，省擡頭以便觀覽。

一，紀傳不應夾雜議論。原志各類前後作起作跋作考，又各書銜書名，篇目錯出，似讀史之體。今但引起數語，中只敘事，後有私見，附以小案，每類聯作一篇，以醒面目。

一，藝文非專尚藻麗。前後賢達之篇，美不勝收。惟王弇洲先生駐節鄖陽，於山最習，且三世來遊，相習更久，而所作多寓微意，在前明雅存諷諭，今觀之實爲平論。因思國朝祀事，悉按典禮，則又有較善於前王者，固知名筆不苟於作也。其餘非敢去取，但不得不留爲後賢續入地耳。

修輯姓氏

總　　修

湖北布政使司分守安襄鄖下荆南道兼理水利按察使司僉事紀録十九次　王槩

纂　　修

湖北襄陽府清軍巡防同知　姚世倌

原任陜西寳雞縣知縣襄陽鹿門講堂掌教　李之蘭

分　　修

襄陽縣學教諭　鄭家禹

太學生　倪穀豐

候選教諭　李質

太學生　馮文燦

太學生　王楊

太學生　張夢鹿

分　　校

鹿門講堂肄業生員　劉選、王萬年、劉安仁、李魁元、梁玳、嚴珩

鹿門講堂肄業童生　范廷諍、彭年、王育萬、雷先聲

目　録

大嶽太和山分星璇璣翼軫圖

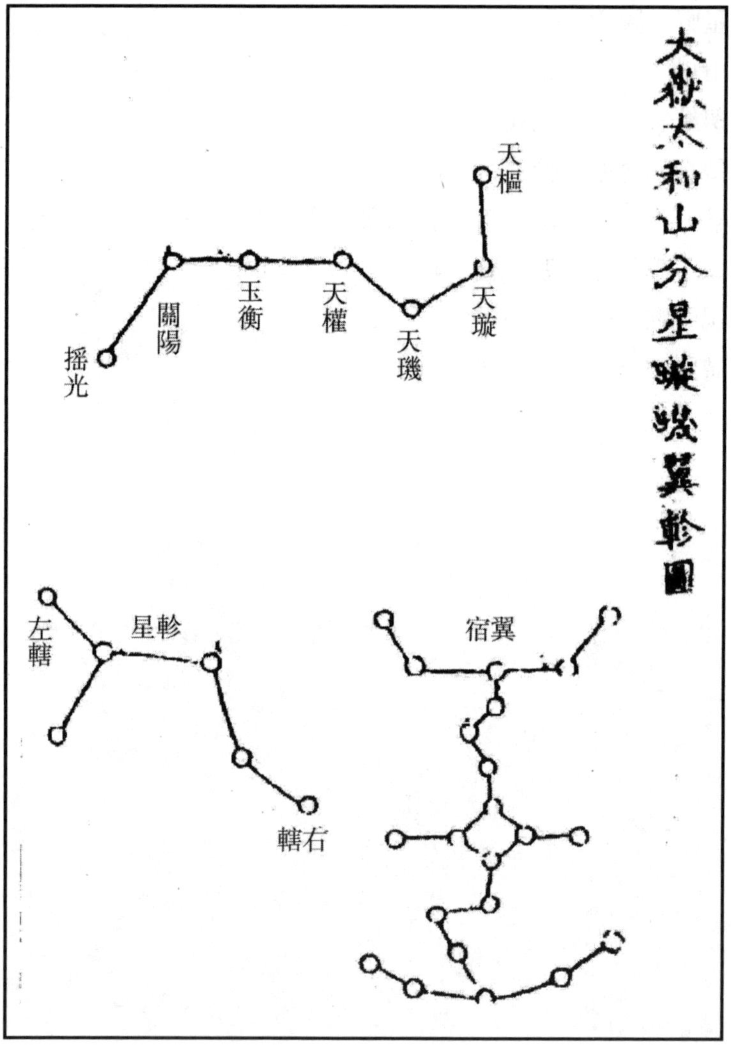

卷之一　星野、圖攷[①]

星　野

《周禮》：保章氏掌星土以辨九州。《天官書》云：衆星列布，體生於地，精成於天，星土之精氣相感，分野屬之矣。荆之分野爲翼軫，山川之麗於其域者，應亦屬焉。《禮》曰：名山升中於天，在天爲星，在地爲嶽，尤精氣之必相感者。大嶽，嶽也，分荆土之星其較著者矣。紀星野。

大嶽太和山在漢之南，江之北，屬下荆南道襄陽府之均州，漢南陽郡地，《禹貢》荆州之北境。《史記・天官書》云：翼軫，荆州。《正義》云：翼二十二星，軫四星，長沙一星，轄二星，合軫七星，皆爲鶉尾，於辰在巳，楚之分野。《晉書・天文志》云：翼軫，楚荆州。南陽入翼六度。《宋史・天文志》：北斗第二星曰璇，其分爲楚。《寰宇記》云：南嶽衡山，宿當翼軫，度應璣衡。衡者，北斗第二星玉衡也。《春秋緯》云：自大别以東，至雷澤、九江、荆州，屬衡星。《星經》云：玉衡星，主荆州。

按：《禹貢》：荆及衡陽惟荆州，江漢朝宗於海，凡在江漢間者，皆荆州。《史記》謂：翼軫，荆州。王子安曰：星分翼軫，是就九州分野而

---

① 星野、圖攷：原文標題無“星野、圖攷”，編者根據《大嶽太和山紀畧》目録補。

統以屬之者也。然堯以前分九州，舜分十二州，周分千八百國，秦以後，又分置郡縣，以二十八宿分之，寧無疆域之界。故《晉書》又分郡國躔次，以荆之翼軫分南郡入翼十度，江夏入翼十二度，零陵入軫十一度，桂陽入軫六度，武陵入軫十度，長沙入軫十六度，而南陽入翼六度。今光化、棗陽、穀城、均州，漢南陽郡地，應入翼六度。是以湖之南屬軫，湖之北屬翼，於地分星，於星分度，而分以屬之者也。又魏陳卓《郡國躔次》云：自張十七度至軫十一度，楚之分野，屬荆州。《明史·天文志》：湖廣布政司所屬德安府之隨州，襄陽府之均州、光化縣，皆張，分張十六度，軫九度，鶉尾之次也。考《郡國星度》：張屬河東、河内，與南陽相近，自張至軫，包翼在内，是又以壤地交錯而兼以屬之者也。又《寰宇星經》有度應璣衡、玉衡星主荆州等説。考《前漢書·天文志》云：斗爲帝車，運於中央，臨制四海，分陰陽，建四時，均五行，移節度，定諸紀，皆繫於斗。用昏建者杓，杓，自華以西南；夜半建者衡，衡，殷中州河濟之間；平旦建者魁，魁，海岱以東北也。《宋史·天文志》云：北斗第一星曰天樞，其分爲秦；二曰璇，其分爲楚；三曰璣，其分爲梁；四曰權，其分爲吴；五曰玉衡，其分爲燕；六曰闓陽，其分爲趙；七曰摇光，其分爲齊。據此，均州西接梁益，在華西南，應主璇星，不得兼言玉衡。是蓋以北斗指時則爲月建，指地則爲分野，又運於二十八宿之中，而總攝以分屬之者也。

若夫太和，居真武之神，上應天星。或又有説，《天官書》：北宫元武；《索隱》曰：北宫黑帝，其精元武；《正義》曰：虚危爲元枵，於辰在子；程鉅夫記：龍漢之年，虚危之精降而爲人，修道此山。是北宫正當坎位，虚危降生真武，理或然也。斗之魁杓所建，界以岱華，太和叅居五嶽之間，故有七星峯以應北斗。然則真武屬虚危之宿，太和當斗極之魁，義又有取，固不僅拘拘於翼軫間而爭較分數也。至於原志，有以諸星名爲神號者。考《史記》中宫天極星，其一明者，太一常居也。《文耀鉤》曰：中宫大帝，其精北極星，含元出氣，流精生一也。《正義》曰：太乙，天帝之别名也。太一南一星，曰天一，亦天帝之神。如祀典内稱真武爲北極，封諸神或曰天一，或曰太一，豈以真武居北擬諸北極以尊之，而諸神亦取北極中之星而名之耶？

又，原志有以諸天名其峰及元帝昇天後之所居者。攷《離騷》有九天之説，《明史》引西洋人天有九重，最上爲宗動天，無星辰；次曰列宿天，次曰填星天，次曰歲星天，次曰熒惑天，次曰太陽天，次曰金星天，次曰水星天，最下曰太陰天。本朝《御纂性理案》稱古有九重之説，然未實稽其數。今推得最上一重爲宗動天，乃一氣運行羣動之宗也；次一重爲恒星天；又次一重爲土星天；又次一重爲木星天；又次一重爲火星天；又次一重爲太陽天；又次一重爲金星天；又次一重爲水星天；又次一重爲太陰天，其高下遠近，各有層次。朱子嘗言：天有重數，漸高漸寒，外有堅殼以束之。《彙書》載道家有三十三天名目，更有謂三十六天者。如山川内以顯定天、皇崖天等名其峰，至紀内以梵度天、禁上天、常融天等爲元帝所居，豈以天有重數色目取而色之耶？各書互有同異，未暇深辨，因於星野先爲附及之，後不復贅。

圖　攷

太極分而天地圖矣，二儀象而山川圖矣。化工之造山川，拔其秀爲太和，而宫殿綴之，人間粉墨不肖也。雖然，不可以無圖。圖生數，數生變，變生文，而文字興焉。字以象形，文以寫意，皆圖之餘，有圖而文字如繪矣。紀圖攷。

襄陽府均州武當山，加號大嶽，易名太和，自有明始，今因之。爲峯七十二，崖三十六，澗二十四，臺九，洞九，井九，池十五，泉九，潭三，石七，洞天三，福地一，宫殿八，金殿一，元銅殿一，列圖如左。

按：紀武當者，謂惟真武之神足以當之。元揭徯斯撰碑云：元武神得道其中，改號武當，謂非元武不足當此山也。夫山之奉元武者多矣，此何獨以武當名，意者荆南火方也，楚主祝融火神也，武當度分在翼，翼於南方七宿爲翼火蛇，又天之火宿也，於九星爲廉貞，於五行爲獨火，於天機爲燥火。玫山圖孤峰錟起，羣峭攢空，象亦火也。惟奉北宫真武之水精以鎮之，乃有水火既濟之功。武當之名，太和之義，或寓於此乎！抑更有進者，均陽連比房陵，西通蜀漢，北接終南，山菁險深，自昔防之。且襄爲重鎮，南北朝關隴之師多出武當，前代建武當郡、武當軍、武當路以扼之。明置守山大璫，例比監軍，未必無意也。古人圖山川於屏間，意存聚米。身任地方牧伯者，按圖知懼，必思所以敬其神明，綏靖山川，合於禮樂治明、鬼神治幽之理，下祈民福，以上副聖朝巡嶽翕河之盛典。圖之者，固不僅爲峰巒秀麗、宫殿嵯峨矜繪事之工，供卧遊之勝而已也。

大嶽太和山全圖

黄沙河

大橋

草店

嵒門

金仙峯

玉女峯

小蓮峯
白雲峯
白雲岩
黎朝盈摹

八宮圖

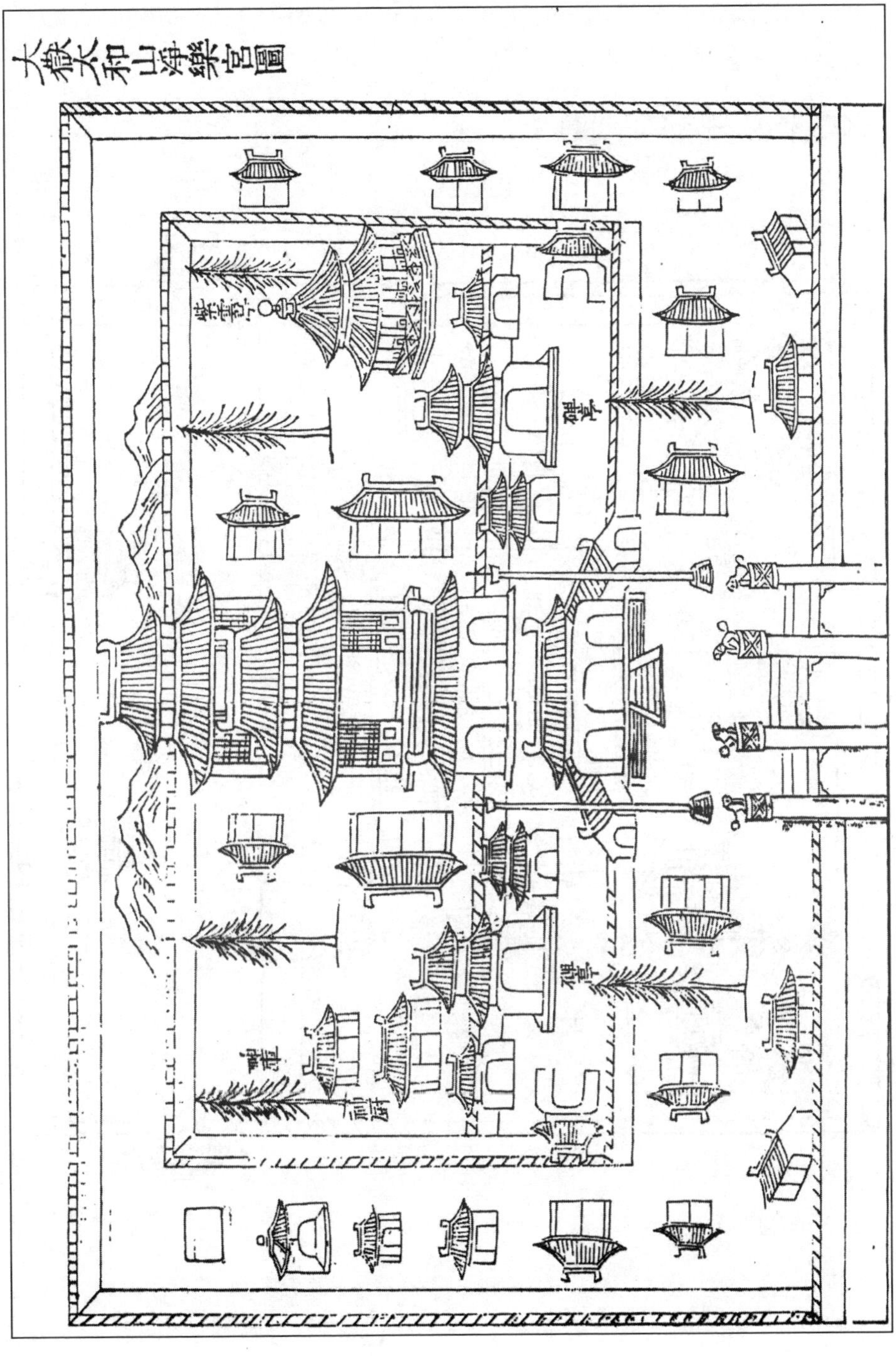
大嶽太和山淨樂宮圖

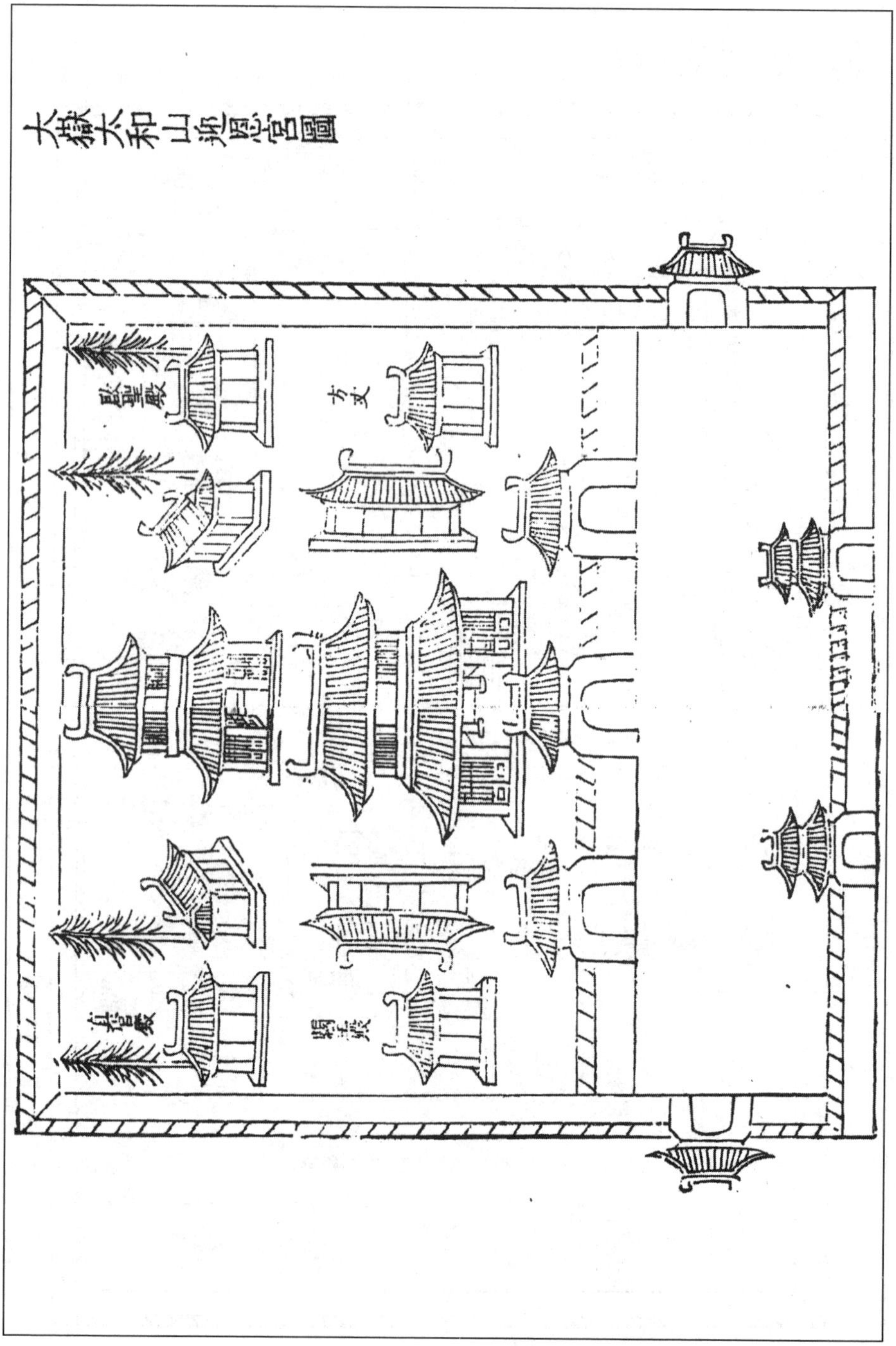
大嶽太和山遇真宮圖
聚聖殿
方丈
關王殿

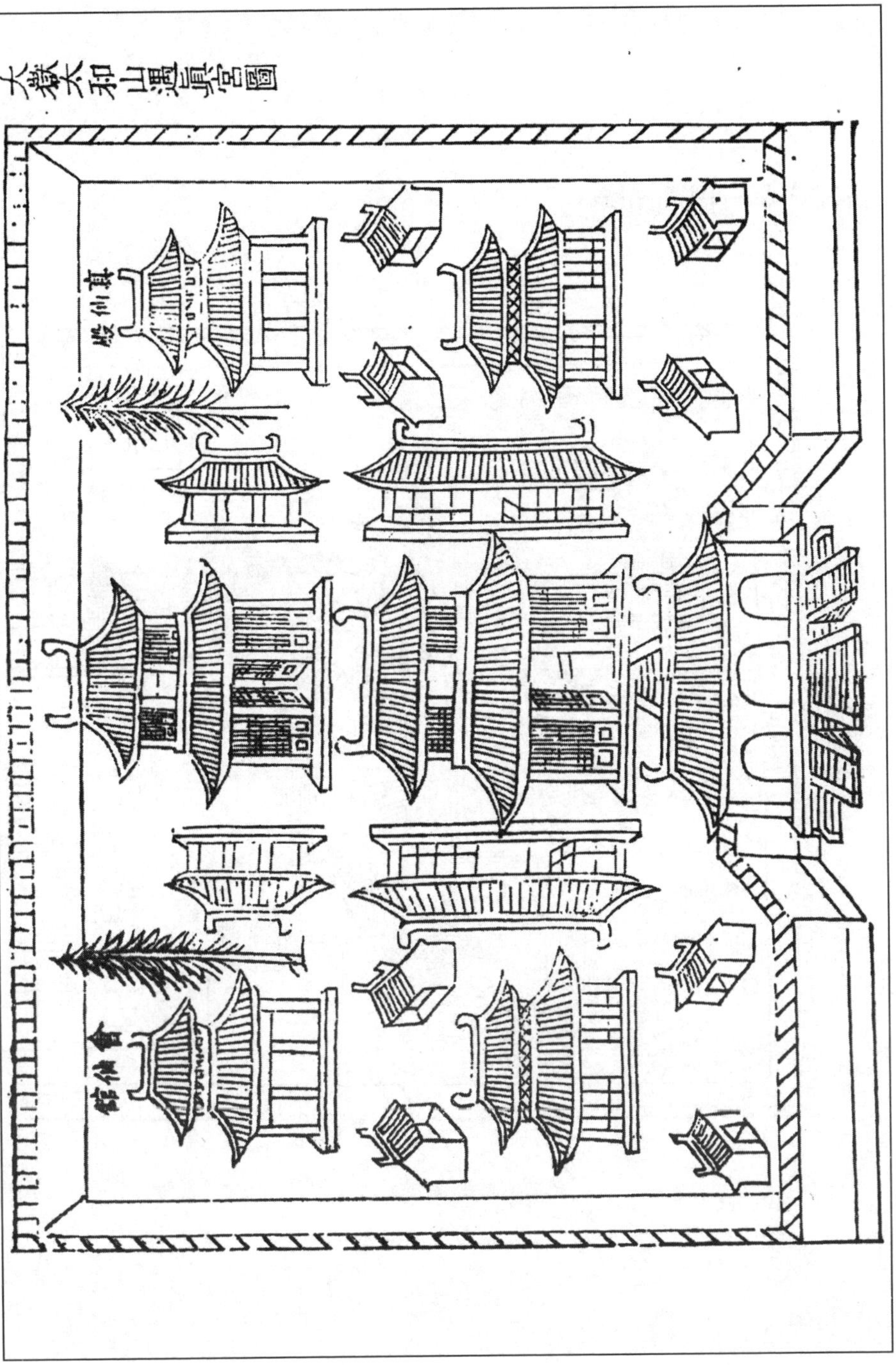
太嶽太和山遇眞宮圖
眞仙樓
會仙館

大嶽太和山玉虚宮圖

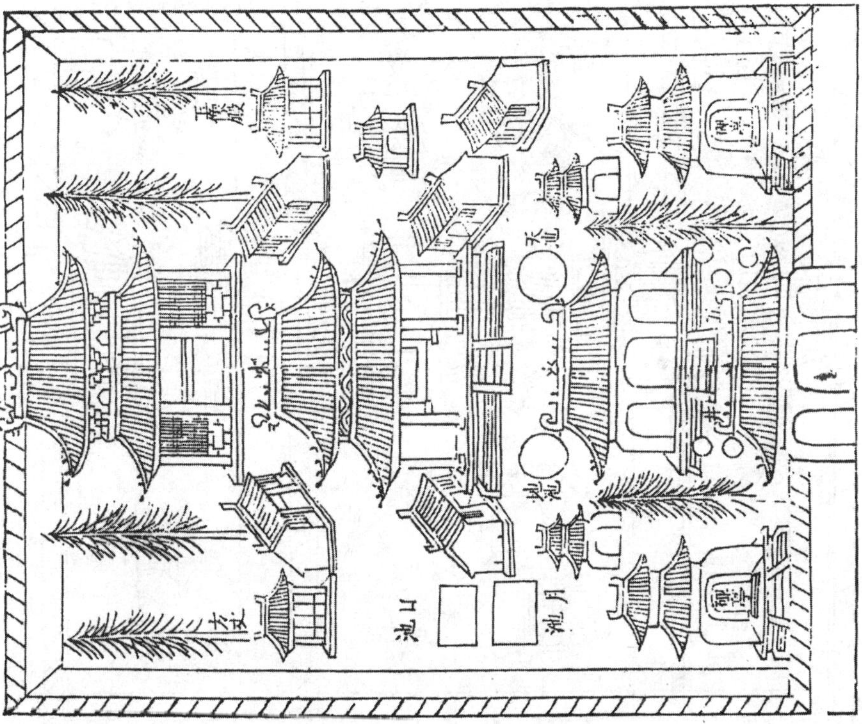

太嶽太和山五龍宮圖

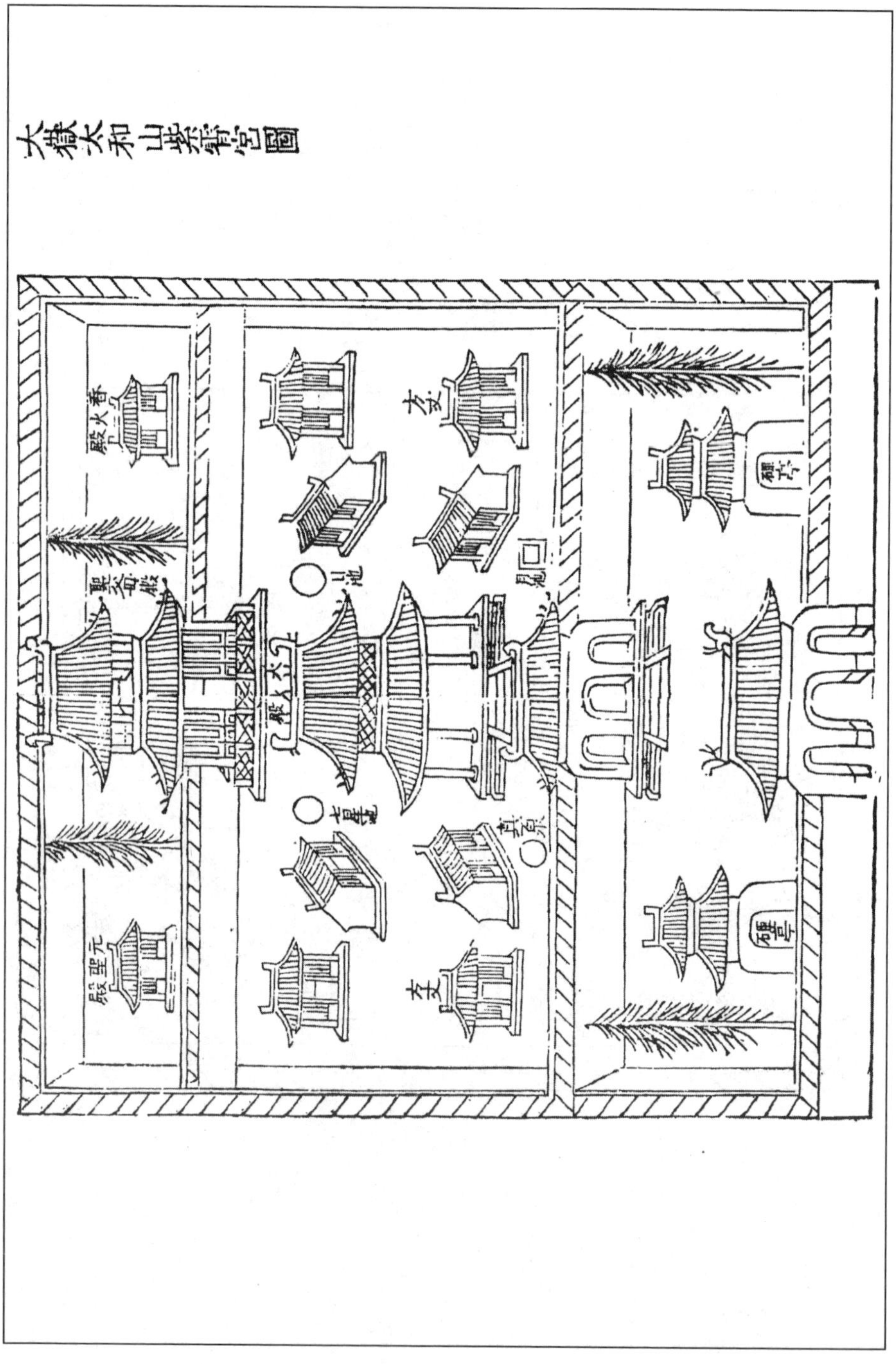
大嶽太和山紫霄宮圖

大嶽太和山南巖宮圖
太乙真慶宮
甘露井

大嶽太和山太和宮圖
太和宮
朝聖門

卷之二　山川[①]

山　水

《虞書》稱四嶽，《周禮·職方氏》但稱九州之鎮山，不稱嶽。然嶽鎮亦通稱之號，如稱雍州其鎮山曰嶽山是也。嶽山卽汧隴之吴山，稱曰嶽山，固知古有名山稱嶽之禮。《詩註》云：嶽乃山之尊者。太和居荆與梁豫之交，下蟠地軸，上貫天樞，左夾岷山，長江南繞，右分嶓冢，漢水北廻，其層峰叠巒，標奇孕秀，作鎮西南，體誠尊矣。稱曰大嶽，而與五嶽比靈也，諒哉！紀山水。

大嶽太和山，在均州南百二十里。舊曰武當山，謂真武之神足以當之也。自秦漢以來，置武當縣、武當郡，皆因山名之。《水經注》：“武當亦曰參上山，又曰仙室。”《後漢書·郡國志》：“武當有和城聚。”《荆州圖記》：“縣有女思山，南二里有武當。”《隋書·地理志》：“均州有石階山、武當山。”《唐書·地理志》：“武當郡東南百里，有武當山。”又《水經注》引《荆州圖記》云：“晉咸和中，歷陽謝允爲羅令，棄官隱遯兹山，得道僊去，故名謝羅山。”《明史·地理志》：“均州南，有武當山。永樂中，尊爲大嶽太和山。山有七十二峯，三十六巖，二十四澗。又南，有黑虎廟巡檢司。”《舊志》云：“太和乃嵩高佐命之山，七十二福地之

① 山川：原文標題無“山川”，編者根據《大嶽太和山紀畧》目録補。原誌目録作“山川”，正文作“山水”，略有出入。

一。發原乾兑，脈緣隴蜀，岷嶓既藝，江漢攸分，綿亘八百餘里，房襄之奥區，荆湖之巨鎮也。”山水之名與數，不能指悉，因舊所志者，臚列於左。

峯　凡七十二，亦云七十九

天柱峯　一曰金頂，又俗云大頂，因金殿名之也。居七十二峯之中，高可萬丈。上東西長七丈，南北濶九丈，員平如香鑪頂。體質皆石，作金銀色，拔空削立，旁無依附，必緣磴搦鏁以上。自下望之，僅與羣峰等。陟其巔，獨出雲表。如萬丈諸峯，及腰而止，餘俱低在膝下。遇清曉，遠望西南層碧若山者，當是蜀道，極目不知所際。北見羣峯外，有山矗出，削成方形，爲嵩少。近眺漢流如帶，均、房、樊、鄧，可得之指顧間。夜視，星如斗，月大如玉盆。質明，看扶桑日出，引首東望，見大輪如火，四面赤霞萬道，下有紅影如盆。日之東，又隱隱如青山狀，初爲半吐半吞者數次，忽一湧出，已高二三丈。下方尚未辨色，俯瞰空蒙一色，如陸海奔潮，青螺攢簇。仰觀惟覺去天尺五，輕霄蓋頂，河漢西流而已。四顧茫茫，如碧圈空洞，身摇摇無所着，浩氣罡風，砭滌肌骨，萬慮俱盡，不復作人世間想。其上，不生雜卉，有異草細葉延蔓，四時不凋，味頗辛。蒼檜數株，蟠屈如虬蛇，高不盈丈，其柯半枯，生意盎然。凡鳥雀不棲，人亦不敢厲聲妄指，而烈風雷雨每頃刻至。頂之弦稜，作紫金城，金殿居中。金城之崖下，爲太和宫。其南峭壁下，有池如井，曰天池。又有洞，曰碧天。

顯定峯　在天柱峯北，一名副頂。《道藏》云：“上應顯定極風天。”翠巘倚空，祥雲瑞靄，時覆其上，非人間之山可擬，因取道書中諸天以名之。舊傳真官檢校僊籙於此。

萬丈峯　在天柱峯之東北。高入雲際，自黑虎崖左上躡萬丈峯，而後下登朝天宫，向金頂最近。

獅子峯　在天柱北第一天門之上，於中峰側。蒼巒突出，雄傑猙獰，儼如獅猊之象，蹲踞天門。下卽尹喜所棲之地。

皇崖峯　在天柱峯北。《道藏》云："上應大安皇崖天。"近接金頂，紫氣浮空，白雲在下，每夕陽回景，雨霽虹垂，與金殿霞光交映，人望之而不可及。下有崖，曰皇后崖。

小筆峯　在天柱東。單峰獨秀，卓立如束，幾欲染翰雲箋，揮毫碧落。

紫霄峯　在天柱東北，與金頂亦近。峭拔端凝，影入霄漢，峰色如廻瀾生紫，日華烘煊所爲也。《道藏》有"於衆峯中，擇冲高紫霄者居之"等語。又，元虞集《嘉慶圖序》云："武當七十二峯，皆奇偉徑絶，而所謂紫霄峯者，又七十二峯之中峰也。"豈天柱初亦名紫霄，後易名天柱，而移紫霄於此峯耶？山川異名，古今多有之。

雷石峯　在天柱西北。山南之路經於此，荒僻如太古，多藏蛇虎。石之壘壘而起者，負岩架空，似猛獸欲搏人狀。有石土地，踞石虎而坐，甚可驚怪。下有泉，曰參斗。

貪狼峯、巨門峯、禄存峯、文曲峯、廉貞峯、武曲峯、破軍峯　七峰在天柱北，若北斗拱極之象。昂霄聳漢，左參右互，上擬璇衡，乃北極星象帝之本宫也。按：唐楊筠松用九星看地行龍，一貪狼，屬艮；二巨門，屬巽；三禄存，屬乾；四文曲，屬離；五廉貞，屬震；六武曲，屬兑；七破軍，屬坎；八左輔，九右弼，屬坤，居武曲左右，在七星之外。北斗爲天樞天一所生最初氣也，真武禀水之精，太和上應斗極，七星名峯，義取諸此。或傳爲真僊校籙之所。下有長春、朱砂、北斗三巖。

中笏峯　在天柱北。端竪如圭，石瑩潤如玉。南向金頂，勢若僊官執簡乘鸞鶴而上謁天門。

千丈峯　在天柱西。羣山參差，一峰超然獨出，上插層霄中。曰萬丈曰千丈，約形其高耳。其右卽房陵宋仲所居，仲有縹仙李，世所希有，因名曰仙李園，今已廢。

大蓮峯、小蓮峯　二峯在天柱西。太和如千葉寶蓮，湧現碧波。此更如並蒂芙蕖，亭亭競秀。春夏間，明媚尤絶，不減西嶽蓮華峰也。

大筆峯、中筆峯　二峰並峙於蓮峯之間。石筍抽出巔頂，抹黛塗黄，居然雙管齊揮。原名大小蠟燭峯，下臨蠟燭澗。因其願秀，改今名。

落帽峯　在中筆峯之北。峰頭岸異，雲覆之，如冠紫霞。昔仙人戴孟在此飛昇，落帽於其上，名或因此，下有石橋。

白雲峯　在天柱西。紫蓋、皇崖，東西互映。淡色輕肌，天然秀異。古云：白雲滿地無人掃，殆其近之。傍一石穴，虚明如涵星，名曰星牖，亦絶景也。下有巖，亦曰白雲，陳希夷常辟穀居此。

紫蓋峯　在天柱西，五龍宫之南二十里。屏立而頂若覆，狀類華蓋三台。每曉光初照，有紫氣冒於上。夜分，頻見僊燈往来。傳云：有仙丹瘞此。屢有覓之者，不能得。下有洞，曰黄龍。

松蘿峯　在紫蓋峰之西。下有山埡，亦以此名。昔帝修真之時，常服松蘿衣，此峯最盛，今猶遍覆於山間。北有崖，曰卧龍。

桃源峯　在紫蓋峰之北。山之口如峽，入而逶迤，中則寬平。峯巒拔翠，下有桃源澗、桃源洞，流水落花，彷彿武陵，因以名其峯。

疊字峯　在五龍頂南。三山疊映如字，複壁重岩，移步視之，形屢變换。有石磴緣之，松竹扶疎，清陰引之不窮。壁中有石穴，曰雷巖。

金頂峯　在疊字峰西。山形類鼎，與五龍頂近。陰氣森森，非遊屐所及。下一崖，曰藏雲。

伏龍峯　在五龍峯西。山勢屈伏，若暫蜿蜒而勢將奮飛者。龍湫密邇，人跡少到。

五龍峯　一名五龍頂。《道藏》云："上應龍變梵度天。"五峯羅列互見，奮迅湧起，有羣龍天半拏雲劈海之象。頂有石廟一區，曰真源之殿，卽五炁龍神所寓。有靈泉，曰龍池。

靈應峯　在龍宫後，亦五龍之侍從也。峰勢相接，巖壁亦委折相連。附五龍峯者，曰五龍巖；附靈應峯者，曰靈應巖；其實總一峯一巖，而别爲名耳。昔房長鬚手植木於此，遇元帝現相點化，至今松杉猶存古榦。其西卽宫門，蔬果園、芡池、蓮沼，分置上下。

隱僊峯　在五龍頂北。其下爲隱仙巖，前曰竹關，卽宫中之第二門，山神堂在路之左。

陽鶴峯　在龍頂之西北。連峯叠嶂，高朗冲虚，老杉數株，有仙鶴常巢於上，庵宇亦以此名。中有藥圃、蓮池，爲隱者遺居。嶺畔乃上山道路，有姚靈官祠，卽威烈王也。

健人峯 在天柱東北，三公山之右。其峯勢直上，孑立雲霄間，如五丁開山巨靈劈峽之狀。下有巖，曰道者，不甚顯，畧之。

太師峯、太傅峯、太保峯 三峯在天柱東，亦曰三公山。當紫霄宮之前，三臺拱揖，如玉笋分班，鸞停鵠立，曳紫拖藍，勢與天柱相擁戴。所謂天外三峯削不成者，彷彿遇之。下有巖，亦曰三公。

始老峯、真老峯、皇老峯、玄老峯、元老峯 五峯在天柱東南，一名五老峯。趾連巔岐，錯列如筆架。相傳帝功成上昇，五老奉詔啟塗，駐輦於此，因以名其峯。下卽昇真巖、白雲澗。按：五老卽五星之精，五方五帝别號也。凡五老五炁等名，皆因元門修煉升降水火以取義。

僊人峯、隱士峯 二峯在天柱之南。嶺斷山峙，孤峭而清高，象僊人、隱士順風翔舞。白雲堆衆壑間，如觀陸海，蓬萊、方丈浮游波濤之上，可望而不可卽。

大名峯 在天柱西。數峯矗矗，正處陽明，竹木泉林，撑天蔭日，山深路僻，畬原沃壤，學道者多卜居之。中有庵，名曰王母宫。大松數株，羅列四畔。相傳聖母尋太子於此，因名。

中鼻峯、聚雲峯、手扒峯、竹篠峯、搓牙峯 五峯在金頂之東南。一嶺綿亘，五峯叢錯，分布岡阜，叠翠幾數里。中有徑，曰主簿埡，當均房往來之道，其境陰晦，蛇蝮爲患。如手扒、槎牙等峯形，望而畏之。

竈門峯 在天柱東南。雲嶺横鋪，巖石中裂如門，烟霧常出其内，清曉望之如炊。

九卿峯　在天柱南。峰影秀麗，葱蒨如畫，亦中峯近侍也。傳云：衆真校籙之所。意者帝爲玉虚師相，三公九卿比接班聯。抑或帝昇金闕，而公卿隨侍耶？下有九卿巖。

伏魔峯　在天柱南。接天馬西來之脈，山勢雄拔挺特，若欲壓衆峯而屈伏之。常有靈龜、巨蛇遊走上下。或傳云：乃帝收魔奏請之地。下有大小鬼谷澗，水聲喧豗如雷。

玉筍峯　在天柱南。亦曰石人山，以其峯巒之類人也。其北名雞冠嶺，羣峰裂地而上，有新篁未籜之象。南澗外即房州界，有山徑可通。下有碧峰崖。

柱笏峯、大彝峯　二峯在天柱西南。比肩聯立，峯壯①各殊，岡嶺横亘如帶。一峰回仰，如搢牙笏；一峰坦其巔頂，如掌之托天。其地幽僻，爲猛鷙之所棲。

把鍼峯　在天柱西。岑小而尖鋭，如頴之初脱於囊，勢欲刺空。自金頂俯視，如可拾而把也。或云元帝頓悟後，元君飛鐵杵於此，因名。

丹竈峯　在天柱西。其山類偃月形，石文如丹。昏曉有青煙紫霧出其間，人謂丹竈凝煙。自紫霄隔溪望之，足跡不可到。

天馬峯　在天柱西百里。一名馬嘶山，一名西望峯。當均房官道中，昂首青霄，如天馬西來。《圖記》云：山自乾兑發源，歷關隴金房之地，盤亘萬里而至於斯。此峯正武當來脈頓起高頂處也。下有泉，曰龍井。西下一巖，曰天馬巖。

---

①　壯：應爲狀。

雞鳴峯、雞籠峯 二峯在天柱西，天馬峯之北。當均房官道，狀類雞之聳冠奮吭而鳴者，俗呼山曰大雞鳴、小雞鳴。相傳昔有丹鳳集於山巔，和鳴上下，人莫之識，指之曰天雞。又移棲於次峯，因名曰雞籠。下有金雞澗。

眉稜峯 在五龍頂之西，房陵登山之路。高聳昂藏，盤曲三十餘里，以至五龍宫。石脊連蜷，眉稜生紫，與龍宫相向。黑虎或時見此，登者畏之。

復朝峯 即外朝山也。羣峯趨赴天柱，獨東南一山最高，意不肯爲天柱下，而若自爲向背，曰外朝峰。去有可復之理，因又名復朝焉。其北平田敞豁，桑麻蔽野，雞犬相聞。自山而南百里，爲房陵官道。峰之東有龍湫，民常禱之。

香鑪峯 在天柱東北，仙關之南。巉崖磊落，浮風晻靄，取鑪香近於帝座而名之耳。下有紫霄澗，即登山道路。《荆州圖副記》云："峯首狀博山香鑪，亭亭遠出。"又《南雍州記》云："有三磴道，上磴道名香鑪峰。"二記所云香鑪，指今之天柱也。博山乃海上仙山，鑄鑪者象焉。天柱高員而頂平，似之。然則天柱原名香鑪，後易爲天柱，而以香鑪名其從峰也。

九渡峯 一名仙關，在天柱東，紫霄宫之正路。峭峛屹巀，上摩青蒼，石徑環曲，轉而益高。下有澗水菠滙，橋渡重叠，不啻百步九渡，因以名峯與澗。或云：淨樂國王遣校尉五百，訪太子至此，不得渡，故名之。

展旗峯 在天柱東，紫霄宫之後山也。峰色如鐵，類中軍皂纛展起半空中，幟旒飛揚。自宫前望之，疑墨雲墮屋，垂垂欲雨，峯中之最雄奇者。或云：真武常執皂旗，北方正色也，因名之。中有玉清、太清、太子三崖。

金鎖峯　在展旗峰北。地形類臺閣，上倚蒼穹，下臨青澗。在金闕之下，仙關之前，巖封峽束，有玉門金鎖之象。或傳云：帝收攝妖魔，悉鎖於其下，指山下澗水以誓之，今石壁即其門也。

青羊峯　在金鎖北。高聳突兀，林木蔚茂，其嵐色正青。傳云：太上駕青羊遊此，因名。下卽青羊澗。太和山水，莫奇妙於此。

七里峯　在隱仙崖北，竹關之下。一徑七里，百步九折，越山度嶺，卽鑽天五里。所謂七里溝者，峰下所由路也。下卽五龍接待庵，土花盈砌，山桂飄香，駐鶴迎賓，烹茶炊粟，饒有仙家風景。

繫馬峯　在接待庵西北。當登山正路，一峰特起，卽天馬臺。因山自天馬峰來，又以繫馬名之。或傳云：昔帝現真容，乘白天馬立其上。下有殿，曰黑虎大神之祠。

會仙峯　在登山大道之間。入山至此，始見峰巒。峯卽阜之隆起者，古松老橡，夾馳道旁，翠光清影，漸與僊源近矣。宋端平中，曹觀妙迎三茅真君於此，因名之。有會仙都土地祠。

茅阜峯　山之初一嶺也。人閒鳥靜，境如荒遐。樵徑紆徐，將通雲路。上有守山土地靈官祠，常示靈異。

紫炁峯　在五龍西南。尖峯獨聳，位值南離，亦因紫炁神君而名之也。純陽祖師憩此，有詩歌。

蓬萊第一峯　在紫霄宫後，太子崖左。縹緲如海上仙山。

太寶珠峯、小寶珠峯　二峰在紫霄賜劍臺之前。左右相距數武，斷而復起，雙頂員突，如小兒擎拳狀。

逍遥峯　在太和宫下。下爲清微宫，迤西爲妙華崖，其頂則逍遥峯也。

金童峯、玉女峯　二峰在天柱前。左右對峙，當膝承之，如在榻案前。

巖　凡三十六，亦云四十四

紫霄巖　一名獨陽巖。在天柱之北，更衣臺之東，欻火巖之西，仙侶巖之南。上倚層霄，下臨虎澗，高明敞豁，乃帝煉丹之地。至元中，住巖張守清興修之，叠石爲路，積水爲池，名以紫霄。巖上列殿庭，中有泉，曰甘露。西上百餘步，有石，曰試心石。又十餘步，卽更衣臺。後有洞雲道人魯大宥復開香火，受供與五龍、紫霄二宫等。

隱仙巖　一名尹仙。出五龍，度磨鍼澗，過隱仙巖，在竹關之上。高聳而虛明，古仙尹軌所居，丹室爐竈存焉。近代田簑衣隱此證道。巖右大木下，有石棋盤，左右列石爲坐。傳云：尹仙枰棋之所。今猶常聞步虛玉磬聲。

僊侶巖　在天柱北。面朝天門，山畬平坦，築居深秘。昔陶幼安隱此得道，後修煉者多棲之，故名仙侣。有泉，曰百花。

卧龍巖　在松蘿峰下。面向東北，豁達高潔，霜天月夜，鶴唳猿啼，清幽而無雰霾。

尹喜巖　一名仙巖。展旗峯在北巒，拔如聳筆，玉澗調琴。昔文始先生隱此，故名。下有澗，曰牛漕。

玉虚巖　一名俞公巖。在仙關之東，九渡澗之上。由淵默亭沿澗東入，壁立半空，巖之高以千仞，澗聲雷震於其下。巖有龍虎文，其右雷文，中奉帝君，右奉雷部。昔有隱者俞惠哲誦經於此，一老人常往聽之。忽一日，語曰："我東溟之子，謫居於是。限滿得還，所居願有奉於長者。"一夕雷雨，爲震其石。近代人往避兵，火焚石落，不可居。

五龍巖　一名靈應巖。在五龍峯迤東。内奉五炁龍君，祈禱如響答。又曰：靈應巖每建宇殿，即爲風雷所移。石徑崎嶇，蛇虺雜處，草木蒙昧，不可常至。其東，則靈應峯也。

玉清巖、太清巖、太子巖　三巖在展旗峰下。一名三清巖。太清原名修道巖，昔黄太清得道於此，因名之。峯腰有太子巖，乃昔真武爲太子修道處。下即太子坡。右延袤上數十級，有小構，設太子像於中。

皇后巖　在皇巖峯下。絶壁斗立，鳥飛猱棲之所不到。相傳善勝后訪太子經此。

白雲巖　在白雲峯下。嶮巇不可到，望壁間懸而吐者爲巖，詘而内者爲洞。旁有石穴，曰星牖。幽棲者設棧以入，則不復出，米醢率以縋致，或彷彿時見形影。昔陳希夷辟穀，曾三遷於此，後徙五龍。

三公巖　在三公峯下，即太師三峰也。自朝天宫東出，三公巖則上巖也。路險絶，不容足。其下亦爲三公巖，相距三舍。巖南向，爽塏可居。

天馬巖　在天馬峰下。西澗自西來，過巖下。路當孔道，巖石嵌空，可蔽風雨，商旅常宿於此，俗呼巖屋者是也。

藏雲巖　在金頂峯下。地近風穴雷巖，雨則雲起，雨後雲歸，其氣青濛，故名。

隱士巖　在仙人、隱士二峰之陰。相傳有仙人出没於其間，或槲衣披髪，形相怪異，手足甲長數寸，時坐磐石，濯澗水，恍惚跡之，失所在。

楊僊巖　在五龍宫東二百步。龍峰深峻而合沓，桃花夾徑，一帶清陰不斷。又有相接對峙者，曰雲母巖，狀如雲母屏也。昔隱士楊華陽先生服术於此，年百餘歲，人往訪之，飛步而走，後不知所在。

沈僊巖　在飛昇臺西，與桃源洞對。巖之最高且深者。有泉滴瀝清幽，内藏石室。昔有沈仙成道於此，因名。

滴水巖①　在仙侶巖南。石中裂，而上垂赭色如肺。蓋泉時一滴，似刻漏，下有小石池盛之。就視之，亦不見石有隙竇痕，不知滴所從出。

集雲巖　聚雲峯之間。五峰相虧蔽，巖壑如罍，深澗不可探，宿雲常堆於其間。

---

① 滴水巖：熊賓修、赵夔等纂《續修大嶽太和山志》卷二作“集雲巖”。

謝天地巖　在南崖更衣臺下。壁臨絶澗，高不可階，非飛行不可到。中窪如石室，昔謝天地居此，故名。

長春巖、硃砂崖、北斗巖　三巖在七星峰糸錯之間。南向者高爽敞豁，常如陽春，爲長春岩。向北者上納太虚，清寒碧峭，仰七峰如在斗口之魁柄中，爲北斗巖。其西出突兀者，壁間石磧爲夕陽照射，望之若丹砂一片，赤燄飛空，則硃砂崖也。

欻火巖　一名雷洞。在紫霄崖北。陡壁忽開一洞，高深皆丈許，寬倍之。石紋如火燄列炬，入始見之。泉滲出爲滄水池，云能已疾。

上黑虎巖、下黑虎巖　上崖在仙關、九渡澗南，龍潭之上。相傳爲伏虎處。下崖在南岩左，負員光殿，突崛蹲踞。豈虎無定趾，隨在可名，抑各以形似之耶？

白龍巖　在飛昇臺下，龍潭之南。與上黑虎岩俱近龍室，不可居。

昇真巖　在五老峰下。峯勢層現，如地神湧出，岩亦緣之，若拔空騰起。曰昇真者，或因五老翼元帝上昇而名也。

碧峯巖　在玉筍峰下。峰遠秀似碧紗，岩地敞塏，水土甘美，隱居者便之。

僊龜巖　在天柱峰下。側立千尺，石員起作緑珩，色如龜衣苔蘚。而坐旁溜點點滴下，以手承之，輒成掬。或云有神龜藏此，時吐雲霧。

雷巖　叠字峰下。有石洞，深不知底，雷聲每起於中。云律令鄧天君曾煉丹於此，其神寓於其内。

風巖　在天柱下，下卽萬虎澗。四山圍逼，陽不能舒。而噫氣生風，卽少女不動，亦呼號怒吼，震響林壑，人莫能近。

九卿巖　在九卿峰下。嵐氣清逈，遠隔塵寰。曾有道流露宿其下，夜靜聞金鐘玉磬聲，縹緲不知所在，疑玉府仙卿所隱棲也。下有深潭，不可測。

凌虛巖　在五龍宮西南二里許。於岡脊外横開數十丈，坦其巔，與岡相屬如坪，岩畔似坏城，築墻圍之，便於憑眺。下皆巨杉，蓊偃陰深。唐孫思邈、宋陳希夷，俱修煉於此。路側有希夷誦經臺。

太山巖　卽太上觀。在玉虛南二十五里。東西有二泉，岩間鐫仙像殆遍。右二石龍，蜿蜒垂崖下。右結員亭，對落帽峰。陳柯不剪，最爲幽翳。

青巖　在天柱北，淄河南。山勢劈削，望之藍翠撲空，蛇徑曲拗以上，可以避兵。

獨陽崖　從南岩宮轉西，由元君殿折而下，向東行，有二室，石室曰紫霄，磚室曰獨陽。舊志又載北崖、西岩，未指所在。意者南崖其總名也，在東曰獨陽，取向陽之義，在北則曰北岩，在西則曰西崖。記稱八宫，惟南岩形勢最勝，崖之争奇叠秀者夥矣。

華陽岩　在五龍之南。繞澗水而斗覆，古木凝秀，中空濶無所有，惟山骨石紋露其巧。曾建浩然亭於内，有石刻遺像。其澗下窪而洞者曰華陰，相與頡頏上下。

悟真崖　在蠟燭澗之北，白雲崖之東。山勢陡削，天籟清絶，隔斷紅塵，可悟元機。

妙華巖　卽清微宫也。自太和宫乘磴西下，爲清微宫，僻居深谷中，以幽勝。自永樂十年建爲宫目。宫西爲妙華岩，昔張守清、張三丰嘗修煉於此。

羅公巖　與太上崖對。自七里溝入，由開山故道而登之，石壁削出。往年有屋，居念菴羅太史。望西南諸峯，盡在目眦。

崇福巖　在南崖宫南天門外。左曰雲霧崖，穹窿如屋，仰視石上有痕，似巨人跡。傳云：元帝修煉於此，岩將崩，以足抵之，有遺跡云。石上刋雲霧勝跡並詩。

虎耳岩　亦名佛子崖。與尹喜巖近，昔不二和尚居此爲名也。岩嵌空成屋，頂上舊有蓮池，水四時不涸，池上復爲室。今花木亭榭殆盡，藕塘亦廢，僅存泥淖迹。

澗　凡二十四，亦云二十六

大青羊澗　在青羊峰下。一名青羊河。有橋跨之，曰青羊橋。承萬虎、桃源諸澗之水，泌瀄奔赴，激湍之聲出亂石中。石皆白色，多奇狀，四壁圍若繚垣，山與水相响應，島竦川廻，以達於淄河，澗中之巨觀也。

萬虎澗　在天柱北。地故稱風穴，風水激盪，如萬虎之咆嗥，會於青羊澗。

牛漕澗　在尹喜岩下。相傳老君訪尹喜，青牛卧此，故名。其飛湍西入青羊澗。

桃源澗 在桃源峰下。瀑聲淙淙，喧於樹杪。內有八角亭，亭後有曬經石。其澗自紫蓋峯發源，由龍潭東入青羊澗。

下黑虎澗 在下黑虎岩下。有廬其半壁者，是爲虎皮張修道處。

磨鍼澗 在老姥祠前。上有磨針石。合黑虎澗水，起自五龍頂，會於白龍潭。

小青羊澗、陽鶴澗 二澗俱接流自陽鶴峯，穿林麓，東入於大青羊澗。

金鎖澗、飛雲澗、瀑布澗 亦名水簾。三澗曲折相連，而飛瀑懸灑，水簾尤奇勝。先後起於金鎖、青羊二峯之左右，西流同入於青羊澗。

會仙澗 在五龍頂之北。過遇真宮①，承龍頂以下諸峯之水，會而北出蒿口，會於蒿谷澗。

蒿谷澗 在蒿口。上流近玉虛宮，去州南六十餘里，自梅溪東諸山之水，西入於青羊澗，會之以出淄河。

武當澗 在天柱之東。受皇崖諸峯之水，北入於紫霄澗。

紫霄澗 三公山之水，轉自紫霄宮南，迤北會諸澗，入九渡澗。

---

① 遇真宮：應爲“五龍宮”。

上黑虎澗　在上黑虎岩下。香鑪諸峰之水，會前二澗，自龍潭飛流，東入九渡澗。

白雲澗　在白雲峰與崖之下。自五龍峯出，接九渡澗。

九渡澗　在九渡峯下。會紫霄、黑龍、白龍諸澗而出梅溪。

梅溪澗　因近榔梅而爲名。自武當以下諸澗出梅溪，左而爲淄河。

西澗　自馬嘶山龍井發源，而北總山西諸澗，滙爲西澗。

金雞澗　在大、小雞鳴峰之間。其水會於西澗，灣回湍激，夏秋泛漲，商旅經月不可渡。諺曰：上得馬嘶山，四十九渡不曾乾。是此水也。

雷澗　自叠字峰雷洞之水，由南會於五龍澗。

五龍澗　自伏龍諸峯之水，由雷澗出西澗，自蒿口會青羊、梅溪二澗，合爲淄河，東北入於漢。

鬼谷澗　在伏魔峰之間。承天馬西來之水，會山南諸峯之水，東會雙溪澗。

雙溪澗　自天柱東南諸峰之水，交會鬼谷澗，由浪河西北入於漢。

蠟燭澗　在天柱南。自上瓊臺至下瓊臺，兩燭峰在後，水至此成峽。石之伏者爲底，竪者爲岸。大者爲激，最大者爲灘湍。石少爲衍，多則爲甃。石不勝水，狹爲溝，宽爲塘。水石並勝，則狹聲急，寬聲遠。長石爲橋，方石爲臺，圓石爲坐。木之卧於水者，亦爲橋。非斷崖，日光不露。曲屈二十餘里皆陰，陰而山香四發，不知何來。再越一嶺，又峽焉。直至玉虚岩下九渡澗旁，出與之會。太和之水，於斯爲勝。昔人云：山赢水絀，非篤論也。

洞 凡八

雷洞 叠字峯巖壁間，有石穴，從上繩貫而入，石色作火燄雷文，有卧形足跡存焉。遠聽之，常有聲轟轟然，卽鄧天君修煉處。崖曰雷巖，洞曰雷洞。

桃源洞 在桃源峰北。境象遠濶，杳與塵絶。西有穴，曰桃源洞。焚修者蜕形，瘞劍於此。東卽陳希夷誦經臺。

白龍洞 在竈門峰東。卽石裂如門之處，而名之爲洞。洞中時有白氣如龍，大雨立注。

碧天洞 在天柱峯南巖下，天池之上。如天牖高開，星辰在户，俯凌萬頃之茫然。

太元洞 在柱笏峯下。峰與大彝相連，幽邃苞胎。元之又元，衆妙之門，此洞有焉。

黄龍洞 在紫蓋峰下。峯最荒僻，詭怪出没之所。有洞，不可居止。原志載：昔有劉隱者棲此，焚修士也。忽一夕，有童子傳詔召之。門人疑曰："天詔當於清曉日中，暮夜陰暗，恐魔劫之。"默篆雷符焚之，忽霹靂一聲，寂無所見。及旦，見血跡，尋之至一石穴，一巨獸擊死。録此，爲修煉墮魔者戒。

老君洞　在八仙觀下。自太上崖折而南，爲八仙觀。觀下巖谷窪欹而側入者，爲洞。因尹喜曾隱武當，老君過訪，因名之。

靈洞　在玉虚宫望仙臺山下。自玉虚西塢北山下，曰望仙臺。下有石洞，泉流飛下，如大珠小珠之落玉盤，一名水簾洞。

潭　凡三

黑虎潭　在仙關之上。卽上黑虎巖之下，紫霄澗水之中。二石從水底夾出數丈，下澗如屋，洄漩黝黑，深不可測。大旱，禱之立應。有廟在其上。

白龍潭　二所。一在磨針澗中，巖上瀑流如布，下瀦爲潭。崖内有廟，祈禱屢應。一在飛昇臺下，潭黑而深。有雲氣上昇，立雨。地極峻險，人罕有至者。

泉　凡九

甘露泉　在紫霄巖下。山氣冲和，無瘴癘。崖下有泉，湧如濺珠，飲如吸露，甘香清洌，幽人多遊居於此。

參斗泉　在雷石峯南石巖下。一泉如井，前積爲二池，朗映如星。因北有北斗七峯，若星斗之參横也。

百花泉　在仙侣巖旁坦平處。泉出於崖下，一抔湛然。昔老媪浣衲，百花浮溪，故杜工部有“百花潭水卽滄浪”之句。因漢名滄浪水，又因陶幼安居此得道，百花之名雅矣。

真乙泉　在紫霄宫左右竇間。紫霄已近天闕，靈氣化液，泉從地湧，如自天來，屬坎宫，天乙所生，此真乙、天乙、太乙之所由名也。

一泓泉　在關帝廟前，飲馬池偏東，泉視池爲尤潔。

益人泉　在迴龍觀上。泉在山隴盤旋之處，四時澄鮮，飲者便之。

東靈石泉、西靈石泉　二泉在太上巖。崖高峻無水。宣德三年，於此纂輯《太和志》。巖東隴石穴下，泉忽湧出。已而，岩西路旁石根下，亦復出泉。鑿砌成池，俱清冽可飲。

甘泉　在南巖宫内。南崖之水最多，惟此泉甘冽稱上品，亦名一泓泉。

池　凡十五

天池　在天柱南峭壁下，卽碧天洞之流處。下視諸峰泉水，如河源天上。進封廣潤龍王。

龍池　在五龍峰窔奥處。靈池淵亭卽五炁之神所寓，其餘散爲池井。太和山多神泉，惟五龍尤靈顯。

天池、地池　二池在五龍宫日月池後。圓曰天池，方曰地池。鑿二龍口以竇泉液，晝夜滲灕，入池作跳珠聲。天池水藍色，不可食。惟地池水甘美，可汲飲。

日池、月池　在五龍宫天寶壇南廡後。二池相並，月池時草延蔓，色如黛。日池周二十餘丈，漾赭玉色。晴雨不加涸溢，色或時時變。面南皆連山之石。每霜降清曉時，有白氣如雲上昇。有明，管轄曹侍德擬建寶藏於池南。夢神語曰："此下即洞府，神龍居焉。若法輪運轉，神靈恐弗安。"同僚夢悉符。於是設藏殿不敢連池，榜之曰：洞天在近。中統庚申，宣慰孫嗣内附，有甲士諸池洗劍，神龍擁脊而現鱗鬣，天地昏暗，雷雨大震。至今朝禮者不敢飲犬馬。

煉丹池　在五龍西五十步。自凌虚岩折而西上，爲自然庵。庵前甃石爲方池，即煉丹池。池據勢幽勝，古木蒼藤覆之，值炎蒸，畧無暑氣。池底巨石下一穴，有龍居焉，人常見之。虎豹鳥獸，常飲於此。按《圖經》記：馬明生煉太陽大丹於此，鑪灰尚存，非鐵非石，故迹宛然。後陳希夷亦居此，感五炁龍君授以睡法，因避喧於誦經臺。

鹽池　《唐書·地理志》："均陽南百里，有鹽池，有武當山。"《均州志》："州南百二十里，水斥鹵，可爲鹽。"按此，則池在太和山内。舊志不定所在，但以爲伏魔之處，事無可考。

飲馬池　在關帝廟西，因關廟以名其池也。

天乙池、太乙池、滄水庫池　三池俱在南崖宫内。天乙、太乙相連。從方丈左折後，上分二道，右穿道院，中爲滄水庫池，池上有間道可通行。凡洞岩中名滄水池，因龍宫海藏有滄水使者而名之也。

禹跡池　在紫霄禹跡橋南。池廣畝餘，水自小寶珠峯至大寶珠峯溢爲此池。

上善池　在紫霄東方丈之北。酌之，如餐沆瀣。今易名上善泉，亦名聖水池。

井　凡九

龍井　在天馬峰下。深不可測，水甘而清。當均房官道中，商旅往來汲之，以供飲爨。

五龍井　在五龍宫大殿前之四陲。中一井在拜殿内，卽歷代投簡之所，今以石掩之。左右各二井，水與堦平。汲一井，五井皆動。殿宇若浮梁島屋，水色清瑩，味甘美。巖居者多癭贅，住此自消。以之和藥，可蠲沉疴。

甘露井　在南崖宫前。宫内曰甘泉，宫前又曰甘露，互爲之名耳。

神泉井　在玉虚神厨後。宫在仙巖，神泉隨湧。因在神厨後，從而神之。

舜井　一在山麓，一在會真庵、冲虚庵西。原志載姚孝子廟，因有舜井之名。

石　凡七

磨鍼石　在五龍宫北一里許，磨針澗上。喬木芳草間，有石横於澗濵，彷彿磨礲之跡。相傳云：元帝修真，時久未契，欲出山，因見澗下一女磨鐵杵。問曰："磨欲何爲?"應曰："欲作鍼。"謂曰："成之不亦難乎?"答曰："工至自成。"帝大悟，愈加勤修，乃證天真。女卽紫元君之神所化也。按：帝豈有隳念出山，感磨針復返之事?或幻化以勸來者。

試劍石　在金頂二天門内。一石中分，劍跡昭然。傳云：元帝試劍處。自摘星橋上五百步，達重門，倚試劍石可坐，更百步即三天門。

仙碁石　元君殿之左隅，爲南薰亭。亭外有石棋枰，棋道縱横，儼刻畫狀。相傳尹喜枰碁處。

試心石　在紫霄崖西百餘步。自捨身巖級而上，可二三百步，有亭其巔者，爲飛昇臺。下有石，突出虚壁上，曰試心石。登者悚慄，必自驗誠否。

鳳凰石　在太和玉筍峯側。其嶺曰雞冠嶺，又曰雞公嘴。有石當轉步處，險仄如鳥道羊腸，俗名鳳凰三轉身是也。

金星石、銀星石　在天柱頂上。石鑠粟起，如金銀顆粒。或云：碎爲末，心神不寧者服之可愈。

龍首石　紫霄欄楯外，有石突而鋭出，長可五六尺，類神龍矯首於雲罅，好事者穴其頂以承炷。懸臨絶壑，瞰之蒼蒼然，頭眩足摇。往往有匍伏緣石投香於其頂而插之，謂之龍頭香，旁觀者爲之毛骨皷栗。再折而西，爲捨身巖。岩石陡出，壁削萬仞，俯而視之，幽深微窅，莫測其所究極，祇覺奇險不可試步。

臺　凡九

飛昇臺　在五龍宫東南百步。松杉扶疎，烟霞交映。登其上，萬壑千巖，一目可盡。按圖經碑刻，元帝奉詔於此，五龍掖之上昇，地皆變金玉色，今舉山皆金星石。

更衣臺　在紫霄崖西。相傳元帝更松蘿衣服天衣處。

誦經臺　自凌虚巖左折而南，有陳希夷誦經臺。其臺南面天柱諸峰，下窺無際。

望仙臺　在五龍宫東北百步，福地門東。一臺巍然，數松森立，有亭高敞，仰眺峯巒，俯臨深豁，望仙樓之崇基也。

天馬臺　在繫馬峰下。相傳帝現真像，乘天馬立於此。

朝聖臺　在飛昇臺西。因五炁龍君掖元帝上昇朝謁上聖而名之也。

禮斗臺　在南巖宫紫霄崖下。徑斗絶，如乘墉。臺之陰，横崖石，大如垂天之翼，刻五百靈官像，長不盈尺，飾以金，貯石罅中。

瓊臺　在天柱東南。巑岏入雲際，幾欲埒天柱。然已北面折服，乃嶽頂臺址耳。署曰仙跡流風，曰瓊臺受册門。相傳元帝受册於此。

賜劍臺　在紫霄宫前，禹跡池之右。其陰爲萬松亭，其陽為賜劍臺。相傳上帝賜劍於此。

亭　凡十二

紫雲亭　在淨樂宫東。相傳帝降生於此，紫雲彌覆，故名。

滄浪亭　在州東門外，漢江東。石壁上刻“孺子歌處”四大字。舊志云：孔子聽孺子歌滄浪，在鄒之嶧山。屈大夫遇漁父歌滄浪，在今湖南龍陽，俱與此無與。又按《禹贡》：嶓冢導漾，東流爲滄浪之水。《史記正義》云：括地志，均州武當有滄浪水。庾仲雍《漢水記》：武當縣西四十里，漢水中有滄浪洲。或借此以名其亭，無不可者。

憑虛亭　在滄浪亭之上。上倚太和，下臨漢江，有憑虛御風之勢。

卧雲亭　在龍山玉皇閣左下。縣志：龍山在州東南七里，下卽勺水口。亭居水雲深處，幽翳澹雅，不少染塵寰氣。

益人泉亭　在廻龍觀上。觀去玉虛西南五里，有益人泉。亭其上，以益飲者。

一泓泉亭　在關帝廟前。廟去玉虛西十五里，亭在一泓泉上，飲馬池之東。

神泉亭　在玉虛宫神厨後。泉卽井，以亭覆之。

萬松亭　在紫霄宫福地内。舊志載：福地殿堦下有丹井二，東有賜劍臺，北有萬松亭，滿目清陰，如綠雲之繞。

太子亭　在紫霄宫太子崖前。因岩以名其亭。

禹跡亭　在紫霄宫前。宫之陽，有禹跡池，築小亭出其上。

淵默亭　在九渡崖下。乘天津橋，度九渡澗，其陽則淵默亭。澗道幽絶，寂無人聲。

臨清亭　在大寶珠峰下。小寶珠峯澗水，東趨大寶珠峰，清澈漩曲，亭臨其上。

橋 凡三十九

迎恩橋 在迎恩宫北圈門①外。石橋蜿蜒跨澗，水聲潺潺如絲竹。

尋真橋 在石板灘西南。

絞口橋 在石板灘南一里許。

中橋 在石板灘北五里許。灘在漢水邊，太和諸澗水入漢之處。三橋跨之，以通自均入山之道。

冲和西橋、冲和中橋、冲和東橋、春和橋 四橋俱在蛐蟮峪，亦太和澗水入漢之處。

元和西橋、元和中橋、元和東橋、集仙橋 四橋俱在元和觀前。遇真宫去州南五十餘里，觀去本宫南二里，太和諸澗水繞觀前而出，隨其曲折，設橋以濟。

會仙橋 在遇真宫前。下有石池，方廣數丈，瀦泉澄澈，林影覆之，漾琉璃色。

仙都橋 在玉虚宫北天門内。

遊仙橋 在玉虚宫左。

---

① 北圈門：方升纂修《大嶽誌畧》，王佐修、慎旦等纂《大岳太和山誌》，凌雲翼修、盧重華等纂《大岳太和山誌》均爲“北券門”。

仙源橋　在玉虚宫門内。

西天門橋　自玉虚西池亭洞達，過望仙樓爲仙桃觀，通八仙臺，又西爲華陽亭，跨石橋，臨芙蓉沼。

西山橋　在玉虚宫西天門外。

北山橋　在玉虚宫北天門外。

東山橋　在玉虚宫東天門外。

登仙橋　在玉虚宫東天門外之南。

東萊橋　在東山橋東。玉虚宫在展旗峰後，已近太和諸峯，山泉漫湧，而澗水自九渡來者，繞出蒿口。橋在宫門内者度山泉，宫門外者跨澗水。

豐和橋　在蒿口石碑東。卽玉虚宫外澗水出蒿口而跨之者。

蒿口橋　在五龍行宫前。蒿口上承諸澗水，出滄河，於上流爲橋。

普福橋　在仁威觀前。橋下窪然深黑，漩瀨濆薄。四山類缺甕，刳其中而窿其外。一隟射入天光，丹碧華葉，隱隱森動。回眸頓趾，若乘塞障不得下。

隱仙橋　在仁威觀上。自普福橋，旁扃忽啟，西度隱仙橋。又折而北，西岸岬立，廻溪股引，翠蔓蒙絡，白日如晦。

聚仙橋　在黑虎澗。香罏諸峰之水，會武當澗爲黑虎澗，爲橋以渡。

磨鍼澗橋　在老姥祠前。祠在磨鍼澗上，自五龍頂股分而下萬虎諸澗，有橋跨之。

禹跡橋　在紫霄宫前。大、小寶珠峯之水溢爲禹跡池，橋跨其上。

通會橋　在紫霄宫北，威烈觀南。觀在紫霄北二百步，水自三公崖南，設橋於其地。

天津橋　在九渡澗。由十八盤下，聞水聲潺湲，九渡澗也。上爲龍泉觀，如虹而飲者，爲天津橋。

黑虎橋　在紫霄宫北，黑虎廟南。因廟以名其橋。

復真橋　在太子坡北。度平臺，有峭石自澗中直上，覆以古木，根垂若檛。再三折爲太子坡，澗自西南來，橋踞之。

天乙橋　在南巖宫北天門外。自橋入北天門，山勢若蓮花拔起。又數十步至小天門，有岩垂下，疑欲墮者，上有巨人跡。

步雲橋　在飛昇臺五龍宫之東。上則石磴接空，躡橋如步雲而登。

梯雲橋　在棚梅祠上。祠在南崖宫南一里，右行百餘步，度北巖，升自南天門橋上，望之如躡雲梯。

摘星橋　一名會仙橋，在一天門上。橋下澗水如神瀵，當兩山缺處，上瞰天柱諸峯，下臨絶谷，緣緪由天梯上，梯如竿揭雲表，仰見人行，如在天上。

白雲橋　在白雲巖南。其澗上承五龍，下接九渡，橋亦以峰與巖、澗名之。

斜橋　在朝天宫下二里許。自斜橋上頂有三徑，一爲磴道，上三天門；一爲官道，由歡喜坡往；一爲樵人道，由銅殿埡入。

水

漢水　在太和北百二十里。《水經注》：漢水東南過武當縣東北。漢水又東，平陽川水注之。沔水又東南逕縣城東，又東，曾水注之。沔水又東逕龍巢山下，又東南逕涉都縣東北。按：漢去武當甚遠，古均陽屬武當郡。漢水經均，卽逕武當也。平陽川，舊志云卽復朝峯，在武當東南，川水過武當山入漢。曾水卽今滄河，武當山水入漢之所經。涉都卽今州之鄉名。《郡圖志》：筑陽縣有涉都鄉，古亦屬武當郡。

滄河、金沙河、浪河　皆在太和北。《水經注》："又東，滄水注之。"是其一也。《三府志》："三河皆發源太和諸山谷中，各自入漢。"按：太和諸澗水，一自天馬山西來，轉南而北出。一自天柱峰南來。一自五龍頂西南來，所會爲青羊、蠟燭等澗最勝，其出山爲蒿口、梅溪、雙溪以入漢。原志稱淄河，查府州志無之，疑卽滄河也。

按：漢水出漢中之嶓冢，太和在漢之南，其山脈與嶓冢同發自蜀，與終南分支。舊謂發源乾兑，綿亘萬里，特極言之耳。天柱周迴百里内，記載且不能悉詳，遊歷者往往迷津，何暇及遠。竊憶登祭所經，按之名賢遊記，聊識入山之大都焉。

自州城淨樂宫出南門，行�裏官道中，石甃廣平。道傍壁間，有曰打兒窩者，俗云擊之卽得嗣也。夾路古樹交陰，三十里至迎恩宮。漸與山近，謂之界山。自迎恩宮轉西，兩山束如峽口，中樹治世元嶽坊，瑑紋石爲之，跨踞雄傑。明嘉靖朝所建，以冠五嶽也。再折而北，度會仙橋。橋之陰爲遇真宫，負鴉鵠諸嶺，左望仙臺，右黑虎洞。張三丰初居此，舊名黄土城者也。自宫南折而西，入仙關，俗云進山門。又五里，如大聚落，如都城市，爲玉虚宫，古武當縣地也。形勢軒翔，規模壯麗，殿藏銅鼓、石魚。其西多亭池，有望仙樓，奉吕祖像。西接仙桃觀、八仙觀。又西爲華陽亭，有橋跨芙蓉沼上。又西南次廻龍觀、太元觀。至此，則野盡峯來，去平將陟險矣。自玉虚南，經好漢坡，坡石赤墳而起。入紅門，揭曰洞天深處。傍爲太上巖，歷太子坡，有殿置太子像，前有聖母滴淚池。再轉由平臺，歷上下十八盤，俱石坎數十百級。再下入九渡澗，上爲龍泉觀，又上爲天津橋。循九渡巖，經淵默亭東三里，爲玉虚岩。轉入太和澗西三里，入瓊臺觀。半里許至瓊臺峰，榜曰仙跡流風，曰瓊臺受册門。過此，見展旗峯。負峰而宫者，則紫霄也。前有禹跡池，池有橋有亭，右爲福地殿，南則賜劍臺，北則萬松亭，後爲太子巖、太子亭。右上數轉，至南巖宫。太和巖之奇而絶大且高者，惟南巖爲勝。而宫於其上，小之益大，平之益高，尤奇之絶者也。右小阜，有員光殿，下卽黑虎崖。西轉爲元君殿、南薰亭，外列石枰。再折而下，爲獨陽、紫霄二崖。其石檻外，有龍首石。又東爲風月雙清亭，其巖上，則飛昇臺、禮斗臺、試心石、捨身巖皆在焉。自南巖歷黑虎岩而上，有二道。其右下循澗道，度嶺爲歡喜坡，又度二歡喜坡，過鳳凰三轉身，又度飛崖曰六十搭轉，自西南出峽爲清風埡，乃間道也。其右則由朝天宫出三公巖、文昌祠，上摘星橋，以達天門，此通衢也。五龍宫去此三十里，僻遠非衢，朝禮者多從紫霄、南巖，直詣天門，留五龍爲返路。若自玉虚往五龍，則自西天門北出四五里爲五龍行宫，宫負茅阜峰。又經仁威觀，度普福橋，由七里溝上竹關，又西上隱仙巖，又西上過老姥祠，歷磨鍼澗，又梯石南上，入五龍宫。由天地池、日月池、五龍井出宫西北行，經淩虚巖、誦經臺，折而西上，爲自然庵、煉丹池。又東南度鑽天五里嶺北，至天一橋，入北天門。又左登小天門，過巨人跡。至此，則會南巖登頂之孔道矣。出南天門，度攝孤嶺，曰千尺石梁，南北壁斷，惟此一綫通之。過嶺至榔梅祠，旁有杉七株，曰七星樹，壁間鐫“帝峙”二大字。祠西爲上黑虎巖，過崖爲朝天宫。又出朝天門爲萬丈峯，下有斜橋，登山要津也。自此上頂有三徑，一爲古道，卽清風埡所由入。一爲樵人道，由銅殿埡入，緣巖迂曲，稍可避險。一爲磴道，直上三天門是也。山起如卓筆，道左書“昇天梯”三字。梯石數百級，僅入一門。三天門尤斗削竪立，廣二尺餘，挽鐵絙，面壁促縮，喘汗數息，乃得躋。又東折而上，入朝聖門。又北上爲小龍池，又折北上，至紫金城。匝城盤級數十曲，入南天門，爲天柱絶頂，金殿所居也。計州城到頂百二十里，中間至草店六十里，玉虚近之。前皆平野原田，至此涉陂陀。入山麓到頂七十里，尚未有峰，望太和如青雲千朵，障於天南半壁。至紫霄、南巖，則峯巒層擁，儼似千葉寶蓮湧現碧空，藍翠撲天，應接不暇也。自斜橋上頂猶二十里，諸峯爭自雄長。登頂則一柱擎天，衆斯下矣。若五龍又別開奥域，歷代崇祀，靈應有由，然也。謹敘入山大畧，以當卧遊而想見之者如此。

卷之三　聖紀、宫殿、祀典[①]

聖　紀

聖不可知之謂神。神也者，妙萬物而爲言者也。蘓子曰："在天爲星辰，在地爲河嶽。幽則爲鬼神，明則復爲人。"言天與人之相爲循環耳。北帝之神，降生淨樂太子，修之爲神，復返本宫，托體嶽靈，歸元坎位，天與人一理一氣而已。謹推理氣之常，附以他説之可通者，庶幾帝之神靈近之。太史公曰："百家言黄帝，其言不雅馴。搢紳先生難言之，擇其言尤雅者，著爲本紀。"兹於元帝之紀亦云然。紀聖紀。

大嶽太和山，奉真武祖師即北帝元武之神也。元揭傒斯記云："世祖初營燕都，龜蛇見於高梁河，後見於均州之武當山，相傳黄帝時元武以三月三日降於此山。"趙子昂記云："武當山在西南方，巍然高且大，元武神依焉。黑衣被髪，仗劍履龜蛇，人往往見之。斗牛女虚危室壁七宿，列於北方，成形爲元武。元武者，龜蛇也，色赤而黑。元也，體具鱗甲，武也。"息剌忽記云："元帝，北方元武之神也，尊居天一，位鎮坎宫，威攝萬靈，周行六合。武當山，元帝之所寓也。"程鉅夫記云："均房之間有山，以元武神居之，名武當。道家言：龍漢之年，虚危之精降而爲人，修道此山。道成，乘龍天飛，是爲元武之神。"明李衍記云："五帝

---

① 聖紀、宫殿、祀典：原文標題無"聖紀、宫殿、祀典"，編者根據《大嶽太和山紀畧》目録補。

各司其方，水行冬，其色黑，其方北，是爲元武。武當居天地之中，帝之神恒於是焉，著其靈異。”劉正廉記云：“帝祠遍天下，於武當最重。永樂起燕京，帝默佑之，卽禮絶五帝。《山海經》云：大荒中有聖人焉，履龜蛇，北帝於傳曰亥矩，或曰協光。紀莫能詳之。或以爲帝嘗修道此山，其説多類佛書。”李卓吾《藏書》云：“成祖初起燕，問師期於姚廣孝。對曰：未也，俟吾師至。及期，出祭纛，見被髮而旌旗者蔽天。問：何神？曰：吾師北方之將元武也。成祖卽被髮仗劍以應之。後崇祀武當，蓋由於此。”按：諸説尊元武爲北帝之神，亦時叅修真飛昇之説，以示帝靈之神妙不測，因録道家所傳出身本末者附焉。

《三寶大有金書》云：一炁分形，三清出號。太初溟涬，元極冥蒙，中有虛皇，分置五刦，曰龍漢，曰赤明，曰上皇，曰延康，曰開皇。是故太極一判，天地始明，東分青九，南受丹三，西成白七，北歸元一，中生黄五，號爲五老，卽元黄植象之根也。五老各布始炁，化成四靈，以定四隅，周環六合，元帝果先天始炁五靈元老太陰天一之化。

《混洞赤文》載：元帝乃先天始炁，太極别體。上三皇時，下降爲太始真人。中三皇時，下降爲太初真人。下三皇時，下降爲太素真人。黄帝時，下降符太陽之精，託胎於淨樂國王善勝皇后，孕秀一十四月淨樂國乃奎婁之下海外之國，上應龍變、梵度二天。是時，正當上天開皇初劫，下世歲甲辰三月戊辰初三日甲寅庚午時，產母左脇，瑞雲覆國，天花散漫，異香芬然，身寶光燄，充滿王國，地土皆變金玉。帝生而神靈，聰以知遠，明能察微。年及七歲，經書一覽，仰觀俯視，靡所不通。潛心念道，志契太虛，願事上帝，普福兆民。長而勇猛，不統王位，惟務修行，誓斷天下妖魔，救護羣品，日夜於王宫發此誓願，國王不能抑志。年十五，辭父母而尋幽谷，内鍊元真。帝念道專一，遂感玉清聖祖紫元君傳授無極上道。告曰：子可越海東遊，歷於翼軫之下，有山自乾兑起跡，盤旋五萬里，水出震宫，上應顯定極風、太安皇崖二天，可入是山，擇衆峯之中冲高紫霄者居之，當契太和。昇舉之後五百歲，當上天龍漢二劫中，被髮跣足，攝坎離之真精，歸根復位，上爲三境輔臣，下作十方大聖，方得顯名億刼，與天地日月齊并，是其果滿也。帝乃如師言，越海東遊，又感豐乾大天帝授以寶劍，告曰：此劍名北方黑蛇裘角斷魔雄劍，長七尺二寸，應七十二候，撫三輔，應三台，重二十四觔，應二十四炁，濶四寸八分，應四時八節。子可佩此居山修煉，降伏邪道，收斬妖魔。帝受訖，歷翼軫之下，果見是山，皆符師言。於是入山。渡澗擇地，隱居内修。國王思念太子，令大臣領兵五百衆，探逐所往，渡澗入山，遇澗水忽漲，不能前進，至九次，方得渡。至紫霄崖，見太子，啟傳王命，部衆忽僵仆不能舉，相謂曰：太子願力，所至如是，回國且遥。乃同聲告曰：願從太子學道。語畢，跬步如故，於是俱隱山中。帝昇真之後，皆證仙道，今武當有五百靈官者是也。帝登山，首於太子崖棲隱，有靈鴉報曉，黑虎衛崖，每食必餌之。時修鍊未契元真，一日欲出山，至一澗，見一老媪操鐵杵磨石上。老媪者，紫元君所化也。帝曰：何爲？媪曰：爲針耳。帝曰：不亦難乎？媪曰：功至自成。帝悟其語，復還所隱。於途折梅枝寄於榔樹，仰天誓曰：予若道成，花開果結。後如其言。帝歸崖修鍊之時，見九美人相貌端嚴，儀矩殊異，往來帝所，帝默識之，必聖人也，故加敬禮。女仙乃謂帝曰：予輩蓬萊仙侶，特來試之。功行已著，宜加精進，尅日冲舉。語畢，跨鶴而昇。帝又居紫霄，潛虚元一，默會萬真，歷四十二年，大得上道。於黄帝五十七年歲次庚子九月丙戌初九日丙寅清晨，忽有祥雲天花自空而下，彌滿山谷，四方各三百里，林巒震響，作步虚仙樂之音。帝於是時，身長九尺，面如滿月，龍眉鳳目，紺髮美髯，顔如冰清，頭頂九炁玉冠，身被松蘿之服，跣足拱手，立於紫霄峰上。須臾，五炁龍君捧擁駕雲而昇。帝稽首迎拜五真，乃宣詔賜九德偃月金晨玉冠，瓊華玉簪，碧瑶寶圭，素綃飛雲金霞之帔，紫綃丹霞絳綵之裙，七寶銖衣，元光朱履，飛紅雲舃，佩太元元師玉册，乾元寶印，南北二斗三台龍劍，飛雲玉輅，丹輿緑輦，羽蓋瓊輪，九色之節，十絶靈旛，前嘯九鳳，後吹八鸞，天丁玉女，億乘萬騎，上赴九清，拜受天詔。易服訖，五真曰：予乃九天五老天君，准上帝命，與子啟途。至午時，浮空上昇，至金闕朝叅玉陛。上帝告曰：卿往鎮北方，統攝元武之位，以斷天下邪魔。帝奉玉旨，謝恩而退，乃居天一真慶宫，在紫微北上太素秀樂禁上天、太虚無上常融二天之間。宫殿巍峩，皆自然妙炁所結，琳琅玉樹，靈風自鳴，皆合宫商之韻，紅光紫雲，常覆其上，此玉虚無色界也。上帝又命曰：卿可當披髮跣足，躡踏龜蛇，建皂纛元旗，躬披鎧甲，位鎮坎宫，天稱元帥，世號福神，每月下降，持扶社稷，普福生靈，億刼不怠，輝光日新。帝欽奉詔，復位坎宫，自斯千變萬化，爲主教宗師，分身降世，濟物度人，無邊無量，洞天福地，無不靈應，佐天罡大聖真君，調理四時，運推陰陽，造化萬物，每知劫數，必先以開濟之誠，上奏金闕，丐減分數，所謂大慈大悲普救無上法王也。是時，帝與上元天官、中元地官、下元水官、天蓬元帥、天猷元帥、翊聖真君，以上元日並受帝號。羣真朝禮四聖，爲都班之首。自帝拜玉虚師相元天上帝之號，崇封聖父曰淨樂天君明真大帝，聖母曰善勝天后瓊真上仙，下蔭天關曰太元火精含陰將軍赤靈尊神，地軸曰太元水精育陽將軍黑靈尊神，並居天一真慶宫云。

按：真武即元武。《明史·禮樂志》云："因避宋真宗諱，改元爲真武，今因之。"攷宋紀，真宗初名元朗，卽位改名恒，於諱無所犯，其易聖號之故，無所據。所傳帝之出身，亦如釋迦佛之爲王子，觀音大士之爲公主，仙佛之所祖，類如此。然神靈變化，亦難拘以一見。《禮記·祭義》曰："厲山氏之子，柱周之祖棄，祀以爲稷。共工之子后土，祀以爲社。"《左氏傳》曰："實沈，參星也。台駘，商星也。"又如傅説入於箕尾，曼倩還於歲星。書傳所紀，未可誣也。先王以神道設教，豈一端已哉。至於插梅、磨杵、試劍及烏鴉、黑虎等類，凡山之奉真武者，所在皆有。王元美以爲道士附會，不必辨也。

宫殿　庵祠附　修建附

古祭禮：山用燔，水用沈，土用瘞，設壇以將事，未有神而屋之者。宫殿其興於中古以後，而太和又踵五岳廟而增之者也。秦漢無所考，唐則漸有居山隱逸，宋益多其人，然不傳神祠。元始有五龍及銅殿等處，碑僅有存者。至明永樂，八宫臻盛，嘉靖復修廣之，帝之神赫赫矣，山之靈亦巍巍矣哉！本朝鼎建，不改其舊，間有燬廢，仍録舊制，用壯名山之色。其庵祠近者，隨各宫所領，遠則附之於末。紀宫殿。

淨樂宫

在均州城内。相傳帝之先曾爲淨樂國王，淨樂治麇，而均卽麇地，故因以名宫焉。宫之中爲帝殿，後爲聖父母殿，左右爲廊廡，東爲紫雲亭，西爲香錢庫，前為三門。三門外，左右翙二亭，以覆御製碑。右折而西，爲方丈，爲齋堂，爲浴堂，爲神厨，爲神庫，爲道房。左折而東，爲真官祠，爲預備倉。二門外爲進貢廠，右爲道房。爲楹大小總五百二十。永樂十六年落成，賜“淨樂宫”額，道士廩食者五十人。今不敷數。提點三員，階正六品。今廢，改置道官一員。宫成於永樂十六年，至康熙二十八年正月災，於三十年復募修造，三十六年粗還舊制，四十二年奉到御賜香銀加修告竣。各官修御書樓於朝聖門，於乾隆元年八月復燬，樓亦燬，御書供奉紫雲亭内。本宫領觀一。

真武觀　去本宫三百六十里，在襄陽府城西南二里九宫山。一名龜山，卽峴山之麓。謁太和者先奏表於此。舊有何弗爾①。永樂十年，管運武當山琉璃諸物至襄，小舟萬計泊祠下，時風濤方作，頃之，祥光數

① “舊有何弗爾”：有誤。據方升纂修《大嶽誌畧》卷三爲“舊有祠弗稱”。

見，水天一色，咸謂元帝顯應，遂崇建焉。

又紫雲亭在本宫東。

又真官祠在本宫内東。

預備倉在本宫内之東。嘉靖十九年，少監李學奏進香餘剩錢糴穀貯此，備賑本山。今廢。

又香錢庫在本宫内之西。凡貢楮翰於山者，悉翼以入。累朝所賜鐘磬諸器，皆藏焉。今廢。

又進貢廠在本宫二門外。歲時取土物進貢，則董其役於此。今廢。

又滄浪亭在州東門外。

又觀音閣在滄浪亭側。

又玉皇閣在龍山頂。

又禹王廟在玉皇閣後。今廢。

又卧雲亭在玉皇閣左下。

又三義廟在龍山下。今廢。

又三官廟在備用廠左。康熙四年，知州佟國玉重建。

又吕祖祠在州南二里迎恩樓左，公用廠北。

又龍王廟在滄浪亭北濟渡處。太監王佐修。

又公用廠在城南門外。嘉靖六年，太監李瓚建修，以貯修山木植諸物。今廢。

又備用廠在公用廠東半里許。太監王佐因前廠積貯不盡，復建此。今廢。

又神惠倉在州治西南。嘉靖十五年，桑議方升啟建，貯穀以備賑濟。今廢。

又蓮花池在城南二里許。年久淤廢。

又關帝廟在備用廠東。

又崇真觀在順天府正陽門外東首。正統十四年創建，賜額“崇真觀”。本山年例進貢仙物，及朝覲提點，俱寓於此。碑志在本觀内。

又文昌祠在太和宫二天門外摘星橋上。因三公峯山水洶猛，恒衝此橋，提督太監柳朝建祠以鎮之。

又玉峰庵在滄浪亭後山頂。今廢。止遺石坊，刋“振衣千仞”四字。

又分道厰在黑虎廟巡檢司右，採造進貢設此。今廢。

又成鮮厰在遇真宫左。採造進貢及燒置琉璃甎瓦建此。今廢。

又梅鮮厰在玉虛宫前一里許。舊係大監①籽粒。今廢。

迎　恩　宫

在石板灘。州城南三十五里，係關王廟故址，鄖襄官路也。灘合山前諸澗之水，聚爲川，雨久則積潦四出，行者病涉。永樂間創修本山，始建石橋。成化二年大水，他橋崩齧者多，而玆橋獨完，或謂真武實相之。提督太監韋貴奏請治宫於橋南岸，以昭神功。中爲殿，以祀元帝。殿之左爲堂，以祀真官。殿之右爲廟，以祀關帝。外爲方丈，爲書房，爲倉庫，爲庖湢之所，爲道衆之房，爲楹大小總二百八十。成化十七年落成，名迎恩觀。十九年，改觀爲宫。道士廩食者九人。今不敷數。提點一員，階正六品。今廢，置道官一員。自宫而南，有迎恩橋、尋真橋、絞口橋、冲和橋、冲和西橋、冲和東橋、春和橋。以上諸橋所在，已見山水類。

遇　真　宫

州城南五十餘里，在仙關外，去玉虛宫八里許。左曰望仙臺，右曰黑虎洞。山水環遶若城，舊名黃士城。洪武間，張三丰結庵於此，名曰會仙館。宫東廊下，厥象存焉。永樂十五年，創建真仙殿、山門廊廡、東西方丈、齋堂、厨室、道房、倉庫、浴堂，爲楹大小總二百九十有六，是年落成，賜額“遇真”。道士廩食者三十人。今不敷數。提點二員，階正六品。今廢，置道官一員。宫東二里許，有治世元嶽石坊。領觀二。

---

① 大監：根據楊素藴修、王民皡等纂《大嶽太和武當山志》卷六爲“太監”。

元和觀　去本宫南二里，仙關之内。昔元帝有元和遷校府之名，故名。此處登山有岐路，一行山脊，由好漢坡入，達廻龍觀。一行山腹，自靈官殿左入，達元天玉虚宫。

修真觀　去本宫東二里。太監王佐重修。

鴉鵠嶺　在修真觀東，上有泰山廟。

自本宫至玉虚，有集仙橋、元和西橋、元和中橋、元和東橋、會仙橋。以上諸橋，已見山水類。

玉　虚　宫

州城南六十里，在展旗峰北。因帝爲玉虚師相而名也。張三丰嘗庵於此，語人曰：此地他日必大興。既而去焉。文皇遍物色之，不可得，遂大其宫，以爲祝釐之所。中爲大殿，大殿之陰曰啟聖殿，左曰元君殿，又左曰小觀殿。西塢西山下曰仙衣亭，亭後磚室一，曰張仙洞，室外銅碑一。左爲聖水池。宫之前爲左右碑亭，厨之後爲神泉井亭。西塢北山下曰望仙樓，樓外靈洞一。石渠北曰齋堂，石澗西曰浴堂，宫門左曰鉢堂，宫門右曰雲堂。西塢北曰圜堂，鉢堂後亦曰圜堂。澗之東曰東道院，山之西曰西道院。山門外真官祠二，前左南向爲祀真武壇，前左北向爲泰山廟。宫外復有東天門、西天門、北天門、八仙臺、仙桃觀、華陽亭、蓮花池，暨方丈、書房、廩所、厨室、倉庫，爲楹大小總二千二百。永樂十一年落成，賜“元天玉虚”額。嘉靖三十一年，遣官重葺本山，復建二亭於二門外，以貯御製碑。道士廩食者一百二十人。今不敷數。提點四員，階正六品。今廢，置道官一員。領廟一，觀二。

關帝廟　去本宫西十五里，崇寧祠故址。前有一泓泉，西有飲馬池。

迴龍觀 去本宮西南五里。

八仙觀 去本宮南二十六里。

其附近山水，有太上崖、玉虚巖、蒿谷澗、梅谿澗、老君洞、靈洞一名水簾洞、一泓泉、益人泉、東靈石泉、西靈石泉、神泉井、一泓泉亭、益人泉亭、神泉亭、遇真橋、仙都橋、遊仙橋、仙源橋、西天門橋、西山橋、北山橋、東山橋、登仙橋、東萊橋。以上巖、澗、橋、亭所在，已見山水類。

自神泉亭，過遇真橋，登山有岐路，一行山脊，自玉虚宫右入，會於迴龍觀；一行山腹，自玉虚宫前入，達興聖五龍宫。

本宫於乾隆十年三月燬。

五 龍 宫

州城西南九十里，卽五龍靈應故址。前列金鎖峯，左遶磨鍼澗，其宫東向逆折，其門北向，宫門内爲道九曲十八折。殿二，曰元帝，曰啟聖，二殿階合九重，前五重爲級八十一，後四重爲級七十二，望之如在天上。殿前天地池二水，從石龍口出。左龍井三，右龍井二，碑亭二，日月池二。殿之左爲玉像殿，殿内藏玉像五，沉香像一。殿右山坡大林下，有石碑六，一爲崇封真武誥碑，一爲揭傒斯所撰宫碑，一爲揭傒斯所撰瑞應碑，二爲戒臣下碑，一仆於地，湮没不可辨，皆元時所遺也。宫門左從曲道北折，陟左山爲神梅臺，下而折左，出大門外爲真官堂，爲雲堂。自雲堂併山西行，下小谷，澗水出焉，卽磨鍼澗也，澗上有老姥祠。宫門右從碑亭下南折，陟石山爲啟聖臺，折而南下，則陳希夷誦經處，直下爲凌虚崖，復從故道折而西上，爲自然庵，内藏文皇帝賜李素希青袍一，衲襖裹各一，吕公縧一。庵前石作小池，池上爲橋，其頂爲靈應崖，其外前爲長生岩。爲楹大小總八百五十。永樂十一年落成，賜“興聖五龍”額。道士廩食者五十人，今不敷數。提點二員，階正六品，今廢，置道官一員。領宫一，觀一，祠一，庵一。

五龍行宫　去本宫北三十里，茅阜峰下。殿後有茅阜石。

仁威觀　去本宫東北二十里，香鑪峯之西。

老姥祠　去本宫北百餘步，磨鍼澗傍。

自然庵　去本宫西五十步。東有煉丹池。

其附近爲紫蓋峰、松蘿峰、桃源峯、五龍峰、伏龍峰、靈應峯、隱仙峰、陽鶴峯、眉稜峰、復朝峰、金鎖峯、青羊峰、七里峰、繫馬峯、會仙峯、紫炁峯、茅阜峰、雷崖、卧龍崖、隱仙岩、靈應巖、凌虚崖、尹喜巖、沈仙巖、硃砂崖、藏雲崖、隱士崖、雲母崖、仙龜崖、楊仙崖、黑虎巖、華陽崖、五龍岩、磨鍼澗、大青羊澗此澗路達南崖宫、小青羊澗、萬虎澗、牛漕澗、桃源澗、黑虎澗、陽鶴澗、金鎖澗、飛雲澗、瀑布澗、會仙澗、雷澗、五龍澗、白龍洞、桃源洞、白龍潭、五龍池、天池、地池、日池、月池、五龍井、磨鍼石、仙棋石、啟聖臺、天馬臺、望仙臺、誦經臺、朝聖臺、虎溪、風穴、青羊橋、磨鍼澗橋、聚仙橋、隱仙橋、普福橋、蒿口橋、豐和橋。以上峰、崖、澗、洞等所在，已見山水類。

紫　霄　宫

在展旗峰下，離州城百里。舊紫霄元聖宫，今名香火殿之西宫。前向三公峰、五老峰。宫前之左曰日池，右曰七星池。宫後之左曰月池，右曰真一泉。東方丈之北曰上善池，今更曰泉。從殿後右轉，陟山之椒根，石壁爲龕者爲太子崖，左爲蓬萊第一峯，崖下爲小圜亭。下出道院，左復北上爲煉丹崖。出道院，右復西上爲七星崖。又上爲三清崖，絶頂不可到。其下爲榔梅園。東下，又轉而南上爲福地殿，殿兩階下丹井二，北爲萬松亭，東爲賜劍臺，相距不數武。左右山斷而復，圓起如小兒擎拳狀者，爲大小寶珠峰。諸崖水合而東流於右脇者，爲金水渠，渠廣八九尺，北折過宫前，抵小寶珠，不得出。鑿其項以行，爲後渠。既出，復東趨大寶珠峯，溢於其址，爲禹跡池。池大一畆，池上有亭，北有橋。舊傳神禹導山至此，故名。爲楹大小總八百六十。永樂十一年落成，賜“太元紫霄”額。道士廩食者五十人，今不敷數。提點三員，階正六品。今廢，置道官一員。領殿一，觀三。

福地殿 去本宫南八十步。天下七十二福地，此其一也。上近三公山，下瞰禹跡池，前擁寶珠峯，後倚歘火崖。

威烈觀 去本宫北二百步。中祀威烈王，王卽唐刺史姚簡也。

龍泉觀 去本宫十里，天津橋之上，玉虛崖之北。

復真觀 去本宫北一十五里，一名太子坡。殿階下有聖母滴淚池。

其附近爲紫霄峯、香爐峯、九渡峯、展旗峰、蓬萊第一峰、大寶珠峯、小寶珠峯、太師峯、太傅峰、太保峯、始老峰、真老峯、皇老峯、玄老峯、元老峯、太子崖、玉清崖、太清崖、黑虎岩、白龍崖、紫霄澗、黑虎澗、白雲澗、九渡澗、黑龍潭、真一泉、禹跡池、上善池、賜劍池、萬松亭、太子亭、禹跡亭、淵默亭、臨清亭、通會橋、天津橋、黑虎橋、復真橋、紫極潭。以上峯、澗、崖、洞等所在，已見山水類。

過九渡澗，登山有岐路，一行山脊，由十八盤入達紫霄。一行山足，由澗中入達瓊臺，同會於太和宫。

南　巖　宫

州城西南百里餘，即天一真慶宫故址。南朝天柱，北瞰五龍。由榔梅祠右循崖百餘步，度北崖，升自南天門，循山左行數十步，又折右百步，復折而左，入小天門，又轉崖斗折而過大崖下，爲大殿。楹外山復起小阜，爲圓光殿，下則黑虎崖也。從大殿後左折而東二十步，陟崖上，又轉西行，過元君殿，爲南薰亭。亭外有石枰，縱横十八道，相傳爲洞賓棋枰。復從元君殿折而下，向東行過甎室一，曰獨陽崖；石室一，曰紫霄崖。崖前刻龍頭，横出欄外四五尺。其傍崛起灌莽中者，爲禮斗臺。岩上片石刻靈官像，高約五寸許，亂置小竅中，不能悉其數，曰五百云。又東爲風月雙清亭，亭外石枰一。復從故道抵大殿後，西望飛昇臺若垂天之翼，臺下爲試心石，又下爲謝天地崖。殿並山爲楮室一；神厨一；碑亭二；泉二，曰甘泉、甘露；池二，曰太乙、天一。殿之前偏右爲方丈，從方丈左折行堂後，其上分爲二道，左爲五師殿，右穿道院中，爲圜堂、浴堂、滄水庫池，池上有小間道，可通鉢堂。陟翠微，折行山之後，爲欻火崖。又轉而前，平行山上，北折則爲崇福崖。爲楹大小總六百四十。永樂十一年落成，賜“大聖南巖”額。道士廪食者五十人，今不敷數。提點三員，階正六品，今廢，置道官一員。領觀一，廟一，祠一。

太元觀　去本宫東北二十里。右老君崖山門庵也，内設太上像。

烏鴉廟　去本宫東北二里，南天門之下。傳云：帝修道時，有烏鴉報曉於此。

榔梅祠　去本宫南一里，帝折梅寄榔處。

其附近爲雷神洞、疊字峰、金鼎峯、健人峰、滴水崖、紫霄崖、僊侶崖、獨陽崖、道者崖、崇福崖、北崖、欻火崖、謝天地崖、白龍潭、百花泉、甘泉、甘露泉、天一池、太乙池、滄水庫池、甘露井、試心石、更衣臺、飛昇臺、禮斗臺、梯雲橋、步雲橋、天一橋。以上峰、澗、崖、泉等所在，已見山水類。

太和宫

在天柱峯紫金城南天門外。宫之正殿，曰朝聖殿。殿之對峙距數武，爲小蓮峯，元時古銅殿移置其上。殿傍爲鐘鼓樓，又下爲元君殿，爲聖父母殿，爲誦經堂，爲真官堂，爲神厨，爲龍池，爲龍廟。又下西折，爲方丈，爲廊廡、齋堂、道房。復自故道折而北上，爲朝聖門。度門，復東折而下數十百級，遶出天柱峯後為三天門。又下數十百級，為二天門，爲摘星橋。復折而西下數十級，爲一天門。爲楹總五百一十有奇。永樂十四年落成，賜“大嶽太和”額。道士廪食者三十人。提點三員，階正六品，今廢。領宫二，廟一。

清微宫 去本宫七里，卽妙華崖也。張守清、張三丰亦修煉於此。永樂十一年建爲宫，西别爲妙華崖。

朝天宫 去本宫東六里，一天門下。

黑虎廟 去本宫三十里，九渡澗之上。傳云：帝修道之時，有黑虎巡山，廟設黑虎神像。

自三天門上入紫金城，爲金殿。在天柱峯極頂，又名金頂。元置銅殿於上，明永樂以規制弗稱，移於小蓮峰，更爲創建。基琢文石，冶銅成殿，沃以黄金。負西面卯，高丈五尺，横丈二尺，直九尺，式如暖閣。外體精光一片，毫無鑄鑿之痕，内則刻劃瓦鳞及榱桷、簷牙、楝柱、門楄、窓櫺、壁隅、門限，諸形畢具，皆刳銅爲之。上設帝像，聖容豐潤如生，傍侍天兵像四，莊嚴焕發。自殿屋法像至供御器物，悉是銅質金飾，焜煌一色。藏有御賜物數件，龜蛇最奇。蛇員瑩，龜稜隅，蛇遶龜腹背，色黝如漆，而龜潔如脂，因其玉質巧絶人工，非上方不有也。外植銅柱數十根，如欄杆周護之。左右益以飛棧，爲更衣二小室。殿外爲臺，臺外爲楹，楹外爲城，開四天門以象天闕，東西北三門逼臨絶巘，惟南天門通路由之。羣峯捧托，帝闕高居，一朶紅雲，萬道寶光，洵爲白玉乾坤、黃金世界，迥出五嶽珠宫紺殿之上者也。

其附近爲顯定峰、皇岩峯、獅子峯、靁石峯、貪狼峯、巨門峰、禄存峯、文曲峯、逍遥峰、廉貞峯、武曲峰、破軍峯、中笏峯、千丈峯、金童峯、玉女峯、萬丈峯、大蓮峯、小蓮峯、大筆峯、小筆峯、落帽峰、白雲峯、仙人峯、隱士峯、大名峯、中鼻峯、聚雲峯、手扒峯、竹篠峯、槎牙峯、竈門峰、九卿峯、伏魔峯、玉筍峯、柱笏峯、大彝峯、把鉞峯、丹竈峰、天馬峯、雞鳴峯、雞籠峯、風崖、青崖、皇后崖、白雲崖、三公崖、天馬崖、常春岩、集雲崖、北斗崖、昇真崖、碧峯崖、悟真崖、妙華崖、羅公崖、九卿崖、武當澗、蠟燭澗、西澗、金雞澗、鬼谷澗、雙溪澗、碧天洞、黃龍洞、太元洞、參斗泉、天池、龍井、試劍石、金星石、銀星石、鳳凰石、瓊臺、摘星臺、白雲橋、斜橋、星牖。以上峯、澗、崖、洞等所在，已見山水類。

庵　祠　附

庵　凡三十二

秦府庵　在州河北响河，明秦藩建。

玉峯庵　一名朝陽觀，在滄浪亭山頂。今廢。

樂都庵　在古樂都村後，即今上横山灣。

準提庵　在土橋路傍。

孟津庵 在石板灘，禹州徽府建。今廢。

周府庵 今改悟真庵，州南四十五里，明河南周藩建。

申府庵 在周府庵右，明内閣申建。

晋府庵 在申府庵右，明山右晋藩建。

沐府庵 在周府庵左，駙馬沐昕建。崇禎五年重修，崇禎九年燬。

萬壽庵 在周府庵北。今廢。

會真庵 在元嶽門外。

襄府庵 在元嶽門内。

紫陽庵 明時楚藩建。

自在庵 在修真觀左。

冲虚庵 前有金花樹，傍有舜井。

瑞府庵 在修真觀右。今廢。

崇府庵 在元和觀，嘉靖時建。今廢。

路府庵 在廻龍觀。今廢。

明真庵　在行宫西三里，道人白元福重修。

金沙坪　一名遇仙坪，萬曆時建。

吸露庵　明河南唐府建。

福府庵　在柳坪堰，天啟時建，崇禎間燬。

自然庵　在五龍宫。

接待庵　在五龍宫青牛澗下，勑建。今廢。

延壽庵　在太上崖左。

瓊臺上觀　今廢。

瓊臺中觀

瓊臺下觀

月庵

白雪庵

雲窟庵

檜林庵　孫碧雲葬處。

祠 凡十二

呂祖祠 在州治南二里。

淨樂宫真官祠

玉虚宫真官祠

三丰祠 在玉虚宫大殿左。

黑虎祠 一名黑虎廟，在十八盤之上。

老姥祠 在五龍宫磨鍼澗上。

榔梅祠 在南崖宫，卽插梅寄榔处。

南崖宫真官祠

文昌祠 在二天門下，會仙橋上。

文公祠 在柱笏峰下，上瓊臺之上。

五百靈官祠

宣慰祠

修　建　附

武當經明末闖、獻及國初劉二虎、王光興等賊，荒廢路絶。康熙二十一年，總鎮蔡公元與撫軍王公捐修山路，起朝天宫至朝聖門十四五里。又修七星樹一帶險徑，砌石設欄，登者賴之。康熙六十年，觀察趙公弘恩以房民載糧上頂，舊由仙人峰青龍背後，懸險多顛覆，又不可鑿傷山脈，捐開别道，較舊路近十里，坦平安行。

悟真庵卽明之周府庵，舊規於諸庵中尤爲閎麗，經兵燹，歲久傾圮，道人李來宗募化修復，適鎮安將軍噶公統禁旅撫輯均房，捐金倡建，越三年而工成。

太子坡復真庵當鄖襄要衝，登頂孔道，舊爲接待所，殘廢久矣，康熙元年，治撫王公倡修，以道人白元福主之，焚修苦行者也。十三年，復壞於兵，元福與徒張靜明誓死守之。至二十三年，總鎮蔡公始倡捐成之。

康熙四十二年，王公度昭守下荆南道，蒞祀太和，捐建金殿旁陪房二座。既陞撫浙江，聞旁屋被燬，又捐八百兩照舊重建，並添朱欄捲棚二天門、三天門各一座，周建石墻。又修太和古路自河南内鄉縣起至金頂。恭逢聖祖仁皇帝萬壽節勅頒御翰，褒寵山靈，公偕兩浙自漕院以下捐修御書樓及供器、碑亭等，稱太和一時盛舉。原有碑，殘缺於淨樂之火。

淨樂宫後舊有聖父母殿，年久傾頽。雍正八年，前督憲邁公爲捐俸重修，粧塑聖像及侍神像。

按：原志引道書云：淨樂在奎婁之下，乃海外之國，祖師越海東遊，至於此山。又引《總真集》云：淨樂治麇，均卽麇地，以州之樂都鄉爲淨樂國，因指古坵爲聖父母塚，勒石曰淨樂國王之墓，後知州江闓又詳請革除之。古事荒遠，仙跡渺茫，難以臆斷，姑存其説而已。大抵宫名淨樂，或取淨樂出身之始名之。至於别宫，又踵而增設者耳。淨樂舊規極濶，今尚殘廢。迎恩、遇真，猶然平地樓臺。玉虚麗矣，大而未奇，今亦遇燬。紫霄如羣仙大會，五龍如海門幽深，太和路近天門，然限於巖基，不能展拓。論其據勢高而收攬遠者，惟南巖爲勝。若夫黄金爲屋，碧落飛棲，古傳其名而未之見者，不得不驚爲海内之所絶無者也。至於宫殿既盛，庵祠輻輳，亦勢之所必至。當其山運隆興，豈不家有神仙？不然者，神仙散矣。毋庸另贅，附存其名可耳。前代修建，已見碑記。今有重葺者，畧爲續見焉。

祀　典

禮曰：天子祭天下名山大川。傳曰：能禦大災則祀之，能捍大患則祀之。又曰：九州之名山川澤，以阜財物也。非是，不在祀典。大嶽爲天下名山大川，而帝之神伏魔助順、禦災捍患，皆於祭義有合。漢唐以往，無可考據。自宋元迄明，事多載見遺碑。本朝循行舊禮，功崇德重，爲天子之所登封昭假，著之爲典也宜矣。紀祀典。

大嶽太和山，歲供元帝真武之祀。《下荆南道志》云：祠祀志載真武廟，真武本元武七宿，避宋真宗元朗諱，改真武，至今不能易。曹以寧言：有此宿，則有此神，理或然也。今時最崇重者，大嶽太和山真武及岱嶽碧霞元君。當永樂時，建真武廟於太和，設大璫及藩司守之，董其祀。《明史·方士傳》：嘉靖三十二年，建元嶽湖廣太和既成，遣英國公張演往行安神禮。

又真武號百字：混元六天、傳法教主、修真悟道、濟度羣迷、普爲衆生、消除災障、八十二化、三教祖師、大慈大悲、救苦救難、三元都總管、九天遊奕使、左天罡北極右元大將軍、鎮天助順、真武靈應、福德衍慶、仁慈貞烈、顯佑真君、治世福神、玉虚師相、元天上帝、金闕化身、蕩魔天尊。

歷代封號

皇　清

加封北極鎮天真武祖師、萬法教主、元天元聖仁威上帝、金闕化身、蕩魔天尊。

宋

真宗天禧二年七月七日，勅封：恭惟真武之靈，茂著陰方之位，妙功不測，冲用潛通。尹京邑之上腴，有龜蛇之見象，允昇地寶，毖湧神泉，自然清冷，飲之甘美，資中國之利澤，奏民疾以蠲除。佑慶濟時，虔思報德，就其勝壤，建以珍祀。既修奉於威容，合登隆於稱讚，爰稽懿實，永耀鴻禎。真武將軍宜加號曰：鎮天真武靈應祐聖真君，又加：太上紫皇天乙真君玉虚師相元天上帝。

仁宗嘉祐四年正月上元日，勅封水火二將：同德佐理至應大道顯明武濟陰威翼聖左正侍雲騎護國保寧輔肅元初太乙天大左將軍，同德佐理至惠誠重威慈普濟陽辨武聖右正侍雲騎護國保静輔肅守元太乙天大右將軍。

寧宗嘉泰二年十月，勅封北極祐聖助順真武靈應真君：天之貴神，國之明祀，赫然祥異，著於見聞。在天禧時，瑞表醴泉之觀。若熙寧日，事傳大順之城。祖宗相繼，禮文有加。肆朕尤嚴於祭報，而神每鑑於禱祈。福詒冲眇，將垂萬世之子孫。德及高深，普洽四方之黎庶。誕揚盛美，庸侈徽稱，可特加封：北極祐聖助順真武靈應福德真君。

理宗寶祐五年二月，加封北極祐聖助順真武靈應福德衍慶真君：道周六合，威攝萬靈。鍾元黄一氣之真，握坎離二精之妙。以兹蕩邪而辟氛，莫非救民而護國。惟我朝之累聖，殫至敬之一心。在真廟仁廟，則顯靈應而彰感通。在孝皇寧皇，則奉祐聖而崇福德。迨予冲眇，固當增衍慶之封。嘉神聰明，亦既述均陽之讚。無願不成，錫庶民之福祉。何幽弗察，清四海之妖氛。凡同普率之間，均在包函之内。惟仁則所濟之博，惟正則丕烈之洪。強贊上真，難名至德。尚宏道蔭，永庇人寰。可特封：北極佑聖助順真武福德衍慶仁濟正烈真君。

元

成帝大德八年三月，勑封：武當福地，久屬職方。靈應元天，宜崇封典。睠言真武，昔護先朝。定都人馬之宫，嘗見龜蛇之瑞。雖昭應已修於明祀，而仙源未表於徽稱。爰命太常，議行褒禮。謂元者善之長，聖德合於一元。聖則化而神，元功同於三聖。拯濟民生而仁周宇宙，廓清世運而威暢風霆。訂鴻名而既加，宣寵光而何忝。於戲！天道主宰謂之帝，帝室眷命受於天。思皇多祉，佑我無疆。特加號曰：元天元聖仁威上帝。

仁宗延祐元年九月，勑封：聖父淨樂天君明真大帝加封啟元隆慶天君明真大帝，聖母善勝天后瓊真上仙加封慈寧毓德天后瓊真上仙。

大定二年①十二月，勑封：火神爲靈耀將軍，水神爲靈濟將軍。

明

洪武釐定神號武當真武之神。永樂後，稱北極鎮天真武元天上帝。

歷代祭祀

皇　清

康熙十二年二月十九日，差侍衛吳當、色虎立齎御賜香幣並銀五千兩，祭告北極元天上帝，恭祀太皇太后壽算千秋，祚國保民，懇祈上帝

① 大定二年：任自垣纂修《勑建大嶽太和山誌》卷一作“泰定二年”。

靈鑒，伏惟尚饗。並繪武當山圖進覽。

康熙四十二年，恭逢萬壽聖節，差侍衛納、兵部員外郎德、太監南前詣太和山金頂進香，賫到欽賜香儀銀一千兩。又差翰林院宋賫到御書武當匾額五通，一“金光妙相”，懸金頂殿上；一“默贊皇猷”，懸淨樂宫；一“仙籙崇虚”，懸周府報國庵；一“曲成萬物”，懸南巖宫；一“清虚至德”，懸玉虚宫。原頒宸翰，於淨樂宫朝聖門建御書樓藏之。奉到香儀銀，修各宫觀供器，具載碑記。

明

永樂二十一年，修建各宫。祭曰：兹者命官統率軍夫修建殿宇，報答神貺，上資薦揚皇考皇妣，下爲天下生靈祈福，謹用祭告，神其相之。

洪熙元年，遣禮部侍郎胡濙致祭曰：維神道高元妙，功運化權，廣濟生靈，陰翊皇度。兹子嗣位之始，虔修告祀，伏惟歆格，永祚邦家。

宣德元年，遣太常寺丞袁止安致祭曰：惟神參贊元化，顯相邦家，我皇祖崇建祠宫，昭答靈貺。兹予嗣位之初，謹用祭告，惟神昭格，茂錫靈庥。

正統元年，遣平江伯陳佐致祭曰：惟神丕顯靈威，佑我邦家，祛災凝祥，永世斯賴。兹子嗣承大統，紀元之初，敬用祭告，用祈洪庥。

景泰元年，遣翰林院侍講徐程①致祭。

天順元年，遣定西侯蔣琬致祭。

憲宗卽位，遣吏科左給事中沈瑶致祭。

孝宗卽位，遣陽武侯薛倫致祭。

武宗卽位，遣崇信伯费柱致祭。

世宗卽位，遣工部右侍郎陳雍致祭。

穆宗卽位，遣尚寶寺少卿徐琨致祭。

神宗卽位，遣工科給事中吳文佳致祭。

---

① 徐程：凌雲翼修、盧重華等纂《大岳太和山誌》卷二作“徐理”。

光宗卽位，遣武安侯鄭惟孝致祭。

武宗告祈雨文：今歲以來，雨暘愆候，田苗枯槁，黎庶憂惶，予心兢惕，虔致禱祈。惟神矜民，旋斡太和，式調和氣，以濟民艱，庶民有豐稔之休，神亦享無窮之報。

武宗告弭盜文：近歲以來，羣盜爲梗，生靈被害，在在有之，命將徂征，稍臻平定。餘災未殄，尚累天和，水旱相仍，妖祥疊見。永思厥咎，良切痛心。爰訪羣臣，飭躬修政，同期昭格，庸迓神庥。

嘉靖三十一年，重修宫殿，遣工部右侍郎陸杰致祭曰：兹者奉修元聖宫宇，興工之始，卽感神彰顯應，圓光屢現，敬仰真庥，謹用遣官祭謝，伏祈聖真昭格，永垂庇佑，錫慶邦家。

有明建太和山宫殿，飭提鎮藩臬主其祀，又差大璫駐山監之。官役羽衆，廩食不貲。於時祭特祭外，額定各宫供奉燭千餘對、油數千觔、香數百觔外，庵觀二十六處俱定有香油蠟燭之數，糜費不可指計。今惟存原設均州佃地二萬七千五百畝，光化縣佃地二千八百畝，於每年徵收租稞，供八宫祭祀並羽士口糧，俱有一定條規。事隸守道，耑派均州吏目經徵。復於乾隆六年通詳立案，以免隱弊，附識之。

按：《明史·禮樂志》載弘治元年禮科張九功、禮部周弘謨等議，北極佑聖真君者乃元武七宿，後人以爲真君，作龜蛇於其下。宋真宗避諱，改爲真武。靖康初，加號佑聖助順靈應真君。《圖志》云真武爲淨樂王太子，修煉武當山，功成飛昇，奉上帝命鎮北方，被髮跣足，建皂纛元旗，此道家附會之説。《國朝御製碑》謂太祖平定天下，陰佑爲多，嘗建廟南京崇祀。及太宗靖難，以神有顯相功，又於京城艮隅並武當山重建廟宇，兩京歲時朔望各遣官致祭，而武當又專官督祀事。憲宗嘗範金爲像。今請止遵洪武間例，每年三月三日、九月九日用素羞，遣太常官致祭，餘皆停免。攷真宗拜受天書，至徽宗自號神霄玉府宣和羽士虛靖道君皇帝，其時元老休沐，提舉各宫。朱子亦嘗提舉雲臺觀，謂之祠俸。宋之崇道教固矣。《唐書·藝文志》載葉静能《太上北帝靈文三卷》。《三府秩官表》載姚簡爲均州刺史，所傳禱雨五龍，太宗秩祀，未爲無據。《荆州圖記》晋咸和中，謝允辭羅令，隱武當，遇戴先生。《郡國志》載孟郎漢武帝所遣上將軍戴甑生，入武當採藥者也。《南史》劉悦在梁州，迎武當道士孫懷道合仙藥。《五代史》郭無爲嘗衣褐爲道士，服居武當山。葢自漢迄晋唐五代，兹山已屬仙居。奉祀真武，略見於唐，不自宋始。而獨盛於元明以及本朝者，何也？山不封則不名，神不封則不靈。葢自都建上京，居北御南，與帝合體，隆名徽號，運使之然耳。龜蛇，水之本相。黑衣皂纛，水之本色。其帝太皥，其神元冥。冬至所迎，禮詳月令。天一所生，數始河圖。於五方之帝爲正祀，於五嶽之神爲首領。生殺之所自出，雖歷劫不能易也。是以位居於北，令主肅殺，固有取於蕩魔。德合在水，氣含生育，亦更利於祈嗣。覽九域名山奉真武者十之七八，淨樂太子之家祠而户祝之也，豈偶然哉？

卷之四　僊真、物産、拾遺[①]

僊　真

僊之有無，不得而知也。人可爲仙，而至今猶在，不得而知也。考亭氏曰：修煉家收攝神氣，比世人則長存，久亦必散。傳曰：深山大澤，實産龍蛇，言靈秀所鍾也。以太和之高特奥衍，又被真武之聖跡神踪，居其地，必有飄飄遺世羽化以登者，竟謂其無仙焉，抑又不可。列史皆作仙釋方外傳。舊志所載，多有其人，録之以警人之入山頂禮，出卽戈矛其心、鬼域其行者，且因以各自警焉。紀仙真。

僊

周

尹喜　《輿地紀勝》：關令尹，周康王之大夫。姓尹，名喜，號文始先生。當周之末，大道將隱，預占紫氣西邁，有道者過之，出爲函谷令。未幾，太上度關，喜執弟子禮迎拜。授之《道》《德》二經，約後會蜀之青羊肆。托疾不仕，隱居谷内，後入蜀。歸棲於武當三天門石壁之下。

---

① 僊真、物産、拾遺：原文標題無“僊真、物産、拾遺”，編者根據《大嶽太和山紀畧》目録補。

石門石室，喜之所居，古有銅牀玉案，今無之。以其所居，名曰尹喜崖。澗曰牛漕澗、青羊澗，皆太上訪喜之地。

尹軌　《神仙傳》：軌，字公度，太原人，文始先生之弟子也。博極羣書，晚乃學道。常起居林麓，間服黄精，年百餘歲，言天下安危盛衰，未嘗不驗。入太和山後，領杜陽宫太和真人，今爲紫虛陽光道德籙真師。

漢

戴孟　《郡國志》：姓戴，名甑生，漢將軍。武帝遣入此山採藥，棄官學道，號孟盛子。受法於清靈裴真人，得玉佩金璫之書，石精金光之符。周遊名山，日七百里。白日上昇，落帽於武當山峰之上，今呼曰落帽峰。

馬明生　《列仙傳》：臨淄人也。本姓和，字君賢。少爲賊所傷，在路遇神人與藥，救之再生。乃師安期先生，周遊天下，勤苦備經，遂授太清金液丹經，入武當山石室中修煉。藥成，先服半劑，爲地仙，展轉九州五百餘年，乃白日昇天。

陰長生　《雍州記》：長生，漢光武陰后之族，鄧州人，馬明生之弟子也。得師太陽神丹之訣，同隱武當。丹成，馭氣飛行，周遊六合。後至中州仙都，白日上昇。

燕濟　舊志，姓葉。《道學傳》：名濟，字仲微，漢明帝時人。少好道術，棄官不仕。後居武當，寢息無度，或因積石，倚大木，雖歷四時，衣服不變。居常散髮，亦或練巾。飛步雲煙，人莫之近。

晉

謝允　《真誥·稽神樞》云：允，字道通，歷陽人。少英毅，歷仕羅邑宰。晋太康中，辭官入道，西上武當，見戴先生坐於石上，授以煉神冲虚之道，俄失所在。於是結茅石室，不數年，得冲寂之妙，飛行絶壁。後仙去，故武當亦名謝羅山。

徐子平 《類書》：安帝時，爲華陰令。棄官學道，隱於武當山砂郎澗①鈞臺之下，洞明鍼灸。隆安二年，飛昇而去。後人祀之石鼓庵，號曰徐真君。至唐一行禪師與御史李虚中、錢塘東齋徐大升叅訪子平真數，不得其傳，夜夢斯文藏於武當山砂朗澗鈞臺之下，遂往尋之，果得斯文三篇：定真論、喜忌篇、繼善篇，行於世。

劉　宋

劉虬 《隱逸傳》：劉虬，字靈預。天資潁悟，博究墳典。宋泰始中，爲晉王記室，解官辟穀，入武當山仙去。所居石室，曰劉爽巖。今隱士崖是也。

唐

吕純陽 父姓李，母姓吕。本唐宗胄，舉進士，狀元及第，因武后殲唐子孫，乃從母姓。先隱太華山中，道明三元，苦心救世，玉帝選爲天仙狀元，勅命爲傳教祖師。嘗遊武當，居紫炁峰。

孫思邈 華原人。七歲，日誦千言。及長，好談老莊。隱太白山學道，求度世之術，洞曉天文，精究醫藥，務行陰德。偶見牧童傷小蛇血出，脱衣贖而救之。旬餘，見白衣少年邀至家。至一城郭，儼若王者居。一人絳衣出迎，命一青衣小兒拜謝，始省救蛇事。左右曰：此涇陽水府也。以輕綃金珠相贈，辭不受。取龍宫三千奇方與，曰：此可以助道者濟世救人。思邈歸，編入《千金方》中。遍遊名山，歷武當。至唐太宗

① 砂郎澗，本傳又作“砂朗澗”。

召，始詣京師。永徽三年，已百餘歲。一日沐浴，衣冠端坐，俄而氣絶。月餘，顔色不變。及入棺，惟空衣焉。

楊仙　號華陽先生。又沈仙，又陶幼安，俱得道於武當山。一住楊仙岩，一住沈仙崖，一住仙侣巖百花泉。

宋

陳摶　字圖南，亳州真源人，賜號希夷。初遊太山巔長松下，與安期、黄石輩論出世法，合不死藥，曰：安能出入輪廻間哉！乃盡棄家業，携一石鐺而去。遇鹿皮處士，謂武當山石崖可隱，遂往栖焉。服氣辟穀，凡二十餘年。感五炁龍君，授以睡法。五代之末，移居華山。傳云：五龍飛空送之。周世宗賜號白雲先生。一日，乘驢遊華州，聞宋太祖登極，大笑曰：天下自此定矣。後遊峩眉山，鑿石室。還卒於蓮花峰下，年一百一十有八歲。

吉志通　邵陽人[①]。幼頴悟，博學。居武當十年，不火食，但餌黄精蒼术，精神澄徹，行步若飛。一日，召弟子，戒以珍重道教。言訖而逝，元中統甲子也。

王當陽　桐汭人。元初，遇異人，授幻化之術。後遊武當而歸，於郡南平頂山建昇平道院，修煉其中，撰述精語。年九十餘，忽端坐而化。

張士遜　字退傅，均州人。[②] 初居光化，少孤貧，讀書於武當山，有道士見而異之，曰：子有道氣，可隨我學仙。公不欲。宋太宗雍熙中，

---

① 邵陽人：楊素藴修、王民皡等纂《大嶽太和武當山志》卷九作“部阳人”。

② 字退傅，均州人：劉道明集《武當福地總真集》卷下作“《宛退傳》：名士遜，均州人也。”

登科甲，位宰相，後竟隱武當仙去。

房長鬚　《武當傳》：房長鬚，不知名。隱居武當，日以栽杉爲事。一日，遇元帝化形道相，詢以栽杉之因。慰之曰：神則清矣，惜乎無鬚。以手頷之。經宿，覺有物如絲，縈於胸臆。視之，鬚已長尺餘矣。一日，雲中隱隱見跨鶴之形，回視故居，惟杖履在。今五龍宫後古杉，其手植也。

田蓑衣　《武當傳》：不知名。隱武當隱仙巖石室，冬夏止一蓑衣，時人因以蓑衣稱之。隆冬則真氣如蒸，盛夏則溫凉如玉。人有疾叩之者，摘衣草，吹氣與之，服之卽愈。煉大丹。端平間，失所在，今丹室爐竈存焉。

謝天地　《武當傳》：不知姓名。絶粒不食，居南巖更衣臺下石室。中壁萬仞，人莫能往來，獨飛行自若。人有問，但應之曰謝天地，無他語，人以是名之，亦以是名其岩，後仙去。

孫寂然　記曰：名元政，號寂然子。嗣業茅山清真觀，得上清五雷正法。紹興辛酉，登武當。時罹金難，殿宇一空，爲興復五龍諸宅，以符水爲民除疾，衆歸之。數年之間，宅殿悉備。高宗詔赴闕廷，符水稱旨，勑度道士十人。後還山，無疾而逝，藏其蜕於桃源之東。

鄧真官　名道安，孫寂然之弟子也。自幼隨師開復武當，盡得其師上清五雷正法，駕風鞭霆，其應如答。繼住五龍，興建正殿，頑石壁立，鑱鑿甚苦。一夕，雷雨爲破其石。度弟子數人，以觀付之。嘉泰中，預告徒衆，奄卧而逝，大風拔木，人謂乘風而往，劍瘞宫北。

曹觀妙　名侍德，峴山人也。幼入武當，嗣五龍之派。天性穎悟，自作一家書體。道法陰陽，靡不博究。領住山之職，後移領三茅崇禧。及歸，晚節清高，衆期輕舉。一夕，夢山神語曰：三茅真君來日降此。迎至會仙峯，久無一人至者。日將暮，真君化爲田父，荷蓑而至，抵觀，拜於堂下。尋欲勞之，不得，但見異香襲人，覆滿庭户，悔無及矣。後戒徒衆曰：吾因受三茅真君禮，不免金解。端平三年十月末旬，果罹兵難，白膏凝膚，略無腥血，刅者致拜，釋劍而去。後蜕塚於桃源。

唐風仙　名守澄，隨州人也。幼入武當，姿貌古怪，鶴體松形。葫蘆數十，常挂杖上，往來於均房間。郡守程進令開闢武當香火。道人之吉凶，無不驗。人被叱者，卽蒙福慶。人以風仙稱之。開慶己未，不知所在。

元

汪貞常　名思真，號寂然子。家世徽人，入武當山。至元乙亥，領徒衆六人，開復五龍。荆榛塞途，黑虎爲之引導。興建殿宇，四方師禮之，任本宫提點。吉凶預知，後無疾而蜕，人多夢其步紫雲而北去。

魯洞雲　名大宥，號洞雲子。隨州應山人也。家世宦族，幼入武當學道，遍歷南北。至元乙亥，偕汪貞常開復武當。住紫霄崖，年八十餘。以道著遠近，點墨片紙可療疾。解化之日，面若童顏。

葉雲萊　名希真，號雲萊子。得清微道法，避兵入武當山。至元乙酉，應詔赴闕，止風息霆，禱雨却疾，悉皆稱旨。至元丙戌，領都提點，任武當護持。後還山，翛然而退①。

劉道明　號洞陽，荆門人。與葉雲萊同師雷囦黄真人，授以清微上

① 翛然而退：劉道明集《武當福地總真集》卷下作“翛然而逝”。

道。居五龍，搜索羣籍，詢諸耆舊，纂《總真集》《紀勝録》①。

張道貴　名雲巖，號雷翁。長沙人。至元間，入武當，禮汪貞常爲師。同雲萊、洞陽謁雷囦黄真人，得先天之道。歸五龍宫，潛行利濟。門下嗣法者二百餘人，得其奥者，惟洞囦焉。终於自然庵。

張守清　名洞囦，號月峽叟。宜都人。幼習儒業，長吏爲吏。年三十一，聞武當魯洞雲名，投禮出家，修煉金丹。得雲萊、洞陽、雲巖三師之道，創建南崖天一真慶宫。奉詔祈禱雨雪，立有顯應，人皆神之。宣授體元妙應太和真人，管領教門公事。後退隱於清微妙華巖，精修上道，棄形蜕去。

黄明佑　字太霞。潭州人。早歲抗志煙霞，歷諸名嶽。禮武當太和張真人，嗣清微法派。凡有祈禱，無不感應。

單道安　本州人。從南岩張真人學道，精究道法，殷勤弗怠。真人昇舉後，潛於疊字峯，屏絶人事。洪武初，遊西華、終南諸山，仍居重陽萬壽宫。一日，以所受元秘與門人而去。弟子李素希攜冠履，瘞於五華仙塋。

曹古松　義興人。生於元季。幼入句曲山，禮三茅君，出家元符萬寧宫。後入武當，煮石茹芝，韜光匿影。還句曲，復入杭開元。一日，對王眉叟真人作頌辭謝，端坐而逝。數日後，有蔣姓者見古松如生，拜辭而去。

鄧青陽　生於元季。來武當，從高士學黄老、莊列、周易、龍虎大

---

①《紀勝録》作者爲元代雲麓樵翁羅霆震，非劉道明。

丹諸書，精思熟鍊，深得其奥。遊武林，有“忘情消白日，高卧看青山”之句。所著《觀物吟》，又曰《警世文》。洪武初，吳中人多有識之者，後不知所終。

明

張三丰　號元元子，又號張邋遢。遼東懿州人，張仲安第五子也。寓居鳳翔寶雞縣之金臺觀修煉，忽留頌而逝。士人楊軌山殮之，臨窆復生，以一小鼓留其家，後亦亡去。入蜀轉楚，登武當山。洪武二十四年，詔求之，不得。永樂中，遣禮科都給事中胡濙遍詣天下名山訪之，不遇。又舊志載：張全一，號三丰。風姿魁偉，鬚髯如戟，頂中作一髻。一笠一衲，自無寒暑。又號爲張邋遢。或處窮山，或遊鬧市，嬉嬉自如。及至論三教經書，絡繹不絶。凡吐詞發語，專以道德忠孝爲本。事皆先見。或三五日一餐，或兩三月一食，穿山走石，行住無常。洪武初，遍歷名山，搜奇攬勝。至武當結庵，庵前古木五株，栖其下，猛獸不距，鷙鳥不搏，人益異之。嘗與耆舊語云：吾山異日與今大有不同。命邱元清住五龍，盧秋雲住南岩，劉古泉、楊善澄住紫霄。又結庵展旗峰北，曰遇真宫。黄土城内，曰會仙館。語弟子周真德曰：爾可善守香火，成立自有時來，非在子也①。洪武二十三年，拂袖長往，不知所之。永樂十年，遣使致香書，屢訪不獲。正統元年，勑封：通微顯化真人。

李素希　字幽巖，號明始。洛陽人。元末，棄家遊武當。洪武初，住持五龍宫，後退隱於自然庵。永樂三年，榔梅結實，遣道士易本中上貢，賜以表裏鈔錠。四年，榔梅仍實，復遣上進，賜賚如前。是年，詣朝謝恩，賜坐便殿，諮以理國治身之道，惟以道德奏對。上悦，禮待甚厚，賜還本山。永樂十年，勑遣大臣創建宫觀三十餘處，訪古跡舊規，皆一一陳之。永樂十九年六月初五日，囑門徒各宜精修學道，今教門大

① 非在予也：任自垣纂修《勑建大嶽太和山誌》卷六作“非在子也”。

興，吾去無憾矣。語畢，端坐瞑目。壽九十三。翼日焚化，骨齒皆青，人傳其爲仙，冠劍藏於黑虎澗上。

王越　字世昌，安陸人。登進士。爲人英爽磊落，有經略才，以邊功封威寧伯。後仙去，踪跡多在太和山。屠大山中丞曾訪之不遇，其子本畯作中丞年譜云：某月日，訪故威寧伯王越於山中，即日遁去。耆舊相傳，今尚有見之山中者。

麸子李　在太和得道，屠大山中丞奉詔修太和，曾訪之山中。

雷鬆頭者　名太雲。不知何許人。少爲書生，好道術。入沙門，又棄而學仙。成化間，居太和山，敝衣蓬首，行若飄雲。人或於山下見之，忽失所在，舉頭望之，遥在高巖雲霧中。荆王求見之，請曰：願乞片言。太雲曰：予丐人也，何足以語仙。王曰：汝年幾何？曰：半歲。王曰：汝何許人？曰：幽州生，建康長，廣東編户，遼東應役。王懣然不悦，大相訾詆，欲執之，忽不見。

李孤雲　河南人。洪武初，來武當五龍宫，與鄉人李幽巖結方外友。壽九十有二，冠劍藏於桃源洞。

劉古泉　河南人。入寳珠巖下，常蒲團獨坐。一旦，告其友楊善澄曰：吾解帶正在此時。語畢而逝。

楊善澄　太行山西人。夙有道契，志在太和紫霄之下，後如其意。與劉古泉爲友，人並敬之。

邱元清　西安富平人。幼從黄得真出家。洪武初，遊武當，爲五龍住持。有司以賢才薦，授監察御史，不受①。轉太常卿，每遇大祀，上宿齋宫，諮以雨暘，奏對有驗。公餘，黄庭、道德不輟於口。閒則凝神坐忘。一夕，謂門徒曰：明日，乃吾歸辰。至期，端坐而逝，壽六十七。朝廷遣禮部侍郎張智諭祭，還葬五龍宫黑虎澗之上。

彭祖年　西蜀人。少業儒，詞翰俱美。天文地理，陰陽度數，卜筮醫術，無不研究。從汪真人入大都。洪武初，來武當，栖遯養高，如如自樂，壽八十二②。

盧秋雲　光化人。從終南山大重陽萬壽宫高士遊，悟全真之理，隱南巖紫霄之巔。永樂八年，無疾而化。

黎一泉　本州人。幼出家於紫霄宫。元末，遊江右諸名山，訪道尋師，杖履瓢笠，放浪形骸之外。再謁毛公壇、張公洞，得林屋洞天王無僞授以太極上道清微底妙，仍歸紫霄崖。年八十一，翛然蜕去。

李德囦　號古岩，金臺人。自幼入陝西重陽萬壽宫出家，壯遊武當，於紫霄宫禮曾仁智，授以清微雷法，徙居元和觀。洪武二十三年，湘王謁武當，嘉其修煉，賜住荆州府長春觀。一日，謂人曰：吾將返矣。作頌曰：八十餘年光陰，不染不着毫分。大笑呵呵歸去，一輪明月當天。王聞之嗟悼，遣官葬於元和觀之東。

周自然　金臺人。自幼入全真教，長遊四方，以藥濟人。洪武初，住武當五龍行宫。年將耄耋，貌若童穉。一日，以所藏道書醫術付弟子，

---

①　有司以賢才荐，授監察御史，不受：任自垣纂修《敕建大嶽太和山誌》卷七作"有司以賢才薦於朝，除授監察御史。上賜室，力辭弗受。"

②　壽八十二：任自垣纂修《敕建大嶽太和山誌》卷七作"壽八十三"。

曰：吾當委順去矣。翼日，沐浴更衣而逝，葬於桃源澗。

燕善名 號景山，洛陽人。從邱元清入武當，勤事香火，道俗無不敬慕。永樂十八年，無疾而化。

蒲善淵 關西人。從元清學莊列之道。洪武十五年，授均州道正。永樂間，奉使四方，諮訪賢達。後於章貢元妙觀無疾而化，葬於黑虎澗之上。

孫碧雲 關西人。幼入西嶽華山。洪武二十七年，徵至京，賜衲衣齋供，館於朝天宮。明年，賜還華山。永樂十年，復召至京，賜詩一章，號虚元子，勅授道録司右正一，又勅授南巖宮住持。十五年，忽謂門人曰：教門已興，吾將往矣。翼日，沐浴更衣，遥空禮謝而逝，葬於檜林庵，有《碧雲集》行世。

簡中陽 字欽和①，武昌人。得異人授以中黄上道、清微秘法。洪武辛未，來武當，居紫霄之巔，辟穀坐忘。永樂丙戌，召見，問元帝昇真事蹟，一一奏陳，賜以祠部護身符牒還山。後隱於福地峯，杜門守靜。告門徒曰：吾將謝世矣。語畢，端坐而去，印劍藏於紫霄之西壟。

任自垣 幼潁悟，讀書曉大義，出家三茅山元符萬寧宮，遂知名。永樂十一年，選授太和山玉虚宮提點。宣德三年，陞太常寺寺丞，提調本山。所著有《太和山志》行於世。宣德五年，以壽終，還葬句容②。

---

① 字欽和：任自垣纂修《勅建大嶽太和山誌》卷七作“字致和”。

② 宣德五年，以壽終，還葬句容：據任自垣纂修《勅建大嶽太和山誌》卷首載録任自垣《進大嶽太和山志表》，落款爲宣德六年三月，則任自垣壽終於宣德五年的説法不確。

雷普明　本州人。遊龍虎山，得祈雨法。太監陳喜奉勅送元帝像於玉虚，舟至均之亂石灘，淺閣不行。普明書符，投之潭，是夜大雨水漲。御馬監馬大疫，檄普明治之，遂息。歷淨樂宫提點，先授太常寺寺丞，後陞少卿。

虎皮張　名地俱不傳。今棚梅祠南最上巔有樓櫨一區，相傳卽其修道處。後於此得道化去。

范丫髻　不知何處人。冬夏一衲，食一飯，無鹽酪，所栖止一石竇。貌瘦神腴，雙眸炯炯，語多儒者言。後不知所終。

羅洪先　字達夫，號念菴。江西吉水人。進士及第，官翰林贊善，以諫罷歸，初寓南嶽，後登太和，棲息於老君洞之對崖，人莫悉其動止，今名之爲羅狀元巖云。

李長庚　號硡白①。青州人。生而好道，於書無所不讀。入武當，至均州滄浪亭，遇道者，龎眉丹顴，年可六七十許，號四維長者。道俗年半百者爲言：長者居山多年，予等爲兒時所見，貌已如此。人或測之爲羅念庵云。

李真運　山東人。奉三清教。坐卧靡常，盥櫛俱廢，赤脚行雪中。募修神路三百餘里，後又修玉虚宫，名貴咸禮焉。明末，無疾坐化，冠劍藏於黄沙河志真橋北，有塔建於其上。

皇　清

二虎王　西秦人。官於明，位至副戎。年五十，棄家出遊，學道武

① 號硡白：楊素藴修、王民皥等纂《大嶽太和武當山志》卷九作“號皖白”。

當山，名不傳，有苦行，感二虎爲伴，因以名。每於夜靜，持香信步，所之遍走山澗，香盡則還。有強寇執索騾馬，王引至一處，但見二虎怒哮，作欲噬狀，寇惶怖求免方脱。順治八年，正果朝元，建墖勒石。

竺野鶴　年百四十餘歲，明嘉靖間人。遍遊天下名山，康熙初，修道武當明真庵。嘗語客曰：無身，何處修道。得道，又要棄身。正欲棄此身，不能耳。

白元福　號柱峯。西秦金明延川人。以明經擢職官，未幾，掛冠去，入太和七真洞。後爲諸當事強起，修復武當宫庵橋梁。嗣修明真庵，爲聚徒講肄之所。壽七十。一日，書偈云：性返靈明炁返空，太虛似我不相同。只因會得些兒意，撒手撑開混沌中。偈畢，端坐而逝。

楊常炫　山西人。庚辰進士。明末棄官，登華山頂，復還嵩嶽，三遷於武當之北巖。與住山白元福相友善，餌精服术於洞者六年。預知山中刼數將至，出遊江漢間，爲憲副余公誦經救刼，刊劉洞陽《總真集》行世。

蔣超　字虎臣，金壇人。登順治丁亥科榜眼，歷官國史院侍讀，提督直隸學院。甘蔬食，好仙佛，棄職，遍遊恒、岱、嵩、華。康熙六年，遊武當，著《勿作四種罪業説》。後去峩眉。將坐化，索筆書偈去。

殷雲陽　西安人。住淨樂宫，開齋堂，接待往來，歷五十年不懈。有祈求者，爲之拜斗誦經。襄鎮焦應林祈嗣，即舉生。觀察司及州牧延請禱雨，無不立應。年八十三。於乾隆辛酉，先示徒以歸期，鼻垂青絲尺許，趺坐而逝。

禪　附

不二和尚　名圓信。北京房山縣人。薙髮白雲山，禮大僧德敬爲師。明嘉靖庚申，入武當，住虎耳巖數十年。賢士大夫之轍以日至，尚方之賜、掖庭之供以月至，虎耳崖之名遍天下。先於正德間，曾入大内施食，有武皇所賜千佛衣尚在，距和尚示寂期已近百年，合計不啻百二十歲。事見王元美、汪伯玉、袁中郎、姚履素諸記中。

按：《僊真》所載，如陳希夷隱華山精於易，孫真人隱太白神於醫，皆道學師儒也。希夷以太極圖授穆伯長，歷李挺之、邵康節，以及周濂溪。孫真人與盧照隣論養性之要，膽欲大而心欲小，智欲圓而行欲方。此等學問，豈修煉家數哉？《心印經》曰：上藥三品，神與炁精。若儒者止論理氣，理足則氣聚，精與神皆統之。劉元城之殁，風雷滿室；朱紫陽之終，玉筯雙垂。非不能仙，不肯仙耳。此際消息甚微，主理則精神歸元於腔子裏，考終而爲儒；主氣則精神脱去於軀殼外，羽解而爲仙。若夫交媾坎離，抽添鉛汞，攫金烏，搦玉兔，懷嬰兒，抱姹女，養元胎，開天門，又仙之别派也。余甚惜希夷輩之不慎所終，使人得以仙名。又惜後之好異者摩娑蜕骨（華山希夷峡有蜕骨匣，視之，紅潤如生），僅與爐火道士同類而編次之，良可慨也。因搜太和仙録附論之，以志訪道名山在此不在彼也。

物　産

猶是物耳，何紀乎太和？非紀物也。採崑山之石，片片是玉；折鄧林之枝，寸寸皆香，有所以物物者矣。太和，象應北斗；元武，神位北方。天一之數，生物之始，其膏壤之所封植，玉液之所滋培，風穴、雷巖、雲窟、星牖、月池、龍洞、醴泉、瓊露之所嘘翕而灌溉之者，爲物華，爲天寶，雖同是物名，而其形異、色異、味異、性異、氣異，仙源列品，非人間種類之所可擬，故曰：非紀物也，紀其所以産之而物物者也。紀物産。

太嶽太和山，自麓至頂七十餘里，週圍數百里，土地奥衍，物産繁富。方升云：道士廪食者四百人，人給之田，徙民往耕，凡五百五十户，歲得穀三千七百餘石。王在晋云：五龍行宫東，平田四豁，桑柘村落，宛然農舍。馮時可云：過華陽橋，除道楚楚，田廬桑麻，不類深山。姚履素云：滴水巖沿途多巨木，樫松栢檜，交蔭疊翠，皮葉俱脱者曰榔，又五龍石池金鯉數百頭。徐學謨云：榔梅祠西，經杉木林，結陰可坐。又云天柱頂間生朱草靈藥。王元美云：歘火巖樹作龍爪，虎耳巖頂有池，蓮葉田田。譚友夏云：金沙坪橡輒隨其折處，道人煮橡麪接衆。馬一龍賦云：濯土之毛，姑舉一二。堯韭禹糧，秦檜漢栢；房李枝柑，襄橙鄧橘；菌荑葼芷，薑椴蒟菁；桫檹芳菲，蒲柳含英；年遐松艾，品列甘黄；飛走昆介，爲物且饒；類别種差，不可殫紀。撮其衆著者縷列焉。

穀之屬　一曰黏穀，有香穀、早稻穀、鴈落黄、火裏早、百日粘、白米粘、赤米粘、清乾粘、麻粘、白芒等類。一曰糯穀，有魚子糯、紅糯、鷹嘴糯、柳條糯等類。一曰粟穀，有薄地降、柳根赤、竹葉青、搭過梁、毛葫蘆、紅酒、黑酒、大青、小青、攢子糯、白沙、靠山黄、龍爪糯等類。

豆之屬　有天鵞蛋、八月砟、黑豆、菉豆、紅小豆、白小豆、紅豇豆、白豇豆、豌豆、蠶豆、鑾豆、花小豆、茶褐小豆等類。

麥之屬　有大麥、御麥、燕麥、白芒、蠶條、金絲黄、甜蕎、苦蕎，又有芝蔴、黍子、高粱等類。

蔬之屬　一曰園蔬，有白菜、菘菜、波棱、萵苣、莧菜、茄、蘿蔔等類。一曰山蔬，有笋、蕨、山藥、菌、羊肚、藜蒿等類。一曰野蔬，有黄花菜、百合、碎米菜、馬齒莧、竹葉菜等類。

瓜之屬　有王瓜、冬瓜、西瓜、南瓜、絲瓜、甜瓜、瓠子，又有葱、韮、蒜、花椒、茴香等類。

藥之屬　一曰草部，有蒼术、桔梗、前胡、柴胡、天麻、升麻、半夏、厚朴、天南星、麥門冬、地骨皮、天花粉、藜蘆、管仲、金沸草、龍膽草、五加皮、何首烏、覆盆草、紫花地丁、白何首烏、山當歸、白蘚皮、石菖蒲、金銀花、大戟、芫花、葶藶、遠志、白芷、菊花、香附、烏頭、黄蘗、細辛、稀薟、車前、商陸、茵陳、山地黄、牛旁子、硃砂根、隔山清①、九仙子、獨脚蓮、紫草麻、四兩銀、水牽牛、黑牽牛、益母草、靈芝草、淫羊藿、地榆、血藤、白芨、黄精、山藥、防己、元參、牛膝、木賊、瓜蔞、芍藥、瞿麥、扁畜、連翹、薄荷、鳳眼草。二曰木部，有枸杞、黄柏皮、山桂皮、桑白皮、五倍子、青木香、辛夷、杜仲、桑寄生、桃寄生、常山、楓香。三曰石部，有金星石、銀星石、自然銅，又有石燈心，色蒼而直，如腐石，浸油燃之，光明不燼，亦曰千年燈。

果之屬　一曰園果，有杏、桃、梅、李、櫻桃、棗、胡桃、柿、大栗、梨、石榴、梧桐子等類。一曰山果，有銀杏、茅果、山查、榛子、橡子歲饑，採之煮舂爲麪，代飡。一曰水果，有藕、芡實、蓮子、小菱等類。

木之屬　有栢、松、椿、楸、槐、楝、榆、柳、桑、柏、桐、杉、梓、楓、冬青。又挂劍松，相傳帝初入山，遇太上賜劍，挂於其上，因名，至今枝葉蒨翠。榔梅，相傳帝插梅寄榔處，扶疎不似常梅，偶結實

① 隔山清：任自垣纂修《勑建大嶽太和山誌》卷十作“隔山消”。

如杏，甚甘香。騫林樹，萌芽苗秀如茶，能愈疾。萬年松，高四五寸，色蒼翠，生澗石上，收藏巾笥，乾久不朽，少以淨水沃之，即活。千年艾，艾葉、菊花、蓬根、木幹，至秋，葉生青珠如丹顆，爲炙炷①最良。

竹之屬　有茅竹、青竹、水竹、紫竹、斑竹、叢竹、楠竹。又雲竹，紫瑩黑文。

花之屬　一曰園花，有牡丹、芍藥、紅梅、臘梅、紫薇、紫荆、桂、木樨、梔子、海棠、山丹、水仙、木香、葵、薔薇、迎春、素馨、玫瑰、鳳仙、雞冠、龍爪、蕙、菊。一曰山花，有蘭、七里香、或云卽芸香，辟蠹魚。野菊。水有荷花、蘋花、蓼花、蘆花。又有天花，色紅而艷，有懸絲尺餘，秋末遍山谷。

草之屬　一曰陸草，有芝、蒿、茅、可誅以覆室。茗、芭蕉、吉祥草可厭災催産，故名、救窮草、艾。一曰水草，有蒲蘆、荻、藻、芹，葛乳色赤，味苦而甘。又有松蘿，生高峰古木上，長者丈餘，凡蛇虎湯火傷及頑瘡類，嚼汁吞服，吐渣敷之，立愈。相傳帝服松蘿衣，卽此。

毛之屬　有虎、黑虎，卽本山神虎。豹、鹿、獐、山羊、羚羊、猿、猴、野豕、麂、狼、熊、狐、獾、兔、松鼠等類。

羽之屬　有靈鳥、卽本山神鳥，噪求人飼，飛而接食。傳云：有紅啄者，見之吉。仙鶴、鳳凰、見鳳鳴石。白鷴、錦雞、山雞、杜宇、寒號、竹雞、畫雞、畫眉、鸛、鵲。又有我師鳥，褐衣，金距，紅足，碧爪，每清秋於孤峯深林中，鳴呼我師，徹夜不止。半部樂，形如黄雀，數十爲羣，如鼓瑟音。

---

①　炙炷：熊賓修、赵夔等纂《續修大岳太和山志》卷四作“灸炷”。

鱗之屬　有龍、凡潭池所居之龍，皆隸五龍頂，爲五炁龍君所御。蛇、五色金魚、五龍宫日月池内，種類大且多。鰱、鯉、鯿、鱔等類，與漢水産同。

介之屬　有龜、仙龜崖，有神龜藏巖中。傳云：時見岩上。蛤、蚌、蟹、螺等類，與漢水産同。

按：紀物産者，《禹貢》方物也，《山海經》怪物也，《爾雅》碎物也，《離騷》幽物也，三都二京江海等作雜物也。若天臺岱華諸賦，多舉仙物，如餌精服朮，啖桂餐松，爲其可以辟穀，而與道家爲近，此則太和例也。然傳稱名山大澤能出雲雨，以爲民阜財物，豈但産異品、養羽士、作求仙計哉！宋元崇祀武當，獨重大五龍靈應真慶宫①，蓋以真武坎水之精也，五龍水藏之神也，龍與龜蛇，一炁爲用，故其山有龍池、雷洞、風穴、雲巖，所以佈施雨澤，順成年穀，而宜於物産者也。記云：泰山之石，出雲尺膚，不崇朝而雨，天下古王者之禮嶽尊神，意在斯乎！太和體大質厚，負地涵天，苞孕聖靈，絪緼造化，一花實一毛羽，固不類人間凡種矣。獨是草名不死，不能使人人之皆壽；藥號長生，不能使人人之無饑，非帝所以覆庇下民之至意也。兹於帝居百里内，標其物之異者，以示山氣之靈奇，舉其物之常者，以同民間之樂利，俾司牧者虔奉龍宫，以敷揚帝澤，使之雨暘時若，百穀豐盈，生齒繁滋，即紀一物産而爲民祈福之義，莫大乎是矣。

① 大五龍靈應真慶宫：應爲“大五龍靈應萬壽宫”。

拾　　遺

蒙莊曰：齊諧者，志怪者也。惜乎猶有怪之説者存也，以圖視河之馬，以書視洛之龜，不怪矣。大嶽，嶽乎其嶽者也。元武，元乎其元者也。當其興時，嶽靈神功，交相感動，又發以累朝聖帝明王之鴻願大力，又積以普天公卿士庶人之虔禱誠求，精氣所結聚，必尤有奇形幻影、光怪詭秘而神之靈之者，非第如稗海所載洞冥幽怪，酉陽、西京、搜神、拾遺諸記之荒誕所可比，志怪，以志不怪也。紀拾遺。

禹王廟　在龍山頂，《水經注》所稱龍巢山也。下有險灘，曰鐵鑪，相傳神禹導水至此。今江心巨石下，有大鐵圈存焉，冬涸，捕魚者嘗見之。

玉印　貯金殿内，方三寸許，高四寸許，碧色光潤，篆“諸天大法王寶”六字，邊旁鐫“郭天祥造進”，不載何代人，亦無年月。

雲露巖①　上有石，相傳石欲墜，真武以足抵之，今石上巨跡猶存。

縮劍坡　一名縮石坡，在均穀交界，昔帝插劍石腹中，摇之可動，取之不能出。

古銅殿　元時所建，明永樂撤置於小蓮峰，今呼爲轉展殿。

遊鐘　上鑄“永樂十三年龍集乙未二月吉日造”，懸太和拜殿右，常自摇動不定，人喧視之，則大動。

---

① 雲露巖：應爲“雲霧巖”。

石魚　在玉虚宫，擊之鏗然有聲，相傳開山時掘地得之，有鱗鬐似魚。

王靈官　《明史·禮樂志》載：隆恩真君，乃玉樞火府天將王靈官也。永樂中，以道士周思得能傳靈官法，建天將廟及祖師殿。宣德中，封真君。按：宋封太一天大左將軍，元封靈曜將軍，卽火府王靈官也。宋封太一天大右將軍，元封靈濟將軍，卽黑虎趙元帥也。二靈官最顯應，朝山者往往夜聞鞭聲，云靈官巡山。

黑虎廟　相傳真武修真時黑虎巡山，乃北方天一之所化，護國鎮山之神，稱曰元帥。又有烏鴉廟，亦云烏鴉報曉，祀以爲神。

威烈王廟　唐姚簡，字易夫，隋人也。太宗時，爲武當節度。貞觀中，大旱蝗，姚被命武當虔禱。有五儒士，風貌殊異，從容語簡曰：予等五龍君也，帝命守護此山，爲子正直，祈禱精嚴，故來謁，宜速歸。頃之，雲氣地湧，失所在，雨布天下，具聞於朝。後解印挈家，隱居武當證道，帝命爲本州守土鎮山之神。宋初，却蝗救旱，靈顯昭著，進封忠智威烈，宣勅建祠紫霄宫之東，卽威烈觀也。

玉像殿　在五龍宫，有玉像五尊，相傳開山時掘地得之，樸拙似古製。

《道藏》載：隰州陸諒，嗜酒好殺生。妻朱氏力勸不改，自將粧奩潛畫真武一軸，請道士轉經供奉，並受持戒律。後諒卒，朱氏堅心崇奉，忽堂上露一片花甎，夜有光，拭去土苔，乃黄金也。朱氏驚訝，不敢收藏，報知州秘監蔣庭堅，願歸官司庫。鎚鑿之，忽現無限小赤蛇，並碧龜圍繞砧墩。又一蛇稍大，蟠在金片上，良久不見。猶有一蛇如線，隱隱在金面內。州司詳請，合給朱氏，不受。封金片啟奏，因看詳隰州，朱氏好善，真武應化，特賜黃金，不准支用，打造真武一堂聖像，遣使齎送武當山，其朱氏特給度牒一道，下隰州支錢絹各二百貫匹爲酬。朱氏年九十，一日，沐浴易新衣，口誦真武尊號，無疾而終。

永樂十年，命隆平侯張信、駙馬都尉沐昕統率軍夫二十餘萬，勅建武當山宮觀。聖諭詳黃榜，揭於玉虛宮前通衢。其上，常有榮光燭天，祥雲旋繞，仙鶴飛鳴翔集，觀者無不嘆異。

永樂勅建武當山宮觀告成，遣官齎御製祭文，昭告真武之神。齋宿玉虛宮，及將事時，天地開明，日星朗耀，仰見黑雲自西北起，大如車輪，來覆山巔，相去一丈許，將升將墜，若往若來，倏忽之間，變化莫測，隱隱有雷電及旌幢之狀，久而不動。祀畢，忽不見。又憲宗製金像，遣官送紫霄宮設醮，瑞光現於展旗、南巖，如月望而圓，紫蓋峯如錦垂而直，色皆五彩。次日，復現於玉虛、紫霄，如五色虹，元雲如旌旗，繞太和東天門上下，有五色祥光翔擁，久之方散。

武當天柱峰，向有騫林一株，芽茁如陽羨茶，仙卉也。永樂十年，大建寶殿，忽玉虛、南巖、紫霄及五龍等處，延生數百株，香遍山谷，紅光滿林，其葉尤能愈疾，監修者摘之進上。

武當有榔梅，相傳真武修道時折梅插榔，誓以花開果結之遺跡也。永樂十年，勅建宮觀。十一年，榔梅發花，色香艷異，果成如串珠璣。或曰：是果也，下有仙翁司之。監修者亦採之進上。

永樂十年十一月初十日，工部侍郎郭進同吏部郎中諸葛平等，督運修造武當木植過武昌，見大木一根，立於黃鶴樓前江水中，上露尺許，若石柱，巨浪衝激，屹然不動。探視之，水深五丈五尺，木止四丈，下則虚懸。纜繫於船，不勞力而隨至巖下，遂護運至山，爲玉虚宫正殿之梁。

永樂十一年五月十六日，湘潭縣民劉忠等，舟行至光化縣洋波灘①，忽風雷交作，泊岸下。須臾風止，見一大鐘，湧行水上。衆禱曰：願載送武當宫觀。即風恬波靜，兩晝夜至均州，送入玉虚宫供奉。

康熙十九年三月初八日晡時，金殿角東南金鳳微作聲，旋即四鳳齊鳴，其聲若笙瑟、若蛩蟚。逾時，殿角騎獸諸神皆有光覆其上，殿前爐瓶諸器物亦然，殿内金像並列像、劍、旗、蛇、龜光獨大，殿脊獸吻散出火星，如火樹銀花狀。逾時，有大風從西至，山嶽動摇，飛棧勢若欹傾，翔光炯炯。羽衆羅拜，不敢迫視，退伏棧室中。又逾時，條風徐來，天朗氣清，星河四燦，孤月懸空。越二日，西征烽煙告靖，禁旅凱旋，始知爲太平兆也。時均學訓導盧維兹目其事而記之。

茅阜峰有守山土地靈官祠，威福駭異。人有不潔登山者，或被蛇虎逐出，或攝於樹下，如束縛狀，目瞪口沫，禱之後解。

金殿頂每年立秋前後，必有飛蟻繞朝，後伏地，多至石餘，少亦數斗，掃之送深巖間，以多少占來年香客，多驗。殿四角金鳳時有聲。

均掾孟洪範記：康熙丁未詣山，見金殿門限爲朝謁者踵履所摩，齧蝕而凹，旁高五寸，中僅餘寸許，如月缺樣。至庚戌視之，若漸隆起。壬戌後，已平滿如新補者然。均相禮生員陳言亦志其事。

鳳陽推官龍起潛記云：萬曆間，遣内宦致祭設齋，道衆雲集。一瘋

① 洋波灘：凌雲翼修、盧重華等纂《大岳太和山誌》卷四作“洋皮灘”。

道士求索無已，向宦呼曰：能舍富貴，從我遊乎！衆擯斥之，遂口吐前食，變金花二枝，一插鬢，一插冲虚庵前松樹腰，乃唱曰：冲虚庵，火中蓮，龍脈興騰仙客言。終不肯爲凡俗地，他年必有上仙傳。又曰：如有口口先生見於今日，誰能信之！化清風而去，至今古松翠色，獨一枝黄如金花燦然。

按：元世祖、明成祖俱起北方，南定中原，一則龜蛇示瑞，一則被髮顯靈，得水之旺氣以剋火。五德相勝而王，自黄帝以來皆然，不足怪也。推之《太和志》載真武諸逸事，其有無亦不必深辨。夫無所欲而爲善，無所畏而不爲不善，士大夫且難言之矣。聞其黑虎靈官等説，使愚夫婦望山戰栗，因之悔過遷善，或於千萬人得一二人，或於千萬日得一二日，或於千萬念得一二念，亦足以陰助刑政之所不及，於世教人心未必無補云。

卷之五　藝文一[1]

太和，大塊之文章所假也，於天文得數之一，於地理冠嶽之五。崆峒委宛而降，黄帝、神禹之藏書杳矣，而七十二家之玉册金緘，未及南鄉，其渾淪磅礴鬱勃而發皇之者，宜其積久而愈耀也。夫八卦至離爲文明，先天離東，泰岱云亭，封禪屢告。後天離南，會稽衡麓，漸闢鴻苞。太和雄於南服，雖欲不文，得乎？天道自北而南，南之山川而多文者，於此啟東壁、西園之扃鑰矣。紀藝文。

御　　製

諭

皇　　清

上諭　山東泰安州香税朕已降旨豁免，近聞湖北太和山凡遠近進香者亦有香税一項，小民虔謁神明，止應聽其自便，不宜徵收香税，以滋擾累。所有太和山香税，着照泰安州之例，永行豁免。該督撫即飭令地方官實力奉行，毋使奸胥土棍滋弊。钦此。乾隆元年四月十三日。

① 藝文一：原文標題爲“藝文”。爲與後三卷一致，改爲“藝文一”。

敕

明

建紫霄、五龍、南巖敕 敕右正一虚元子孫碧雲：朕仰惟皇考太祖高皇帝、皇妣孝慈高皇后劬勞大恩，如天如地，惓惓夙夜，欲报未能。惟奉天靖難之初，北极真武元帝顯彰聖靈，始終佑助，感應之妙，難盡形容。懷報之心，孜孜未已。又以天下之大，生齒之繁，欲爲祈福於天，使得咸臻康遂，同樂太平。朕闻武當紫霄宫、五龍宫、南崖宫道場，皆真武顯聖之靈境。今欲重建，以伸報本祈福之誠。爾往審度其地，相其廣狹，定其規制，悉以來聞，朕將卜日營建。其體朕至懷。故勅。永樂十年。

建遇真宫敕 敕右正一虚元子孫碧雲：朕敬慕真仙张三丰老師道德崇高，靈化元妙，超越萬有，冠绝古今，願見之心，愈久愈切。遣使祇奉香書，求之四方，積有年歲，迨今未至。朕惟武當遇真實真仙张三丰老師修煉福地，不可以不加敬。今欲剏建道場，以伸景仰钦慕之誠。爾往審度其地，相其廣狹，定其規制，悉以來聞，朕將卜日營建。爾宜深體朕懷，致心盡力，以成協相之功。欽哉！故勅。永樂十年。

勅隆平侯張信、駙馬都尉沐昕 今早，命爾等啟行。俄有風雲雷電，自西南而至，其勢不徐不疾，顯是神明感應之嘉兆。然神明之所感者，一誠而已。爾等宜體朕誠心，益加敬謹，竭力用工，以答神貺，不可有纖毫怠忽！故勅。永樂十年。

勅官員軍民夫匠人等 武當天下名山，是北極真武元天上帝修真得道顯化之處。歷代都有宫觀，元末被亂兵焚盡。至我朝，真武闡揚靈化，陰佑國家，福被生民，十分顯應。我自奉天靖難之初，神明顯助，威靈感應至多，言説不盡。那時已發誠心，要就北京建立宮觀，因爲内難未平，未曾滿得我心願。及卽位之初，思想武當正是真武顯化去處，卽欲興工創造，緣軍民方得休息，是以延緣①到今。起倩些軍民②，去那裏創建宮觀，報答神惠，上資薦揚皇考、皇妣，下爲天下生靈祈福。用工夫不多，至容易不難。特命隆平侯張信、駙馬都尉沐昕等把總提調，管工官員人等務在撫邺軍民夫匠，用工之時，要愛惜他氣力，體念他勤勞；關與糧食，休着他受饑寒；有病着官醫用心調治。不許生事擾害。違了的，都拏來，重罪③。軍民夫匠人等，都要聽約束，不許奸懶。若是肯齊心出氣力，神明也護佑，工程也易得完④。我這件事不是因人説了纔興工，也不是因人説便住了工。若自已從來無誠心，雖有人勸，着片瓦工夫也不去做；若從來有誠心要做，一年竪一根椽，起一條梁，逐些積累，也務要做了。爾官員軍民人等，好生遵守，早完成了回家休息⑤。故諭。永樂十一年。

勑正一嗣教真人張守清⑥　武當天下名山，真武成道靈應感化之地。元末宮觀悉燬於兵，遂使羽人逸士修煉學道者，無所依仰。朕積誠於中，命剏建宮觀。上以資薦皇考、皇妣在天之靈，下爲天下生靈祈福。俾雨暘時若，災沴不生，年穀豐登，家給人足。今宮觀告成，神明屢顯休應，圓光煜燿，五色燦爛，神像昭彰，見於光内。觀者數十萬人，咸加嘆異。已賜名曰：元天玉虛宮、太元紫霄宮、興聖五龍宮、大聖南巖宮。然此

---

① 延緣：任自垣纂修《勑建大嶽太和山誌》卷二作“延緩”。

② 起倩些軍民：任自垣纂修《勑建大嶽太和山誌》卷二作“如今起倩些軍民”。

③ 都拏來，重罪：任自垣纂修《勑建大嶽太和山誌》卷二作“都拏將來，重罪不饒”。

④ 工程也易得完：任自垣纂修《勑建大嶽太和山誌》卷二作“工程也易得完成”。

⑤ 爾官員軍民人等，好生遵守，早完成了回家休息：任自垣纂修《勑建大嶽太和山誌》卷二作“恁官員軍民人等，好生遵守着我的言語，勤謹用工，不許怠惰，早完成了回家休息”。

⑥ 張守清：任自垣纂修《勑建大嶽太和山誌》卷二作“張宇清”。

名山勝境，必得高人羽士以住持看守。大聖南巖宫已嘗令右正一孫碧雲爲住持外，其三處，爾卽選有道行者各二人爲住持，別選至誠敬謹道士，每處各五人①看守。如一時選不如數，隨爾所選得若干人，就分派四處看守，精進修行，興隆道教。故勑。永樂十一年。

勑隆平侯張信、駙馬都尉沐昕等 今正一嗣教真人張守清②舉保道士，分派各宫。道官任自垣、道士邵慶芳爲元天玉虛宫提點，高道周惟中兼提點，林子良爲副官；興聖五龍宫以李時中爲住持，道士吳繼祖爲提點；太元紫霄宫以李幽巖、胡古崖爲提點；大聖南崖宫已命右正一孫碧雲住持，以王一中爲提點副之。各處宫名，只依此勑爲定，報汝知之。故勑。永樂十一年。

勑五龍宫全真道士李素希 昔者高真學道於武當名山，折梅枝寄榔樹，且祝曰："道成，此枝卽活，花實而熟。"後果如其言。自是以驗歲之豐歉。太平歲豐，花實而繁；歲歉③，花而不實。今樹尚存，問諸故老，久無花實。比者，爾素希以實數百，遣人來進，誠爲罕得，莫非爾以精誠所格，祝釐國家，故能感動高真，降此嘉祥，以兆豐穰也。玆特遣道士萬道遠齎香，詣高真道埸焚熉，以答神貺。並以綵緞一表裏，紵絲衣一襲，鈔四十錠賜爾。爾其恪盡乃心，以祈茂祉。故勑。永樂十三年④。

勑五龍宫全真道士李素希 去歲高真効祥，榔梅呈實，已兆歲豐，爾遣人來進。今歲復然，誠爲難得。稽之於古，間或一見，猶以爲奇遇。矧玆二年，兩見其實，皆由高真翊衛國家，爾輩精意祝釐所致。玆特遣

① 五人：任自垣纂修《勑建大嶽太和山誌》卷二作"五十人"。
② 張守清：任自垣纂修《勑建大嶽太和山誌》卷二作"張宇清"。
③ 歲歉：任自垣纂修《勑建大嶽太和山誌》卷二作"其遇歲歉"。
④ 永樂十三年：任自垣纂修《勑建大嶽太和山誌》卷二作"永樂三年"。

道士陳富[①]齎香，詣高真道場，以答神靈。并以綵緞一表裏、紵絲衣一襲、鈔四十錠賜爾。宜益精勤，以臻至道。故勅。永樂十四年[②]。

建紫雲亭勅　勅隆平侯張信、駙馬都尉沐昕：淨樂國之東，有紫雲亭，乃元帝降生之福地。勅至，於舊址仍創紫雲亭。務要宏壯堅固，以稱瞻仰。其太子巖及太子坡二處，各要童身真像。爾即照依長短濶狹，備悉畫圖進來。故勅。永樂十七年。

建紫金城勅　勅隆平侯張信、駙馬都尉沐昕：今大嶽太和山金頂，砌造四圍墻垣，其山本身分毫不要修動。其墻務隨地勢，高下不論丈尺[③]，但人過不去即止。務要堅固壯實，萬萬年與天地同其久遠。故勅。永樂二十一年[④]。

勅藩粂　勅湖廣布政司右粂議諸葛平：朕創建大嶽太和山宫觀，上資薦揚皇考、皇妣二聖在天之靈，下爲四海蒼生祈迓福祉，以敷利澤於無窮[⑤]。然工作浩繁，皆天下軍民[⑥]，辛勤勞苦，久而後成。今工已告完，特勅爾常用巡視[⑦]，遇宫觀有滲漏處，隨即修理；溝渠道路有淤塞處，即便整治。合用人工，就於均州千户所官軍撥用。務使宫觀完美，溝渠道路通利，庶不隳廢前工，以虔祀事於悠久。如此，則神明昭鑒，使爾享無窮之福。若玩法偷安，致宫觀損塌，溝渠淤塞，則罰及爾身，將不可悔。故勅。永樂二十二年。

---

① 陳富：任自垣纂修《勅建大嶽太和山誌》卷二作“陳永富”。
② 永樂十四年：任自垣纂修《勅建大嶽太和山誌》卷二作“永樂四年”。
③ 高下不論丈尺：任自垣纂修《勅建大嶽太和山誌》卷三作“高則不论丈尺”。
④ 永樂二十一年：任自垣纂修《勅建大嶽太和山誌》卷二作“永樂十七年”。
⑤ 下爲四海蒼生祈迓福祉，以敷利澤於無窮：任自垣纂修《勅建大嶽太和山誌》卷二作“下爲四海蒼生祈迓福祉，用期綿遠，以敷利澤於無窮”。
⑥ 皆天下軍民：任自垣纂修《勅建大嶽太和山誌》卷二作“皆天下軍民之力”。
⑦ 常用巡視：任自垣纂修《勅建大嶽太和山誌》卷二作“常川巡視”。

勑内臣　勑諭尚膳監左監丞陳埜：昔我皇曾祖太宗文皇帝創建大嶽太和山宫觀，虔奉祀事，實欲福佑我國家及天下蒼生於無窮。迨至皇祖仁宗昭皇帝、皇考宣宗章皇帝臨御之日，克紹先志，特將均州一千户所軍餘雜派①、征差及屯田子粒，盡行優免。但遇宫觀有滲漏損壞之處，隨卽修理；溝渠道路有淤塞不通之處，隨卽整治，俾宫觀永遠堅固完美。兹特命爾前去與原差禮部員外郎吴禮一同提督，凡有未修殿宇房屋及衝塌橋梁道路，就行修理。已勑吴禮知之。爾宜恪遵朕命，恭勤趨事，不許怠慢，更不許在彼生事，私役軍餘，虐害下人，以取罪愆。故勑。正統十年②。

勑存留金頂香錢　禮部爲遵勑諭，請明旨以便祀神修理，预備凶荒賑濟事。奉旨：“是。這香錢着存留本山備用，修理賑濟。禮部知道。欽此。”嘉靖二十一年。

重修太和山勑　勑原任工部右侍郎陸杰：朕惟我成祖大建元帝太和山福境，安鎮華夏，顯靈赫奕，計今百數十年來，宫觀祠宇等處不無損壞，若不及時修理，慮恐日就傾頹，其何以棲真妥神，祝釐保國。已令湖廣撫按官勘視回奏，兹據各官備將應合修理處所，併估計工費等項前來。今特命爾前去提督工程，爾宜查照該部題奏事理，會同撫按官，將應修宫觀祠宇處所，會勘明白，卽便興工修理。合用物料，於見頒去官銀及有司動支措辦聽用。其一切應行事務，爾等須酌議停當，隨宜增損。事完，通將辦過工程，用過物料，銀兩數目，造册奏繳朝廷。以爾素有才望，特兹簡任。爾宜敬謹從事，體朕崇奉元聖至意，不可纖毫怠忽。務期工作堅固壯實，用副我皇祖功烈，萬萬年同其久遠。欽哉。故勑。嘉靖三十一年。

---

① 雜派：任自垣纂修《勑建大嶽太和山誌》卷二作“雜泛”。

② 正統十年：任自垣纂修《勑建大嶽太和山誌》卷二作“宣德十年”。

旨

明

下太和山道士

大嶽太和山各宫觀有修煉之士，怡神保真，抱一守素，外遠身形，屏絶人事，習静之功，頃刻無間。一應往來浮浪之人，并不許生事喧聒，擾其静功，妨其辦道，違者治以重罪。有志誠之士，慕攝元關，思超化質①，實心叅真悟道者，不在禁例。若道士有不務本教、生事害羣、傷壞祖風者，輕則即時譴責，逐出下山；重則具奏來聞，治以重罪。永樂十一年。

詔

元

賜張守清詔

朕嘉修真之流，貴得道之士，形神俱妙，僻處山林，精氣純全，能興雷雨。信若人之高躅，實斯世之罕聞。欲示褒揚，其頒涣汗。凝神靈妙保和法師武當山天乙真慶萬壽宫住持宫事張守清，爲老子學，奉元帝祠。登萬仞之層巔，搆千間之大厦。功用雖成於使鬼，行能自足以服人。龜蛇交媾以顯形，虎狼隨奔而斂跡。素心旣用，元化彌彰。爭稽首於講

① 思超化質：任自垣纂修《勅建大嶽太和山誌》卷二作“思超凡質”。

筵數十輩，不及脅於卧席三十年①。近臣有稱贊之言，太后有徵求之命。屢逢亢旱，方虞率土之災；申禱上元，並獲甘霖之喜。功已沾於庶物，身宜佩於殊榮。嘉賁冠簪，增耀巖壑。於戲，鎮安侯服，真慶爲南紀之靈祠；輔翼邦家，元武主北方之王氣。惟竭心誠而致禱，庶幾福禄之永崇。欽哉！惟時服我明訓，可賜“體元妙應太和真人”。宜令張守清准此。延祐元年。

明

賜太和道士邱元清詔

祀神之道大，所以古人於此虔恭寅畏，特專職以典掌之，使壇場淨，牲牢潔，不敢有怠。今之設官，與漢唐同，官職太常，所供之事，其理亦然。凡達人智士居是職者，自以爲萬千之幸而至斯地焉。故②夙夜在公，欲周旋於上下神祇之左右，必欲使神歆悦，福及將來。國之祀③，至尊者惟天地是也，人於世若近之，豈不萬幸者也。若愚而不知者，將以爲泛常，無夙夜在公之心，以神明目無視而爲無，怠多而敬少，非獨一身而不福，又必將来不佳。於斯之道，可不慎選其人而責任之④？爾邱元清，昔本黄冠，處心清淨，故命爾爲嘉議大夫太常寺卿。爾其懋哉。洪武十八年。

① 爭稽首於講筵數十輩，不及脅於卧席三十年：《玄天上帝啓聖靈异録》作“爭稽首於講筵几四千輩，不及脅於卧席垂三十年。”

② 所供之事，夙夜在公：任自垣纂修《勑建大嶽太和山誌》卷二作“所供之事，其理亦然。凡達人智士居是職者，自以爲萬千之幸而至斯地焉。故夙夜在公”。

③ 福及將來。國之祀：任自垣纂修《勑建大嶽太和山誌》卷二作“福及將來。何故？以其大祀無如國之祀”。

④ 至尊者惟天地是也，可不慎選其人而責任之：任自垣纂修《勑建大嶽太和山誌》卷二作“至尊者惟天地是也，人於世若近之，豈不萬幸者也。若愚而不知者，將以爲泛常，無夙夜在公之心，以神明目無視而爲無，怠多而敬少，非獨一身而不福，又必將來不佳。於斯之道，可不慎選其人而責任之”。

英宗賜張三丰詔

朕惟仙風道骨，得天地之真元；秘典靈文，奪陰陽之正氣。顧長生久視之術，成超凡入聖之功。曠世一逢，奇蹤罕見。爾真仙張三丰，芳質穎異，雅致孤高。存想專精，煉修堅定。得仙籙之真訣①，餌金鼎之靈膏。是以名隸丹臺，神遊元圃。去來倏忽，豈但煙霞之棲；隱顯渺茫，實同造物之妙。兹特贈爾爲"通微顯化真人"。賜之誥命，以示褒崇。於戲！蜕形不老，永爲物外之逍遥；抱道絶倫，益動寰中之景慕。尚期指要，式惠來英。

書

明

成祖賜張三丰書

皇帝敬奉書真仙張三丰先生足下：朕久仰真仙，渴思親承儀範，常遣使致香奉書，遍詣名山虔請。真仙道德崇高，超乎萬有，體合自然，神妙莫測。朕才質疎庸，德行菲薄，而至誠願見之心，夙夜不忘。敬再遣使，謹致香書虔請，拱候雲車風駕惠然貢臨，以副朕拳拳仰慕之懷。敬奉書。

---

① 真訣：方升纂修《大嶽誌畧》卷一作"宝訣"。

詩

明

成祖題真武廟

先天始氣五靈君，元老太陰實化成。察微知遠生神靈，修真内煉心志寧。潛契太虚感玉清，功滿道備乘龍行。歸根復位以顯名，天地悠久日月並。神昭功德翊我明，手握化機佐運興。武當毓秀何崢嶸，琳宫仙館敞瑶瓊。用報神貺表孝情，神敷嘉錫備休徵。翼翼清廟建北京，人徼貺兮神幪帡。晨鐘暮鼓聲鏗鍧，神之來兮風泠泠。駕飛龍兮驅流星，飄翠蓋兮翳霓旌。八鸞九鳳先後迎，倏而來兮忽而升。劍光吐納陰陽精，焱爲電兮擊爲霆。陶鑄萬彙無留停，祥風甘雨宣和平。高宜黍兮下宜秔，袪妖蕩札民物亨。清酤進兮肴核馨，報萬祀兮毖一誠。

賜虚元子孫碧雲

太和山高九千仞，幽人學道巢其巔。雲邊一卧知幾年，懸巖鐵鎖常攀緣。世間萬物無所累，饑食瓊芝渴乳泉。錬就還丹握化權，三關透徹元中元。高奔日月叫紫煙，絳宫瑶闕長周旋。五華靈芽植丹田，明珠一點方寸圓。左挹神宫①右白丸，夜間②明堂相與言。窈冥恍惚合自然，飄飄直上大羅天。時人欲見不可得，三峯下俯飛鴻翼。丹邱羽人常往還，紅巖③赤松舊相識。只今邂逅忘心期，青瞳緑髮烟霞姿。福地洞天遊欲遍，逍遥上下驂虬螭。若遇真仙張有道，爲言佇竢長相思。

---

① 神宫：任自垣纂修《勑建大嶽太和山誌》卷二作“神公”。
② 夜間：任自垣纂修《勑建大嶽太和山誌》卷二作“夜開”。
③ 紅巖：任自垣纂修《勑建大嶽太和山誌》卷二作“洪崖”。

歌

明

仁宗蟾宇歌

太初灝灝氣窈冥，混沌肇判分清寧。輕清懸像濁成形，二儀乾坤①萬彙生。孰綱維是道乃經，二五之精妙合凝。糸爲三才人至靈，箇中孰能尤粹精。瀟然物外離塵攖②，若人賦稟淑且清。早歲學道栖巖坰，葆和修真久乃成。虚室生白斯其徵，皓如蟾魄涵晶明。放之六合彌光瑩，斂之方寸何虧盈。抗志雲霞豈慕名，和光時俗匪躭榮。道積厥躬聲乃宏，奉祀大嶽昭虔誠。祝釐祚國召嘉禎，景星煌煌泰階平。醴泉泠泠甘露馨，有時飛舄來瑶京。校膽③元文司權衡，淋漓金殲昭日星。獻納承恩道譽增，元門光顯揚休聲。願言功行如月恒，竚看躡雲登蓬瀛。

贊

宋

萬物之祖，盛德可委。精貫元天，靈光有煒。興益之宗，保合大同。香火瞻敬，五福攸從。嘉祐元年④。

---

① 乾坤：任自垣纂修《勑建大嶽太和山誌》卷二作“块軋”。

② 塵攖：任自垣纂修《勑建大嶽太和山誌》卷二作“塵纓”。

③ 校膽：任自垣纂修《勑建大嶽太和山誌》卷二作“校讎”。

④ 嘉祐元年：楊素藴修、王民皥等纂《大嶽太和武當山志》卷十五作“嘉祐二年”。

明

玄元一炁，歷化無形。勛昭北極，炁貫太陰。經呈秘奧，註洩天文。虔誠禮誦，福壽增榮。邦家永鎮，海宇昇平。福神默相，佑我大明。萬曆　年。

碑

明

大嶽太和山道宫碑記

蓋聞大而無跡之謂聖，妙不可測之謂神。是故行乎天地，統乎陰陽，出有入無，恍惚翕張，驂日馭月，鼓風駕霆，倏而爲雨，忽而爲雲，禦災捍患，驅沴致祥，調運四時，槖籥萬彙，陶鑄羣品，以成化工者，若北極元天上帝真武之神是已。按道書，神本先天始炁五靈元老太陰天乙之化。生而神靈，聰以知遠，明以察微，潛心念道，志契太虚，乃入武當山修真内鍊，心一志凝。遂感上清元君①，授以無極上道。功滿道備，乘龍天飛，歸根復位，顯名億刼，與天地悠久，日月齊並。武當，舊名太和，謂非元武不足以當之，故名曰武當。蟠踞八百餘里，高列七十二峯。三十六巖之奇峭，二十四澗之幽邃。峰之最高曰天柱，境之最盛曰紫霄、南巖。上出遊氛，下臨絶壑，跨洞天之清虚，凌福地之深窅。紫霄、南巖皆有宫。又自南巖北下三十里有五龍宫，又四十里抵山趾有真慶宫②，俱爲祀神祝釐之所。元末悉毁於兵燹，荆榛瓦礫，廢而不舉。

① 上清元君：任自垣纂修《勑建大嶽太和山誌》卷二作“玉清元君”。

② 又四十里抵山趾有真慶宫：真慶宫即元代大天一真慶萬壽宫。在紫霄宫西南五里，不在山趾。此處所記，疑有誤。

天啟我國家隆盛之基，朕皇考太祖高皇帝以一旅定天下，神陰翊顯佑，靈明赫奕。肆朕起義兵，靖内難，神輔相左右，風行霆擊，其蹟甚著。暨卽位之初，茂錫景貺，益加炫燿，至若榔梅再實，歲功屢成，嘉生駢臻，灼有異徵。夙夜祇念，罔以報神之休。仰惟皇考、皇妣，劬勞恩深，昊天罔極，亦罔以盡其報。惟武當神之攸棲，肅命臣工，卽五龍之東數十里得勝地焉，刱建元天玉虛宫；於紫霄、南巖、五龍刱建太元紫霄宫、大聖南巖宫、興聖五龍宫；又卽天柱之頂，冶銅爲殿，飾以黄金，範神之像，享祀無極。神宫仙館，焕然維新。經營之始，至於告成之日，神屢顯像，祥光燭霄，山峯騰輝，草木增色，靈氛聚散，變化萬狀，衆目咸覩，跽拜啃啃。榔梅垂實，加前數倍；九地啟秘，金杵躍出；陰陽儲精，元質流潤；靈異紛紜，莫能殫紀，神之響應，有如此者。遂命道士爲提點，主管各宫，飭嚴祀事，昭答神貺。上以資薦揚皇考太祖高皇帝、皇妣孝慈高皇后在天之靈，下以爲天下臣庶祈迓繁祉。雖然神之浮遊混茫，變化無方，此感彼應，無往不①。然非此無以達朕之誠，系天下虔敬之心也②。又况山川冲和之氣融結於斯，與神相爲表裏。神之陟降往來，飄颻揮霍，顧瞻舊遊，豈不徘徊於斯者乎！是則宫觀之建，有不可無。謹爲文③，刻石山中，以彰神功永永無窮焉。永樂十六年。

憲宗奉安紫霄宫神像碑記

朕聞自開天以來卽有此山，自元始以來卽有此神。神乃北極元天上帝真武是也，山乃大嶽太和是也。神非兹山無以爲棲真之所，山非此神無以侈靈勝之名。是故歷代搆造殿宇，欽崇之不衰。我太祖高皇帝平定海宇，惟神默相，靈明赫奕，嘗於南京建廟奉祀之矣。太宗文皇帝肅清

---

① 無往不：任自垣纂修《勑建大嶽太和山誌》卷二作“無往不之”。

② 系天下虔敬之心也：任自垣纂修《勑建大嶽太和山誌》卷二作“與系天下虔敬之心也”。

③ 謹爲文：任自垣纂修《勑建大嶽太和山誌》卷二作“謹書爲文”。

内難，惟神陰佑，厥蹟誕著，特於此山大造宫祠，又於北京復建行宫奉祀之矣。英考睿皇帝光復大位，惟神屢現奇應，亦既命官函香奠幣，致敬尤篤。朕繼紹大統十有五年，仰思先志，敢不祗承？矧國家乂安，四裔懷服，無爲之治，於斯爲盛，豈不賴於神之翊贊而能爾耶？昭答之典，在所必行。肆命工爲像，往安於太元紫霄宫：聖像一，從官像四，皆範銅爲之，而鍍以金；水火神二，亦銅體金飾，而各類其像；供器、香爐、瓶盂、鐘磬，總十一事，既堅既完，載鮮載潔。特遣太監陳嘉①送詣宫所奉安，永享四方之香火，永壯世人之觀瞻。夫神分身降世，變化無窮，恍惚翕張，出無入有，禦災捍患，濟物度人，數出禎祥，祚我家國，繼自今願丕揚神道，幹運②化機，俾上而聖母福壽無窮，於以昭朕之孝；下而儲嗣蕃衍未艾，於以昭朕之仁；宫闈清吉，於以昭朕内治③之嚴；臣僚效忠，於以昭朕使臣之禮；黔黎於變，於以昭朕之化；四裔來王，於以昭朕之威，以迄四時行，百穀登，羣生遂，化工成，庶乎神有感必應，而朕虔恭之誠亦不虚矣。雖然，朕之所望庇於神者，豈止一時如是而已哉？謹爲文刻碑，以彰神功於不朽云。

憲宗奉安太和宫神像碑記

宫在均州南百二十里太和山天柱峯之上，乃我皇高祖太宗文皇帝剏建，以奉北極元天上帝真武之神之所也。神向④於此修真得道，神功威烈，最爲顯著，以故歷世往往建祠，崇奉之不替。方我文祖肅清内難之初，神每陰護顯相，用寧邦家，是以文皇感焉，乃即神肇蹟之地宏搆宫殿，以爲崇奉之所，又於絶頂冶銅爲殿，飾以黄金，其崇奉之典，萬古未有也。既⑤朕嗣統，君臨億兆，十年於兹，固由我祖宗德澤流衍，皇

① 陳嘉：方升纂修《大嶽誌畧》卷一作“陳喜”。
② 幹運：方升纂修《大嶽誌畧》卷一作“斡運”。
③ 内治：方升纂修《大嶽誌畧》卷一作“治内”。
④ 向：方升纂修《大嶽誌畧》卷一作“尚”。
⑤ 既：方升纂修《大嶽誌畧》卷一作“暨”。

考、聖母教育所致，然亦豈有不陰賴於神靈之贊祐歟？兹欽①昭答神貺，無以表誠，乃命工範金爲像二堂。安於大嶽太和宫者，真武聖像一，從官像四，皆銀爲之，而飾②以金；神帥十，皆銅爲之，而鍍以金。又爲飾金雕鏤重簷小③殿覆焉。安於元天玉虚宫者，真武聖像一，從官像四，皆銅爲而金鍍之，倶琢白石爲之座焉。二堂水火，以銀以銅，各從其像。硃漆梓金供棹各一，其供器銀鍍金者十有四，銅鍍金者二十有二，總二十八事④。銅提爐二，石磬二，銅鐘一，綺羅銷金旛、幢、傘並雜色旛總百十有八。特遣中官太監陳嘉、廖恭、韋輝、劉斌，右少監李本，奉御監富，送詣宫所，設齊奉安⑤，永爲瞻仰。惟神陟降往來，益著靈貺，儲祥賜福，佑我國家。俾朕上奉慈闈萬年，下延嗣胤千億；内而宫壼協吉，外而邦國平寧；近而黎庶乂安，遠而蠻貊賓服。凡厥有生，無不咸遂，庶有以副朕崇奉之誠，見神響應之妙也。因紀以文，同垂⑥於久遠云。

重修太和宫殿紀成碑文

朕惟大嶽太和山乃北極元天上帝修真顯化成道之所，帝以天一之精降靈人世，感召天神授無極上道，丹成上昇，歸司本位⑦，瓊臺受册，功德巍巍，莫可殫述。歷代崇封，罔不，祀事⑧。肆我成祖文皇帝，惟帝陰翊皇度，赫有顯徵。特勅隆平侯張信、駙馬都尉沐昕等，率領官員軍夫人匠二十餘萬，建宫觀凡三十三處。天柱峯冶銅爲殿，黄金飾之，

---

① 欽：方升纂修《大嶽誌畧》卷一作“欲”。

② 飾：方升纂修《大嶽誌畧》卷一作“間飾”。

③ 小：方升纂修《大嶽誌畧》卷一作“術”。

④ 二十八事：方升纂修《大嶽誌畧》作“三十八事”。

⑤ 特遣中官太監陳嘉、廖恭、韋輝、劉斌，右少監李本，奉御監富，送詣宫所，設齊奉安：方升纂修《大嶽誌畧》卷一作“特遣中官太監陳嘉、廖恭、韋輝、劉斌，右少監李本，奉御監富，送詣宫所，設齊奉安”。

⑥ 同垂：方升纂修《大嶽誌畧》卷一作“用垂示”。

⑦ 歸司本位：武當山玉虚宫現存碑文作“歸司玄冥之位”。

⑧ 罔不祀事：凌雲翼修、盧重華等纂《大岳太和山誌》卷二作“罔不闡神栖嚴祀事”。

範金爲像，置設精嚴，落成勅名爲“大嶽太和山”，其地之形勝與神之靈蹟，宮宇之宏壯，載於成祖御製碑文①。朕皇考封藩郢邸，實當太和靈脉蜿蜒之勝，歲時崇祀惟謹。肆朕入承大統以來，仰荷垂佑，洊錫庥祥，祗念帝功，報稱莫罄。深慮歲久，宫殿圮坏，宜加修飾。爰發内帑，申命部臣往督其役。以嘉靖壬子年六月肇工，凡宫殿、門廡、齋堂，藉以妥靈而供祀者，悉鼎新之，仍揭以坊額曰“治世元嶽”。經營之始，卽蒙真光顯現，瑞氣氤氲，變化不一，豈帝昭靈貺以嘉荅寸誠②，故所應若斯之偉異歟！大工告成，部臣具奏，請朕文勒碑，用垂永久。惟《書》有之：“類於上帝，禋於六宗，望於山川，徧於羣神”。故嶽鎮海瀆，在祀典有常秩，奉妥有常享③。惟此大嶽，特超中土，峯嶺峻拔，亘天關而盤地維，信爲仙聖所都，而帝護國翊運，威靈顯彰，致我祖宗丕建大業④，旣而定都幽燕，位應元冥，是以掃犁腥膻⑤，廓清華夏，惟神陰助，風行霆擊，天戈所臨，無往弗靖⑥。二百年來，民安國阜，媲隆三王⑦，雖或一二氣數不齊，邊疆小警，旋而殄滅⑧，至如庚戌内生大奸，旋用褫殛⑨。豈尋常山川之神能出雲雨捍災患一節之功所可並者歟？此

① 載於成祖御製碑文：凌雲翼修、盧重華等纂《大岳太和山誌》卷作“載於成祖御製碑文可考也”。

② 寸誠：武當山玉虚宫現存碑文作“予之成”。

③ 常享：王佐修、慎旦等纂《大岳太和山誌》卷二作“常宇”。

④ 丕建大業：王佐修、慎旦等纂《大岳太和山誌》卷二作“建丕丕業”。

⑤ 是以掃犁腥膻：原文無“掃犁腥膻”。根據凌雲翼修、盧重華等纂《大岳太和山誌》卷二補。

⑥ 無往弗靖：王佐修、慎旦等纂《大岳太和山誌》卷二作“無往弗迹”。武當山玉虚宫現存碑文作“無往弗績”。

⑦ 三王：王佐修、慎旦等纂《大岳太和山誌》及武當山玉虚宫現存碑刻皆作“三五”。

⑧ 旋而殄滅：王佐修、慎旦等纂《大岳太和山誌》卷二及武當山玉虚宫現存碑刻皆作“旋即殄滅”。

⑨ 至如庚戌内生大奸，旋用褫殛：王佐修、慎旦等纂《大岳太和山誌》卷二作“至如庚戌内之大奸，每即褫殛”。武當山玉虚宫現存碑文作“至如庚戌内之大奸，亦即褫殛”。

神宗①之修嚴不可少懈也。《書》曰："鬼神無恒享，享於克誠。"朕仰法祖宗，祇若明祀，神之佑之，庶其益加隆盛，薰蒸和氣，覆育羣生，宗社靈長，山河鞏固，則神其□□□□，惟朕躬亦荷無疆，惟慶矣！② 是用勒文於碑，與天地而同其悠久云。嘉靖三十二年。

① 神宗：王佐修、慎旦等纂《大岳太和山誌》卷二作"神宇"。

② 則神其□□□□，惟朕躬亦荷無疆，惟慶矣：武當山玉虛宫現存碑刻作"則神其永永無疆惟休，朕躬亦荷無疆惟慶矣"。

卷之六　藝文二①

文　　類

賦

明

太和山賦

楊　琚　条議

惟大嶽之爲山兮，形肇奠於鴻荒。廼渾淪而磅礴兮，鍾秀氣於元黄。顧發源於嶓冢兮，擁翠浪於武當。肆連峯而接岫兮，復積嶺而重岡。峙漢水之南隅兮，跨均房之兩疆。控翼軫之分野兮，應列宿於上蒼。羌廻旋乎地軸兮，扼天關於古襄。衍脈絡於荆山兮，析支派於内方。

七十有二峯，根盤八百里。崔嵬巑岏，岧嶤峛嶇。嶔巇如對，森列如族。若廻而馳，以行而止。若豁而谺，以立而跂。或俯焉而復昂，或仰焉而崛起。或蜿蜒兮如龍如蛇，或蹲踞兮如虎如兕。或尖鋭兮如筆如鋒，或正直兮如屏如几。若乃三十六巖之幽虚，二十四澗之迤邐，五臺

① 藝文（二）：原文没有此標題。編者根據内容補之。

五井之悠悠，三潭二泉之瀰瀰。

厥石則有金星銀星，厥産則有地髓石髓。堯韭禹糧，雜沓而並美；秦檜漢栢，偃蹇则長清。木實則有梳楸栥樆，櫋櫠楰榑，楆樣楸櫻，野蔌則有菌蕈笋薀，薯菜蕨葵，蘿菝蒟菁，以至迷窮草①、交讓木，靈嚚杖、石磴心②，椆梅赭斞，年乳騫英，天花雲林，芳芷徽蘅，枝柑房李，鄧橘襄橙，無物不有，雖茅亦馨。萬年松、千歲艾，九仙子、天南星，白何首烏、紫花地丁，苦參、百合，甘菊、黄精，采之可以療諸疾，服之可以制頹齡。又有石如火焰之紅，樹如龍爪之倪。飛泉滴溜，漱乎瓊瑶。松風響籟，鳴於遠邇。四季常見靈鴉雙雙繞林垌，五更或聞天雞喔喔號雲岫。白鵰錦雉同飲啄夫巖頭，神虎仙麋迭巡行乎山趾。紫芝瑞世，百千其名；珍禽怪獸，不可殫紀。又如龍宫雷洞深窅虚明，風穴星牖沉寥呀哆。表以禹跡步雲之橋，帶以太乙天池之水。日出則嵐飛靄收，蒼翠滿前；月明則鶴唳猿號，清幽無比。兼有洞天福地之靚深，孰謂蓬萊方丈之不在是也。

有若大頂之峰，端然正位，處乎其中，吾不知其幾千萬仞。但見形成③峻極，與天而爲柱；氣象巍峩，拔地④而撐空。其高無並，其旁靡從。匪衡匪岱，匪華匪嵩。既非醫閭之可擬，亦非恒霍之可同。前有五老，後有五龍；右有搢笏、九卿，左有手扒、三公。東有始老、展旗、九渡、金鎖，西有隱仙、疊字、千丈、雞籠。北有皇崖、顯定、貪狼、獅子，南有仙人、隱士、伏魔、降龍。又有聚雲、香爐，大名⑤、蠟燭，大蓮、小蓮，文曲、武曲，天馬、玉筍之重重，丹竈⑥、竈門之矗矗。千巒萬嶂，各獻幽奇。四面羣峯，互相倚伏。乃獨孕秀居奠，盱眸駭目。

---

① 迷窮草：方升纂修《大嶽誌畧》卷四作“救窮草”。
② 石磴心：本誌卷四作“石燈心”。
③ 形成：方升纂修《大嶽誌畧》卷四作“形威”。
④ 拔地：方升纂修《大嶽誌畧》卷四作“杖地”。
⑤ 大名：方升纂修《大嶽誌畧》卷四作“大明”。
⑥ 丹竈：方升纂修《大嶽誌畧》卷四作“丹皂”。

上接青雲，下臨深谷。其視衆山之周遭廻繞，拱向環簇，有如王者之臨諸侯，大宗之俯族屬。是乃五岳之長兄，四鎮之伯叔。遠若蒼梧之九嶷，巫山十二峯，並呼爲其家督；邃[1]則赤龍寶砲，横黄方界，皆目爲其幹僕。此我皇明所以表章，謂之大嶽太和，而咸五爲六也耶！是宜玉台高疊，石檻玲瓏，闢以門闕，繚以垣墉。金殿之據乎其上，焕棟宇之穹隆；天帝之宅乎其内，躡龜蛇之元蹤。捧劍兮玉女，執旗兮青童。侍從兮靈官，導引兮先鋒。照日月兮層構，映上下兮天宫。耀金光兮燦爛，洞遐矚兮昭融。飛複檻兮霄際，縹雲靈兮曈曨。信真武[2]兮所棲，豈塵俗兮可容。

外有天門三重，雲梯萬級，自卑視高，曼延壁立。挂懸空之霽虹，逼霄漢於咫尺。歷參井之鉤連，詎跬步之可即。躋欲半而悸驚，凴危欄而上陟。慨登望之多囏，夢徒兆於生翼。

及夫天門之外，則隨山通道，跨澗架圯[3]，剪除榛莽，辨域定規。或聳琳宫而開寶殿，或興古廟而建神祠。或蔽[4]珠龕於巖畔，或刱桂觀於山隍。築石室以藏僊服，峩彩亭以貯御碑。彌東南而亘西北，彷閶闔而廣棼楣。雕墻横截乎山谷，仙廬盤鬱乎坤維。熾丹䕶於林杪，鳴鐘鼓於屋巖。境之最勝者無如紫霄，宫[5]之至高者莫踰天柱。南巖、五龍兮，幽雅瑰奇；玉虚、淨樂兮，輪奂規矩；清微、真慶兮，非不霄崢；遇真、朝天兮，俱號紫府。似此宫觀兮，三十六所；其餘庭院兮，更僕莫數。丹房石室兮，雖寒不寒；雪窗凉亭兮，當暑不暑。甚至萬松一泓，各有軒亭；鉢堂方丈，亦爲峻宇。隘四衝而騰八達，張千門而啟萬户；宗大岳而朝元穹，翼太和而壯今古。人皆疑其天造而地設，或出於幽贊而陰輔。不然何以楹柱林林，梁棟楚楚，而有此廓度宏模，福地元圃，壯神

① 邃：方升纂修《大嶽誌畧》卷四作“近”。
② 真武：方升纂修《大嶽誌畧》卷四作“真仙”。
③ 圯：方升纂修《大嶽誌畧》卷四作“屺”。
④ 蔽：方升纂修《大嶽誌畧》卷四作“敞”。
⑤ 宫：凌雲翼修、盧重華等纂《大岳太和山誌》卷六作“峰”。

仙之窟宅，聳人世之瞻睹。

吾想夫永樂之初，内難既彝，四海寧謐，民物熙熙。是以奉委之臣，以謂聖君有作，我儀圖之，敢不盡瘁忘疲，董督指揮，朝斯而夕斯。由是智者售技而無所隱，壯者効力而不敢欺，雖山林谿谷亦不愛其材。孰謂我朝長府之積，皆在所供億，而其用不貲。又況工咸奰贔，匠賽輸倕。萬指揮斤，而呵氣爲霧。六軍荷鍤，而瞬息爲塀。庶民子來，若有神司。經之營之，倏爾成之。於以答景貺而廣孝思，於以奉明祀而祝丕釐。神必徘徊容與於兹，康濟邦國，福祉黔黎，以陰佑我皇上聖子神孫，集慶禧而撫有太平萬萬載①洪基。賦已，復撮其要爲頌辭曰：

倬矣大岳，摩青蒼兮。背漢面漳，鎮一方兮。奕奕宫殿，闐山岡兮。天帝涖止，周相徉兮。氛沴斯靖，時雨暘兮。慶作②靈長，神化彰兮。我皇崇祀，佑八荒兮。玉質金相，照寵光兮。四裔③來王，休徵祥兮④。海宇乂安，垂衣裳兮。本支繩蟄，世萬其昌兮。俾臣之後嗣⑤，亦如諸峯之拱嶽，永篤爲忠良兮。

大嶽太和山賦

王世貞　吴郡人　都御史

太和山者，蓋中州之脊而上帝之靈牖也。其始不甚顯，一曰武當山，又曰參上山，又曰仙室山。晋咸和中，歷陽謝允棄羅令遁兹山，遂名之曰謝羅山，見酈氏《水經註》及《荆州圖副記》。蓋是時絶頂峻不治，不得上，諸所棲息者山之阯，以故靡由稱云⑥。至宋而謂元武神實主之，

---

①　載洪基：方升纂修《大嶽誌畧》卷四作“載之洪基”。

②　作：方升纂修《大嶽誌畧》卷四作“祚”。

③　裔：方升纂修《大嶽誌畧》卷四作“夷”。

④　休徵祥兮：方升纂修《大嶽誌畧》卷四作“徵休祥兮”。

⑤　嗣：方升纂修《大嶽誌畧》卷四作“胤”。

⑥　以故靡由稱云：凌雲翼修、盧重華等纂《大岳太和山誌》補遺卷作“以故靡甲稱云”。

又避其諱，改元武曰真武，而宫室由創矣。元始加帝號。至明太宗文皇帝，尊之曰“大嶽”。世宗朝復尊之曰“元嶽”，而五嶽左次矣。歲旃蒙之大淵獻春二月①，吳人王世貞鎮撫之間②，一登謁焉，感其峯嶺宫闕之盛與其事而爲之賦。

昔在帝太始氏，制陰陽，剖澄凝，掌别五嶽，以授七十二聖。昉岱首而亘金天，焜煌黼芾，以躋九命。乃眷西顧，有亭亭類博山者出焉，下盤隒而踰廣運，鋭直割乎黔界之闗。嵻峼横揭，壽㚏哮豁。其西北引庸㴭，絡終嶓，而首飲乎中原，爲嶽若八九者吞焉。帥其支峰，以媚帝閽，恫帝之不督，敢以測霄之圭與亥步其四藩。不然，請外託而季從乎崑崙。惟帝曰：“咈，夫契有因而顯有辰，時不取遽，主必擇真。”是故天水氏之奄宅也爲寓公③，若亡若存，以竢元冥之時巡。胡祠躐林，諱其金人。水德用彰，瑶宇岩嶙。

我文皇篤志鴻緒，四面内蹂，獨奮神武，亦駕天授。悦靈威之轕轄，披髮立而三光蔀；揭燕彈之百一，俄宇割其十九。嗟九靈之革變，黯二儀其霧雺。聆火鈴之豁落，駭烏旆之㲉轂。咄元緒與率然，亦糾紛其來從。既闡教於神道，竭疑功乎惟重。苟神貺之昭答，何恫乎民力之侈用。於是太史覸土，奉常告時。五鳩鳩民，將作庀材。左駙馬而右中涓，六傳騷以趡催。襄鄧宛洛之民，蹄擊轂㕒。楚訾蠭午以逆上，隴木駢闐而順來。于于禺禺，千喝萬隨④。陸歕激湍，冬讙聚雷⑤。

乃使倕輸窮巧，獲賁既力。分模紫宫，取則宸極。又似踔翼乎九閣，歷清微而叩大赤。命觜陬而佐之，俾象鏘鏘之積石，恍若入於函谷，歷落乎離宫之四百。淨樂依稀乎東朝，玉虚彷彿乎未央。紫霄桀驁乎甘泉，

① 春二月：凌雲翼修、盧重華等纂《大岳太和山誌》補遺卷作“春三月”。
② 鎮撫之間：凌雲翼修、盧重華等纂《大岳太和山誌》補遺卷作“鎮綏之間”。
③ 寓公：凌雲翼修、盧重華等纂《大岳太和山誌》補遺卷作“寓公宫”。
④ 千喝萬隨：凌雲翼修、盧重華等纂《大岳太和山誌》補遺卷作“千唱萬隨”。
⑤ 冬讙聚雷：凌雲翼修、盧重華等纂《大岳太和山誌》補遺卷作“冬讙驟雷”。

南巖差池乎阿房。五龍窈窕乎駁娑，迎恩雝穌乎鼓簧。太和密邇乎紫微，遇真遥接乎建章。觀則復真胚胎，仁威攝降。元和遷校之府，龍泉炁鍊之埸。莫不堞嶺隍壑，冠峰帶岡。分背寒暑，别成陰陽。潺湲瓊瀏，絪緼象郎。裏鬱嵂而逕庭，表蹇産而直當。彩楠扠抈以戢舂，文槐鞞鞣而縱横。晨星熒皇乎壁鏡，雌蜺夭蟜乎茄梁。乃復發重鼂氏之所藏，使和氏選而攻之。玫瓎枝斯，璀璨玕琪。像帝之真，理别鬚眉。琥瑋瓅瑄，堅瑦琟瓸。琢爲扆座，躔踞虬螭。乃籍澕鄧，付區嵇，合鉠釞，鼓煹鑪椎。細則禹鼎之頯臍，鉅則秦廷之欺偲。鋸牙鑿齒，燕頷鼩翼之類，足方良，手蜮魃，睆蜂眸，而欲搏豖血吻以將噬。感豐融之盻蠁，意�而求退。葤房寥寐，欏榻膚緻。雀蓋棽麗，鸞吹流利。餕慁餘之泔淡，眠歸雲之霔霿，此其陶然樂而跳塵世者也。

彝㝔方軌，馳道如砥。繐柏周絡，金椎隱趾。綿蠻格磔，媢不絶耳。葳蕤崝蒨，當眸而束，泮乎其殊可喜也。紛彼靈圄，前奏鈞天。忽斷忽續，從颼曼延。乍顯乍眢，與雲流連。霓罕虹旍，玅若騰騫。怏然精氣，溢而欲仙也。俄而悦兮，使我惘兮。躡峛崺，穿弇中。下峪窖而囓趾兮，上巃嵷而盪胸。俯竒寱其徑庭兮，仰又棧巇而不可窮。前呼要眇幾若絲兮，應碨柍而類處瓵。輕陰醲而裾湼兮，蒼翠樸而睫覩。忽徑絶於陁堵兮，使人魂蓝而精降。顅硟衡截，屹巑嶹援。足不謀目，絫息股弁。五步一止，左袒呈肵。天門杳靄，若啓尺綫。破㜸鬶，穿軋芴。兆庶罷毁，爭先跋躠。魚貫蹀敨，猱牽椢檶。肱嵎臂隴，肝胡膽越。魋瑕二董之俊，錯以敦彏駘跀。爰有姬姜貴秘，陽蔡姝絶。螓蛾跐豸，要紹嬉嫈。綦履不任，芬澤微發。莫不羽鬣犀紕，露紒練帢。澀譶殿屎，嫛跚勃窣。擊銀璫以稍振，扣陰牡而嗚咽。哀嚚徹空，宛潮音之迤邐；悲涕懸河，儼秋霖之汩活。銅虬左啟，羊角瞥至。拔圻坤兩，蹌欲巽二。游蓋飄飖其纖翮，幾欲擲乎荒之裔。黄冠所廬，可以假憩。層樓帖石，周閣無地。拏莖葩襍，捷獵鱗次。密蕺兮寒房之聚蜂，獺椽兮春潮之歸蠣。神摇摇而時觥，心栗栗其如醻。於是黜聰明，顓精神。薌沐滌躬，清齋盟心。窮太和之睽罛，遂底乎天柱之岑。覩重欒之宛曲，與綺寮之麗滛。列將吏之蘭錡，若𩿾瓚之祟森。悉都官之赤仄，塗以褭蹄之上金。芒顥注射，睛不停晌。赫烜灼爍，煌燁爠炫。芬壒蓬勃，忽似處乎涳濛，潤衣裾而不敝；哀音鏖至，幾若閧乎邯鄲，卷屋瓦其如霰。度羣喧之屏寂兮，始騁望以逍遥。

竊忻夫塵世之判闋兮，察天人之所交。玉女腎嘘而一粲兮，電碣磕橫亘乎岩腰。霆霓驚乎百里兮，雙禮珠微撥乎銀璈。夜澄澄其湛露兮，泠然若初滴於絳杓；白楡䠥䴥於楹表兮，幾欲奮翮而求巢。雙丸搏娛於早晚兮，屏翳卑處而不得；嬈儼帝聰之呼吸兮，杳旭卉其莫昭。於是俯踞三垂，流覽大荒；寄寓一瞬，投心渺茫。或翔陽弄晴，瀲灧冲融，煜乎若五金之在鎔；喬雲呈姿，異態同輝，暟乎若瑶臺之列彝。白不封尖，峭碧摩天，晃乎若蘘鏃之辭弦；晦明參差，旁午紛拏，沓乎若銀海之盪層波。時隱時現，襄江一線，或滅或浮，夢澤一抔。遠則仙掌巨靈之贔屭，峨嵋五丁之斤鑿。丈人偃蹇乎青城，華存徜徉乎衡嶽。太室少室之崴嵔，中條終南之岝崿。陰脉潛通，外勢包絡。雖未甘乎臣僕，感時趨之曦爝。邇則香爐凝靄，玉燭華峙。九卿棘列，三公槐植。七星斗矗，五老掌𩟊。中笏上朝，玉笥排次。淋瀋雙筆，飛翰疊字。紫蓋飄颻，眉稜鎖翠。天馬翀𩥊而騰上，靈猨髶鬆而斜睍。蓮峯大小以掩帶，陽雀鳴和而鼓翅。春淡冶其微莞，夏沈穠其幾醉。秋淨皎其初沐，冬慘淡其若睡。雖摧嵬乎麗億，靡不環拱極而思媚。獨房陵之一岊，乃嶮刺峌峣乎境外。鴻烺爌之獨逮，托平巘其少息。聊賈壯以夐勝，信足境之冪歷。俯巨壑乎萬尋，白日瞀而蒸雲圛。苟貏豸其稍邇，踝跤盭余焉恤。阨嶭豈弟，嶅嵒屴崱。醜若島瞯，雄若贙㹏。似乍伏而俄奮，挺牙距而虖擊。復有千章叢挺，黝㶩阜瓏。萬古不死，輪囷擁腫。其爲蘋末之所鼓，卉歙瀏莅，𨂂竑洶湧。根槷刖而弗奠，類蛇跗之鱗起。卽日①鹽腦而蝡動，憭兮栗，悚兮恐，懔乎其惕，而左顧余踵也。

爾其清泚徐傾，蕭瑟泓渟。遘暵不涓，觸石自聲。滵滵汩汩，鏦鏦

---

① 日：凌雲翼修、盧重華等纂《大岳太和山誌》補遺卷作“且”。

錚錚。乍徵而商，絲肉雝鳴。芙蓉倒插，散鬌微升。神瀵湧璣，金沙流螢。枕聽酌猷，九咽爲澄。其澗則青羊玉局，仙龜元鎮。梅溪勝越，桃源比晋。靡不插壁流霞，飛梁吐蜃。其橋則仙源仙都，遇真會真。夭矯梯雲，遥裔天津。靡不長虹飲渚，圓月麗旻。盤陀之石，橘叟所奕。削脯角飛，盤拏現跡。瓊台廻顥，帝所授册。封泥散紫，餘檢成璧。宛委探書，浮提副墨。玉牒金題，靈符秘策。太乙天乙，日沼月澤。燭龍布涎，神瀵流液。丹砂九轉，白茅三脊。璘彬雲母，以資服食。

木則杉檜樅棫，松梓椶栢。梀楸桬樆，櫋櫟楩櫶。交讓成蔭，靈壽支策。梢無礙漢，根不避石。恣傲四侯，罡閲千昔。結爲碩果，鱗殷酷𩞄。襄橙鄧橘，張梨房李。含桃女脣，火棗仙餌。飣座襲目，咀瀋溢齒。榔梅標瑞而蟄舌，石蜜借浸以爲醷。冰芽之荈，産自騫林。顧渚慙芬，鳩阬遜甘。蟬翼霏甌，雀舌沸鬵。篠簜菱葑，編町繡邱。霡霂初滋，潛萌未苗。縠玉含腴，衣以金苞。濯江漢，暴秋陽。棫紫泥，籍朱筐。八足騰傳，披星犯霜。九重涓期以奏新，六宫舌羡而不敢嘗。乃有庶蠘，土德所芻。千年之艾，松齡十之。荎蒳虉茵，菩蕠卷施。晻薆咇茀，入鼻薰襛。夭蕘秋發，映山春滋。百里障錦，又若紫絁。一醉枕籍，若馮彛施。忽有哇妖，因風徐來。晛睆和囉，含糊蟬嗜。嚶嚶關關，嬈嬈靡靡。覩黄口之蠛蠓，疑天樂而復非。意調袒而甫紓，喟駛景之難隸。覬扶羸之妙藥，指長鑱而思采。亦何勞訪乎亶州，玆實仙都之陸海。固炎帝之所弻嘗，而隸首之所不盡解者也。

不覩夫萋繞勝舄，白蘚紫扶。甘根卭距，茵陳芘胡。南星水玉，符離利如。香荺萹畜，重樓藜蘆。益母挺生①，防己夜呼。葶藶天麻，薈鬱地榆。皆能撐距二豎，捭殪羣魖。百勞賴其禁圍，五官之所儲胥。又若三暴之煉雞格，九節之辨菖陽。紫莖之貴牛膝，元參之字鹿腸。枸杞夸仙人之杖，麥門表禹餘之糧。豺漆供而濕消，玉延食以生昉。淫羊之藿，靈脾别呼。交藤布根，何首不烏。是皆皇仁所寄，祇不愛輸。澤痒

① 益母挺生：凌雲翼修、盧重華等纂《大岳太和山誌》補遺卷作“益母鋋生”。

實空，動與益俱。肉翮頃以鶣鷱，朱顏靄其菖蓊。

忽儵然而穢世，撫萬期之須臾。遂誦茂陵之言曰："唉！得從安期生遊，辴萬乘若敝屣，何况妻子哉！"乃集三管之所述，相與考諸真之由起。或誦周季，二尹軌喜。是爲舅弟，厥號文始。或哆兩生，明長禪美。受度勃遂，厥有棲阯。夫文始青牛挽函谷，太上玉局顯魚梟。馬明吸羽騰華陰，陰長蜕骨遺丰都。第彼顯則此隱，豈後核而昔誣。意者馬生遺帽①，仲微曳裾。辭令道通，納節易夫。田寒暑其一簑，房旦夕而長鬚。庶幾其猶可指跡歟。粤元元之黠秘，實上真之蠡良。功留跡隱，用彰體藏。暫閃屍而可卽，忽希夷其難方。假使夫人主常伯若虞初之小吏，騑驄衣黄者二十餘霜，卒莫得其要領，徒文繡乎土木而宫室乎陵岡。於乎②，皇哉明哉，明哉皇哉！

亂曰："因天成人，合乃神兮。虚有實無，衆則愚兮。靈寵光豔，趣則驗兮。岑牢往祀，嚇來世兮。當心者真，豈必聿兮。彼美洸洸，永無煬兮。"

太和山賦

馬一龍　國子監司業

予昔丁卯之疾，禱元帝而承天休；乃今庚午之歲，謁太和以答神貺。大哉巍乎！天地中有是山，故造化中有是神也。神顯駿功，世享崇祀。予謬司東壁之府，可無汗青之書耶！爰作賦鏤諸石云：

儵忽鑿渾敦之竅，廣莫分翼軫之圻。惟一元旋璣在子，乃萬物化源所滋。天載元默，地開靈奇。常陽擴其無際，積塊纍於纖塵。崑崙定樞以突兀，太和分脉而嶙峋。龍漢刧象帝之先兮，守孩中而自老。紫墟煉

① 馬生遺帽：楊素藴修、王民皞等纂《大嶽太和武當山志》卷十六作"戴生遺帽"。

② 於乎：凌雲翼修、盧重華等纂《大岳太和山誌》補遺卷作"於戲"。

淨樂之國兮，出大帝以爲神。奠位參兩儀，總章聯五岳。破元氣之絪氲，啟撐黎而結幕。含元黄之孕精，傑巨麗以厞廓。膺撫三關，夤帶百粤。涪湛漢沔之縈廻，燥潤梁洋之汋勺。媪軸炳靈，璿衡擦律。抗勢蘧廬，摽影鰲極。張堪輿之形勝，崇法象於天則。亘地八百里，環峰七十二。岧嶤上羅穹，巑岏擁縹翠。列離宫之譜，則太穌紫霄，南巖貞度，五龍玉虚，清微樂土，遇真朝天，左右紫府。計羽衣之廛，則太元威烈，元和八仙，修真復真，廻龍龍泉，仁威真武，元圃後先。樓觀崢嶸，壇墠盤旋。三十六岩之窅窱，二十四澗之委蛇。井台窬竅而杓掛，泉潭冥潴以蒙潏。玉梁爲虹，鯨吸湟陂。素瀨卷雪，人鑑冰池。若試心試劍之永肩，金星銀星而兩曜。尹仙石棋，惟石之肖。肺腑收春於榔梅，雷神表步於天一。白龍增應谷之靈，桃源括避秦之逸。

濯土之毛，彙將不億，姑舉其一二者。堯韭禹糧，秦檜漢栢。房李枝柑，襄橙鄧橘。菌蕈蔆芷，藿菽蒟菁。柒檎匠具，蒡菲綴馨。蒲柳之質，無不含英。苦窳之器，亦皆萃精。年遐松艾之資，品列甘黄之上。雖混所生，匪同色相。又其飛走昆介，爲物且饒。文貝華虫，鵕鸃寒號。嶲周之鳩，意而以鴆。於菟澤霧兮，蔚變而驕。跋胡明眎兮，窟營其狡。種别類差，不可殫紀。

乃惟地靈所鍾，斯則傑人萃止。事載方册，聲在人耳。喜棲石壁者，軌度天樞。練中飛舄者，解組遁居。戴孟落帽，馬明架廬。勑遇姚簡龍，笑墮希夷驢。雲瀰房長鬚之杉，丹入田簑衣之鑪。真常觀妙，洞雲祖年。青陽全式①，德邁風仙。連雲孤碧，騈古松泉。明道明祐，善澄善淵。駕風鞭霆，尸解蟬蜕。究水華之靈奥，洞陽精之神秘。披寶歙青，服食方劑。黄庭見童，元霜度世。尋穴天之寶衢，棼海嶼之雲術。神欲守而鶉居，體將伸而蠖屈。

遡本元真，開山啟兆。簡奉元君以悟真，鍼磨神姥而契道。誓寄樹

① 全式：據任自垣纂修《勑建大嶽太和山誌》卷六張全弌傳，當爲“全弌”，即張三豐是也。

兮一念通靈，命懸崖兮五龍夾抱。功成六七之年，道顯億萬之刼。玉帛冠裳，方來宸翼。罔兩妖魔，濳形遁跡。神功宥密兮，作配泰元。佑我皇祖兮，聲猷赫宣。鄱陽彌難兮，燕國揚旌。外戢内靖兮，乾清坤寧。遭際帝王之繼聖，宰制山川之百神。豈非水土中，陰陽萃，日月交，龍虎配，躍蹠柱之汩越，肅坻鄂之鏗鏘，瞻鉅鎮之穹崇，繕綺搆而高驤者乎？

噫吁欷！大哉巍乎！天下無以尚之。光采陸離，揮霍爛熳。入以天門之三疊，懸以雲梯之萬級。井蛙管窺兮，中天半壁。木希蹴進兮，跬步莫達。豁然展士衡之翅兮，飄然御列子之風。闖烟嵐之磊砢兮，越日領之巃嵸。仰視參井兮，頫歷霽虹。鼂宸光之熙逗兮，逻龍見而雲從。欽頤彝鼎，遍禮琳宫。擷珊瑚於脰烏，遥嬰贔於豚功。探黍珠於月偃兮，拔泰阿於雷豐。誦綸音之焕發兮，求螭章於蔓揭。薄仙廬之㢊㢊兮，訪遺書於石室。誕真誥之瑶函兮，遡仙宗於玉牒。時乃飛花舞筵，高鳥在空。嗽天溟之芳澗①，聆滴露之驚淙。汲沆瀣之液，溉華渚之躬。禔身紫翠之上，掩袂天柱之峯。雲霞繚繞，巒岫帡幪。前挹五老，後係三公。右遜九宰，左挽七雄。東搴太始而展旗九度之金鎖，西望隱仙而疊字千丈之雞籠。皇厓顯定之家，皆燃藜而髓石。濳真悟道之士，能伏虎而降龍。觀其雲聚香爐，慧明蠟燭。大蓮小蓮，文曲武曲。天馬玉笥之躪踔，丹竈竃門之起伏。流軿晏景，森羅象數。促息引領，吐納雲霧。測深不可幾，致遠莫能負。何神山之峻美，羌元苞之綜固耶？

衆賔抖擻，而談吒縱横。獨士沉吟，而神發智生。蔀屋斗目兮，約牖納明。雲材麦耳兮，拔宅上昇。朱干立準兮，琪樹流鶯。火鈴噴焰兮，龍師聽經。家據蓬壺之盛，人傳金闕之名。疆畛井畫而阜成，桑麻櫛比而敷榮。城廓鈎連兮衛護，閭閻鱗次兮章平，是則郡縣良史之所宣承也。

測圭表方，奠麗中央。風雨時會，江漢之陽。沃野大麓，符分牖脤。

① 嗽天溟之芳澗：凌雲翼修、盧重華等纂《大岳太和山誌》卷六作“嗽天溟之芳澗”。

黼黻所與，弁蓋如雲。蒼生蠕選而得所，香軹蟬聯而依輔。民近早麓之遺，兵釋潢池之武。禮義經籍之所漸陶，慷慨激烈以爲鼓舞。陳麟趾騶虞於二南，别民情俗習於九土，是則觀風諸臣之所歇翊也。

翹首潛邸，掩映神京。氣吞雲夢，波撼洞庭。控南北而混胡越，浸乾坤而浴日星。激商羽於陽春之籥，占醇和於瑞靈之鵲。祥光常擁銀潢，灝氣遥瞻玉峽。上應薇垣，並三都之壯麗。下通地胏，綿兆禩而曠綽。緣壕洴洛，亂漢抱岳。摛洪藻，申景鑠。黄道轉度，翠華駐方。蟠踞雄於天造，菿蒨揭於帝鄉。感威靈於鳳翥，作物睹於龍飛。輿圖協應，丹臒興思，是則先皇繼統之所造基也。

謁羲農於沔陽，祖神禹於大别。吴闔之胎，楚昭之恤。悵吾道於回車坡，弔幽忠於擣衣石。陽臺留宋玉之悲，君山瘞舜妃之璧。酉陽善祠，長沙賈宅。蜀地偏安昭烈而中興，荆州必分吴魏爲三國。不數騷賦之才，還高鹿門之節，是則聖賢豪傑之所履歷也。

泰華鼎峙，衡岳中嵩。環廻匝遶，臣僕甚恭。峨眉匡廬之秀，陽明太白之奇。崆峒鬼谷，終南武彝。勾漏天台，隱觀九疑。青城五臺，金庭玉屋。宫寢佇望金陵，仙都遥連勾曲。瞬絶西方，罽賓身毒。横絶法界，紆蟠其躅。儼然王者綴旒於諸侯，太宗統系其羣族，此則太和元氣之所聯屬也。

至於濛汜崦嵫，朱厓鐵勒。入我版圖，統在疆域。辮髮雕題，輸誠效役。彝靺兜離，罔不化育。六合混一而塵清，四海不揚而波澄。二都拱放勲重華之主，洊席列社稷股肱之臣。四時成序於羲和，五星叶光於蒼旻。嘉禾擢秀，醴泉薦馨。遐荒不驚兮，華彝相鍔。淳風大同兮，彬彬禮樂。然安不忘危，大閲以作。神武懋昭，爰及朔漠，是則聖君晉相參贊乎高博者也。

轉盼締視，心神曠怡。簫籟既寂，月來如期。已乃返乎圭中，蜉蝣以容。黄金綽體，照我參同。又則探天一生水兮，坎起元爲之宰。地六成象兮，外週數由於内。孰爲鑄劍兮，即慧性以斬諸魅。如水沃焚兮，抹撤萬緣之涸穢。孰爲龜蛇兮，即水火之既濟。紅鉛黑汞兮，藴先天之祖炁。慨危途之碌研兮，趣功名與富貴。胡世人之懵懵兮，其腊毒爲炙膾①。渺浮雲之過太虚兮，悟本來自有量劑。實往來聚散之無常兮，曼駟隙儵然流逝。况造化者亦以天地爲逆旅，而光陰者總視浮生若過客。知黍珠在吾身之實兮，毀天地而不刋②。當知吾生塞萬機之原兮，踵元關之一息。紀勝槪於遊觀，表名山之神烈。

碑

元

大五龍靈應萬壽宫碑

揭傒斯　集賢直學士

至元二年歲在丙子，武當山大五龍靈應萬壽宫武當殿成，元教大宗師特進上卿總攝江淮荆襄等處道教吳全節爲集賢院言：翼軫之墟，襄漢均房之間有山兮，根盤八百里，峯之高者七十有二，巖之幽者三十有六，澗之深者二十有四。天垂地接，陽噓陰噏，不可名狀，名曰太和之山。元武神得道其中，改號武當，謂非元武不足當此山也。山多神宫仙館，其大者有三，曰五龍、紫霄、真慶，而五龍居其首。唐貞觀中，均州守姚簡禱雨是山，五龍見，即其地建五龍祠。宋真宗時，陞祠五龍觀，賜額曰五龍靈應之觀。其後廢於靖康之禍。孫真人元政興之，又廢於金兀术之兵。皇元受命，與天地合德，大興老氏之教，扶運翼世，以迎休祥。山之有道之士汪思真奮然特起，辟草萊，剪菑翳，一舉而新之。先大宗

① 其腊毒爲炙膾：凌雲翼修、盧重華等纂《大岳太和山誌》卷六作“嗜腊毒爲炙膾”。

② 毀天地而不刋：凌雲翼修、盧重華等纂《大岳太和山誌》卷六作“毀天地而不劫”。

師上卿張留孫初總攝江淮荆襄道教，奏以其山葉希真朝覲，天子大信其道。至元二十三年，詔改其觀爲五龍靈應宫，以希真主之。居八年，而侯道懋繼之。又二十年，而續道成繼之。仁宗皇帝天壽節，實與元武神同，遂加賜其額曰“大五龍靈應萬壽宫”，仍甲乙住持，歲遣使以是日建金籙醮，祝釐其山。自是累朝歲遇天壽節，一如故事。此後大建元武殿，宜得詞臣文而勒之石，以彰國家之美，以重此山。明年三月二日，集賢以聞，詔以命臣傒斯。臣傒斯竊謂名山大川能出雲雨以澤萬物，産財用以利萬民，毓英賢以輔萬世，必宅天地之奥，當陰陽之會，磅礴融液，與大化終始。故中必有神，出幽入冥，此感彼應，如風之在谷，所觸皆通。水之在地，無往不達。况此山葆乎中和，統乎陰陽，應變合行，與神俱藏，羣山四朝而特起乎中央，非元武焉足以當之？則其宫室之崇，享祀之嚴，應國家之運，爲生民之依者，固有在矣。殿之建，元教大宗師臣全節實出私錢萬緡爲之倡，而住山續道成、張道真、吴明復、邵明庚、李明良先後贊而成之。其屋壯麗嚴峻，洞達高廣，蓋與兹山相雄。世所稱神仙曰殷長生、房長鬚、馬明生、田蓑衣之徒，皆成道於此，是以論人傑必本於地靈也。其辭曰：

虚危之精元武君，上臨元天貴且尊。穹龜贔屭騰蛇蜿，手指北斗酌乾坤。武當之上號太和，神君居之降百魔。五龍守衛嚴不訶，冷氣自少元氣多①。神君生在天地先，谷神自養天地根。二十四炁如環旋，七十二候無頗偏。四十二載昇元天，元天之樂不可言。身著元衣坐紫府，蒼龍在左右白虎。朱方翼翼朱鳥舉，騰精躡景我爲主。百靈守之誰敢侮，或按長劍坐横庭②。吐納日月含風霆，五龍冉冉隨降昇。倏而去之若流星，忽而來兮雨冥冥。鬼車九頭匝火屋，山鬼倚樹惟一足。飛蝗蔽天食百穀，長蛟鼓浪沈平陸。神君一顧赤爾族，神君自居武當山。人能學之

① 冷氣自少元氣多：陳垣《道家金石略》作“沴氣自少元氣多”。

② 或按長劍坐横庭：任自垣纂修《勑建大嶽太和山誌》卷十二作“或按長劍坐黄庭”。

盡得仙，前有殷房後馬田，陳摶尹軌相攀援。新開大殿凌紫烟，璿題藻井相鈎連。神君居之樂無邊，保我聖歷億萬年。

大天一真慶萬壽宫碑

陳鉅夫① 翰林院學士

皇慶元年春三月，京師不雨，徧走羣望，詔武當道士張守清禱雨而雨。明年春不雨，禱而雨。又禱又雨②。既霑既渥，仍大有秋，兩宫大悦。

初，均房之間有山曰太和，又曰仙室，以元武神居之，名武當。踞地八百里，峯七十有二，最高者紫霄之峯，峰之最勝者曰南巖。崖前有洞天二，曰太安皇崖天、顯定極風天。上出浮雲，下臨絶澗，猿鳴鳥嗥，豺虎所家，人可投足者，僅尋丈許。道家言："龍漢之年，虚危之精降而爲人，修道此山，道成乘龍天飛，是爲元武之神。"至唐貞觀益顯，天下尊祀。宋理宗時，詔道士劉真人住宫南巖③，不克。漢東異人魯大宥隱居是山，草衣菲食，四十餘年，救災捍患，預知禍福，時人神之。天兵破襄漢去，渡河訪道全真，西絶汧隴，北踰陰山。至元十二年歸，與道士汪真常等，修復五龍、紫霄壇宇，獨結茅南崖。或請作宫庭，曰："非爾所及也，其人將至矣。"二十一年秋九月，師自陝西來④，年三十有一，願爲弟子。大宥欣然曰："吾遲子久矣。"即授道要。

明年春正月，大宥先法⑤。師躬執耕爨，墾山鑿谷，種粟爲食。繼率其徒，剪檜翳，驅鳥獸，通道東自山趾絞口，七十里至紫霄宫，五里至南巖；崖北下三十里五龍宫，又四十里抵山趾蒿口。三月三日，相傳

① 陳鉅夫：任自垣纂修《勑建大嶽太和山誌》卷十二作"程鉅夫"。

② 又禱又雨：任自垣纂修《勑建大嶽太和山誌》卷十二作"夏又不雨，又禱又雨"。

③ 住宫南巖：《玄天上帝啓聖靈异録》作"作宫南巖"。

④ 師自陝西來：任自垣纂修《勑建大嶽太和山誌》卷十二作"師自峡州來"。

⑤ 大宥先法：任自垣纂修《勑建大嶽太和山誌》卷十二作"大宥僊去"。

神始降之辰，士女會者數萬，金帛之施，雲委川赴。乃搆虚夷峻，拔木窮谷，刋石窮崖，卽巖爲宫，廣殿大庭，高堂飛閣，庖庫寮次，既嚴且備；炫晃丹碧，軫轕雲漢，像設端偉，鐘鼓壯亮，引以石逕，蔭以杉松。積工累資巨萬計，歷二十餘載乃成。墾田數百頃，養衆萬指。

至大元年[①]，今上皇帝、儀天興聖慈仁昭懿壽元皇太后聞師道行，遣使命建金籙醮。徵赴闕，及禱雨輒應，賜宫額曰“天一真慶萬壽宫”，置提點甲乙住持，制加神父號“啟元隆慶天君明真大帝”，神母號“慈寧玉德天后瓊真上仙”，賜師號“體元玅應太和真人”。延祐改元春二月，大司徒臣羅原奉皇太后旨，命師乘騎奉香幣還山致祭。冬十月，集賢大學士臣陳灝請加賜宫額“大天一真慶萬壽宫”。

竊惟聖天子端源清之本[②]，躬垂拱之化，父天母地，懷柔百神，陶我萬類[③]，子育羣姓，宵衣旰食，可謂至德也已[④]。師以雲棲霞舉之侣，而能振道濯德，焦心苦志，奮樹堂壇，以承天庥，亦可謂豪傑之士矣。師闓疏果毅，方嚴質茂，雖大祠祭，不待沐浴更衣，所感必應。雖身被顯寵，如始居山，其有道者耶。若神之德，廣大混沌，變化無方，謂列宿所鍾，詎不信然？臣鉅夫謹拜首稽首而獻詩曰：

翼軫之墟均房間，白雲峩峩武當山。根盤千里阻且艱，七十二峯羅烟寰。帝遣元武驅神姦，披髮仗劍衣黶黶。穹龜修蛇猛且閒，垂雲而來御風還。跂予望之杳莫攀，真人學道鐫堅顔[⑤]。飛上千仞誅榛菅，斡旋天機啟天關[⑥]。瓊樓珠宫翠迴環，霞披霧映黄金鐶。湛恩大兮帝所頒，

---

① 至大元年：任自垣纂修《勑建大嶽太和山誌》，方升纂修《大嶽誌畧》，王佐修、慎旦等纂《大岳太和山誌》，凌雲翼修、盧重華等纂《大岳太和山誌》均作“至大三年”。

② 竊惟聖天子端源清之本：任自垣纂修《勑建大嶽太和山誌》作“竊惟聖天子源清淨之本。”

③ 陶我萬類：任自垣纂修《勑建大嶽太和山誌》作“陶成萬類”。

④ 可謂至德也已：《玄天上帝啓聖靈异録》作“期底于治，可謂至德也已”。

⑤ 真人學道鐫堅顔：任自垣纂修《勑建大嶽太和山誌》卷十二作“真人學道鐫堅頑”。

⑥ 斡旋天機啟天關：任自垣纂修《勑建大嶽太和山誌》卷十二作“斡旋天機啟天闗”。

神來居之珮珊珊。寒松蕭颼水潺湲，飛香滿空馥蕙蘭。願神永永哀民艱，汛掃穢濁無恫瘝。我皇萬歲御九寰，興聖怡愉長朱顔。

明

武當五龍靈應碑

劉三吾　學士

武當山在襄陽均州南三舍許，盤亘八百餘里，上有七十二峯，中有三十六巖、二十四澗。羣峰擢秀，靈氣攸集，是爲嵩岳之儲副，荆襄之洞天福地也。相傳元天一氣之神當軒轅氏時，震夙淨樂國王家，乳於母之脇左，瑞雲垂覆，天花飛雨，異香滿室。年十五，辭親出俗，誓斷妖魔，匡扶刼運。感玉清紫元君授以無極上道，俾之越海，夷歴翼軫之下①，訪登是山，擇衆峯中冲高紫霄而陽者居之②，當契太和，逮昇舉之後五百歲，被黑衣，披髮跣足，履坎離之真，归根復位，鎮極北方。自玆風穴雷洞、霄館龍宫，神功顯赫，靈異非常。時則於紫霄天柱峰巔勅建宫殿，棟梁楹甍，集桷闌楯，一不假木，悉範銅爲之，中設金像。興雷吐雲，變化不測，以故歴年弗壞。特賜觀額曰“真慶”，曰“護国”，曰“聖佑”，曰“紫極”，曰“靈應”者非一。唐貞觀中，歲苦暵旱，詔有司禱名山，武當軍節度使姚簡身詣是山齋禱。其夕有五儒具衣冠者見謁，自謂五炁龍君。頃之，元雲四興，甘澍如注，在田之稿③，遂獲有秋。簡具以聞，太宗勅於中山别刱五龍觀，以旌靈異，緣此名聞天下。元天之神賜以黑蛇裘角之劍④，斷魔削邪，爲國爲民，興利除害。民所

---

① 擇衆峯中冲高紫霄而陽者居之：夷歴翼軫之下：任自垣纂修《勅建大嶽太和山誌》卷十三作“東歴翼軫之下”。

② 任自垣纂修《勅建大嶽太和山誌》卷十三作“擇衆峯中冲高紫霄面陽者居之”。

③ 在田之稿：任自垣纂修《勅建大嶽太和山誌》卷十三作“在田之槁”。

④ 元天之神賜以黑蛇裘角之劍：任自垣纂修《勅建大嶽太和山誌》卷十三作“元天之神則以黑虺裘角之劍”。

禱祈者，往往於是龍宫獲靈貺焉。夫何元季洊罹兵燹，殿宇赭然爲墟。會陝咸寧邱公元清，偕其徒蒲善淵，道漢中，抵四川，至金州、商山，求勝地棲息，不可得。洪武四年，復自襄陽歷均之武當，顧瞻徘徊，閔兹福地，罹爾厄會，首兜拾瓦礫，理其故墟，師徒苟得廬就處已，即積精存神，修真導和，服行清淨，承學大來。明年壬子，元清規復龍宫其故所，稽材陶瓦，覆堿貌堅。遠近樂施，不期歲間，宫殿廊廡，栖止廬舍，次第一新。殿塑聖像其中，神將前列，鐘鼓在懸，考擊以時，羣神百靈，有位於廡，是使遊者入山，如行畫圖。樓觀翾峙，洞户巃嵸，堂庭截然，可謂曰完。嗟乎！自開闢以來，武當有山，聖真出世，其八十二化，宜與天地同久。燬而復隆，有吾元清。道宫是復，元宰是奉。胼胝拮据，勞勩萬端，凡道緣所致，將不與是山同垂名不朽也哉！

洪武辛酉春，元清以行能被薦拜監察御史，賜之室，辭。明年壬戌，超擢太常寺卿。其徒蒲善淵則辟爲均州道正。善淵來京，以公紹開兹山，丕闡神貺，懇予文壽諸石。相是後者①善淵及善寧等也。

聖德昭應碑记

李　衎　都御史

天人一理也，盡乎人以格天，而天昭應之，此理之必然也。若②雖一匹夫之微，一言行之善，猶能動天地，況父母天地而爲之子者，體其塞，性其帥，而與之合德者乎？世傳真武神者，即北方元武之神也。神以帝稱，蓋天之主宰也。天之爲天，理與氣而已，有是理必有是氣。氣有陰陽變合，以生五行，播於四時，造化萬物，理實主宰之，於是乎有帝之名。然五行之土，各異其質，各居具方，各司其時。故其行木，其方東，其時春，其色青，則其神曰青帝；其行火，其方南，其時夏，其色赤，則其神曰赤帝；其行土，其方中央，其時四時之季，其色黄，則

① 相是後者：任自垣纂修《勑建大嶽太和山誌》卷十三作“相是役者”。
② 若：王佐修、慎旦等纂《大岳太和山誌》卷十六作“昔”。

其神曰黄帝；金行時秋，白色，其方曰西，是爲白帝；水行時冬，元色，其方曰北，是爲元帝。帝一而已，兼統五行，分居五方，流行乎四時變化，既成萬物，無乎不在，其居無跡，其妙莫測，兹帝之所以爲神也。

然天包地外，而其氣常行乎地之中，則其神之靈，必常於其氣之所聚高明秀異之地發焉。武當之山，周廻八百餘里，峯嶺秀拔，中有三十六岩之勝，去嵩岳爲甚近，是亦天地之中五行清淑之氣之所鍾，蜿蜒扶輿，磅礴而鬱積者。則元帝之神恒於是焉，著其靈異，亦其理也，帝其可以方所求哉？

故昔之人，建祠兹山以祀之，歷代相襲不替[①]。我朝太宗文皇帝克慎在位，昭受上帝申命之休，即嚴郊社之禮，徧望之儀，復於兹山因往蹟更新神宇，以極其崇奉之典。宫殿嵯峨照耀，葢振古所未嘗有也。皇上紹承大統，爲天地民物之主，懋昭大德，盡仁孝誠敬之心，肆致道行化洽，邦家輯寧，風清俗美，遠近悦服，聖心欣慰，以爲皆自天之祐，惟神之貺也。於是思答帝之休，益隆崇奉。乃鑄銅爲神像一，從神像四，供器全，皆飾之以黄金，承之以白石。簡命近臣太監陳喜、左監丞陳道、右監丞林茂祇送到山，會同太監韋貴暨藩臬郡邑諸臣僚，迎奉於紫霄宫，協心致齋，設醮以妥之。醮設始於十一月初七日甲子，初八日未刻，近宫展旗峯瑞光現者三，南巖宫現者一，皆狀如月望而圓。紫葢峯光現者一，狀如錦垂而直，色皆五彩。及申，復有光如上弦之月，現於宫上及玉虚宫之正殿，色皆如初現。次日申刻，光復疊現於紫霄殿南與西，狀與色皆如初。而五老峰、玉虚殿西，皆有光現，狀類五色虹。復有元雲如旌旗狀，現於太和宫大頂東天門之上，其下有五色祥光[②]翔擁，久之方散。至初十日，太監陳喜等相率行祝延聖壽禮畢，以其月十五日妥神

① 替：王佐修、慎旦等纂《大岳太和山誌》卷十六，凌雲翼修、盧重華等纂《大岳太和山誌》卷五，均作“革”。

② 祥光：王佐修、慎旦等纂《大岳太和山誌》卷十六，凌雲翼修、盧重華等纂《大岳太和山誌》卷五，均作“半光”。

於宫。仰惟聖德感格帝心，焕發祥光，層現疊出，皆不勝懽忭。既具實以聞，以衍方被命有事荆襄，亦嘗快覩其勝，謂宜有言以記，垂示無極。

伏惟天地以生物爲心，帝卽天地之心，主宰生成者也。其在北方，司冬令，則其職在凝固太和，以斡[①]造化生長之仁也。物終於此，復始於此，帝之仁覆萬物，其有窮乎！皇上祇承於帝，所祈者上延慈壽，下昌聖嗣，内和家邦，外寧海宇，以遂萬有之生成。皇上之心，亦帝之心也。然皇上克體帝之心，使奉而安之者弗克仰體皇上之心，則澤將壅於下矣，何以至民物乂安而神罔時怨恫哉！今諸中貴臣皆知畏天之靈，遵國之度，不倚神而慢，不倚公而私，不倚威而靈[②]，可謂克體皇上之心，疏導德澤而覃及民物矣，此神所以日監在兹，歆悦於上，故彰其靈異而降祥也歟。斯其可記也，故謹書以勒，而係之以詞。詞曰：

峩峩武當，元帝攸宫。報祀以典，盛始太宗[③]。於皇肅穆，纘承大統。像帝於宫，益隆崇奉。曰帝有神，享於克誠。洋洋如在，瑞光疊呈。惟兹臣庶，於焉快覩。稽首嵩呼，紛其屢舞。余曰於皇，一德格天。有感則應，效斯昭然。臣時被命，撫臨勝境。祇謁椒庭，躬奉其盛。嗟惟中貴，克廣皇仁。民康物阜，帝悦神歆。勒詞貞珉，庸紀其事。覩者鑒焉，或識予意。

大岳文昌祠碑記

汪道昆　巡撫都御史

《天官書》："斗魁戴匡六星曰文昌宫，一曰上將，二曰次將，三曰貴相，四曰司命，五曰司中，六曰司禄。"祠家則以其降神於蜀，率象神而祠之。尊北極者主元君，尸祝之義均也。大岳專祠北極，百神附焉，顧

① 斡：王佐修、慎旦等纂《大岳太和山誌》卷十六，凌雲翼修、盧重華等纂《大岳太和山誌》卷五，均作"斡"。

② 靈：王佐修、慎旦等纂《大岳太和山誌》卷十六作"虐"。

③ 宗：王佐修、慎旦等纂《大岳太和山誌》卷十六作"祖"。

文昌迄今不祠。不佞嘗言之柳使君所，使君謝曰："昔在司禮，先帝幸以文昌像賜朝，朝至於今奥事之，毋敢失墜。先帝崇祀大岳，不啻介邱。今上幸而使朝奉璽書主祠事，方懼無以稱上任，使倍先帝恩，乃今依北極，祠文昌，且尊君賜禮也。"於是相與經始，得隙地於三公峯之陽。東距天門，可當斗口。甃石高若干尺，爲堂廣若干筵，堂外層軒，待乞靈者。

夫北斗定四時，繫八極，而文昌用事，則文武爵禄之司。其命曰文，右文事也。我二祖用武定天下，以文守之，當時若劉文成以下諸臣，庶幾名世。孝宗守文繼治，王文成乃在公車，關中洛下並鳴，文始興矣。世宗操禮樂爲治，天下文明，在事之臣，各用其職，諸尚書郎奮起，若駕八駿而馳崑崙，何翩翩也。今天子聖明，無改先帝之舊，閎儒秉國，壯士①盈廷，海内名家，罔有遺佚。以故文德四洽，遠人來歸，得全全昌，此其時也。禮時爲大，祠不亦宜乎？使君故嘗主藏書，以知禮顯。是役也，則天象，協地宜，興人文，尊主德，於禮合矣。故使君决筴從之，其經費悉取諸舍中，筦庫之士無所預。會藩大夫李君以部署至，計日而祠成。楚人祠故有歌，祖迎皆用此。大嶽在楚，請爲神楚歌。歌曰：

列幽宗兮天閶，疏文石兮華堂。躡瑶光兮當户，帥三公兮鴈行。靈之來兮雍雍，乘歆玉兮雲中。臣聖哲兮爲役，點口②耳兮鴻濛。履達③遊兮璆鏘，升天衢兮張皇。導羣賢兮先路，熾明德兮無疆。釋余驂兮閶風，緩余佩兮離宫。覲昌暉兮當世，歷千祀兮升中。隆慶五年。

武當山勅賜冲虚庵元帝祠古铜碑

劉正廉　翰林侍講　姑蘇人

元帝祠殆遍天下，於武當最重。明永樂定大統，帝實陰佑之，卽禮

① 壯士：凌雲翼修、盧重華等纂《大岳太和山誌》卷五作"莊士"。
② 點口：凌雲翼修、盧重華等纂《大岳太和山誌》卷五作"黜口"。
③ 達：凌雲翼修、盧重華等纂《大岳太和山誌》卷五作"遠"。

絶百神亦宜。五帝五肖，龜蛇北肖也，豈其帝。《山海經》云：“大荒中有聖人焉，足履龜蛇。”北帝於《傳》曰“亥矩”，或曰“協光”，紀莫能詳之。而或以爲帝嘗行道此山中，其説多類佛書。

嘻，神彰山哉，山彰神哉！東漢來，多隱士，自謝羅仙後，云往往有之。近世則有張三丰者，上召之，竟不至，復使尚書胡公持手詔求之，終不得。仙風高蹈，有如是者。諸仙經論，予嘗徧觀其梗概，大約作用不離水火龜蛇、金木龍虎。水火南北，在人爲精神，在卦爲坎離。以離南之火鍊坎北之水，水上火下，旣濟之義也。金木東西，在内爲魂魄，在外爲性情，情來歸性，故稱還丹。正吾儒之復初，釋氏見性之義也。羣仙咸祖老子，老子之書亟稱於水，與仲尼同，如來亦指恒河水以喻見性。三教之旨，殊途同歸，元矣深矣。嘗竊言之：夫水納而不汙，類戒者；險行不失其平，類定者；澤萬物而已，無所愛，類善施者；盈科後行，混溷不舍晝夜，類精進者；處衆所卑而不辭，類忍辱者；外暗内明，不鑑物而以之爲鑒，類智慧者。故聖人咸稱之，以爲似道。葢五行各以其德，帝德之盛，宜莫水若已。今祠官事元帝最謹，故武當稱大嶽，巍然爲五嶽長，豈偶然哉，豈偶然哉！

吾往好養生家言，從友人楊尚璽補亭氏獲見異叟，聞丹訣，然疑道不盡於此，深求之《易》，乃若有會，以會於《道德經》及西方書。間語補亭，欲謁告，遊嵩少，登東岱，至於絶巔而還，庶幾哉廣吾之陋。補亭謂予曰：“有相識者李太監，逮事世廟，以爲自嘉靖至今，宇内有警輒往。時國有大慶，率歸之神庥。幸得從祠官，後敬竭平生所有，範銅爲碑，勒於山以彰之，亦藉手以報國家之萬一。今夫怙勢鑿空，妄積妄散，而無毛髮於公家者，皆是也。若李太監者，豈易得哉！其僚羅公，皆甘澹漠，遠世利，而尚清虚，勤道術。假令遇人不若欒巴也者，願子爲一言。”予不得辭，乃爲是説貽之，使先於山靈，異日入山，幸毋以予爲生客。李公名至惠，號仁野。萬曆二十八年庚子秋月。

皇　清

興復武當碑

劉執中　推官　襄陽人

天生偉人，爲一代神人之依，秉旄鉞，爲當寧長城之寄，獨當一方，不但據其要土，抑先爲神護其靈山，亦古時巡而首云亭封玉，裒對而先懷百神之遺意也。

壬辰歲，無端烽火遥自千山中，突來房縣，備猖獗之態。大岳八百里，罄斷人烟，竟爲蹂躪塲矣。焚修道衆，百存其一焉。宸慮難其人，人皆難其任。久之，僉謀獲同，乃命胡公開府鄖襄，節制三省，以任濯征。公下車，即披圖咨諏，復慨然曰："大岳香火，開皇啟圖，奕世欽崇，祚國靈長，治世福神。海隅之衆，莫不瓣香而朝謁。倘不汲汲於此，山靈恫焉。况爲鄖襄咽喉，在所必爭乎！"於是簡將於乙未歲春王正月，投鞭斷漢，頃復太和。恩覃道砥①，無不仰頼。四方朝謁者，依然不絶如縷。而房縣之刀劍化爲牛犢，可跂待也。較古封玉懷柔，何多讓哉！

昔晋羊公鎮襄陽，好遊峴山。後思之者，見峴山即墮淚，今碑存焉。大嶽名山也，豈特峴山已哉！敢不覼縷數言，以爲奕世墮淚之一借與。

飛昇臺禁止捨身碑文

蔡毓榮　川湖部院

南巖飛昇臺者，真武上帝飛昇處也。世俗訛稱爲捨身崖，山中道人傳習其訛，又從而神其説。愚夫愚婦誤於其名，或以迷惑之見，或以一朝之忿，輕生隕命，莫之拯救。

夫天下名山絶頂不可勝數，緇黄之徒因其危峻，往往皆以捨身目之，

---

① 恩覃道砥：楊素藴修、王民皡等纂《大嶽太和武當山志》卷十六作"恩覃道民"。

沿襲妄謬，眩惑流俗，不獨南巖也。惟南岩以飛昇之所，亦受不經之名，遂使瑶闕瓊臺血肉狼籍，瀆嫚上真，陷阱愚昧。肇斯名者，不仁甚矣！世人不悟，相率從之，生爲下愚之民，没爲枉死之鬼，必其宿業所招，墮此現前地獄。上帝垂慈，寧無悲憫。今不立禁，傷生必多。故考訂圖經，正其名曰飛昇臺。學道之士，棲心世外，滅景寰中，名列紫府。冲舉將至，登斯臺也，於以驂駕鸞鶴，翱翔雲霞，斯上帝之宏願也。若其功行未滿，猶當望岫息心。而况五濁之愚頑，何可捐彼革穢、仰滓山岩哉①！

自今以後，不得復稱捨身崖。本宫住持暨諸衆道②，隨時曉諭，永遠禁止。如有違犯，有司治以見死不救之罪。其遵勿忽！

南巖禁止龍頭香碑

蔡毓榮　川湖部院

南巖之下，倚崖立殿，以祀靈神。不知何時，鑿石爲龍首，置香爐於前，下臨絶壑，憑高俯瞰，神悚股栗。焚香者一失足，則身命隨隕。此俗庸妄人所爲，非上帝慈惠羣生之意也。

今徙爐殿内，以便焚香者，使知孝子不登高、不臨深之義。立石檐前，永杜小人行險儌倖之路。本宫住持暨諸道衆，隨時勸誡，毋蹈前轍。其遵行勿忽！

---

①　仰滓山岩哉：楊素蘊修、王民皞等纂《大嶽太和武當山志》卷十六作“仰滓仙巖哉”。

②　本宫住持暨諸衆道：楊素蘊修、王民皞等纂《大嶽太和武當山志》卷十六作“本宫住持暨諸道衆”。

序

元

啟聖實録序

趙孟頫　集賢學士

《易》曰：“天一生水，地六成之。”天一者①，數之始也。水者，萬物成形之始也。生數奇，成數偶，於位爲北方。北者，背也，北方象人背，故北極出天最高。又北之爲文，從人相背，陽至冬至而止，又自冬至而復生，於卦爲坎。水之爲文，象形爲坎卦，東西分流，於乾坤之四德曰貞。貞者，正固也。二儀在天，斗、牛、女、虚、危、室、璧②七宿列於北方，成形爲元武。元武者，龜蛇。青龍、白虎、朱雀皆一物，元武獨二物，不謂之龜蛇而謂之元武者，元之爲色，赤而黑，龜蛇則皆有鱗甲，武之象也。元武之神始於宋真宗時，爲祠徧天下。皇元之興，實始於北方。北方之氣將王，故北方之神先降事爲之兆，天旣告之矣。武當山在西南方，巍然高且大，元武神依焉。黑衣披髪，仗劍踐龜蛇，人往見之，至今常然。天一真慶宫主張君洞囦篤於信道，強立不撓，皇太后聞而召之。會京師旱，去年九月不雨，至於三月，天子以爲憂。皇太后使人持香，從張君禱焉。先雨，張君爲之日時，已而果然。雨數日乃止，遠近皆霑足。皇太后厚賜之，盡散與其衆，不以一錢私己。其行若是，真所謂絶無而僅有者哉，是宜神之相之也。張君持所刋《嘉慶圖》

① 天一者：任自垣纂修《勑建大嶽太和山誌》卷十五，方升纂修《大嶽誌畧》卷四，均作“夫一者”。王佐修、慎旦等纂《大岳太和山誌》卷十六，凌雲翼修、盧重華等纂《大岳太和山誌》卷五，均作“天一者”。

② 璧：誤，北方七宿之一，應作“壁”。

徼余爲敘，余爲誦所聞而書之。

嘉慶圖序

虞　集　學士

天之高，不可知也，日月星辰之象，吾得而觀焉；地之厚，不可度也，山川草木之形，吾得而察焉；神之妙，不可測也，變化應感之跡，吾得而擬議焉。是道也，洞困張先生其知之，其作《元武嘉慶圖》是已。其言曰："武當之爲山也，七十有二峯，皆奇偉怪絶。而所謂紫霄峰者又七十二峯之中峰也，然則其能出雲雨見靈怪也固宜矣。"又曰："其帝而神之者曰元武，元武者，在天爲虚危之宿，在地托龜蛇之靈，於五行爲水，於五色爲元，而其數則一也。"夫一之爲一也，離數而言之，則一固造化之所由分；卽數而言之，則一固十百千萬之所由起也。然則其寓天①地之中而行乎天之一，非天下之所謂至神者與②。洞困曰："自是而上，吾不可以言喻也；自是而下，吾猶得以跡言之。"於是與其徒唐中一、劉中和取其瑰異顯著者，圖而傳之，將使天下觀者動心駭目，必有以啟夫警畏感慕之意焉。

予從元教大宗師嗣宗師知洞困之有功於武當也。曰："洞困在武當，攻苦食力二十有餘年。梯危架險，經營締構，作宫室以奉香火，夫③以窮山幽谷比壯麗於通都大邑。"則洞困規畫運量，其可以淺淺窺哉。其佐而成之者，同棲巖穴④之士也。會予弟佐邑在武當爲近，故得詳言之。

---

① 天：方升纂修《大嶽誌畧》卷四作"夫"。

② 與：任自垣纂修《勑建大嶽太和山誌》卷十五，方升纂修《大嶽誌畧》卷四，王佐修、慎旦等纂《大岳太和山誌》卷十六，凌雲翼修、盧重華等纂《大岳太和山誌》卷五，均作"歟"。

③ 夫：方升纂修《大嶽誌畧》卷四作"幾"。

④ 穴：方升纂修《大嶽誌畧》卷四作"學"。

明

大嶽太和山志序

王繼洛　副使

大嶽距均州百里許，古爲豫雍之域，實惟元武之神當之。成祖文皇帝起自燕邸，入正大統，惟神陰佑，靈蹟丕著，用是大啟宫宇，以答其貺，而武當之勝遂甲於天下。洛少即聞之，無從一寓遊，以慰仰止之想也。

嘉靖壬子，承乏晋臬，側聞我皇上法祖敬天，屢感元應，特遣大臣重事修葺，維時海内臣民益加仰慕，而洛願見之心尤切。未幾①，拜命來督兹山。歷太行，經唐鄧，注望天表，峻拔特立。既而踰光穀，入均陽，祇詣極頂，則奇秀爭勝，動目駭心②。而神宫仙館之厝置，俱有非人力之能搆者。洛乃竊嘆曰："猗歟盛哉，其天造地設者與！《詩》曰：'天作高山，太王荒之。彼作矣，文王康之。'惟斯之謂與！"乃觀舊志，則有未備焉者，因語提督王公佐曰："聖皇聿新此山，公實効有勞焉。顧於志也，獨可諉乎？"公曰："兹佐責也，業已有成帙矣。"因取而讀之，綱提要舉，爲卷若干卷③。志宫觀之勝，則圖可攷也；志元聖之跡，則紀可考也。志御製諸文，而褒錫之禮著；志創修諸勑，而崇奉之典彰。闡列聖垂眷之休，則像器征差有志，山塲香幣有志；昭守臣提督之責，則内臣之勑有志，藩臣之勑有志。以至上供之志，示惟正之義；欽賜之志，明特異之恩。而仙真之蹟，禎祥之應，靈物之産，職官詩賦之類，諸凡因山而有者，亦各以次附焉。詳而悉，簡而覈，質而不俚。而我成祖、今上修建之功烈，與天地同其悠久者，猶章章明甚。

---

① 未幾：王佐修、慎旦等纂《大岳太和山誌》卷首王继洛序作"無何"。

② 則奇秀爭勝，動目駭心：王佐修、慎旦等纂《大岳太和山誌》卷首王继洛序作"則奇秀爭出，奪目駭心"。

③ 爲卷若干卷：王佐修、慎旦等纂《大岳太和山誌》卷首王继洛序作"爲卷凡十有七"。

嗚呼！公之用心，其亦可謂勤矣，而不足以傳乎！且今天下海隅蒼生，孰不知有是山也，雖朝謁而來者月無虛日，而未得其勝者，尚多也。今而後，凡有知者，卽按卷可悉，而亦弗苦於聞見之不侔矣。公之功，不其偉歟！抑公之被簡於兹也十有八載，其久也，葢前此之未有者。良由敬事之心有以上徹於宸衷，故聖恩之所以寵顧之者日厚。是舉也，雖不足以盡公之忠勤，而其體國之忱於此可以徵其槪矣。洛也固亦有事於斯者也，因敬爲公序之。

皇　清

太和山志序

王新命　巡撫湖廣都御史

皇帝御極之十有九載庚申歲，新命奉勅諭來撫楚北。維時寇氛未靖，三户弗寧，徵芻輓粟，羽檄紛馳。予承嚴綸駐江陵，料理軍實。逾年，滇黔底定，武功告成，繼而班師絡繹，近且禁旅南駐。予往來郢鄂，遥指太和山在封内，相去千里，無緣登謁。兹均州王守以山志請序於予，予惟寰宇名山，五嶽最著，望秩之典，紀於《虞書》。而《禹貢》載高山大川，敷奠具詳。迨郭景純《山海經》搜采亦悉，乃兹山之名獨不槪見。直至唐宋元明之代，因真武帝君而山始名，何藴之久而顯之遲歟？説者謂非真武不足以當斯山，故山以武名。夫以真武之神靈，何不顯於秦皇漢武封禪之朝，應黄龍寶鼎之符瑞，躋七十二家之盛，必遲之又久而赫奕立時者，何也？

予觀道家書所言先天始炁太極别體，則帝君之神早已降真運化於皇黄之間，而兹山自開闢以來亦早已卓峙於宇宙。太和傳道之語，適爲帝君與兹山作合耳。况真武位居乎坎，正北方之卦也。兹山在翼軫角亢之下，盤旋乾兑之位，神則負坎抱離，憑依於此，殆居天地之中，宣水火既濟之用，以契太和，以祐民物，視五嶽之各鎮一方者，其功尤普積之厚而被之遠。大岳之名，固不爽也，詎如黄龍寶鼎之侈符瑞於一時者哉！

然則烏容無志，楊粲議、王州守，一以關西名宿，一以臨川才筆，力任斯舉，苦心纂輯，山靈面目，星纏度數，殿宇人物，瞭如指掌，卽無緣登謁者，展閱一過，恍如覩七十二峯、三十六巖之勝矣。

今天子文教覃敷，蒐羅天下遺書，金匱石渠，炳炳烺烺。在廷諸臣纂修《國朝會典》，檄取各省《通志》。楚爲郡一十有五，爲州一十有六，爲縣一百有七，南北協修《通志》一書，三長未備，一時未易猝成。均州僻處一隅，而兹山之志裒然成集，且成於軍供鞅掌之餘，夫非山靈有以感召之耶！而予更有進者，楚民疲敝之後，水旱頻仍，人事固當修舉，尤藉大嶽之靈，發太和之氣，驅疵癘而召禎祥，俾民和年豐，太史疊書大有，更所禱祀而求者也，因序志而並及之。康熙二十二年。

大嶽太和山志序

楊素藴　分守荆南道

太和山志，傳名山也。名山何以志傳，徵以文也。葢遊山者以趾，而耳次之，書之所紀弗耳，若廼較真焉。絶巘名巒，踵能窮其態狀，然向平婚嫁，難驟畢也。相與聞騷人遊客歴歴道其槪，能不心鄉往而識之。若披圖考異，豁然目覩而形遇，則身焉棲息徘徊其間矣。遊覽之資於書也，不書不徵，不徵不傳也。太和山傳焉久矣，宜無志。然傳太和者，以鐵杵，以榔梅，不則金宫闕巍然天柱頭也。規均州而半之，修鑿爭天地巧，燦麗不下帝者居矣。今語人曰："山之勝，合泰、華、衡、嵩、恒而六之，其誰信！夫天下奇太和者，以山水勝，而山水之奇獨不傳。卽知奇太和山水矣，而至止者罕。酈道元註旣弗詳，劉洞陽事跡編缺焉又未備也，於是太和之勝若蓬瀛方丈，且以爲容，或有之也。

予性癖山水，歴天下名山之半，考名山水記則幾乎盡矣。太和之遊，久從王弇洲記中。及庚申歲，自郧返遊，虔禮帝閽，廼嘆志之弗可已也。詢有志，始自宣德三年，修者至再，增修者則郧博萬君甲、明經李子紹賢也，爲書二十四卷，備矣。惜也詳畧不之審，文之不章，未能出名山真面目也。峯七十有二，巖三十有六，澗二十有四，志之志如此而已矣。極刻畫狀其所爲高峭險澁驚人者，使人從紙上目泉飛崖懸，不啻足履而手指顧之傳矣。顧僅列其所名所在，如繪事家安頓耳目口鼻數寸面皮間，不於阿堵中着意。峰如天柱香爐，亦曾不置辨，獨於秋官封詔祭告加詳焉。萬君自嗟無凌雲之筆，作詩歌而昭耀之，殆謂此歟。然斯編也，景物可遠想而知，而所爲高峭險溢者，又散見於名公諸君子藝文内。名以紀之，圖以考之，時代以上下之。書有文，文有徵，徵斯傳矣，故曰傳名山也。爰命均刺史王君民皡、廣文盧君維兹授之梓，告之曰：山之志，與州郡志異。峰巖宫觀，各自爲圖，圖以真，毋圖以似。吳道子蜀山，王摩詰輞川，蓋以畫傳焉。且亦顧其人爲何如耳，柳州鈷鉧，東坡石鐘，彼且以人傳。斯役也，苟有其人，將山以志傳，志更以人傳。康熙二十年。

跋

皇　清

大嶽太和山志總跋

王民皡　均州知州

聞之朱靈西鑒，玉歷雷布於中天；紫炁青臨，金匱雲垂於震旦。在無象無形之内，居太初太易之前。二神贔屓以俱來，三氣氤氲而互結。太和之峯遹峻，天一之帝由崇。匪僅掩悉達王舍之城，早已啟廣成崆峒之室。歷世二百三十餘代，留丹竈之清虚；閲歲四千五百餘年，開羽仙之奥窅。畫乾坤於北户，握陰陽於南交。法界宏開，義天宣朗。文之是亟，誌乃攸宜。悼蠹簡之叢殘，布覃懷之杼軸。第非托於上憲，光開萬丈，鮮不爲熠燿之燎山；且不資以鉅公，力振千鈞，亦衹同蚍蜉之撼樹①。於是引芒針於磁石，類喜相求；因之扣石鼓以桐魚，理須遥應。

① 第非托於上憲，光開萬丈，鮮不爲熠燿之燎山；且不資以鉅公，力振千鈞，亦衹同蚍蜉之撼樹：楊素蘊修、王民皡等纂《大嶽太和武當山志》卷末王民皡跋作“苐非有上憲光開萬丈，鮮不爲熠熠之燎山；且不資鉅公力振千鈞，亦衹同蚍蜉之撼樹”。

如天文象緯，璇璣之軌同鑣星野；地勢規恢，繡壤之牙互錯圖考。閲世愈遠，烜赫彌彰隱顯；攬勝綦懸，高深備著山水。稟地靈而開造化，説法現身聖紀，侈金碧而麗莊嚴，垂裳出治宫殿。全真致潔，上擬紫微之居庵祠；孚禴謹齋，永滌血膋之薦祀典。允矣紺雪元霜之窟宅僊真，展也赤明丹蕊之奇觀靈異。紛茂對之隱淪物産，徵瑶鴻於象外古蹟。烏雲分職，曰旦而曰明莅禮；鳳篆呈文，有嚴而有翼神謨。彤廷黼繡，俎豆爲光御製；牙軸縹緗，鼓吹聿盛藝文。凡皆吸水而擇乳，用是披衣而得珠。筆騰墨飛，不啻宏璧琬琰；花駢葉麗，上媲彝玉河圖。云挽劫灰，全資帝力。條次其篇目，撈漉諸家；洮汰其繁芿，囊括羣有。在當年掇拾之長物，咸可入爐冶而成丹；即昔人組織之餘材，兹且施彩色而作服。七百九十篇，星緯鎝飛於帙裏；二十四萬字，雷風噴薄於行間。夫乃知景慶停空，太和爲元始太元涌現之地；益以徵花鬘徧覆，武當爲天龍神鬼擁護之區爾。

贊

元

真武像贊

虞　集

真武像，吴興趙公子昂寫其夢中所見者，而上清羽士方壺子之所臨也。

吴興趙公，前代公族。神明氣清，静處真獨。乃夢天人，披髪跣足。元衣寶劍，坐臨巖谷。再拜稽首，仰視退伏。念昔敬事，存思莊肅。致意接對，光輝心目。如聞教言，嘉子誠篤。爾善繪事，追步顧陸。凡吾真儀，子善記録。審而傳之，與世瞻矚。傍有介士，玉版金籙。曰帝告汝，錫爾榮禄。冉冉而升，夢亦遂覺。明月在户，香彩徧屋。取火亟寫，神運掌握。毫分無失，三十其幅。丹青既成，齋戒韞匵。有堂授受，先事穆卜。而其秘夢，初不以告。晚有相師，泄其元躅。人始得傳，錦標鈿軸。方壺仙人，潔以薰沐。臨池擬容，誠比元玉。有得之者，昭事毋瀆。上帝臨汝，介以景福。

明

贊真武

湘　王

皇皇上帝，一氣分形。虚危鍾秀，坎離孕精。功高衆聖，德輔九清。小臣凡昧，罔敢爲名。

贊趙元帥

胚腪梵炁，挺性自然。稟金精乎孕秀，正水德以通元。樞機造化，威震八埏。尋聲赴感，如意慈憐。恩霑品彙，靈變三天。振宗風於永刼，闡教法於萬年。

銘

元

銅像銘

劉辰翁

天地仙，水中鉛。範合堅，凌風烟。生青蓮，劍蜿蟺。按大千，龜蛇纏。劫運遷，飛乾乾。元元天，萬萬年。

明

太和山銘

汪道昆　巡撫都御史

赫赫成祖，張皇聖武，中外以寧。左右六師，元君陟降，抗我皇稜。大報神休，敬修祠事，帝時用興。疆理隩區，離宫錯起，粲若繁星。太和崔嵬，金城千仞，以象勾陳。厥有神臯，冠以黄屋，俯擥八紘。嵩少及肩，參居二華，雄視南衡。江漢分流，會於二别，神物有徵。禔福邦家，韃櫜不試，民物孔殷。肇祀迄今，莫不祇敬，崇事明禋。亦越世宗，穆穆元德，通於神明。申命司空，有事吉土，百度維新。費出上方，鳩工程物，勿以罷民。在宥寰區，四十有五載，治定功成。皇帝承之，翼翼昭事，罔或不欽。三事大夫，咸有一德，夙夜惟寅。嗣服不愆，率由其舊，至治烝烝。百粤三苗，骿首伏質，境内皆平。威行海甸[①]，名王稽顙，款塞稱臣。凡厥有生，舉首内嚮，天子之勳。介福宣威，保兹天子，維岳效靈。自古七十二家，登封有跡，猶侈令名。煌煌我明，世修鴻業，振古莫京。不佞守臣，敬共方祀，三謁帝閽。徽惠文昌，用章盛美，播於無垠。

① 威行海甸：凌雲翼修、盧重華等纂《大岳太和山誌》卷五作“威行匈奴”。

文

明

祈豐年祭文

吴廷舉　都御史

與造物遊，必其視天下如敝屣者也；享萬世祀，必其出斯民於水火者也。惟神棄王位而不居，試諸難而不變，戮羣妖而不懼，度世教而不迷。功滿道成，天行雲卧。受天明命，坐鎮名山。衮冕圭璋，不生不滅。星辰雷電，倏顯倏藏。相我太宗，功烈猶偉。紫霄天柱，崇高踰五岳之尊；金殿琳宫，華麗極百王之奉。永惟翼軫之下，地屬荆湖；是以桑梓之邦，仰如父母。水旱必禱，疾痛必呼。趨者如川，應之如響。邇來連歲，洪潦爲殃。麥穀失收，室家漂蕩。廷舉欽承上命，賑濟一方。謂府庫有限，錢糧僅續飢民之命；憫青黄不接，時月豈勝餓莩之多。羣心所欲者，五日一風，十日一雨；衆情所憂者，夏月大水，秋月亢陽。廷舉跽進瓣香，爲民祈禱，伏願體天行化，旋乾轉坤，使四時和而品彙亨，五穀熟而萬民足。非但廷舉免瘝官惰事之罰，而神亦丕顯憂民助國之靈。若今歲再遭水旱蟲蝗，而楚人必爲魚鱉鬼蜮。諒非神所忍見，抑豈廷舉之所忍言哉！

祈　雨　文

王世貞　都御史

都御史無似，天子命領鄖節。其荆襄漢南之山川土地人民，今旱自五月至六月矣。禾黍之地，高者蝌螺而卑者沮洳，日夜恃雨以爲命，而不能希涓滴之賜。今土尺拆而膏寸涸①，本下萎而末上焦，其父老子弟

① 今土尺拆而膏寸涸：王世貞《弇州山人四部稿》卷一百五作“今土尺坼而膏寸涸”。

食寢之不遑，以爲歲憂。

夫天下稱名山者無踰大嶽，而稱名江者無踰漢，其神當最靈而又尊貴。卽子弟父老之所循循以爲媚事者，亦無如神，神不當坐視其困也。且天子方齋明其德，以奉上帝，惠鮮下民，百執事精白一心，恪共乃司，神罔時恫。卽都御史之不蔽職，而神督過之，亦不當以移於民也。都御史今貶車服，減騶從，從事壇壝，而欲與神約，其惠我甘霖三日，以起焦枯，當從父老子弟百拜稽首，以謝神之大貺，而光昭其盛德。抑語云："天災流行，國家代有。"意者神乃不能得之歲耶！都御史無似，尚能以五都吏民請命天子，而神不能以五都吏民請命上帝者①，未之有也。

謝 雨 文

王世貞　都御史

嗚呼！二五之靈，其用爲神。神佐上帝，以宰生民。帝有至仁，神實撰之。凡兹滂沱，疇非民命。兹有長贏，魃爲厲首。如炎如焚，爍石焦畝。單辭朝聞，夕奏絪緼。江漢立波，篸嶺蒸雲。龜者爲合，朽者爲腴。仆者爲起，卷者爲舒。雨之驟來，其滴瀝瀝。匪雨之滴，實生民食。雨之將收，其絲霏霏。匪雨之絲，實生民衣。貞實無良，六事何飭。爰借神休，脱我於責。諸二千石，黄墨綬吏。敢不滌心，以承神賜。田畯里父，率其子女。崩角厥首，式歌且舞。人亦有言，欲而不貪。貞有百城，神澤所覃。勉勉我皇，祗恭惠矜。毋使雲漢，流歌中興。

① 尚能以五都吏民請命天子，而神不能以五都吏民請命上帝者：王世貞《弇州山人四部稿》卷一百五作"尚能以五郡吏民請命天子，而神不能以五郡吏民請命上帝者"。

皇　清

謝雨文

王民皞　均州知州

天心仁愛，恒篤意於栽培；帝德含宏，每垂恩於施濟。玆者辛酉仲夏，亢旱爲殃；爰從甲子良辰，虔誠致禱。持咒誦經，尚未浹旬，早已蒙澤。嚴威用霽，雲已出於山川；美利不言，章復合於雷電。由辛未以迄癸酉，大沛甘霖；自腴壤而逮荒阰，遍資膏澤。涸土涵潤，槁植立興。民命於焉可延，國賦於此咸賴。明農克慰，下吏騰懽。謹抒微忱，恭申謝悃。統冀仁慈，俯垂昭格。

卷之七　藝文三①

記

明

自均州繇玉虚宫宿紫霄宫記

王世貞　都御史

規均州城而半之，則皆真武宫也。宫曰“淨樂”，謂真武嘗爲淨樂國太子也，延袤不下帝者居矣。真武者，元武神也。自永樂朝尊寵之，而道家神其説，以爲修道於武當之山，而宫其巔。山之勝既以甲天下，而神亦遂赫奕，爲世所慕趣。

春二月望②，余晨過淨樂，憇紫雲亭。少時，出南門二里許，乃行田間，兩山翼之，平緑被壠。時積燠頗困人，少女風襲肌，爲之一快，不知其媒雨也。已一舍，飯迎恩宫，殺淨樂之半。

又數里，稍稍入山，然漸爲馳道。山口垂闔，棹楔跨之，榜曰“治世元岳”，嘉靖朝所建也。山初不以岳名，按酈道元《水經注》云：“武當山，一曰太和，一曰參山，又曰僊室。”《荆州圖副記》曰：“晉咸和

① 藝文三：原文無此標題。編者根據内容補。

② 春二月望：凌雲翼修、盧重華等纂《大岳太和山誌》補遺卷作“春三月望”。

中，歷陽謝允棄羅令，隱遁玆山，曰‘謝羅山’。”而永樂朝爲特賜名曰“大嶽”，至世宗乃復尊稱曰“元岳”，以冠五岳云。謂武當者，非真武不得當也。自是爲修真，爲元和，爲遇真，凡三觀。橋間之馳道益闢，左右杉松萬株，大者合抱。自遇真五里而爲玉虛宫。曰玉虛者，謂真武爲玉虛師相也，大可包淨樂之二。其東廡有三丰道人像，三丰姓張，當洪武時遊人間，築淨室於玆地，曰：“是不久當顯。”俄棄去。而永樂朝數使都給事中胡濙奉書招之，凡十餘年弗得，則爲之像，又贈以真人誥，今所奉書及誥猶在。

已飯玉虛，出取右道，逶迤而上，稍有澗壑之屬。微雨時將風來，衣輒益輒單。乃稍有峭壁，折而龍泉觀，其陽爲大壑綰口。相距三丈許爲橋，橋下水流潺湲不絶，怪石憤起若鬬，四壁無所不造大①，杉松衣之。吾鄉所記洞庭資慶包山之勝，蔑如也。度橋，徑已絶，前旌類破壁而出。自是皆行巉岩間，而雨益甚。舁者強自力前，所指問道人掌故，氣勃窣不暇答。山之勝，亦若馳而舍我。獨峯頂蒼，白雲冒之，倏忽數千百變。喬夭得雨，秀蒨撲眉睫，以此自愉，適忘其濕之侵也。

度日影已下舂，始抵紫霄宫。宫前爲池，曰“禹跡”，有亭踞其右，池合宫之溜滙焉，潺湲蹭竑，所受滙已衆，又暴得雨，上奮若有蟄借以起者。浮鴨數頭，緑淨可翫。既入門，雨益急，衣濕透袒服，顧左右分謝候吏，齒擊不能句。乃入道士室，擣火燎衣，探案頭得《黄庭》一卷，讀之，命酒三爵。時雨聲不可耐，且爲次日道路虞，而倦甚，目不勝睫也，乃就枕。

遊紫霄登太和絶頂記

雨潺湲不已，若夢中度三峽也。比五鼓醒，而絶不聞雨聲。質明，起禮前殿，其後壁鐵色横上千仞若屏，曰“展旗峯”。出憩禹跡池，泉聲

---

① 大：凌雲翼修、盧重華等纂《大岳太和山誌》補遺卷作“天”。

益怒，飛流縹碧可愛。仰視雨脚下垂，而塹若閣者①，甚畏之。然已决筴，勵輿人前。池之右爲福地，古七十二之一也。宫其上，弗及訪。俄而漸開霽，所入皆陋徑，兩壁直上無盡，而三公五老諸峰以次現，乃更見濯雨故②，蒨潤葱蔚，因詠唐人"羣峭碧摩天"語，歎其指意之妙。

久之，崖忽闢其陽，丹碧出没杳靄中，稍迫而視宫之額，則南岩也。舍弗止，乃度宫西嶺，下視大壑若盂諸，席以古松長杉之屬。自是度榔梅祠，地益高，壑益雄深，仰而睇，俯而瞰，無非以奇售者。所歷宫觀，羽衆以笙管導之，出没雲氣中，時亦爲風續斷，或前薄岩而爲回風調，穿入窪幽則若甕呼者。度半舍許，得一澗。輿人來請曰："從此陋中穿，則故道也，當步上三天門。此而下趣澗，則改徑可以輿，亡苦。"乃聽其所之。以得雨，稍走沮洳，怪石錯道，古木偃蹇，其右仰而諸峯之高，以爲亡險矣。左仰而峯勢益峻，遂失其右所在。久之，蛇行爭鳥道，凡數千級，而躋太和之西嶺。又折而下，泥滑益甚，舁人足前趾恒蹈空，又數失，而顧其身乃空懸數千仞，悔不若步之小安也。

已上太和，憩傍室。顧視諸道人舍，其趾半附岩，則重累而度之，多者至七層，若蜂蠣之爲房。罡風蓬蓬，勢欲隳不隳，甚危之，而竟無恙也。改服禮真武，遂登絶頂，曰天柱峯。由太和而望天柱，高僅百丈耳，而若數里者，左挽懸而右肩息，不能得懸之十一，輒喘定乃復上，遂禮金殿。殿以銅爲之，而塗以黄金，中爲真武像者一，爲列將像者四，凡几坐供御皆金飾也。

已出，而顧所謂七十二峰者，其香爐最高，然猶之乎榻前物耳。《荆州圖副記》云："峯首狀博山香爐，亭亭遠出。"又郭仲産《南雍州記》云："有三磴道，上磴道名香爐峯。"然則後人易香爐爲天柱，而以其從峰稱香鑪也。餘峰夥，不能臚述，而其大都皆羅列四起，若趨謁者，又若侍衛者。時乍晴，蒙氣猶重，不能得漢江。而三方之山若大海挾銀濤，

① 而塹若閣者：凌雲翼修、盧重華等纂《大岳太和山誌》補遺卷作"而暫若閣者"。
② 乃更見濯雨故：王世貞《弇州山人四部稿》卷七十三作"乃更用濯雨故"。

層湧叠至，使人目眩不暇接。古語云："峯山，輕霄蓋其上，白雲當其前。"有味乎言哉！諸山皆培塿，獨東南一山最高，意不肯爲天柱下者，而又外嚮，問其名，曰"外朝峰"，乃在房陵官道也。凡山所有峯澗岩泉之屬，不可指數，而其名卽道流輩剽它志被之，又舉以傳真武。爲真武稱者，不可指數，而皆無據。

時分守李君元莊從，爲飯神庫之後院，謝去。客有言范丫髻者，居二十餘年矣，冬夏一衲，食一飯，亡鹽酪，所棲止一石竇。試跡之，則已至矣。貌瘠而神腴，雙眸炯然。卽一衲鶉懸，歷寒暑亡穢也。與之語，不能爲虛，而能爲不虛者，亦雜用儒家言。顧謂得道可以遺身，然渠何能外身以求道耶？① 爲作白湯飯，供盡兩甌而別。

自太和下宿南岩記

余將以雞鳴起，作泰山日出觀。而二傔欲寐，呼之不應。旋有謦欬者，則已辨色矣，然亦以足不謀，凭欄徙倚久之，乃就籃轝而下百餘武。不可轝，舍之。遶出天柱峯後，爲三天門。降之，易屣於陟，而用陡絶，故數踸踔，腰膂不相攝，累息股戰，賴道士時時奉酒脯紓其困。顧視中笏、七星、三公、千丈、萬丈諸峯，差池頡頏，色若可餐，數步一回首，不忍失之。

下二天門，爲摘星橋，有文昌祠。讀汪司馬伯玉所爲文，甚麗。中謂國家創述右文，盛高孝廟，而以劉、王兩文成當之。夫伯玉殆自命哉，乃不佞所不敢知也。稍數百折，得昨所取道，晴日獻麗，原谷詭瑰異狀，觸目若新，亦忘其所覩記矣。

亡何，抵南岩宫。新蔡張助甫約以望後一日登太和，而所遣候人不得報，乃憇以俟之。飯後，有舉不二所休岩告者，卽伯玉記佛子岩也。欣然許之，復以籃轝往。從宫門傍左折，逶迤上行百步，有岩曰"欻

① 然渠何能外身以求道耶：凌雲翼修、盧重華等纂《大岳太和山誌》補遺卷作"然何渠能外身以求道耶"。

火”。石文如餤起，樹作龍爪，其中窐深，而旁有靈池，水甚甘。傳以爲雷師鄧君修真地也，道流輩飾像蒙之，後若爲寢室者，其美遂爲襲矣。乃復行嶺間，回穴紆磴，足相躡者十餘里，而始抵岩。

岩踞嶺之腹，而嵌空若室者三，中最寬，鑿大士像，虚左，席客以地，而庋其右以榻。不二髮鬖鬖白覆額，而狀甚腴。出肅曰：“公貴人，乃羸服耶?”坐餘榻，屏人耳語，謂：“公自此中來，得毋不從此中去乎?奈何自失之。”予爲悚然。第其所傳握拳閉齆，流羨入丹田法，與一切空所有，皆予素聞者。乃引予左邪而上，至頂有池，延袤不二丈，而水旱不溢涸，蓮葉田田其中。前後爲一池，僅半之，亦有雜花木之屬。蓬室方廣當身，一木榻，匡坐，嗒然久之。其嶺左右皆大壑，壑盡皆爲絶壁，四周靡所不際天，其色以三春奏異。已乃却引穿美箭，下臨前澗，磐石若峽，水潺潺流其下。小爲隄扞之，滙爲一池。茂草沿絡，傍巨石題作“梵”字，刻丹填之，仍爲予釋其義，予笑不答。尋又爲予言所以結搆之詳，皆手任之。予曰：“是空有耶?”曰：“吾空有而時有，有而空空，毋害空也。”已又飯予室，蔬豉皆香美。尋飯予從者數十人皆徧，毋噃羸。乃謬謂予曰：“趨襄邸涓人來授餐耳。”臨別，握手不能釋且曰：“毋忘兜率會也。”予顧謝：“師自愛，度我不能得師境，而師或隨我趣，奈何?”

還南岩時，返照猶未歛，乃入謁真武殿。從殿後歷元君殿，南薰亭，獨陽、紫霄諸岩室，徘徊顧望，諸峯爭雄，而趣太和若遊龍。天柱金殿，色煜煜射目。所謂禮斗、飛昇臺、捨身崖，其奇險詭卓無論。道家①鼓掌元帝，事若覿也。予語之：“若曉僧不二耶?是欲空一切有不得，而予②乃有一切空乎?”因大笑，命酒數行而罷。

自南巖歷五龍出玉虚宫記

由南巖右折而下，半里許爲北天門。出北天門稍折而上，曰滴水岩，

① 道家：凌雲翼修、盧重華等纂《大岳太和山誌》補遺卷作“道流”。

② 予：凌雲翼修、盧重華等纂《大岳太和山誌》補遺卷作“子”。

若肺覆，時時一滴，下小池承之，即不以雨暵緩速。有澗，傍亦饒奇石。泉㶁㶁下流，橋度之，頗勝而名不雅，曰“竹笆”，然亦未有以易也。

自是壑益深曠，樹益老，高者徑百尺，大可數抱，而根皆露，交縱道上，數百千萬條。其粗者若虬蟒，次爲蛇爲虺，且樹得風簌簌鳴，則根皆應而鱗起，若囑人趾者。岩顛怪石俯下欲墮，亡所附麗。其澗石又突起，若象，若獅，若龍，若鵰鶚之屬，意似欲攫人。令晦之夕冥之晝過之，不憭慄縮足耶？

有仙龜岩，衡縱數百尺，作綠苔色。沿澗而下，至青羊橋。石益奇詭百狀，水益壯，嘈嘈若笙鏞之乍奏而自律也。下流方巖，陡上無際，水乃從其趾穿度矣。呼酒盡三爵，酌水復盡一爵。自是舍澗旁道，頗行谷間，迷陽茀蘙，不可以捷。可數里，乃復攀緣而上。其岡嶺故已皆土，忽復石，石遂多奇，而樫杉松栢之屬，忽盡偉蔚整麗。余謂：“是且得五龍宫乎？”而道轉上，轉不可盡。輿人喘而嘘，數息數奮，乃抵焉。

入門爲九曲道，丹垣夾之，若羊腸蟠屈。其垣之外，則皆神祠道士廬也。美木覆之，陰森綜錯，籠以微日，猶之步水藻中。其臺殿因山，獨峻出宫表。紫蓋、金鎖諸峰，彷彿欄檻間物矣。庭左右有池二，若連環，名曰“日月池”。日池黛，月池赭，云其色亦以時變，不可知也。飯已，道士奉真武玉像來觀。已又出文皇帝所賜道士李素希二衲，被之正與余體適，因笑謂：“此衲出尚方，而復不偕鸞鶴逝者，亦胡異中丞紫耶？”所聞凌虚岩、自然庵尤勝，而意不欲往，乃出。

自是稍坦迤，而嘉樹美箭益夥，鳥聲雝和。會所使上事人還，發尚璽弟書，稍問燕中事。不覺至仁威觀。觀前石梁曰“普福橋”。橋之勝，下靚深伏泉竇焉。上顧四山，若甑口而微缺，從缺之所而得日，草木皆媚。自是復蛇行，下數里至五龍行宫，踞其前門小憩。山忽左右闢，多爲平疇，青碧布壠，除道益廣，而留羽儀亦至。乃改服，度華陽亭，躡石梁，挹蓮花池，驟喜其脱險艱，而忘諸山之盡去我也。已尋抵玉虚，而分守君復來候，觴余望仙樓，酒數行則驟晦，冒雨之迎恩宫宿焉。

王子曰：“夫余之山宿者四，而歷不能得十之三也，然亦足以雄生平遊矣。夫物顯晦則有時哉，彼夫封禪家七十二，柴望之禮稱嶽稱鎮者各五，而兹山固泯泯也。一旦遭逢盛時，膺特拜，遂超五嶽而帝之。宮殿大者擬建章，小者凌祈年、望仙。道流非耕蠶而衣食者以萬計，奔走四海之士女，爭先而恐失，號泣鼓舞，望之若慕，即之若素，彼何所取繇來哉？謬矣夫太史公言也！曰：‘烏覩所謂崑崙哉？’夫近有一武當而不能舉，彼將以爲無之也。無之，惡在其無崑崙也！”

太和山記

汪道昆　巡撫都御史

我國家尊大嶽爲帝畤，帝元君。昔帝降於麇，今治故宮曰淨樂。其東當始降之室，治紫雲亭。

去州五十里，入西南，表峽口曰元嶽。環中山四合，溪流出入無端，負坎抱離，可當吉土。文皇帝跡異人所在，爲之築遇真宮。異人遺杖笠，悉留中。命尚方鑄金像之，歸守者。

入僊關，爲元和觀。西入馳道，其南爲玉虛宮，山水修廣，倍遇真。舊爲武當縣南，山如負扆，信非元武不足以當之。宮制視漢未央，即祈年勿論已。其西池亭洞闥，亦異人所棲。西上望仙樓，惝然若將有遇也。馳道西爲仙桃觀，通八仙臺，又西爲華陽亭，跨石橋，臨芙蓉沼。西出則田廬雞犬，亦爲一區。

去玉虛宮西南，進次廻龍觀、太元觀。入紅門，通房陵道。道傍有太上岩，崖上鑱石象太清，其左二龍蜿蜒岩石下。又南則八仙觀，中堪輿。右入七里溝，修木千章，如宎夏。緣岡爲開山故道，遺巨石在焉。寘太上爲羅公岩，高出絶壁。往年屋之，居羅太史，凡七楹。舉目望西南諸峯，盡在目眦，反紅門，入官道，進次太子坡。陂陁中分，扼其吭爲復真觀。周垣跨道逶迤，高下因之。

出垣下行，乘天津橋，濟九度澗。澗道幽絶，其陽則淵默亭。沿澗東入玉虛岩，石嶂夾流，若千里嶂，若步嶂，雜樹繪之。深入，石磴浸高，若自明河趨閣道，磴窮則棧，棧窮則岩。岩上視有龍虎文，其右雷文，故中奉帝居，右奉雷部。西南望，則天柱當峽中。

循故道還，由淵默西南上，除道曲折，望行者如登閬風。紫霄附展旗峯，石嶂崇廣，皆數十百丈，三公、五老前侍，亦一隩區。宫制高倍玉虚，修當其半，奉祠者無慮數千指，其廬率高下居。宫前爲禹跡池，築小亭出池上，池右福地，其陽爲賜劍臺，其陰爲萬松亭，出木末。太子崖出宫後，亦有亭。由禹跡右旋，古道甚治。及今多徑者，廢勿行。

古道西上，當南岩之南。舍南崖，西歷黑虎巖，泉石相望於道，昔有巢居者，遺構猶存。進次杉木林，分二道，其右下行步澗①，遵宿莽，容單車峽中。轉入西南，出峽爲清風埡，葢古爲糧道也。左上行，躡萬丈峯下，登朝天宫。其東由鳥道出三公岩，則上巖也。路險絶，不容足，學仙者劉媪居之。其下亦爲三公岩，相距三舍。岩南鄉，爽塏可居。然必取道玉虚崖，多歷險阻，始得至。

朝天西上，拾級八百五十有五，當天門。三天門皆竇石峽中，有巨靈斧跡。初入門，降數等，稍平衍，依三公峯爲文昌祠。過祠則摘星橋，橋下澗水如神瀵。緣絙由天梯上，梯如竿揭雲端，距躍五百，達重門，足力竭矣，倚試劍石箕坐。更百步達三天門，由此折旋而升，垣行數百步②，歷階南下，又折而東上，爲太和宫。

宫面南，香爐、蠟燭三峯當席。宫前則先朝神室，徙置於玆。由南天門入紫金城，丹梯九轉，出天柱峯。絶頂範金爲黄室，承以瑶臺。帝位中央，羣神列侍，精美奪目，儼若化人之居，卽今之國王，疑不及此。正位東向，高出七十二峰，如羣弟子侍先師，莫不齋立。近則金童、玉女峯二，當膝承之。左三公，右九卿。帶七星，揖五老。仙人、隱士，順風而翔。白雲出没衆壑間，如觀陸海。諸峯或如碣石，或如蓬萊，鉅如斷鰲，幻如結蜃，細如鷗鳥，修如北溟之鯤，雜出如珊瑚枝，浮如萍

① 其右下行步澗：凌雲翼修、盧重華等纂《大岳太和山誌》卷五作“其右下行涉澗”。

② 垣行數百步：汪道昆《太函集》卷七十三作“坦行數百步”。

實，纍纍乎如鞭驅石，汜乎如漢使者之乘槎。遠而望之，方城一耜，漢水一瓴，掩楚蜀，畧周秦，卽嵩、華、衡、霍、匡廬、峨嵋，悉辟易無何有之鄉矣。

乘磴西下，爲清微宫，僻居深谷中，其制不廣，然以幽勝，妙華岩著焉。

南岩當太和之陽，宫北面，據五龍之奥。宫右石延覆於道，其上有巨人跡，若倒懸。宫後卽南巖，修十數丈①，高數丈。岩下峭壁數十丈，東西修數百丈，如高墉。崖中列祠事三、亭二，卽神山多倬詭，此爲擅場。其下有禮斗臺，徑絶罕至。西出如乘墉，右上躡飛昇臺，其旁露臺，臺當志心石，臺端有蛇徑，通一室，當其杪以居。宫東北欻火岩，亭附巖畔，距展旗峰近，下視紫霄。展旗北爲尹喜崖，今居比邱，修不二法。

由南岩宫下，爲滴水岩、仙侣岩，度竹笆橋，入青羊澗。青羊巖當澗之曲，虚無廬。渡青羊橋，躋五龍，千步而峻。門垣九曲，始達應門。宫制九重，前列階八十有一，後七十有二，至高矣。左高殿奉像五②，相傳掘土得之，其制不異庸工，好事者神之耳。宫前有五井、天地池、日月池，宫後當五龍峯，其上有五龍池，則其窟宅也。凌虚岩去宫五百步，一黄冠居之，每飯必有餘，以待衆狙，衆狙皆喜。否則，破釜甑去，莫之誰何。岩前則希夷誦經臺，今尚盛。臺出臨澗，當其上爲亭。去宫五十步，爲自然庵，故有鍊丹池，今始復。

出五龍，渡磨鍼澗，過隱仙崖，巖虚明，視北道諸岩爲勝。次繫馬峯，爲仁威觀，繚垣方廣數十丈，石渠衡之，就中爲石梁，當門以度。出茅阜峰下，爲五龍行宫，地始平，修廣楚楚，過此則玉虚道也。

譬之宫室，遇真爲垣屋，玉虚爲廷，淨樂爲沛宫，紫霄爲廣内，太和則帝座也。南岩、五龍、清微之屬，皆爲離宫。朝天爲掖門，元和爲

---

① 修十數丈：凌雲翼修、盧重華等纂《大岳太和山誌》卷五作“修數十丈”。

② 左高殿奉像五：凌雲翼修、盧重華等纂《大岳太和山誌》卷五作“左高殿奉玉像五”。

象魏，廻龍、復真、仁威、行宫皆行在耳。語規制，則首玉虚，次淨樂。語形勝，則首南岩，次紫霄，次五龍。至若羣山萬壑，泉石崖阿，各擅一奇，更僕不可悉數。大都天閟靈秀，以待明時，帝力人功，於斯爲備。且也稽古定制，不藉有司，遞遣中貴人、藩大夫掌其禁令。以故草木茂，鳥獸馴，其斯爲地道之章，遊觀者之至樂也。人言山嬴水詘，猶若有憾焉。夫右灩滪、左滄浪，江漢交流，振以鄂渚二别，則元武之象外户在焉。日觀孤高，下臨湯谷，古者海岳爲匹，亦通山澤之義，與彼規規而闚一隅，是以距巨目者也①。

遊太和山記

王在晉　太倉人　提學副使

始余有慕乎宇内名山，而欲探峯上諸峯勝也，期與武當君一遇焉。

丙午，濫竽荆楚。秋七月，供事棘闈中。時大中丞使者黄公建節鄖陽，例當以屬吏之禮見。試事竣，余乃從省會輕車往謁鄖臺。提督太和分守鄖襄者，爲含虚王君，君撰所爲太和遊記併詩章以授余。余躍然喜，王君授我以遊券也。還至均，州守方君亦爲予趣行，先期治遊具，且告予當從僻道至太和頂，歸從三天門直下爲徑捷。予心識之，而輿人苦僻路坎坷，弗應也。方君又謂謁太和，例當先謁淨樂宫行香。余乃晨興盥沐，至宫門步行，道士焚香前導。宫制閎麗轩敞，朱甍碧榱，凌霄映日，儼然祈年、望仙不啻也。瞻拜畢，卽攬轡出均陽城南門外，甬道周行，悉砥以石，平坦亘延，直接太和，而民居亦鮮整絡繹，無復楚地之蓬壘不飾者。

行四十里而爲迎恩宫，宫外石橋，蜿蜒跨澗，水聲潺潺，如叩絲滴溜。羽士笙簫列隊，引車以過。四望週遭，黄山團團，童而不木，如域垣包裹。而大嶽天柱諸峯挺然森秀，岈崯迴叢，紫雲萬片，一湧隳地，曠埜招摇，妍麗更絶。踊距向前，將落村市，則林條幼靡，莽氣晻嚼，

---

① 是以距巨目者也：汪道昆《太函集》卷七十三作“是以跐臣目者也”。

忽杳然不知其所向。

由草店折而西，徑益修曠紓斥。兩傍杉榆松檜，摩雲翳日，蓊薈鬱葱，道中無點塵，蕭灑逸神。南部洲有此極樂境，其於閻浮世界，恐不可數數得之。是時秋高木脱，霜篠吹籟，敗葉唫風，四野寥索，而此境中猶重陰廣翠，交眉映睫，不知秋之逋寒之屆也。

五里，過治世元嶽坊。葢肅皇帝顔之以冠五嶽，棹楔於皇燦爛。已折而北，爲會仙橋，於路勒石標題嵩祝聖壽者以萬萬計。橋之陰則宫殿崣峩，廣厦千落，是爲遇真宫，仙人張三丰結廬黄土修真處也。宫負鴉鵲諸嶺，左望仙臺，右黑虎洞。成祖革命，數使都給事中濙訪張仙人，而仙人不可致，今御書宛然在焉。

入山諸宫，以遇真爲托始。予入宫，飯於丈室，乃登環輿而行。石街逶迤，濃陰黝靄，輦可適，馬可馳，仰首瞰空，不知亭午。已過一嶺，層巒嶒嶝，山勢廻複，憑高而眄，嶺岀嶁擁，如六軍排列，未得瑕隙可攻。峭石崚嶒，增巘重崒，初無平田曠埜，爲寥天域外之觀，布勢列圖，亦大奇已。

由是闢山爲路，一面懸岩崿峴，一面傴側萬仞之淵。小木扶蘇，大木虬結，雜以莎蘿藤葛。臨淵不知其深，第聞響流潺湲，鶬鶊狎人，或自上下下，或自下上上。雲來空谷，沾衣拂袖。睇目視之，陽烏西墜，而高峯已啣其半矣。

趾高下行，過斜垣曲道，輿人指爲太子坡，是爲元帝修真處。殿前有聖母滴淚池，以日暮，不及觀。趨蹌而行，舁者請將乘輿轉鍵，以昂其前。予問何爲，曰："過十八盤皆石磴。"轉折而下，不知幾百級，高之不可勝，卑之不可頫，手指把握不敢釋，而從者亦踚踚如有循。於時沆瀣暗濡，嵐烟漸合，山色如濛，林梢滴露，悄然寒襲，呼童而益之衣。廻翔鳥道，千峯萬嶨，目覩之而怡愉，與幽崖邃谷，心悸之而錯愕者，俱爲眼光收捨去矣。頃之，野燎出林莽間，乃紫霄宫。道士前爲嚮道，予乃就紫霄宫而宿焉。

詰旦，期登太和，囑從者蚤輿。夜半，山雞喔喔，月照綺牕，雲璈石磬，從半空中點滴。道士炊黄粱已熟，余乃披衣而起，以爲天光將曙，不知其猶未徹丙也。飯畢，乃隱几卧。久之，乘月出步庭除，殘星依稀，若明若滅。翹首望天，見黑雲壓屋，訝其欲雨，道士謂此展旗峯也，峯鐵色，崖岩累峗，不翅百丈，如中軍旗纛，隤然落半空中。紫霄背負旗峯，崔嵬岸聳，高出諸宫。予乘月踏峯頭，披雲吸露，蒼焉莽焉，依微辨色。行至南崖，曙霽忽開，紫霞紅霰，旭輪湧出珊瑚堆，如繪如縷，金光閃倏，燭龍熒照，暖昒漸收，而飛鳥嘈嘈，聲出林藂間。徙倚南崖宫門，凭高望之，恍然身在閶闔，目瞬八極，羲和之鞭可執也。

過南巖宫，不入，隨日脚漸走，兩山陡絶，惟中有一線通路。逾嶺爲榔梅祠，循祠以往，則三天門路徑也。行過里許，而方君所命使急足先至，候於岐路。自此以前，間道登頂，輿人苦之，然無敢違守君命，則躡蹻崎嶇，一步一跆，扳肩援手，相與呼應，聲振空谷。道口有古松數株，勁幹參天，青蔭婆娑。其盤石穿嶠，輪囷臃腫者，不可勝數。背崖而馳，環峰密匝，如在甕甃中，鑽隙窺穴，他無所見。

轉折數百武，乃從山根繞上度嶺，俗謂之懽喜坡。夫予方惴惴汗浹，以虞跻躓，而惡在其可喜也？過懽喜坡，而太和金頂乃燦然在目。又折二三里，過飛巉，曰六十塔。蛇行委曲，悉從石塹攙越，竭蹷攀躋。而太和道士已班班伏謁道左矣，余乃宿神廚少憩而加飯焉。

初，余先於十九日命吏太和宫設醮，至則菊秋之念日也。飯已，整衣朝謁聖殿。復折而左，爲太和宫。宫如帝寢，環以金城，重雲擁護，以象天闕。宫之左，盤旋而上，傍列歷朝御製碑石。梯經幾轉，重累而度之，足摇摇不勝戰慄，而始陟天柱之巔。四維石脊如金銀色，飛鳥不集。間生異草，細葉蔓延，秋冬弗凋。怪松數株，盤桓如結，高不滿丈。絶頂甃以花石，金殿兀突，供案皆銅質，液金爲之，殿製精巧渾成，疑爲鬼工。因思明初物力甚饒，乃能爲之。聖像莊嚴，肅顒瞻叩，萬慮屏息。告虔禮畢，復循故道而下，觀元時銅殿，至神廚稍息焉。是日寒雲四布，陰霾障天，悲颸忽起，山木叫號，小雨濛濛，羣峰若失。余謂來朝觀日色東升，其不可夙約。是夜伏枕就寢，户外雨聲且歇，而山風咆哮未已。

晨起，冒寒登頂，欲觀日出，而時已過卯，扶桑吐丸，躍然三竿上矣。因伏謁載拜，步入金殿，展拭聖容，光明潤澤。而道士併發金匱之藏，出所爲上賜丹書玉像。遊者往來萬億，此不可得而窺其元扃也。出殿門，汎閼野望，羣峯萬壑，偃伏蹲息，如尊帝高居。上羅三闕，下列九門，冠蓋雲合，四海八荒，獻珍貢琛，俯伏輦下，不敢仰視。童山四繞，如驚濤汩浪，奔赴雷門，排空震蕩。其青紫分行，黛綠成隊，則又似翡翠畫屏，芙蓉絪褥，倩秀艶冶，美麗閑都，光彩眩目。香爐、顯定諸峯，予向以爲巋矗插天，高不可及者，今始藐乎其小矣。

是日天風雖峭，然步趍岌嶪，汗背沾衣，不甚怯冷。比下山，而風且漸息。予乃步朝聖門，從者請登輿，而石級逼窄曲詰，峻削如瀉，鐵絚石檻，動多窒阸，環輿不可行，舍車而徒。出三天門，四方朝禮者，蟻度魚貫，扳援而上，到處狂呼，荷荷聲聞，健夫喘息。即軒冕貴人，與村媼俗子肩相摩也。如是者數里，而始達一天門。予恃其壯勍，不用扶曳，趲步直下，初不甚苦疲，至三日而兩腿猶木彊，始知足力勱矣。

出朝天門，循入山故道，回視皇崖、三公、五老、玉筍、天馬諸峯，簪盍透露，得以自雄。過崖陟陂，輒見林杪石角，懸筐籃以乞布金。仰瞰有人，巢居穴嶺。虎皮張修道處，亭亭孤懸。無何，復經榔梅祠，即昨所分岐處。過此爲烏鴉廟、雷神洞，朱垣紺宫，指不勝屈，余亦不能筆其詳。

路從幾折而經南岩宫，則王君已走使邀入客堂，庀供饌矣。余乃登殿禮謁，從大殿左折，過元君殿，爲南薰亭。亭外有石枰，縱横十八道。復從元君殿折而下，過獨陽崖石室，巖前刻龍頭，横檻外，下臨不測深壑。朝禮者輒步虚踏石龍進香，以白至誠。道士遥指捨身臺，孤危若墜，而太和金頂正當岩前，縹緲金光，燦爏欲射。巖旁有石壁，穹窿高起，如堆雲積雪，層層停壓，用片石刻五百靈官像，僅可半尺，亂置石竅間。又東爲風月雙清亭，上有石枰，亭倚岩窟，如築成。踞亭嚼茗，横襟流覽，百岫森叠，翠微駢映，此峯上一大觀也。

坐久，日已過中，王君使者請遊五龍宫，輿人謂五龍道險，距兹三十里，至五龍，須來日返遇真。余以出署兩月，棼滯日積，亟欲下山，遂不果往。然出南巖，而五龍宫殿高出灌莽，且神遇之矣。乃循故道，過紫霄宫，宫前所爲日月池、禹跡池，乘籃一寓目焉。

路出迴龍觀，從者曰："玉虚爲八宫之首，當一遊。"於是悉屏騶從歸遇真，而以單車往玉虚。過廻龍觀五里許①，千巒收斂，眼前磈磊盡去，惟荒山旋繞，脉絡未斷，皆嶅嶁耳。透出原田遼曠，景色漸舒。忽有層宫廣宇千間，兀落平疇，如郡城都市然。詢之，知其爲玉虚宫也。玉虚廣闢雄峙，甲於諸宫，與王者離宫别苑相埒。西塢西山下曰仙衣亭，亭後有張仙洞，壁有銅碑。西塢北山下曰望仙樓，樓有純陽祖師像。下樓入後廡，觀石魚，敲之鏗然有聲。殿有銅鼓，曰："此開山時物也。"覽畢，出東天門，流水灣灣，蒼松古檜，倏然數里，神閒意廣。由此以達遇真宫，皆非人間境也。

遇真宫道士出張仙人之銅杖、銅笠示余，皆上所賜，仙人不受，蹴然而去，不知其所適云。至遇真，日已晡，余促裝治行，而會有巴東張令來，坐語少選。王君復遺書問余："兹遊也，當有謝眺警人句。"余出詩十章應之。是晚，遂之清微公館宿焉。有雷電自西北來，微雨隨之，季秋之念有一日也。

王子曰：余之有慨乎兹山，而竟不暇爲五龍遊也。山之奥窔幽遐，即未能一一以窮縷覼，然亦得山之大都矣。説者曰："禪主七十二，柴望稱嶽稱鎮，而獨遺於此山，豈山靈有時晦耶?"夫以祖龍之雄，週行海上，金泥玉檢，徧靈山洞府之藏，而海上三神仙山，卒可望而不可至，彼可至者，非其至者也。蓋造物靈源，聖蹟不顯，然外露必鈎深致遠，乃能闡極秘藏。兹山不遇主闢土，衍勝土木，被文繡，當爲豺虎之區，探求所不到。故不登太和絶頂，不知天柱之高也。不得金城玉闕，翠宇

① 過廻龍觀五里許：楊素藴修、王民皡等纂《大嶽太和武當山志》卷十七作"過廻龍觀五里許"。

璚宫，憑虚度空，天柱不可得而登也。真仙張三丰謂此地當大興，後果大其宫址，以爲祝釐之所。榔梅重實，金杵躍地，以應其符，詎秦漢以來所謂闕其奇扃，標其絶勝，而以乾封石碣之文重哉！卑之乎！晋魏之無足觀也，而以謝羅名，謝羅不足爲山重，而適以山傳。則是山也，非真武何足以當之，故名之曰武當。王子載筆而爲之記。

虎耳巖不二和尚碑記

袁宏道　荆州人

余童年熟不二師名，以爲古尊宿也。既而閲元美、伯玉二先生集，往往道之，始知爲近代禪伯。然二先生亦以夏臘高嚴事之，度其時皆壯盛，二先生既悠遊老去，奄忽若干歲，白楊可棟，而師猶鬖鬖如舊時。逆其生，當在宣成間也。諸健屬[①]試以臘叩，不答。嘗檢其篋，得舊繝衣。忽云："此武皇帝七年，王城中施食所得衣也。"叩之，復不答。

或云：師名圓信，京兆之房山人。薙髮白雲山，禮大傳[②]德敬爲師。往來上方、紅螺之間，已十餘年[③]。行脚所至，於武林、淮安、六安、終南，每往輒數載。以嘉靖庚申至大嶽，駐錫虎耳崖。穴而哮者，爭避匿去。師倚石爲屋，稍稍剪彝其積，圜瓢數十餘。踞口沿澗[④]，出入幽花美箭之中者，纍纍如笠。岩上蓮池二，濶可二丈，旱歲不竭。蓬室三，方廣當身。所得一縷一粲，盡以供十方遊衲。行之數年，遂成叢林。值辰旦[⑤]士女呼號悲啼而至，若不至虎耳巖，猶不躋嶽也。至岩，不面頂禮者，自以爲慳緣，必痛哭去。否則謹伺岩扉外，經數日得一見，則喜過望。以故虎耳岩之名遍天下，好奇者至附益之以古神僧事，家譚户艷，雖齠男穉女靡不道。計賢士大夫之轍以日至，尚方之賜、掖庭之供以月

① 健屬：袁宏道《瀟碧堂集》卷十四作"徒屬"。
② 大傳：袁宏道《瀟碧堂集》卷十四作"大僧"。
③ 已十餘年：袁宏道《瀟碧堂集》卷十四作"二十餘年"。
④ 踞口沿澗：袁宏道《瀟碧堂集》十四作"踞石沿澗"。
⑤ 值辰旦：袁宏道《瀟碧堂集》卷十四作"傾震旦"。

至。自嘉隆以來，耆宿之著聞未有若師者也。然師務爲密行，不以解顯。應機之言，多依孝敬，撫摩煦煦，猶乳母之於驕子。金錢湧而至，拒不納。有贈糈者，付常住作供，四十餘年，影不出山，趺坐一龕中，如朽株。雖利根之士，好爲奇談詭學者，睹其顔，莫不肅然增敬。

余慕師久，常以耄，恐不及待。今年侍大人山行，獲一拜師於崖間。師貌甚腴，額隆起，至頂光滑可鑑，短髩數莖如雪。見人闔其目，聞根甚利，語清健，望而知爲有道。會慈聖出内藏金，爲師治墖，墖甫成而余至。師之孫真慧等以記屬余，世譜年甲既不能詳，不敢妄載。庚申以後詳之，抑其大者。至若人之所傳，好事之所述，候他時入山，實而志之，今未暇也。

嵾山記

楊　鶴　武陵人　少傳

癸亥秋七月，余將北上，蔡敬夫先生貽書，謂道出襄陽，宜爲嵾山之遊，遊畢，約會滄浪亭下。至襄陽，再申前約。余乃戒行，以八月八日宿柴店，九日宿界山，十日宿遇真宫，十一日遊紫霄，十二日遊五龍，十三日登頂，十四日遊瓊臺，晚宿玉虚，至十五日夜，會敬夫於滄浪亭，話山中遊事。明日復會，十七日别去，舟行。次第前語作《嵾遊筆記》曰：

余遊嵾山者再矣。相傳此山發源秦隴，蜿蜒東來，不知其幾千里，突起均房之間，孤聳天柱，環以七十二峯，出入風雨，呵護百靈，葢神明之居也。其間隱隱紫翠千里，外以屏風九叠障之。天清日霽，眉目分明，遠勢峩峩，秀可攬結。惟是層巒虧蔽，隱見不常，元氣空濛，常如混沌。遊人入山，至有不得見其面者。譬之絶代佳人，傾城一顧，百媚横生，然自非流波將瀾，欲一啟其嫣然笑齒，杳不可得。至於嶔崎九折，磴道盤紆，上出青天，下臨絶壑，怪石虎蹲，老藤猿挂，殆非人間。

自山足達峰巔，凡七十里。界山道上，微露髻尖。至遇真宫前，天柱、香爐、蠟燭諸峯，正值九龍山缺處，如月圓當户，隱其半規。復從宫頂鳳凰山遥望，如見三神山在海中，褰裳欲就之也。

明日，歷好漢坡，至回龍觀，天半藍翠横空。再望之於太子坡，如一片青芙蓉湧出緑波，瓣萼可數。峰迴路轉，忽復滅没。及抵紫霄宫，天柱在其右矣。紫霄背負展旗峰，前有禹跡池、大寶珠、小寶珠、賜劍臺、萬松亭，後有太子巖、太子亭，四山共揖，自爲奥區。

明日，過南岩小憩，以雨故，先遊五龍。五龍山勢寵嵸，宫闕壯麗，然不知[1]南崖奄有衆山之美。南岩望天柱咫尺，然太了了，又不如五龍回顧有情。起聖殿、榔梅臺並對峯面，望之端麗秀削，緑峭摩天。山中雖雨而不霧，雲氣觸石，如以輕綃薄縠蒙罩蒼煙，覺雲溼轉妍。兩宫臺殿相望，金碧陸離，若日射火[2]，當不減蜃樓海市矣。昔年遊青羊澗一帶，愛其幽蒨，此番殊無意緒，物候未是。秋冬之交，意風霜高潔，草木刻露爲佳耳。仙龜岩如夏雲欲墜，兩旁瀑流瀉之，直漱其根，如有活勢。自仙侣岩至滴水崖，步步可望天柱，松杉茂密，石路陰森。

明日，天大放晴，返南崖，可巳刻，望見峯尖宫闕。亟起，循曬穀嶺，經榔梅祠，度斜橋，遂下籃輿。諸峯離立，不能辨某爲三公、五老。峭壁萬仞，屐轉玩之[3]，欲去不忍。攀岩度索，忽得文昌祠、會仙橋，平臺如掌，自欲息心。再上朝天宫左折，仰視山腰峽口，箭括通天，有一門矣。自一天門至二天門，道中奇峰突兀，遠岫參差，游者戒心畏途，往往當面錯過，不知身在陸探微畫中也。余語同行："天門信險，若三步回頭五步坐，不覺登頓爲疲矣。"盤數折，始陟三天門，息神廚，洗沐登頂，拈香謁帝畢，解衣四眺，此身在千葉寶蓮之上，千峯萬峯如海波自潮，一層堆叠一層，有廻濤捲雪之勢。峯起天馬岩，真如天馬行空，昂

---

① 知：楊素藴修、王民皡等纂《大嶽太和武當山志》卷十九作"如"。

② 若日射火：楊素藴修、王民皡等纂《大嶽太和武當山志》卷十九作"若日射火珠"。

③ 屐轉玩之：楊素藴修、王民皡等纂《大嶽太和武當山志》卷十九作"展轉玩之"。

首萬里，風鬖雨鬛。煙霧青冥中，有真人御風騎氣，五丁六甲擁旄伏劍從之也。西南諸峯當是蜀中，極目不知所際。北而忽見羣山之上，有山矗出，削成四方，疑爲嵩少。問之道士，果然。相去葢數百里矣，然的的分明，如在百里内者。東望襄江，白波如帶，鹿門峴首似可得之指顧。山中積雨彌月，是日始霽，自亭午看山至暮，天朗氣清，畧無片雲遮障游目。暝色欲來，四方盡紫①。夕陽既收，東方月白，光采澄鮮。因憶往者登太華九華，覺山頂下瞰，殊不耐觀，葢千巖萬壑難於一一向背有情，且多童山，無草木蓊鬱之狀。獨此山一氣融結，綿亘八百里，皆如勾陳之護紫微，遠近色同點黛，所以勝也。

明日復雨，遊蠟燭、瓊臺觀，多幽意，所謂"山靜似太古"，庶幾近之。玉虚之田廬楚楚，雞犬桑麻，殆類桃源風物，與紫霄、南巖、五龍，又自别矣。

是役也，山行五日，一日晴，四日雨。雨後千山飛瀑，萬流俱響，耳中如聞三峽流泉，可補山林缺陷。又以新霽一日，盡收天柱之奇。先是，敬夫書來，謂參山之勝，非五日不能領其大畧。何日可抵均陽，即豫訂息壤，當鼓棹赴之。至是如約，兩人握手道故，相與品第參靈。敬夫诗曰："客憐命駕十年約，天放登山一日晴。"葢實録也。

皇　　清

登太和山記

蔡毓榮　川湖部院

五嶽並峙，海内尚矣。太和山以崇祀真武上帝，特稱大嶽，又尊之曰"治世元嶽"。雖昉於前朝永嘉之代，而其兆靈北極，符協徽名，實維我國家肇基王跡，皇上誕膺景命之祥也。毓榮持節入楚，禮得祀其封内

① 四方盡紫：楊素藴修、王民皥等纂《大嶽太和武當山志》卷十九作"四山盡紫"。

名山大川，寤寐峯上，四載於兹矣。

癸丑之春，皇上特遣近臣馳視，繪圖以進，此《詩》所謂“懷柔百神，及河喬嶽”者也。毓榮縻於官守，未獲對楊休命，竊怦怦焉。未幾，有鄖襄之役，由襄入鄖，兹山爲孔道云。

以五月戊子至襄陽，辛卯抵悟真庵，期以翼日登天柱峰。問途山中道人，似有難色，心殊易之。

壬辰，决策登山。過遇真宫，禮三丰張真人像。既入仙關，馳道廣斥，松杉蔽虧，懸崖峭壁，左右紆折，初忘其登頓也。午至復真觀，舍騎而輿，由紫霄宫展旗峯以上，磴道漸峻，輿者告疲。至朝天宫，屏輿而步，仰望所稱天門者，猶在雲表，始信道人之言，而自笑其賈勇之易也。從者或推之，或挽之，攀援鐵絙，數武一息，乃歷三天門，入朝聖門。

自太和宫以上，磴道又數折而登絶頂，則天柱峯也。上帝殿在峯巔，衛以紫城，瑶臺金闕，儼若禁籞。初自下望之，天柱與羣峰若肩隨然。至是乃踞羣峰上，遠者環墉，近者列几，或趨或揖，如立如伏，一山外朝，翼如負扆，葢天地之大觀止矣。日晡，自頂下，齋宿太和宫。從者曰：頃見頂上發光明焉。道人曰：此神光也，歲不恒見，今見已三日云。

詰日癸巳，夙興再登，肅衣冠，入殿禮上帝。維時罡風四合，漭泱一氣，琅璈步虛，飄飀天外。風止雲開，旭日東昇，正射殿中，光華焜燿，威容赫濯，儼有掃蕩八極、凌厲九霄之象。瞻仰久之，形神肅穆，猗與盛哉！

取間道下頂，循故道入紫霄岩憩，南巖宫擅林壑之勝。暮宿玉虛宫，在展旗峯北，别爲隩區，規制視紫霄、南岩尤宏麗，張真人所習遊也。問五龍宫，道士咸云山徑險遠。瓊臺有三，已廢其二。時方暑暍，馬瘏僕痡，乃輟行。甲午，遂趨鄖陽，下漢水。丁酉入均州，謁淨樂宫而還。

是役也，上祝聖天子萬年，下祈家大人眉壽，臣子之悰，於斯遂矣。至於仙真顯示之蹟，載於道經。歷代宫觀之盛，列在祠官。以及山川諸奇，前遊覽皆有記譔，無俟駢枝。若乃山名“仙室”，古稱“福地”，或棲真於洞府，或遐舉於霄途，必有人焉，髣髴遇之，而非馬足車塵之所逭及也。毓榮少而慕道，壯歲無聞，他日者畢向平之餘願，追謝羅之逸蹤，舍兹奓山，其誰適歸乎？倚舷攬筆，聊記歲時，敢告山靈，共聞斯語。

八宫紀勝　附記末

馬如麟　秀水人　鄖陽同知

竊謂北極崇高，衆星環拱。元天險絶，中外咸皈。名山俱培塿以齊驅，五嶽僅太華之可步。姑從所覽，聊紀勝遊。

仰觀金殿嵯峩，高聳太和之頂。玉階縹緲，徘徊雲漢之間。七寶光中，仙仗擁九華之蓋。三天門裹，真官萃五伯之靈。儼若臨軒，昭如在上。執香捧幣，懸鐵索以躋攀。瀝悃擄丹，叩帝閽而號泣。清微隱隱，獨對龍樓。朝聖巍巍，雄當鳳闕。紫霄峰巒秀拔，勢若淩空。福地沙水清奇，居然仙府。南岩迤邐逕竇，明堂萬頃玻璃。五龍曲突嶙峋，水口千重纓絡。榔梅臺聖蹟燦然，試劍石光芒猶射。井分五路，龍光時吐於雲端。池列四隅，蜃氣常盤於空谷。仁威門鎖煙霞，清流玉映。行宫地多禾黍，緑野春酣。玉虚乃創始之宫，别有方壺員嶠。老營爲開山之地，故多道院丹房。萬木参差，到處緑陰團蓋。千峯攢簇，滿前空翠流芬。石鼎丹爐，煙迷白晝。疎鐘清磬，響協鈞天。關接仙源，隱三島十洲之羽客。門通元嶽，度九州萬國之蒼生。遇真宫龍章寵錫，永樂流恩。自然庵繡衲浮香，三丰遺跡。古傳淨樂，令卽均陽。紫雲瑞兆於軒轅，寶月光明於昭代。

吁！隆平智巧，可謂超凡。駙馬聰明，亦爲絶世。按紫微之垣局，因地制宜。會江漢之朝宗，河山盡拱。雖屬一臺一榭，必求巧奪公輸。以故如革如飛，無異高居絳節。雄哉十宫規制之恢宏，論者以爲兩都之莫過。龍文鳳彩，奪目驚魂。寶劍星旗，煇煌交錯。月涵西兎，光摇白玉之高臺。日盪東烏，掩映黄金之世界。誠矣亘古無雙之勝境，天下第一之名山。

歌

唐

題太和山

呂洞賓

混沌初分有此巖，此岩高聳太和山。面朝大顶峯千丈，背湧甘泉水一灣。石縷狀成飛鳳勢，龕紋綰就碧螺鬟。靈源仙澗三方繞，古檜蒼松四面環。雨滴瓊珠敲石棧，風吹玉笛響松關。角雞報曉東方曙，晚鶴歸來月半彎①。谷口仙禽常喚語，山巔神獸任躋攀。個中自是乾坤別，就裏原來日月閒。此是高真成道處，故留踪跡在人間。古來多少神仙侶②，爲愛名山去復還。

宋

題落帽峰

陳希夷

我愛武當好，將軍曾得道。昇舉入雲霄，高岑名落帽。

---

① 晚鶴歸來月半彎：任自垣纂修《勑建大嶽太和山誌》卷十四作“晚鶴歸來月半灣”。

② 古來多少神仙侶：任自垣纂修《勑建大嶽太和山誌》卷十四作“古今多少神仙侶”。

天柱峯歌

高本宗

祥風自天來，吹我遊紫清。高高着天起，巍然一柱連天撐。崖有三十六，澗有二十四，隱映七十二朵芙蓉青。丹梯貫鐵鎖，十二樓五城。壓穿鯨鰲背，幻出龍鳳形。鸞鶴亦馴擾，猿猱不能經。於菟式長嘯，我來一時鳴。古來仙人據其上，往往白日皆飛昇。我來適清和，雲朗天亦晴。初望一天門，碧澗水落氷冷冷。再登二天門，瑶草葳蕤雜敷榮。三登三天門，雲霧翕欻飄金莖。須臾望絶頂，身在空中行。西望崑崙，黄河一線天瓢傾。東望蓬島，半勺綠水浮滄溟手撚日月彈丸子，足踏震霆岩下驚。夫人若果住天上，附耳若可低低聲。華嵩恒泰左右先後若朋輩，諸山培塿在下何伶仃。八表望不極，因之望神京。神京遥遥幾千里，雙目掣電心懸旌。神君端居面東瀛，黄金鑄屋玉作楹。赤蛇鼓鬣，黑龜效靈。旌旗招摇，森然列星。敬將一瓣香，上訴神君聽。

元

贈張洞囦祈雨歌

趙世廷①

京師大旱連三年，地蒸熱氣如雲烟。林林佳木盡槁死，毋論禾黍生秋田。武當真人張洞囦，爲道有心如鐵堅。食㸷衣惡夜不眠，兩目奕奕光射天。天子有詔承相宣，召君禱雨紓煩煎。君不默不語，奏達虚皇前。將吏驅蛟龍，雷電相後先。垂垂雨脚晝夜喧，平地擁水如通川②。稚禾出吐芃芃然，小草大草爭芳妍。都人士女喜懽願③，謂君有道真神仙。

---

① 趙世廷：任自垣纂修《勑建大嶽太和山誌》卷十四作“趙世延”。

② 平地擁水如通川：任自垣纂修《勑建大嶽太和山誌》卷十四作“平地涌水如通川”。

③ 都人士女喜懽願：任自垣纂修《勑建大嶽太和山誌》卷十四作“都人士女喜歡顛”。

我今爲賦喜雨篇，勒之金石傳千年。

明

武 當 歌

王世貞

黑帝不卧元冥宫，再佐真人燕薊中。乾坤道盡出壬午，日月重朗開屯蒙。人間大小七十戰，一勝業已歸神功。久從北極受尊號，却向西方稱寓公。武當萬古鬱未吐，得吐居然壓華嵩。是時豈獨疲荆襄，雍豫梁益皆爲忙。少府如流下白撰，蜀江截雲排豫章。太和絶頂化城似，玉虚彷彿秦阿房。南巖宏奇紫霄麗，甘泉九成差可當。十年二百萬人力，一一捨置空山旁。英雄御世故多術①，卜鬼探符皆恍惚。不聞成祖帝王鬚，曾借元天師相髮。嗚呼，漢武空邀王母過②，高真不顯宋宣和。功名雖盛毋乃晚，混沌時來當奈何。

天柱峯觀日出歌

徐學謨

夙齡慕日觀，岱宗阻瞻眺。引矚閶闔間，圓靈詎殊曜。何必朝宗區，可抉扶桑竅。兹山麗軫垣，沿嵑眇蓬嶠。寤聞天雞鳴，起喚踆烏翿。無端見海底，少選發潛耀。稀宿莽飛流，明霞結繚繞。何人鞭赤丸，大地朗華照。翳屏下界清，光分列真頫。魯陽不可揮，夸父徒爲僄。人生苦棲卑，豐蔀祗見誚。兹晨覽八埏，決眥遵衆妙。

---

① 英雄御世故多術：凌雲翼修、盧重華等纂《大岳太和山誌》補遺卷作“鳴呼，英雄御世故多術”。

② 嗚呼，漢武空邀王母過：凌雲翼修、盧重華等纂《大岳太和山誌》補遺卷作“漢武空邀王母過”。

天柱峯觀月出歌

虹橋誰鎖千尺鐵，天梯雲棧開巃嵸。飛鳥廻翔搬羽翰，輕身直上雲霄闕。紫霞山人白羽裳，絳節飄飄羅我旁。松濤颯颯捲烟霧，雙童把贈明月光。東林猿啼西虎嘯，箕坐峰頭欲狂叫。不知三界眇何許，俯視冥濛通一竅。千山萬山森戟推，小星大星當面廻。光芒盪射大河倒①，欲與濁世洗浮埃。太華如奉江漢立，醉來翻覺天柱窄。振衣千仞歌者誰，南紀飄零老賔客。

五　龍　歌

王世貞

昔時五龍化五公，口授睡法希夷翁。恬然一境天地外，晋漢周宋皆爲空。君不見，南陽卧龍卧隆中，魚水萬古君臣同。定軍山頭葬龍蜕，赤帝熸息龍何功。嗚呼！五龍之睡睡亦濃，左耳忽割不可踪。龍潛龍躍各有會，卽使終卧誰知龍。

武　當　歌

艾　暉

武當形勝天下奇，瓊臺翠壁何崔嵬。瑶池尺五鳳凰琯，上邀嬴女泠風吹。碧峯倚天三十六，二十四澗鳴蒼玉。雞犬無聲萬壑幽，靈鳥樹杪啼晴旭。宫中仙人美丈夫，披髮跣足提湛盧。元功千載亦莫測，下土實賴神明扶。我行欲藉靈胥手，真擬天津援北斗。霧合凌虚覽八荒，俯視羣山如峿嶁。

① 光芒盪射大河倒：楊素藴修、王民皥等纂《大嶽太和武當山志》卷十九作“光芒蕩射天河倒”。

太　和　歌

虞大雅①

太和之山高插天，虚危墮地知何年。鯨鰲割斷萬丈壁，霧雨洗出千枝蓮。仰看固信嵩華小，俯視豈獨均房連。紫霄臺殿北崦外，元武旌旗南斗前。薜荔爲衣草爲履，斸烟斵霧皆羣仙。或馴猛虎笑嘻嘻，或翳紫鳳來翩翩。柔兆攝提格子月，遠承王命祠其巔。元酒雖同澗蘋薦，寶翰金礱蒼壁鐫。初尋龍湫歷煙島，稍紆鶴塚行芝田。白雲寂傍晚蘿弱②，紅葉絶類春花妍。欲杖青藜燭徑洞，恐觸虹氣衝星纏③。匏笙明日載黄鵠，浩歌寫入凌雲篇。

武當歌送廖氏兄弟④

李仲訓

武當山，何崇崇。下瞰乎荆豫之境，當乎秦關之衝。行人過客千里外，杳渺望見七十二朵之青峰。或拱而西，或揖而東，或北而背，或南而胸。中央高乎者大頂，重壓后⑤土摩蒼穹。廼知元聖昔日飛昇處，上有宫觀知幾重。鸞鳳起舞，龜蛇現蹤。閃閃旗纛，玲玲磬鐘。簷牙馳列缺，殿角騰豐隆。早聞天雞啼，晚見月兎舂。玉澗流水響，丹岩太古封。金銀石精照白日，松柏偃蹇成蛇⑥龍。靈苗異蕊莫盡記，仙老隱士長相

---

① 虞大雅：任自垣纂修《勑建大嶽太和山誌》卷十五作“盧大雅”。

② 白雲寂傍晚蘿弱：任自垣纂修《勑建大嶽太和山誌》卷十五作“白雲渾旁晚蘿弱”。

③ 恐觸虹氣衝星纏：任自垣纂修《勑建大嶽太和山誌》卷十五作“恐觸虹氣衝星躔”。

④ 武當歌送廖氏兄弟：任自垣纂修《勑建大嶽太和山誌》卷十五作“武當歌（送廖氏昆仲）”。

⑤ 后：任自垣纂修《勑建大嶽太和山誌》卷十五作“厚”。

⑥ 蛇：任自垣纂修《勑建大嶽太和山誌》卷十五作“虬”。

逢。世上[1]會登罕能到，天下兹地斯爲雄。廖家兄弟好風骨，素願謁拜中誠通。去年二月兄獨往，今年三月弟更從。二人矯矯良可羡，飄然乘着鶴背風。歸時好摘榔梅實，惠我狂吟霜鬓翁。解此久渴懷，慰此衰謝容。明年倘遂生羽翼，亦欲與子凌虚空。

紫霄仙洞歌

許宗魯　提學副使

披藹躡石磴，凌空趨壁壇。路崎足力蹇，氣肅衣裳單。裊裊御風邁，倐倐拂煙還。幽光薦瑶草，遠風結崇蘭。激澗淙哀玉，懸松漱鳴湍。日借暮山紫，霜變秋林丹。珠宫隱半壁，贝闕飛霞端。雲轉入翠微，飄飖步高寒。展爾謝塵埃，翩然生羽翰。霞徑遂長往，服食青琅玕。

登太和山行

王　圻　上海人　督學

太和苞結迥靈異，名峯環聳七十二。泉潭巖澗事事幽，天柱崚嶒玉虚位。掀裾撰杖試躋攀，榔風倐然助羽翰。松岑屺岵開隙徑，五丁剜鑿非人刓。有時緣蘿度絶巘，有時捫壁凌飛湍。飛湍歕激歊旭澍，丹邱白石今如故。須臾雲氣騰山腰，慘淡接眼迷四顧。仙閣法宇重復重，一登一眺一悸怖。昪兟且喜歷紫霄[2]，六天開朗晴空遥。混元廓落隔凡跡，叢林遊鳥相喧囂。載循鐵鎖上絶磴，十步百喘真岧嶢。頂巔羽衣出石罅，手擕簫管相遲迓。且行且説古道場，元君丹成此昇化。路傍酌我騫林茶，引入精城就精舍。坐令沃盥具衣裳，相將追躡禮上方。焚香九頓啟元户，鑄銅爲殿金爲裝。雙然心畏貌增肅，靈威閃爍神旁皇。周遭縱步眼境豁，清都日觀手堪掇。三公五老拱至尊，俯瞰浮甍接飛闥。飛闥浮甍倚墜岩，

① 上：任自垣纂修《敕建大嶽太和山誌》卷十五作“人”。

② 昪兟且喜歷紫霄：楊素蘊修、王民皡等纂《大嶽太和武當山志》卷十九作“昪兒且喜歷紫霄”。

何異危巢託木末。神基剏劈古如兹，佇立踟躕轉忉怛。道人請從下壇路，千宫萬觀斜陽暮。言旋解袂清泠齋，息機凝坐差成悟。夜寝形安神亦安，恍有真詮夢中遇。黄庭内外理分明，翩翩俗諦皆沉痼。重樓雙闕自坦途，赤坡龍堆世爭赴。陽轡西飛豈復東，古來榮悴等朝露。勉我長生久視方，我欲從之駕煙霧。啞喔天雞雲外啼，兩聲三聲忽驚寤。起牀披髮仰太清，北斗横天天月吐。

皇　清

滄浪亭廣孺子歌

蔣永修　督學

昔年曾過滄浪水，今日復來滄浪下。滄浪有水復有歌，我爲傾耳聽歌者。歌聲杳杳不可名，還看水之濁與清。水清難禁濯之足，未有水濁濯之纓。人事翻覆有何常，鳳鸞歛翼鼙鴟張。或有皎皎疑生謗，或有汶汶寵來章。或有蹶蹶終淪落，或有冉冉忽高翔。下士見俗不見道，紛紛舍道趨時好。苟從時好甘泥塗，視我一身直草草。君子寶道守吾真，濯纓濯足聽之人。淆之不濁凝於神，滄浪之水浩浩流無塵。

诗　四言

明

謁　嵾　嶽

蔡復一　都御史

是空是宫，惟叢惟峰。億萬斯年，杉橡柏松。樹石巖壑，此隙彼充。莫知其故，鬼斧神工。費心目趾者勞勞，嘆自若之鳥蟲，遊元氣中。

何碑何字，其中無異。穆穆皇皇，神乃受備。岩三十六，澗二十四。五臺五井，泉三潭二。灝灝乎上浮蒼蒼者，下界功德不思議。

四時皆春，不斷吟呻。皇衷曰民，帝鑒曰人，非然者曷神。

恭謁大嶽

譚元春　竟陵人　丁卯解元

水短山長，風物有鄉，天柱斯光。

爲帝者師，爲五嶽長。以德以時，德馨孔仰。天子宫止，諸王庵止。海隅日出，稽首龕止。

眺彼洩雲，與煙俱養。雲杳在下，烟無所往。亭亭澗水，千章必響。衆香同來，一香自獎。

誰貽神羞，識潛者希。殃祥由已，應之以機。吉人坦坦，上帝烮烮。匪齋匪澣。

詩　五言古風

明

太和山

鄒守益　主事

太和雖云高，有足皆可陟①。所患畏巉崖，出門苦不力。區區寵辱

① 有足皆可陟：方升纂修《大嶽誌畧》卷四作“有足皆可涉”。

間，不異冷與熱。熱冷各有時，怨尤祇自惑。閉户爲顔閔，纓冠則禹稷。此道本平平，奇功在不息。

行界山道中

高濲亭

女彛駐芳景，條風振前楹。四垂穆以愉，黄鳥鳴嚶嚶。我行界山道，躊躇念浮生。昨日枯楊枝，今日青已盈。云胡鏡中面，老去不復頳。所以陶阮流，微辭寓深情。感悟增嘆息，勉旃懷素貞。

遇　真　宫①

靈境負夙約，真宫欣始遊。虚無上烟霄，香藹親霞樓。赫赫珠殿午，蕭蕭琪樹秋。雲軿嶺表度，仙樂空中流。入門覽衆妙，啜水離羣憂。仙人倘可遇，携手凌崑邱。

由南巖尋北崖②謁不二和尚

王世貞　都御史

陟降雖疲跡③，眺覽用怡心。心怡體自調，支策探道林。是時春初暮，遥緑結屯陰。一蟠麗空表，雙樹吐百尋④。初窺但絶壁，緩步得精岑⑤。開士久杜機，眄睞不能禁。延我坐芙蓉，啖我以林檎。清梵和流泉，蹭竑海潮音。忽覩西岫景，圓規已半侵。歸來愧禽魚，自得忘高深。

---

① 遇真宫：據方升纂修《大嶽誌畧》卷四此詩作者爲“許宗魯”。

② 崖：凌雲翼修、盧重華等纂《大岳太和山誌》補遺卷作“巖”。

③ 陟降雖疲跡：凌雲翼修、盧重華等纂《大岳太和山誌》補遺卷作“降陟雖疲跡”。

④ 一蟠麗空表，雙樹吐百尋：凌雲翼修、盧重華等纂《大岳太和山誌》補遺卷作“一蟠颺空表，雙樹吐緑尋”。

⑤ 緩步得精岑：凌雲翼修、盧重華等纂《大岳太和山誌》補遺卷作“緩步得精篮”。

由紫霄歷青羊橋憩五龍出仁威觀有述

躋危意方倦，入幽良自適。岩巒非一態，雲日饒奇色。活活伏流來，泠泠深岩滴。騰虬悟風樹，渴猊知飲石①。拏攫令魂驚，蜿蜒覺根圻②。俶詭青羊澗，窈窕五龍室。彼美如有待，余欣寧無獲。改轍見平疇，藹藹禾黍夕。歸慮中未攬，目境時有失。安得乘蹻道，遥青庶可摘。

贈不二和尚

苦無遺民好③，披緇禮遠公。勞師破吾執，所破隨亦空。飯罷了無語，趺坐蒼山中。

贈范丫髻

一瓢更一杖，此外都不聞。瓢還潁水月，杖付葛陂雲。揮手篸山頂，卻笑洪崖君。

南　巖　宫

蘇　濬　晋江人　陝西条議

古洞結層陰，乃在山之曲。仰盼天柱巔，浮雲自相屬。俯睇層陰間，扶桑森以綠。穆如元圃邱，粲若珠璣落。徙倚飛昇臺，閬風振陵谷。更有羽人居，巢棲不盈匊。相顧嗒然空，一醉萬事足。

五　龍　宫

上山淩雲門，下山翳荒林。元冥司北陸，龍宫窈且深。陽光濯中流，

① 渴猊知飲石：王世貞《弇州山人四部稿》卷十二作“渴猊知水石”。

② 蜿蜒覺根圻：凌雲翼修、盧重華等纂《大岳太和山誌》補遺卷作“蜿蜒覺根坼”。

③ 苦無遺民好：凌雲翼修、盧重華等纂《大岳太和山誌》補遺卷作“苦無道民好”。

重輪洗層陰。遊鱗戲其下，萬竅自悲吟。羽人持卮酒，邀我溪之潯。錦瑟無朱絃，激石有餘音。虚舟不可極，遺珠豈①可尋。且盡杯中物，餘生任陸沉。

自南天門轉南岩宫入岩看元武諸跡

朱之臣　成都人

著雨岩上行，不知岩下佛。天門山之脊，圜徑滑側谷。盤西俯松殿，松輒入雲腹。殿影壓濕痕，隔步不入目。道人余前指，曰南走石屋。懸石覆肺然，元武跡其足。鑱骨爲之龍，昂昂不欲伏。左右向亭際，瀟然而一局。垂垂煙相逼，摩岩叩石族。語烟且開晴，南放金光出。

天柱峰謁帝

袁宏道

除却善法堂，人間無此麗。甍題鑄黄金，玉版花紋地。羲和曳長輪，鋭碧返龍轡。霞裏召仙官，飛斷青溪翅。茫茫諸夏人，綃綺披②山翠。號呼夾笙鏞，醒却天娥睡。燔珠薪水沉，千里薫燎氣。長髯老真人，曉暢天家事。逸典絶云亭，功高七十二。鞭山駕鼋鼉，一笑秦皇帝。

南岩望絶頂及五龍諸宫有述

珠題嵌絶壁，人巧依天匠。峭綠叠頹嵐，青天怯摩③盪。濛濛太始雲，曠刼相醖釀。一自闢元宫，斧作仙家障。蒼巒夾㰤竇，高天入盆盎。終古容④清虚，諸仙幾回喪。真人將上昇，先此規圖樣。十二樓五城，某天如某嶂。宫成付黄冠，仙郵侈供帳。道裝俗鬚眉，只此輸天上。

① 豈：楊素藴修、王民皞等纂《大嶽太和武當山志》卷十九作“詎”。
② 披：袁宏道《瀟碧堂集》卷四作“被”。
③ 摩：袁宏道《瀟碧堂集》卷四作“磨”。
④ 容：袁宏道《瀟碧堂集》卷四作“客”。

遊玉虚巖

一壁繡煙霜，石老嶔𡾊露。蜕骨留空岩，青山也仙去。或纖削而清，或高古而怒。瘦過必成研①，喜極多由怖。咽者爲奔泉，古者爲杉樹。種種出天成，幽奇互遭遇。翹首告仙真，此地好流寓。未必三神山，有此奇絶處。

皇　清

宿周府庵

楊素蘊　荆南道

亭亭門前柏，青青林中竹。灼灼澗底花，呦呦山下鹿。此地是幽棲，豁達開心目。近閣樹乍明，遠峯月漸伏。徙倚引芳柯，夜凉風出谷。更有桂八株，叢生香馥馥。名境如高人，作意在嚴肅。我來宿其中，塵襟資盥沐。彈棋香可分，揮琴茶正熟。安得素心人，共抱道經讀。

詩　七言古風

明

武當道人詠四首

李宗木　郎中

道人自愛碧山住，武當結屋雲深處。屋後新添五粒松，門前舊有三花樹。冬夏不思葛與裘，葉生葉落知春秋。大還已得神仙藥，郤笑世人空白頭。

① 研：袁宏道《瀟碧堂集》卷四作“妍”。

道人自愛碧山眠，白雲遲度窓之前。石壇松影陰千尺，老鶴一聲開松煙。起來手檢丹霞篆，魍魎潛歸俱遁散。天柱峯頭清嘯長，世人可聞不可見。

道人自愛碧山行，寒泉滴滴①金石聲。雙耳無染不用洗，此音聞之清更清。溪邊樹色含青靄，洞中有花人不採。南崖②石上一盤碁，世上流光已千載。

道人自愛碧山坐，山下吟詩山鳥和。琪花珠蕊笑欲來，峭壁懸岩牢不墮。紫霄有客夜深歸，天風吹月鶴雙飛。起跨鶴背上天去，銀漢誤觸織女機。

登太和宮

孫　健　浙江人　貴州叅議

太和之山上插空，盤旋起伏如蒼龍。何年養就精靈氣，至今鱗甲生秋風。秋風起兮山四霧，蒼龍聳角如天柱。揚鬐勢欲吞天池，横海妖鯨泣無寓。我來豈是凌虚人，翩翩疑與太清隣③。安得乘龍行上界，睥睨六合之紛綸。紛綸塵氛競相起，江河東下何時已。太清中含一點靈，神與名山至今俱不死。

① 滴滴：楊素藴修、王民皥等纂《大嶽太和武當山志》卷十九作“潏潏”。
② 崖：楊素藴修、王民皥等纂《大嶽太和武當山志》卷十九作“巖”。
③ 翩翩疑與太清隣：楊素藴修、王民皥等纂《大嶽太和武當山志》卷十九作“翩而凝與太清鄰”。

賜五龍李孤雲

湘　王

烟山蒼蒼煙樹紫，行來日斜逢真士。逢真士，石爲餐，碧莎鶴唳清光寒。

賜洞微觀妙上照鍊師王休休遊武當

我生肅好方外之高情，遐追子晋懷蓬瀛。三山遼邈不可及，亘古仙者傳其名。金銀臺觀烟霞外，琪花珠樹森交晶。紅霞白日春常在，巨鰲不動天風升。鍊師自是三山客，貌奇心古丰儀清。拂袖御雲氣，翩翩來南荆。風物老秋色，湘江波静荆山横。玉蟾吐白滿空門，手攜北斗酌我湛酴領滄溟。琅笈瓊文覈元秘，掌中金策何鏗鏗？君衣綠霓羽，我着紫霞瓔。君咏步虚曲，我吹青玉笙。我笙吹星星歴落，君曲遏雲雲不行。杖花銀棹不足數，吴中鱸鱠爲君輕。肘後寒光破晴碧，壺中丹氣凌青冥。興來醉舞招白鶴，跨向五城之玉京。翛然笑傲忘甲子，一身汗漫遺死生。五嶽撮土，八海一泓。滔滔昔人付一笑，悠悠終古惟高瞠。先天獨存兮後天不老，吞吐造物含元精。白漚兮白漚，與君共結滄洲盟。

題馮虚滄浪圖

張廷弼　光化知縣　臨川人

馮虚亭子凌瞿塩，俯聽寒飈發天籟。參嶽千峰聳作屏，滄浪一水縈如带。水流山峙自年年，亭子荒凉鎖暮煙。我欲馮虚遊八極，題詩天半石應穿。

皇　清

武當歌用王鳳洲先生韻

潘宗洛　江南人　湖廣學院

君不見秦王伏甲爭儲宫，求取貝葉來華中。又不見燕王渡江號靖難，徧訪躐踢披蒙茸。英雄失德思懺悔，每假幻怪彰神功。古來典禮重牲幣，五嶽望祀如三公。黑社奮起踐神極，參山胡不凌恒嵩。當時物力萃荆襄，頳肩流汗丁男忙。金頂一峰倣承露，玉虚千門規建章。層城極目見雲海，閣道盤空綴洞房。秋風夜月猿鶴静，但聞鈴語聲丁當。時移物换幾興廢，遊人嘆息林泉旁。嗚呼！神君仗劍信有術，聽我一言請無忽。方家十族鐵家女，願令世世生窮髮。烏飛兎走歲月過，饑飡渴飲陰陽和。滄海桑田無改變，神君於意當云何。

卷之八　藝文四[①]

诗　五言律

明

南巖宫

崔　桐　条議

古木懸孤嶂，虚巖綴百靈。亭陰侵座爽，林影上衣青。地寂年爲日，雲屯晝欲暝。何方廻白首，於此問參苓。

又[②]

傳聞天柱下，幽勝更清微。峯合天長隔，谿寒雲不飛。花崖懸乳石，竹隖對瓊扉。未有凌雲翼，空成悵望歸。

太和宫

王　鎔　副使

太乙涵元氣，中原獨此山。神功移閬苑，帝力壯仙寰。嶂合茅堂杳，

① 藝文（四）：原文無此標題。編者根據内容補。
② 又：方升纂修《大嶽誌畧》卷四作“清微宫”。

林廻野色閒。烟霞酬夙志，解組扣松關。

紫霄宫

福地臨仙館，旗峯列蕋宫。劍亭①雙樹直，丹井百泉通。雲卧宵衣薄，天青斗柄融②。坐觀時復暇，疏奏理絲桐。

朝天宫

峻極封山嶽，凌空嚮珮珧。雲開金闕逈，磴轉玉臺遥。紫翠羣峰抱，香燈萬國朝。星辰疑可摘，羽翼上烟霄。

南巖宫

採芝凌絶巘，對奕坐虚亭。洞古雷神秘，潭沉龍氣腥。紫霄仍下界，青鳥自東溟。已覺非人世，應無俗慮嬰。

玉虚宫

隱隱仙岩度，冥冥霧靄收。雲汀朱鴈落，春草赤麟遊。貝闕諸宫亞，真源九曲流。羽人衣舄在，天樂下西樓。

太和山

廖道南　学士

天柱丹梯上，皇崖紫氣深。銀河浮碧落，玉宇隔遥林。露濕仙人掌，雲分帝子岑。詞臣多逸興，春賦有餘音。

---

① 劍亭：方升纂修《大嶽誌畧》卷四作“劍臺”。
② 斗柄融：方升纂修《大嶽誌畧》卷四作“斗柄横”。

南巖宮①

信步南岩下，倐倐物外情。瑶壇青鳥落，玉洞紫芝明。龍去虚丹井，仙歸有石枰。何當謝塵鞅，於此學長生。

太和山

蕭一中　衆政

雲漢雙無逈，乾坤一望中。鈞天聞絶響，太乙自生風。海色摇空碧，蓬萊映日紅。桃源知不遠，無地覔仙蹤。

登太和山

朱　箎　御史

一嶽撐空碧，凭欄俯岫雲。堯天孤柱立②，楚甸一江分。遠壑生靈籟，香烟吐瑞氛。黄冠來問訣，愧我尚無聞。

太和山

李延康　僉事

洞口含烟碧，山腰倚閣虚。羽衣黄髪老，靈境白雲居。石髓通丹竈，松花落枕書。長生如可學，解組望霞裾。

南巖宮

戴時宗　都御史

始入南天路，還知别有天。仙宫懸石壁，道室插雲巔。丹壑聞清籟，青松記昔年。飛昇臺尚在，欲結愧無緣。

---

① 南巖宫：王佐修、慎旦等纂《大岳太和山誌》卷十七爲無題詩，署作“沈應龍（侍郎）”，而非“廖道南（學士）”。

② 堯天孤柱立：王佐修、慎旦等纂《大岳太和山誌》卷十七作“堯天孤立柱”。

薄暮太和①

金屋倚天開，環闉洞九垓。夕陽初餞谷，蘿月已臨臺。暝色依烏鳥，秋痕上椾梅。異人逢夜話，更覺洗心埃。

入南巖崖下

章　焕　都御史

誤入南岩路，頻疑别有天。深谿千仞落，飛閣一巢懸。鳴澗當窓急，長松拂障眠。此中能避世，箕坐已忘年②。

贈自然庵道士③

問訊清虚客，修真尚此庵。元宗應自悟，大道頗能諳。汲水龍歸鉢，燒符虎入籃。因君脱此網④，吾意欲投簪。

太　和　宫

孫應鰲　都御史

天柱開金闕，虹梁綴玉墀。勢雄中漢表，氣渾太初時。日月抵雙壁，神靈肅萬儀。名山遊歴遍，誰似此山奇。

入　仙　關

李宗木　内鄉舉人　禮部郎中

雲履緣青磴，搴芳蘚石隈。虎風寒白晝，龍氣隱春雷。鳥向日邊度，

① 薄暮太和：王佐修、慎旦等纂《大岳太和山誌》卷十七署名作“豐城雷賀（參政）”而非“戴時宗（都御史）”。

② 箕坐已忘年：王佐修、慎旦等纂《大岳太和山誌》卷十七作“端坐已忘年”。

③ 贈自然庵道士：凌雲翼修、盧重華等纂《大岳太和山誌》卷八署名作“龔秉德（副使）”，而非“章焕（都御使）”。

④ 因君脱此網：凌雲翼修、盧重華等纂《大岳太和山誌》卷八作“因君脱世網”。

人從天上廻。清寧屬勝境，终古仰崔嵬。

登太和山卽事

王世貞　都御史

名出登封晚，功存象帝先。山疑鞭石就①，室似鑿空懸。有壑難窺地，無峯不刺天。所遊疑夢境，回首卽茫然。

又

天門揮手是，宛轉尚千盤。但語中原小，那論行路難。夜分先得日，春去獨留寒。不盡登臨意，傗然思羽翰。

又

脉借崑崙遠，聲欺太華卑。上分天一半，横跨地三垂。不盡松杉壽，毋妨鸛雀危。祇憐來往客，未解治贪痴。

念賣藥者住懸崖一小龕中贈五龍吴道士

董　裕　都御史

豈是韓康後，逃人入窈冥。捫壁窮千丈，巢雲借五丁。現前皆白石，合下有黄庭。曾否探元理，因之脱穢腥。

南　巖　宫

陳文燭　条政

怪石從中起，岩扉百丈陰。摩空驚過鳥，積雪在深林。到此真無暑，令人發朗吟。飛昇如可托，肯復戀朝簪？

---

① 山疑鞭石就：凌雲翼修、盧重華等纂《大岳太和山誌》補遺卷作“路疑鞭石就”。

五龍宫

仙子今何在？宫名尚五龍。山深時作雨，溪響不聞鐘。獨往無同伴，何緣覔去蹤。諸峯羅列處，一一繡芙蓉。

遇真宫

正有真人想，其如遇渺然。人言臨福地，吾意在先天。歲月山中老，乾坤此際懸。偶來仍駐屐，笙鶴下翩翩。

玉虚宫訪周小顛

李　蔭　刑部主事

在昔聞高蹈，相逢愜此心。片雲丹竈冷，飛雨翠岩深。招隱非無意，懷仙時有吟。枯桐空自搏，猶未遇知音。

送法光遊武當

道人元不住，逸跡任天涯。此去看元嶽，翱翔帝子家。題詩當澗竹，瀹茗對巖花。應共吹簫侶，三天弄紫霞。

仙　關

閆繼迪① 梁南人

不藉江山險，人天一步分。入門俱法界，出路卽塵氛。古樹危騎石，仙衣舊掛雲。何時謝簪紱，來就鶴猿羣。

同吴明卿登望嶽樓

梁　嶽

剩有三天興，同登百尺樓。地緣參嶺勝，城帶漢江流。縱酒談偏劇，

① 閆繼迪：楊素藴修、王民皥等纂《大嶽太和武當山志》卷二十作“閃繼迪”。

憑高思轉幽。多才憐季重，延賞恣賡酬。

雨宿清微館

徐學謨　督學

故館清秋暮，閒堦赤葉平。驚心一夜雨，側耳十年聲。已是愁無賴，寧堪滴到明。重來多難後，逆旅念残生。

皇　清

天　柱　峰

李　炳　知州

高峻開千古，惟武可以當。上天尊北極，絶頂映東陽。五嶽羣爲吏，一峯獨自王。帝真應坐此，我亦到青蒼。

平頂山望天柱峯

鍾嶽靈　本州人　明經

參峰突起處，羣嶂失岧嶤。青氣接天壘，白雲上海潮。十圍松似草，一棧路通霄①。安得端居此，門邊望不遥。

春半見參峰雪

百里參峯雪，春中尚插天。光生晴處冷，白破晚來烟。鄭谷松初茂，陶門柳正眠。邱陵夕照直，一曠眼眉邊。

山行望天柱峯

沈　冠　浙江人　武進士

峭壁倚巑岏，登臨豁大觀。馬蹄行樹杪，人影落雲端。廻折千峯合，

① 一棧路通霄：黨居易修、王钦命等纂《均州誌》卷四作“一綫路通霄”。

冥濛五月寒。巍然天一柱，還向碧霄看。

又

山行良自愜，吟眺復誰同。秋色千峰雨，濤聲萬壑風。懸梯荒蘚合，曲徑暗泉通。策杖輕三陟，悠悠思不窮。

天柱曉晴

徐京陛　竹谿知縣①

早起看山色，煙光蕩曉暾。霞明千嶂麗，天縱一峰尊。突兀黄金殿，崢嶸黑帝閽。列風如可御，何處是崑崙。

詩　七言律

元

太　和　山②

虞　集　學士

雪樹生香滿佩巾，紫霄最上集仙真。苔荒鶴跡渾無路，花暗笙聲不見人。瑶圃月寒通白曉，丹臺雲暖駐長春。莫教流水山前去，恐似桃源客問津。

---

① 徐京陛（竹谿知縣）：黨居易修、王钦命等纂《均州誌》卷四署作“沈冠”，而非“徐京陛（竹谿知縣）”。

② 太和山：任自垣纂修《勑建大嶽太和山誌》卷十四題作“題紫霄宫楊外史梅雪齋”。

太和山①

揭傒斯　學士

太子巖吞獅子峯，洞深雷響半虛空。黑龍去作人間雨，白鶴來棲澗上松。日吐金芒朝五老，煙橫玉帶遶三公。七星旗展飈輪降，時有天香下九重。

明

天柱淩雲

沐　昕　駙馬都尉

黛色參天玉削成，斷鰲誰識太初形。慶雲繚繞元都近，石磴參差黄道平。夜半風雷山下起，秋清星斗樹梢横。衹今昭代超前代②，徽號穹碑萬古榮。

南　巖③

秀拔中天戴巨鰲④，瀑聲直下鬼神號。氣吞泰華銀河近，勢壓岷峨玉壘高。日上羣峰明鎖闥⑤，風回萬壑湧秋濤。紅塵一點飛難到，跨鶴人來醉碧桃。

---

① 太和山：任自垣纂修《勑建大嶽太和山誌》卷十四題作“題太子巖”。

② 衹今昭代超前代：任自垣纂修《勑建大嶽太和山誌》卷十五作“衹今聖代超前代”。

③ 南巖：任自垣纂修《勑建大嶽太和山誌》卷十五題作“南巖削壁”。

④ 秀拔中天戴巨鰲：任自垣纂修《勑建大嶽太和山誌》卷十五作“秀拔中天戴巨鼇”。

⑤ 日上羣峰明鎖闥：任自垣纂修《勑建大嶽太和山誌》卷十五作“日上群峯明瑣闥”。

太　和　山

李東陽　大學士

神仙宫府事何如，親見分符上紫虚。山擁帝宫三十六，地屯兵衛五千餘。人言才大難爲用，我愛官閒好讀書。臨别與君堪一博，肯將青紱换緋魚。

天　柱　峯①

沈　暉②　都御史

縹緲珠宫映翠微，靈風長日滿龍旂。函關伊昔青牛去，華表何年白鶴歸。花落石壇春不掃，露零仙掌曉還晞。樓船海外無消息，山下閒雲萬古飛。

登太和山

李宗木

七十二峯宿雨晴，諸宫羅列蕋珠明。乾坤新幻蓬壺影，霄漢時傳鐘鼓聲。漱石泉從雲裏聽，振衣身在斗邊行。奇遊到此翻成愧，坎壈浮名絆此生。

登太和山

何　遷　少卿

帝子九龍遊海上，太和千古亦蓬壺。遥憐劍閣有巫峽，那復祝融雄楚都。雪發松杉雙屐近，風連河漢一筇孤。好尋大藥清虚表，三十六岩今有無。

---

① 天柱峯：方升纂修《大嶽誌畧》卷四題作“遇真宫”。

② 沈渾：方升纂修《大嶽誌畧》卷四作“沈暉”。

登太和山

楊守禮　副使

白鶴迎人下紫霄，乘風仙子任飄颻。山頭雨洗黄金殿，檻外蓮圍白玉橋。虎伏靈黿迷澗水，鸞隨明月下笙簫。紅塵不到仙家處，回首繁華一夢消。

登太和山

朱隆禧　給事中

紫翠光華楊柳天，東風扶上太和巔。吟猿曉掛仙人掌，瀑布春回玉女泉。佇聽松聲諧雅韻，乍看晴壑起蒼煙。追遊况得携摩詰，刻石相將記歲年。

登太和山

張　臬　郎中

九日登高大嶽巔，直從元帝探真源。褰衣飛步三天外，吹帽驚捫北斗懸。混闢陰陽奔日月，蒼茫塵土隔風烟。神功綿邈歸明祚，長似文皇創造年。

登太和山

歐陽必進　尚書

萬丈丹梯倚帝宫，紛紛求福往來通。我來訪古五峰下，到此令人百慮空。回首千岩紅日麗，舉頭一柱白雲籠。修真苦行當年事，欲問頻催玉兎東。

登太和山

吴子孝　条議

花發空山見使車，春殘風雨乍晴餘。雲中笙磬迎珠蓋，崖下星辰俯碧虚。豈料豸冠初倚玉，却憐鸞翮早傳書。赤霄望望登仙去，似憶承明有舊廬。

登太和山

陳绍儒　副使

金殿瑶臺碧落齊，三門萬仞轉丹梯。雲雷互變中峰出，河漢分流下界迷。帝子嚴禋供寶篆，神人真訣秘刀圭。年來獨覺塵根淨，喜傍名山學品題。

又

名區削琢碧玲瓏，秀水奇峯不易逢。正憶玉書寥落後，每疑金訣有無中。九天夜月滋華屋，萬里風雲射彩虹。步入青坪導青佩，鳳簫如縷滿瑶空。

仙　　關

胡宗憲　御史

一入桃源路轉艱，天風吹我渡仙闗。千層樓閣空中起，萬叠雲山足下環。攬轡自知王命重，杖藜聊與道心閒。元房寂寂春宵冷，月上疎簾手可攀。

南　　巖

沈良才　都御史

路入南巖景更幽，憑虚高閣逈生愁。雲浮石檻簷疑動，雨過松林碧欲流。别澗泉聲時細細，隔溪禽語晚啾啾。道人指點神仙跡，苔鎖荒臺滿目秋。

紫霄宫

汪大受　都御史

峭壁中天翠展旗，瓊臺叠疊紫虹霓。金光殿閣明霞爛，瑞氣峯巒遠漢移。六月杉松深帶雪，千年芝草淨依池。忽聞先樂①從空下，恍覺身遊玉帝墀。

南巖宫

五老峰前嶺路廻，南天勝地倚崔嵬。百泉歸壑秋初静，萬木攢雲晝未開。鰲負珠宫懸翠壁，龍蟠瑞霧隱丹臺。仙碁岩畔青鸞化，留得神功度榔梅。

南巖宫

章　焕　都御史

三十六崖何者奇，南岩巖壑多幽姿。飛空欲作翔鸞舞，跨澗真看渴虎垂。樹杪廻瀾②時隱見，雲中棧閣故參差。歸旌欲問來時路，洞口雲深已不知。

紫霄宫

行盡青山入紫霄，函闕紫氣鬱岧嶢。乍看雲霧生巾舄，轉覺簷櫳隔絳綃。池上七星低可掬，峯前五老坐相邀。空中冉冉聞清樂，指引鸞驂路漸遥。

玉虚橋上步月

偶向池邊問月明，不知身在月宫行。玉虚元是清虚府，午③夜今開

① 先樂：楊素藴修、王民皡等纂《大嶽太和武當山志》卷二十作“仙樂”。
② 瀾：王佐修、慎旦等纂《大岳太和山誌》卷十七作“欄”。
③ 午：王佐修、慎旦等纂《大岳太和山誌》卷十七作“永”。

不夜城。姑射仙人真綽約，水晶宫殿自輕盈。水姿皓魄嬋娟淨，弄影相看浸碧泓。

登太和山漫興

陳孟章　户部主事

幾廻夢與赤松遊，清賞今逢玉露秋。寶殿玲瓏回碧落，丹梯宛轉入丹邱①。彤雲冉冉簷楹動，遠嶠重重海浪浮。空裏漸聞天樂近，函關應有跨青牛。

又

神帶飄飄入翠微，幽闊真與世情違。花從削壁含香放，鳥向叢林得意飛。四面青巒攢畫戟，半天祥靄罩羅幃。鼎湖信有乘龍侶，更喜岩頭掩竹扉。

登太和山

張守直　工部侍郎

森羅仙逕接珠林，塵世清都詎易尋。帶露壇花常灼灼，棲鸞圃樹自陰陰。山當八百荆吴壯，水落東南漢沔深。自是名寰招隱地，何人不動紫芝心。

登太和和少司空張筆翁韻

艾　杞　工部主事

瓊宫上與碧霄齊，曾入仙人舊品題。谷口桃花翻白雪，洞門石髓護青泥。龍幢一去乾坤老，法座常懸日月低。自是陽春難属和，登高極目五雲迷。

---

① 丹邱：王佐修、慎旦等纂《大岳太和山誌》卷十七作“仙州”。

又

天門如柱轉紆賒，廻首羣峰似列牙。高閣御風瞻北極，故鄉落日望西華。花當三月明金殿，仙去千年秘玉砂。盡日看雲歸岫晚，香爐石上數株花。

登太和和少司空張筆翁韻

施篤臣　副使

岧嶤天柱紫宸齊，帝子高居揭玉題。卿月重來通鳥道，使星遥望隔雲泥。飛橋斜度南宫近，虚閣平臨北斗低。自是張騫仙骨異，乘槎天上出塵迷。

又

偶①來採藥入仙林，仙去林空何處尋。石上黄芽春欲暖，洞前白雪晝常陰。時時笙磬天門杳，歷歷樓臺烟樹深。歲暮山中無一事，抛書終日獨觀心。

雪天同林梅窓登太和

葉九金　均州知州

直上天門景更幽，金城臺殿甲中州。丹梯萬丈雲霞杳，白浪千層雪霧收。點點秦山横地出，悠悠漢水接天流。銀河夜色清如許，蓬島何須海上求。

憇遇真宫

徐學謨

長苦紅塵攬鬓班，西來詎意訪名山。聊因白石留心賞，敢乞黄金駐

---

① 偶：王佐修、慎旦等纂《大岳太和山誌》卷十七作“誤”。

俗顔。司馬好遊書未著，向平何日事方閒。天峯雲壑如相憶，肯許他年問九還。

登天柱峯

盤礴西南插楚都，遠襟嵩華控巴吴。蓬壺亦在人間世，靈秘如探肘後符。龍虎雄瞻丹闕迥，煙霞秀瑩玉城孤。南岩指點昇真處，恍惚仙靈定有無。

過龍泉觀冒雨行卽景

王世貞

峭風含雨自成悽，宛轉襄城轍漸迷。岩電忽垂疑地①笑，江雷初上似兒啼。遥旌破壁看將没，雜樹含烟暈郤齊。恍惚淮南成道過，西岩喔喔午時雞。

由太和登絶頂

千盤轉盡見三門，七十二峰朝至尊。下插香爐勝廬嶽，中懸天柱卽崑崙。銀璈挾籟晴疑雨，金殿摇光夜不昏。欲指羣方無可問，青山處處白雲屯。

又

絳節朱幡縹緲間，縱非天漢不塵寰。平超五岳王公位，肯數三峨伯仲山。千嶂霧深銀作海，九霄雲淨玉爲闗。空餘沆瀣零仙掌，消渴相如可再攀。

---

① 地：凌雲翼修、盧重華等纂《大岳太和山誌》補遺卷作“帝”。

太　和　宮

裴應章

居然鰲極載蓬萊，金闕凌空次第開。雲擁龜蛇浮帝座，月明鸞鶴度瑶臺。雞鳴先得人間曙，龍起時聞山下雷。七十二君金檢秘，千年直待聖皇來。

謁太和郞江登舟

董　裕　都御史

日射波光擁客舟，凌空一葉卽仙遊。漢津故與銀潢接，元岳疑從弱水浮。白鴈影隨沙島度，丹楓寒傍水淙流。回看郞子城頭樹，十里煙嵐澹素秋。

仙關道中

俞士章　宜興人　提學道

路入仙關别有香，輕綃不耐曉生凉。嵯峨翠岫雄三界，偃蹇喬枝老萬霜。隨地羽衣迎管籥，傍岩茅屋絶梯航。兩溪玉液清於鑑，滌我塵襟未可量。

遊玉虛宫

九渡溪頭一徑通，海棠花落水流紅。琳宫不盡懸岩半，棧道孤浮絶壁中。王子笙歌青漢落，劉安雞犬白雲籠。入山何事非尋勝，獨此幽奇自不同。

宿太和宫道房卽事

彭凌霄

小窓空翠入沾裳，爽氣凝秋枕簟凉。閶闔天邊開蜃閣，芙蓉嶂杪插蜂房。疎星近宿依前殿，飛電回看落下方。身在此間難穩臥，驚心已到白雲鄉。

曉登天柱峯

徐中行　長興人　条議

振衣秋色散鴻濛，絶頂遥看萬里空。不是三山飛海上，那能五嶽聚天中。曜靈倒射黄金殿，元武高臨赤帝宫。細數岩巒三十六，朝來鰲極總相同。

又

帝居天上五雲重，朝罷風清萬壑鐘。山擁百城皆翡翠，殿開千嶂盡芙蓉。堦前香靄黄金鼎，檻外星懸玉女峰。總道登封天子意，每從雷雨見飛龍。

宿五龍宫

方九功　吏部員外郎

數杯白酒罷殘更，一榻蕭然伴月明。訪道何年逢辟穀，偷閒今日且辭榮。寰中夢覺邯鄲枕，方外風傳子晋笙。擾擾紅塵成底事，總來不似學長生。

登天柱峯①

絶頂摳衣禮北辰，俯看蒼翠拾嶙峋。蘇門嘯振千山木，黍谷吹迴大地春。肩拍洪崖嘗作客，心遊黄綺不稱臣。笑呼向長淹婚嫁，猶愧當年五嶽人。

① 登天柱峯：凌雲翼修、盧重華等纂《大岳太和山誌》補遺卷署作“吴守淮”，而非“方九功（吏部员外郎）”。

同陳郡伯何郡丞望太和山

温　純　少卿

危樓縹緲倚雲成，西望名山勢若平。太液揚波晴亦雨，天門返照夜還明。相逢李杜饒新句，幾遇金蘭感舊盟。安得乘風凌絶頂，紫霄長聽步虚声。

登太和絶頂

盧仲田　副使①

天柱峰頭帝作宫，四門高闢太虚中。摩雲一點松山小，浴日千波海水紅②。卓筆森森撑太宇，紫煙孄孄匝華封。一從隳③落塵寰久，滌骨重來世已空。

宿太和絶頂

蘇　濬　陝西糸議

飄然雙舄出雲門，一柱孤高帝者尊。巴楚諸流環疊嶂，燕秦千里薦芳蓀。經繙海藏龜龍出，劍指招摇虎豹蹲。七十二峯俱侍側，便堪倚杖看兒孫。

遊　太　和④

鰲極何年駕地靈，洞門寒雨晝冥冥。雲開菡萏三千里，天列芙蓉十

---

①　盧仲田（副使）：凌雲翼修、盧重華等纂《大岳太和山誌》補遺卷署作“盧仲佃（副使）”。

②　摩雲一點松山小，浴日千波海水紅：凌雲翼修、盧重華等纂《大岳太和山誌》補遺卷作“摩雲一點嵩山小，浴日千披海水紅”。

③　隳：凌雲翼修、盧重華等纂《大岳太和山誌》補遺卷作“堕”。

④　遊太和：楊素藴修、王民皞等纂《大嶽太和武當山志》卷二十署作“梅国楼，麻城人，給事中”，而非“蘇濬（陝西參議）”。

二屏。玉柱半懸雙闕紫，金宫遥插萬峰青。層霄咫尺瞻依近，指點仙槎問客星。

登天柱峯

鄧啟愚　南陽府知府

凌空一柱曉擎天，綰霧披雲到大千。晴挾萬峰花作雨，寒生五月日爲年。露華浮動黄金殿，岩氣蒸成碧玉泉。欲洗幻緣澄浩劫，手攜銀漢下風煙。

送陳寅齋分守大嶽

李長春　四川人　翰林

絳節遥從元嶽開，祠宫初下鳳城隈。層霄星斗捫岩入，子夜琅璈謁帝來。林外篆烟浮彩袖，松間珠露湛仙盃。玉京此地如回首，應上飛虹百尺臺。

送吴海篔歸武當

李　蔭　主事

萍合萍分未足吁，雲來雲去本無拘。仙人謾説乘黄鶴，空谷今看有白駒。好向地中尋琥珀，想於石上種菖蒲。他時倘遇文園客，藥裹還期振槁枯。

從顔老師登武當絶頂

脱却紅塵駕紫烟，振衣雄視太和巔。深山四月還飛雪，野客孤笻可柱天。咫尺直堪朝上帝，遨遊何翅挾飛仙。太虛寥廓無纖翳，長嘯琅風共灑然。

天柱峯絶頂

閻繼迪　梁南人①

誰將巨斧劈鴻濛，削出雲標萬仞雄。人世畫圖應不到，道家方丈半懸空。瓊花夜灑峩嵋雪，絳節朝廻閬苑風。橋路那須藜杖化，步虚人在廣寒宫。

武當山道中雜詠

洪翼聖　歙縣人　汝南叅政

五里一庵十里宫，丹墻翠瓦望玲瓏。樓臺隱映金銀氣，林岫廻環畫鏡中。門裂雙岩容馬度，天開一徑許人通。當年丹竈傳猶在，羽翮何由聳碧空。

登天柱峯

費尚伊

千峰壁立插青霄，絶頂煙霞逈自超。遂有神明趨黯淡，豈無人物護岧嶤。垂簷北斗真堪摘，俯檻東皇乍可招。舊識仙人王子晋，天邊鸞鶴坐相邀。

又

高岩晴色隱危欄，曾説垂天八百盤。紫氣半從峰頂出，紅雲低傍殿頭看。振衣人境摩黄鵠，岸幘天門跨紫鸞。欲按霓裳歌一曲，恐驚星斗落欄杆。

---

① 閻繼迪（梁南人）：楊素蕴修、王民皥等纂《大嶽太和武當山志》卷二十作“閃繼迪（梁南人）”。

由太和入南巖

張　維

千丈峯前試一過，盤旋石磴鎖烟蘿。清泉遶澗環蒼壁，翠篠吟風散玉珂。樹暗虎岩人語少，花香龍洞鳥啼多。飛昇臺上看仙蹟，爲問長生事若何？

紫　霄　宫①

天作旗峰映翠微，丹巖空壑尚依依。樹臨紫氣乘牛過，路入青霄看鳥飛。仙樂忽從天外轉，嶺雲盡向洞中歸。羨門久訂飡霞約，直入元關與世違。

皇　　清

壬子中秋登太和山

黨居易　均州知州

大嶽崚嶒立漢東，虚皇正位太和宫。松間明月巢丹鳳，天際真人御曉風②。尊踞荆襄千嶂上，光連雍豫二州中。登峰此日秋思迥，寥廓金城帝座通。

玉　虚　宫

王欽命　均州學正

仙原景物盡空霏，縹緲琳宫隱翠微。鐘過萬峯吞遠色，亭迎落照繫晴暉。嶺雲含碧松花老，澗水流香石乳肥。此日閒遊疑夢幻，身從碧落踏虚歸。

---

① 紫霄宫：楊素藴修、王民皡等纂《大嶽太和武當山志》卷二十署作“王嗣美”。

② 松間明月巢丹鳳，天際真人御曉風：康熙《均州誌》卷四作“松間月入巢丹鳳，天外人來御曉風”。

題天柱峰

沈　冠

合沓千峯翠靄重，帝居雄踞碧芙蓉。西來紫氣連華嶽，東望高盤俯岱宗。風擁松濤摇澗壑，雲翻石壁起虬龍。何人爲奏相如草，更覩金泥玉檢封。

五龍訪羽人不遇

幽人何處閉仙關，鐘磬無聲鶴未還。誰遣藤蘿迷曲徑，獨留烟靄鎖空山。堦前澗水流逾静，洞口松風聽自閒。何用相逢論出世，已疑身不在人間。

參山　有小引

沈聯鑣　浙江人　襄陽守①

筠翁楊憲臺偕州牧王熙園年翁譜成《太和圖志》，余披閱良久，神與俱遊，爰賦短章以志勝，兼訂山靈約焉。

未到蓬萊第一峯，披圖已覺遇三丰。蓮花朶朶天風下，仙掌亭亭曉露濃。金屋雲中飛白鶴，玉虚洞裏吼黄龍。關西夫子臨川筆，幾度摹成鐵杵蹤。

遇真宫

張維霖　均州學正

物外飄然任去來，煙光繚繞動徘徊。個中消息曾何待，静裏分明豈用猜。欲覓仙源浮漢淼，將尋勝事臥龍堆②。一時嘉會成千古，遥憶風

① 沈聯鑣（浙江人，襄陽守）：楊素藴修、王民皥等纂《大嶽太和武當山志》卷二十作“浙水人，襄陽同知”。

② 將尋勝事臥龍堆：楊素藴修、王民皥等纂《大嶽太和武當山志》卷二十作“將尋勝事臥雲堆”。

流山水隈。

天　柱　峯

劉　珄　漢陽人　穀城縣教諭

日射黃金繞殿光，憑高放眼倍神王。嵐開楚蜀千山小，雨過岷嶓二水長。但見衣冠同拜舞，不知歲月幾滄桑。榔梅歷歷傳消息，莫謂仙家隔渺茫。

登太和山

樂　醒　方外

嵯峨衆派獨巃嵸，應是崑崙第一峯。四大名山皆拱極，五方仙嶽共朝宗。鳥啼隱隱聞天語，鶴影翩翩度晚鐘。我正欲尋招隱地，桃源洞口白雲封。

登南城望嶽

蔣一桂　新田訓導　均州人

翠微縹緲嶽光寒，尚憶登臨縱大觀。一柱宛從天上落，千峰如向掌中看。年來豺虎傳烽急，亂後風塵命屐難。拄杖西南還極目①，空憐爽氣散晴巒。

詠太和山

范明宗　襄陽郡守

鐵鎖危攀竟泬寥，紫垣香氣隱層霄。岷嶓坐鎮還司北，翼軫當纏②郤應杓。五色雲端蜺擁節，九重天畔鳳諧簫。自憐腸胃皆塵土，弱水微茫幾見招。

---

① 拄杖西南還極目：楊素蘊修、王民皞等纂《大嶽太和武當山志》卷二十作“拄頬西南還極目”。

② 纏：楊素蘊修、王民皞等纂《大嶽太和武當山志》卷二十作“躔”。

詩　五言排律

明

淨樂宫　宫即古淨樂國也。

王世貞

神農昔撫世，淨樂已名都。末法開金相，真王得寶符。天從百戰順，人役萬靈趍。羽衛齊宸極，丹青出睿謨。神功隨現有，至理入論無。莫尼羣真位，遺編悮老儒。

玉虛宫　即真武所拜玉虛師相名

霞矗黄金界，虹飛白玉橋。帝居開顯赫，天路入岧嶤。薜網雲常掛，松珠露不消。步將塵世隔，境許俗心調。聖水流仍暖，仙衣靜自摇。可知笙鶴度，特底引王喬。

遇雨投紫霄宫宿

千山入窈冥，萬壑助泠泠。鳥道春元合，龍宫夜不扃。摩雲峰展纛，擲火帝流鈴。倦引投枝易，寒驚灑面醒。更衣朝紫極，添篆讀黄庭。却憶明朝路，峰峯洗更清。

謁太和宫

一柱太和宫，千岩元氣中。芙蓉寒不謝，仙掌近還空。地是勾盤上，橋從貫索通。日輪團倏火，天樂斷罡風。麐氏爲宗國，幽方反寓公。赤明無信使，吾欲證崆峒。

登嶽日遇雨，次二三日晴，回均陽遇雨，時久旱志喜

董　裕

扳嶽沾微潤，回驄雨氣重。乾封懷漢檢，駐蹕憶秦松。灑道清炎徼，爲霖起卧龍。千岩懸亂水，四野失羣峯。夜響喧焦葉，寒聲濕曉鐘。祈年昭一念，大有慰三農。不借襜褕暗，忻回草樹容。無慚朝帝闕，親領湛恩濃。

紫　霄　宫

蘇　濬　陜西糸議

藜杖探仙域，峰巒映客星。雲横三楚紫，煙接五龍青。翡翠依丹府，芙蓉削彩屏。祥光時縹緲，大道總元冥。寳籙軒轅紀，清流禹跡亭。寒松清倚澗，疎磬静繙經。悟到忘筌處，潛鱗入夜聽。

清微館舊榻聽泉六韻

徐學謨

霜後曉痕生①，枯洲漲復平。蕭踈三夜雨，斷送九秋聲。出谷沾雲濕，排碕並瀨鳴。欲成清夜聽，故使亂流爭。響雜春粱急②，情隨擣練並。相逢十載客，攲枕到天明。

題太和山

賈大亨　御史

山峪凌虚灝，神尊握化權。珠宫壓鰲極，金像體星躔。樹古元無紀，霞深却有仙。希夷丹氣滿，邋遢劍光妍。十載頻飛夢，孤攀尚阻緣。信

① 霜後曉痕生：吴道邇《襄陽府誌》卷四十五作“霜後燒痕生”。

② 響雜春粱急：吴道邇《襄陽府誌》卷四十五作“響雜春粱急”。

知俗士駕，難遡洞門天。圖志酬真覽，仙香寄遠虔。元休綿聖壽，和氣降豐年。

皇　清

題太和山

賈待聘　夏縣人　竹山縣知縣

地幽生靜悟，境曠滌塵煩。况復靈山古，能令大道存。漢江千里外，大嶽百川吞。窅渺元天巧，煇煌接帝閽。氣真籠宇宙，高已並崑崙。澗水魚龍伏，奇峰虎豹奔。松杉青鬱鬱，花蘂緑翻翻。曲院苔迷徑，深房鳥叩門。過程疑幻影，前路踏雲根。萬念此俱寂，羣音總不喧。低徊若見性，惝恍竟忘言。別是心明處，功名何足論。

題太和山圖二十韻

沈　冠

天柱三千丈，移藏半畝宫。雲陰生户牖，樹影動簾櫳。置壑繩牀北，標峰竹几東。枕邊看舞鶴，簷際駐飛鴻。磅礴輕綃外，縱横短幅中。謝公幽賞便，宗子卧遊同。石削崚嶒起，泉流窈窕通。翠屏蒼蘚合，丹嶂碧霞籠。蘿黛疑懸雨，松簧若奏風。鐘聲聽髣髴，日景辨曈曨。嶺雪長凝白，岩花不謝紅。嚴冬榮月桂，永夏得霜楓。氣勢飛揚甚，神情點綴工。丹青窮巧妙，金碧焕遥空。絶頂宸居壯，環山帝制雄。諸天撑泱漭，一氣俯鴻濛。恍惚臨真宰，精靈赫寓公。遊仙探閬苑，訪道揖崆峒。邱壑心亡恙，烟霞興不窮。何須圖五嶽，直此置微躬。

詩　七言排律

明

題太和山

白　悦　尚寶寺丞

秦關初轉漢江東，薦藻靈岩問楚風。蜿蜒玉梯躋上界，嵯峨金闕列遥空。重林蔽壑深藏豹，峻嶺干雲半落鴻。西掖華嵩遲遠照，南襟巴隴伏長虹。瓊光入夜星辰燦，琪樹含春歲序同①。香拂彩霞龍女度，旗翻赤電鬼神通。岡巒交秘乾坤秀，鼎竈常烹日月紅。定有天仙留逸駕，欲辭塵鞅入元宫。飛騰歷覽萬山小②，盤礴今看此地雄。

詩　五言絶句

明

松　蘿　峯

孫應鰲　都御史

幕地翠宫滿，松蘿恰作衣③。憑衿不盡興，凝眺淡忘歸。

---

①　瓊光入夜星辰燦，琪樹含春歲序同：方升纂修《大嶽誌畧》卷四作“瓊簷入夜星辰燦，貝樹含春歲序同”。

②　飛騰歷覽萬山小：方升纂修《大嶽誌畧》卷四作“飛凫歷覽萬山小”。

③　幕地翠宫滿，松蘿恰作衣：孫應鰲《學孔精舍詩鈔》卷五作“幕地翠雲滿，松蘿拾作衣”。

七星峯

雲蕩金城北，天廻斗極東。解衣聊宴坐，盤礴七星中。

隱仙巖

王世貞

真仙不住山，那有山中跡。固是謫仙人，相逢不相識。

獨陽巖

朔風寒不盡，慘淡結浮陰。念此閉關日，悠然天地心。

試心石

陡出三尺岩，下臨千尺地。道人呼試心，無心可將試。

摘星橋

夜半橋上星，如螢拂衣袂。爲摘歲精來，欲驗偷桃事。

詩　七言絶句

唐①

自題石像②

孟浩然③

假合身軀用墨塗，晶晶一點紙難摹④。上天之載無聲臭，此個清光何處無。

元

繫　馬　峰

羅震霆⑤

待詔金門陟翠微，玉驄停駐踏朝暉。劃然雲路牽騏驥，得意朝天去似飛。

---

① 唐：據任自垣纂修《勑建大嶽太和山誌》卷十二《華陽巘浩然子記碑》《華陽巖碑陰》以及卷十四《浩然子自贊》詩，這首《自題石像》詩的作者爲元代武當道士浩然子李明良，而非唐代詩人孟浩然，故其時代歸屬應爲“元”，而非“唐”。

② 自題石像：任自垣纂修《勑建大嶽太和山誌》卷十四題作“浩然子自贊”。

③ 孟浩然：任自垣纂修《勑建大嶽太和山誌》卷十四作“浩然子”。

④ 假合身軀用墨塗，晶晶一點紙難摹：任自垣纂修《勑建大嶽太和山誌》卷十四作“假合身軀用墨圖，性天朗朗筆難模”。

⑤ 羅震霆：羅霆震《武當紀勝集》作“羅霆震”。

明

登太和山

高　遷　同知

仙宫遥在紫雲邊，仙樂曾聞白雪篇。莫怪武陵迷去路，可能天上住千年。

坐南崖棋亭

曹　享　副使①

萬壑懸岩一小亭，坐來風雨變陰晴。遲回不見神仙侶，白髮連愁日夜生。

登　天　門

桂　榮　御史

山石離奇雪骨生，紫虚何處聽鸞笙。孤雲不鎖元關夢，卧看松枝掃月明。

題太和山

吴百朋　都御史

春日無心度物華，且尋幽事到仙家。捲簾却對道人坐，閒數棋枰看落花。

---

① 曹享（副使）：王佐修、慎旦等纂《大岳太和山誌》卷十七作“曹亨（副使）”。

黄崖峰①

王世貞

雨脚霏霏暖不收，皇岩②風起忽成秋。浮雲半捲青天外，一線襄江抱日流。

五老峯

前年踏雪匡廬過，今年暮春遊太和。五峰老人如舊識，不識當年白髮多。

丹竈峰

縹緲仙踪未可非，至今猶説彩雲飛。衹愁天地終須盡，煉得丹成無處歸。

太乙池

淺碧泓渟③一鏡開，探瓢欲酌更遲徊。孤峯到插青蓮影，疑是真人坐葉來。

登天柱遊南岩五龍諸宫
旹萬暦乙卯仲春

熊養中　乙丑進士　黄岡人

春來一枕太和山，身到名山夢亦閒。仙人笑指遊人路，一洞天深一洞天。

---

① 黄崖峰：凌雲翼修、盧重華等纂《大岳太和山誌》補遺卷作“皇崖峰”。
② 岩：凌雲翼修、盧重華等纂《大岳太和山誌》補遺卷作“崖”。
③ 渟：凌雲翼修、盧重華等纂《大岳太和山誌》補遺卷作“停”。

皇　清

三丰衲

楊素藴

仙才無處覔三丰，破衲鍼須老母縫。巧婦鴛鴦空费手，何如瓢笠亂雲封。

仙人峯

盧維兹　均州訓導

誰人卜得五城居，怪石山頭曝素書。烟火隔林看不見，世間遥望白雲廬。

香爐峰

唐　棣　庠生　郡人

亭亭直上邈難攀，絶頂孤圓似博山。我欲置身香案側，隨君日覲至尊顔。

詩　六言

明

尹喜崖

孫應鰲　都御史

夢中鑑中天地，有用無用輻輪。遠矣元帝老子，翛然文始真人。

雲　母　巖

泛泛桃花春水，萋萋靈草孤洲。煙斷石岩欲裂，雲飛萬木俱浮。

遊五龍宫

王世貞

聽雨過青羊澗，披雲出紫蓋峰。曲曲蜿蜒複道，層層歷落怪松。嵚岩幾點鞣鞨，擁殿千朵芙蓉。倦時但引三爵，睡法不輸五龍。

金　鼎　峰

十年文火武火，一夕星飛霧飛。惆悵雲臺夜色，子春獨自東歸。

雲　母　岩

朶朶傲風雲葉，層層薄日霜華。傳得彭翁飡法，移來此地爲家。

烏　鴉　廟

不學淮南雞犬，一時相隨上天。試問叢祠受賽，何如江畔迎船。

天　　池

天上莫疑銀漢，池底亦自青天。白雲徐動玉皺，明月初起珠圓。

按：序志終以藝文，非採華擷英，侈爲觀美也。大嶽綿亘數百里，蜿蜒奇異，不可殫述。而儒臣文士來遊來歌者，代不乏人，登高憑眺，飄然意遠，於山見峰巒之環拱，於水見澗溪之清澄，而於時日景物則又有往復代謝之感，目營心想，而風雲之思拂拂從腕下流出，俾後之覽者，靡不有會於斯文。以今視昔，亦可得古人之用心矣，而豈若羽牒仙經妄談神異事者哉！夫情來興往而文成，則文固考古者之橐籥。觀累朝以及藝文諸體，麟麟炳炳，盪人耳目。名山之勝，神明之靈，約畧可覩，乃益信地靈者必生人傑。大嶽蘊釀蓄積，發瑰偉於人文，所以靈均而後，風雅不墜。則山雖屬襄之均州，而固爲全楚之鍾秀毓奇處也。况今聖世，懷柔河嶽，詔諭褒賁，山靈之所以毓楚材者，日新月盛，更莫可量。爰得敘次藝文，期與此邦人士相爲詠歌，以鼓吹休明，是亦報國文章之微忱也夫。